21世纪高职高专经管专业精编教材

市场营销基础

（第2版）

主　编◎刘　华　赵丽华
副主编◎余远坤　孙华菊　杜　晖

Marketing Foundation

清华大学出版社
北京

内 容 简 介

市场营销学是一门建立在经济科学、行为科学和现代管理理论基础上的应用科学，其研究对象是以满足消费者需求为中心的企业市场营销活动过程及其规律性。市场营销基础的主要内容包括市场营销的基本概念及各种营销观念，市场营销环境分析，市场营销调研与预测，购买行为分析，目标市场营销，产品策略，定价策略，分销渠道策略，促销策略，市场营销的组织、计划、执行与控制等。本教材将培养学生的实践能力和创造能力放在首要位置，立足于市场营销基础理论，紧扣从事市场营销一线工作的实际，强调实践教学，突出学生应用能力的培养。

本书体系新颖、结构合理、层次分明，在编写中突出了以下特点：突出市场营销学的科学性、规律性和逻辑性；特别注重市场营销的实证性、应用性研究；在编写体例方面，尽可能运用图表等形式，以丰富教材的内容。本书不仅可作为高职高专经济、管理类专业的教科书，还可作企业经营管理和营销专业人员以及对市场营销理论与实务感兴趣者的参考书。

本书封面贴有清华大学出版社防伪标签，无标签者不得销售。
版权所有，侵权必究。举报：010-62782989，beiqinquan@tup.tsinghua.edu.cn。

图书在版编目（CIP）数据

市场营销基础/刘华，赵丽华主编. —2版. —北京：清华大学出版社，2018（2021.8重印）
（21世纪高职高专经管专业精编教材）
ISBN 978-7-302-49661-8

Ⅰ.①市… Ⅱ.①刘… ②赵… Ⅲ.①市场营销学－高等职业教育－教材 Ⅳ.①F713.50

中国版本图书馆CIP数据核字(2018)第033865号

责任编辑：杜春杰
封面设计：刘　超
版式设计：刘艳庆
责任校对：何士如
责任印制：沈　露

出版发行：清华大学出版社
网　　址：http://www.tup.com.cn，http://www.wqbook.com
地　　址：北京清华大学学研大厦A座
邮　　编：100084
社 总 机：010-62770175
邮　　购：010-62786544
投稿与读者服务：010-62776969，c-service@tup.tsinghua.edu.cn
质量反馈：010-62772015，zhiliang@tup.tsinghua.edu.cn

印 装 者：三河市铭诚印务有限公司
经　　销：全国新华书店
开　　本：185mm×260mm　　印　张：17.25　　字　数：417千字
版　　次：2015年3月第1版　2018年4月第2版　印　次：2021年8月第2次印刷
定　　价：49.00元

产品编号：076597-02

前 言

随着我国社会主义市场经济的不断推进、经济国际化的不断拓展，市场营销学运用的领域和作用的空间不断扩大；高职高专教育的日渐成熟对市场营销类教材提出了越来越高的要求。本教材自第一版发行以来，受到了社会各界认可，但也暴露出一些问题，为此我们编写组根据教学中发现的若干问题及出版社对高职高专教材编写的相关要求，结合目前市场营销的实践，在第一版的基础上对本书进行了部分修改和补充，力求使本书兼顾理论与实务，理论先进、适用，分析现实，指导实践；实务涵盖现实，贴近实践，加深理论理解，提高学生的悟性，培养学生的能力。

本书的特色主要体现在以下几个方面：一是在理论上，兼顾知识的系统性、前瞻性和实用性，内容丰富而实用，让学生感受到市场营销学理论的经典价值与创新魅力；二是在实务上，突出现实性、可操作性和应用性，注重案例及相关材料的新颖性、国际性和本土化；三是在激发学生的学习兴趣上，注重培养学生的创造激情和创造能力，在导入正式内容前给出"案例导入"，以便引起学生对本章内容的兴趣和关注。

本书由刘华、赵丽华担任主编，余远坤、孙华菊、杜晖担任副主编。参加编写人员的具体分工是：第一章、第八章由武汉商学院刘华执笔；第二章、第六章由青海交通职业技术学院赵丽华执笔；第三章、第九章由湖北省水利水电科学研究院孙华菊执笔；第四章、第十一章由广东理工职业学院余远坤执笔；第五章由武汉商学院杜晖执笔；第七章由河南省电力公司李彩霞执笔；第十章由山东省电力公司贺光学执笔。刘华教授负责总体框架的设计、编写大纲的审定、各章初稿的修订和全书的总纂与定稿。

本书在编写过程中，参考、吸收、采用了国内外众多学者的研究成果，在此谨向原作者深表谢意。由于编者水平有限，疏漏乃至错误之处在所难免，希望使用本教材的师生及其他读者提出宝贵意见，以便不断修改和完善。

编者

目 录

第一章 市场与市场营销概述 ... 1
案例导入 ... 1
第一节 市场及其分类 ... 1
　一、市场的内含 ... 1
　二、市场的分类 ... 2
第二节 市场营销的基本概念 ... 3
　一、市场营销的概念 ... 3
　二、市场营销的相关概念 ... 3
第三节 市场营销管理过程 ... 5
　一、分析市场机会 ... 5
　二、选择目标市场 ... 5
　三、设计市场营销组合 ... 5
　四、执行和控制市场营销计划 ... 6
第四节 市场营销观念 ... 6
　一、营销观念的演变过程 ... 6
　二、营销观念演变过程中理论框架的形成与发展 ... 8
　三、现代营销观念与传统营销观念的区别 ... 10
　四、现代市场营销观念的新领域 ... 10
案例分析 ... 12
营销实训项目 ... 13
营销实践练习 ... 15

第二章 市场营销环境分析 ... 18
案例导入 ... 18
第一节 市场营销环境概述 ... 18
　一、市场营销环境的含义 ... 18
　二、市场营销环境的分类 ... 20
　三、市场营销环境与企业营销的关系 ... 21
第二节 市场营销的微观环境 ... 22
　一、企业内部的环境因素 ... 22
　二、市场营销渠道企业 ... 22
　三、顾客 ... 24
　四、竞争者 ... 24
　五、社会公众 ... 25
第三节 市场营销的宏观环境 ... 26

  一、人口环境 26
  二、经济环境 28
  三、自然环境 29
  四、政治和法律环境 29
  五、技术环境 29
  六、社会文化环境 30
 案例分析 30
 营销实训项目 31
 营销实践练习 32

第三章　市场营销调研与预测 35
 案例导入 35
 第一节　市场营销信息系统 35
  一、市场营销信息系统的含义 35
  二、市场营销信息系统的信息需求 37
  三、市场营销信息系统的处理需求 38
 第二节　市场营销调研 39
  一、市场营销调研的概念与内容 39
  二、市场营销调研的步骤与方法 40
 第三节　市场营销预测 43
  一、市场营销预测的概念 43
  二、市场营销预测的步骤 43
  三、市场营销预测的方法 44
 案例分析 47
 营销实训项目 48
 营销实践练习 49

第四章　购买行为分析 52
 案例导入 52
 第一节　消费者市场购买行为分析 53
  一、消费者市场及消费者购买行为模式 53
  二、影响消费者购买行为的主要因素 54
  三、消费者购买过程 60
 第二节　组织市场购买行为分析 63
  一、组织市场概述 63
  二、生产者市场购买行为分析 65
  三、生产者购买决策过程 66
  四、中间商市场购买行为分析 68
  五、非营利组织市场和政府市场购买行为分析 70
 案例分析 71

营销实训项目 72
　　营销实践练习 73

第五章　目标市场营销 76
　　案例导入 76
　　第一节　市场细分 77
　　　　一、市场细分的概念 77
　　　　二、市场细分的标准和步骤 77
　　　　二、市场细分的方法 82
　　第二节　目标市场选择 83
　　　　一、目标市场的概念 83
　　　　二、目标市场选择的策略 84
　　　　三、影响目标市场选择的因素 88
　　第三节　市场定位 89
　　　　一、市场定位的概念 89
　　　　二、市场定位的方法 89
　　　　三、市场定位的策略 91
　　第四节　市场竞争分析 93
　　　　一、竞争者分析 93
　　　　二、行业竞争结构分析 97
　　　　三、企业市场竞争策略选择 101
　　案例分析 102
　　营销实训项目 103
　　营销实践练习 105

第六章　产品策略 108
　　案例导入 108
　　第一节　产品与产品组合 108
　　　　一、产品的整体概念 108
　　　　二、产品组合决策 110
　　第二节　产品生命周期 114
　　　　一、产品生命周期阶段 114
　　　　二、产品生命周期战略 115
　　第三节　品牌与包装策略 117
　　　　一、品牌的含义 117
　　　　二、品牌决策 118
　　　　三、包装决策 122
　　第四节　新产品开发策略 124
　　　　一、新产品的概念 124
　　　　二、新产品的开发过程 125

三、新产品的开发途径 ... 129
案例分析 ... 130
营销实训项目 ... 131
营销实践练习 ... 132

第七章　定价策略ㅤ135

案例导入 ... 135
第一节　影响企业产品定价的因素 ... 135
　一、成本因素 ... 135
　二、竞争因素 ... 136
　三、需求因素 ... 138
　四、政府对价格的干预 ... 139
　五、货币价值与货币流通量 ... 139
　六、社会经济状况 ... 139
　七、心理因素 ... 140
第二节　定价目标和定价方法 ... 140
　一、定价目标 ... 140
　二、定价方法 ... 141
第三节　定价的基本策略 ... 145
　一、新产品定价策略 ... 145
　二、折扣让价定价策略 ... 146
　三、心理定价策略 ... 147
　四、地区定价策略 ... 148
第四节　产品调价策略 ... 149
　一、主动调价策略 ... 150
　二、被动降价策略 ... 151
案例分析 ... 152
营销实训项目 ... 152
营销实践练习 ... 155

第八章　分销渠道策略ㅤ157

案例导入 ... 157
第一节　分销渠道的概念与类型 ... 157
　一、分销渠道的概念和作用 ... 157
　二、分销渠道的功能和流程 ... 158
　三、分销渠道的类型 ... 159
　四、分销渠道的系统结构 ... 161
第二节　中间商的功能和种类 ... 164
　一、中间商的功能 ... 164
　二、中间商的类型 ... 164

第三节 分销渠道的选择与管理..171
　　一、影响销售渠道选择的因素..171
　　二、选择销售渠道的策略..172
第四节 物流与供应链管理..177
　　一、物流的性质..177
　　二、商品的储存..178
　　三、商业运输..179
　　四、商品运输费用..180
　　五、物流现代化..181
　　六、供应链管理..184
案例分析..185
营销实训项目..186
营销实践练习..188

第九章 促销策略..191
案例导入..191
第一节 促销与促销组合..191
　　一、促销..191
　　二、促销组合..193
第二节 广告促销..195
　　一、广告的含义..195
　　二、广告的分类..195
　　三、广告媒介的选择..196
　　四、广告设计..198
　　五、广告效果测定..200
第三节 人员推销..200
　　一、人员推销的概念及特点..200
　　二、人员推销的基本形式..201
　　三、推销人员的管理..202
第四节 营业推广..204
　　一、营业推广的概念与作用..204
　　二、营业推广的形式..205
　　三、企业进行营业推广时应考虑的因素..207
第五节 公共关系..208
　　一、公共关系的概念及特征..208
　　二、公共关系的对象..209
　　三、公共关系的作用..209
　　四、公共关系的活动方式..210
　　五、企业形象设计..211

案例分析 212
营销实训项目 212
营销实践练习 214

第十章　市场营销管理 218
案例导入 218
第一节　市场营销组织 218
一、市场营销组织的概念 218
二、市场营销组织的特征 218
三、营销部门的组织模式 219
四、组织决策的基本要素 221
五、影响营销组织决策的因素 222
第二节　市场营销计划 223
一、市场营销计划的概念 223
二、市场营销计划的类型 223
三、市场营销计划的编制 223
第三节　市场营销执行 225
一、市场营销执行的概念 225
二、营销执行中的问题及其原因 225
三、营销执行技能 226
四、营销执行过程的五项内容 227
第四节　市场营销控制 228
一、市场营销控制的概念 228
二、市场营销控制的内容 228
案例分析 232
营销实训项目 233
营销实践练习 235

第十一章　市场营销的新发展 237
案例导入 237
第一节　服务营销 237
一、服务营销的概念 237
二、服务营销的特点 238
三、服务营销组合因素 239
四、服务营销组合策略 240
第二节　网络营销 242
一、网络营销的概念 242
二、网络营销的优势 242
三、网络营销的职能 244
四、网络营销的策略 245

第三节　体验营销..246
　　　　一、体验营销的概念..246
　　　　二、体验营销的操作步骤..247
　　　　三、体验营销的实施模式..247
　　　　四、体验营销的主要策略..248
　　第四节　绿色营销..250
　　　　一、绿色营销的概念..250
　　　　二、绿色营销的特点..250
　　　　三、绿色营销的推广方法..251
　　　　四、绿色营销的组合策略..252
　　第五节　关系营销..254
　　　　一、关系营销的概念..254
　　　　二、关系营销的主要层次..254
　　　　三、关系营销的实施步骤..255
　　　　四、关系营销的具体措施..256
　　第六节　知识营销..256
　　　　一、知识营销的概念..256
　　　　二、知识营销的内容..257
　案例分析..258
　营销实训项目..259
　营销实践练习..260

参考文献..264

第一章　市场与市场营销概述

 案例导入

茶饮料里居然没有茶，卖茶的居然赢不了茶饮料！这看起来让人匪夷所思的咄咄怪事，折射了大陆和台湾生产厂家在营销理念上的巨大差距。2007年年底，京城百年老字号、国家"中华老字号"的荣获者张一元黯然退出茶饮料市场。蒙羞的是北京张一元，闪光的是台湾康师傅。

台湾的康师傅能够做成，而且做成的是光有茶味没有茶——在那儿大忽悠的茶饮料。查查老底，人家也没什么惊天动地的高招，全凭老老实实苦干，加上市场营销的学问。如今在大陆，康师傅不但把张一元赶出了市场，还击败了同乡对手——台湾的统一集团，成为大陆"水王"。

张一元败就败在对千变万化的市场理念认识不清。在媒体使用上，康师傅充分利用媒体与非媒体组合，直接广告与间接广告组合，大造声势，高空、地面全线出击，狂轰滥炸，反复说服，先声夺人，一举撬动市场。而张一元仅仅搞了一则公交车广告，好像在应付，连中规中矩都说不上。两者最大的差异是，康师傅的茶饮料里没有茶，有的是足以吸引80后的快乐与轻松，避开喝茶群体，功夫在茶外。张一元一直高举"中国第一茶"的大旗，就茶说茶。这本来也是一个亮点，可以直接攻击"茶饮料里没有茶"，可惜他没有意识到竞争对手这个软肋，或者虽然意识到了，却没有投入足够的攻击力。

不爱做广告，不善做广告，是北方企业的通病。张一元败走茶饮料，带来了一系列严重的后果：一是本地土著在自家门口被外地来京人员打败，说明我们确实做得不好。二是没有茶的茶饮料受到年轻市民的追捧，而且改变了目标消费者的饮茶习惯，说明人家对茶文化的理解比我们高明得多。

案例来源：http://3y.uu456.com/bp_6pqeg6vz6z0wk4t3w2i9_1.html

第一节　市场及其分类

一、市场的内含

狭义上的市场是买卖双方进行商品交换的场所。广义上的市场是指为了买和卖某些商品而与其他厂商和个人相联系的一群厂商和个人。

市场是由一切具有特定需求和欲望，并且愿意和能够通过交换的方式来满足需求和欲望的顾客构成。市场体系是由各类专业市场，如商品服务市场、金融市场、劳务市场、技术市场、信息市场、房地产市场、文化市场、旅游市场和服务市场等组成的完整体系。同时，在市场体系中的各专业市场均有其特殊功能，它们互相依存、相互制约，共同作用于

社会经济。

市场起源于古代人类对固定时段或地点进行交易的场所的称呼,当城市成长并且繁荣起来后,住在城市邻近区域的农夫、工匠和技工就开始互相交易并且对城市的经济产生推动作用。显而易见的,最好的交易方式就是在城市中有一个集中的地方,像市场,可以让人们在此提供货物以及买卖服务,方便人们寻找货物和接洽生意。当一个城市的市场变得庞大而且更开放时,城市的经济活力也会相对增长起来。

随着社会交往的网络虚拟化,市场不一定是真实的场所和地点,当今许多买卖都是通过计算机网络来实现的,中国最大的电子商务网站——淘宝网就是提供交换的虚拟市场。淘宝网——亚洲第一大网络零售商圈,致力于创造全球首选网络零售商圈,由阿里巴巴集团于2003年5月10日投资创办。淘宝网目前业务跨越C2C(消费者之间)、B2C(商家对个人)两大部分。

二、市场的分类

(一)按范围大小划分

从市场的外围来看,每个市场都有一定的买卖双方组成范围。这个范围越大,相应的市场也就越大。一般来说,按照市场的组成范围,可把市场分为地方市场、国内市场和国际市场。地方市场是仅由某一个地方的买者和卖者的交易活动所决定的市场;国内市场是指由一国的买者和卖者共同决定的市场;国际市场是指由多个国家的买者和卖者构成的市场。

按照市场参与者的人数多少,还可把市场分为有限市场和无限市场。有限市场是指买者和卖者的总个数是有限的。无限市场是一种理论上的抽象市场,表示市场上买者和卖者无限多,就好像流体中的分子一样,多得数不清。

(二)按内部结构划分

按照市场的内部组织结构,可把市场分为完全市场和不完全市场。完全市场是由经济人组成的有组织的市场,同种商品最终能按同一价格进行销售。完全市场的形成需要具备两个条件:一个是完全的信息,另一个是完全依据价格行事。所谓完全的信息,是指买卖双方完全了解市场现在和未来的情况,不需付出任何代价即可得到信息。因此,完全市场中无不确定问题,一切都是事先可知的,至少客观概率存在。信息的畅通,使得买卖双方对市场上的任何变化都了如指掌。第二个条件是说买卖双方听从价格召唤,完全依据价格行事。某个销售者抬高物价,他就会失去顾客;反之,降价则会招引顾客。为了获利,卖者必然希望高价售出他的商品,而买者必然希望低价买进他所需的商品。在这种频繁的买卖交易过程中,价格在不同买者与卖者之间的差别便会趋于消失。不是完全的市场,就称为不完全市场。严格地说,实际中的市场都不具备完全市场的条件,但完全市场是现实市场的发展方向。

(三)按竞争程度划分

按市场的竞争程度,可把市场分为完全竞争市场与不完全竞争市场。完全竞争市场是指该市场有许多买者和卖者,他们当中任何个别人都不具有影响和决定商品市场价格的力量，而只能是市场价格的接受者；他们都有充分的市场信息和商品知识；相同数量的同种商品之间是完全同质的，不存在差别；每位买者和卖者都是自由地参与或退出市场经济活动。不具备完全竞争性的市场，称为不完全竞争市场。不完全竞争市场又按竞争的不完全程度分为三种：完全垄断市场、垄断竞争市场和寡头垄断市场。完全垄断市场是指在市场上只存在一位供给者和众多需求者的市场结构；垄断竞争市场是指许多企业出售相近但非同质，而是具有差别的商品市场结构；寡头垄断市场是介于垄断竞争与完全垄断之间的一种比较现实的混合市场，是指少数几个企业控制整个市场的生产和销售的市场结构，这几个企业被称为寡头企业。

第二节 市场营销的基本概念

一、市场营销的概念

对于什么是市场营销，曾经有过多种范围不一、重点有别的表述。国内外学者对市场营销已下过上百种定义，美国学者基恩·凯洛希尔将其分为三类：一是认为市场营销是为消费者服务的理论；二是强调市场营销是对社会现象的一种认识；三是认为市场营销是通过销售渠道将企业与市场联系起来的过程。其中美国市场营销协会（AMA）定义委员会的表述为："市场营销是（个人和组织）对思想、产品和劳务进行设计、定价、促销及分销的计划和实施的过程，从而创造满足个人和组织目标的交换。"营销大师菲利普·科特勒教授的定义为："市场营销是个人和群体通过创造并同他人交换产品和价值以满足需求和欲望的一种社会管理活动。"

目前，被广泛接受的概念是，市场营销是经由市场交易程序，导致满足顾客需求并实现盈利目标的企业经营销售管理过程。关于营销，重要的不是文字上的表述，而是对其多角度的认识。首先，营销是满足社会需要的一种经营哲学，一切以顾客为中心，以满足需求为行为准则。其次，营销是解决经营问题的一种心智过程，在复杂多变的环境中通过事前信息分析、形势判断、精密策划、制订有效竞争方案以保证营销成功。再次，营销是包括计划、组织和控制等职能在内的管理过程，营销管理是企业管理的核心职能。最后，营销是一种保证产品顺利销售的系统方法，借助一系列的手段和策略来实施。另外，企业的市场营销是一种微观的活动，如果将其看成是"使各种不同的供给能力和各种不同需求相适应的社会经济过程，以实现社会的目标"，那就是宏观市场营销。

二、市场营销的相关概念

（一）需要、欲望和需求

需要和欲望是市场营销活动的起点。需要是指人类与生俱来的基本需要，如人类为了生存必然有对吃、穿、住、安全、归属和受人尊重的需要。这些需要存在于人类自身和社会之中，市场营销者可用不同方式去满足它们，但不能凭空创造。欲望是指想得到上述需要的具体满足品的愿望，是个人受不同文化及社会环境影响而表现出来的对基本需要的特定追求。例如，为满足解渴的生理需要，人们可能选择（追求）喝开水、茶、汽水、果汁、绿豆汤或者蒸馏水。市场营销者无法创造需要，但可以影响欲望，开发及销售特定的产品和服务来满足欲望。需求是指人们有能力购买并愿意购买某个具体产品的欲望。需求实际上也就是对某特定产品及服务的市场需求。市场营销者总是通过各种营销手段来影响需求，并根据对需求的预测结果决定是否进入某一产品（服务）市场。

（二）产品

营销学中的产品特指能够满足人的需要和欲望的任何东西。产品的价值不在于拥有它，而在于它给我们带来的对欲望的满足。人们购买小汽车不是为了观赏，而是为了得到它所提供的交通服务。产品实际上只是获得服务的载体。这种载体可以是物，也可以是"服务"，如人员、地点、活动、组织和观念等。当我们心情烦闷时，为满足轻松解脱的需要，可以去欣赏音乐会，听歌手（人员）演唱；可以到风景区（地点）旅游；可以参加教育基金百万行（活动）；可以参加消费者假日俱乐部（组织）；也可以参加研讨会，接受不同的价值观（观念）。市场营销者必须清醒地认识到，其创造的产品不管形态如何，如果不能满足人们的需要和欲望，就必然会失败。

（三）效用、费用和满足

效用是消费者对产品满足其需要的整体能力的评价。消费者通常根据这种对产品价值的主观评价和支付的费用来做出购买决定。例如，某人为解决其每天上班的交通需要，他会对可能满足这种需要的产品选择组合（如自行车、摩托车、公交车或出租车等）和他的需要组合（如速度、安全、方便、舒适或经济等）进行综合评价，以决定哪一种产品能提供最大的总满足。假如他主要对速度和舒适感兴趣，也许会考虑购买汽车。但是，汽车购买与使用的费用要比自行车高很多。若要购买汽车，他必须放弃用其有限收入可购置的许多其他产品（服务）。因此，他将全面衡量产品的费用和效用，选择购买能使每一元花费都带来最大效用的产品。

（四）交换、交易和关系

交换是指从他人处取得所需之物，而以自己的某种东西作为回报的行为。人们对满足需求或欲望之物的取得，可以有多种方式，如自产自用、巧取豪夺、乞讨和交换等。其中，只有在交换方式下才存在市场营销。交换的发生，必须具备五个条件：① 至少有交换双方；② 每一方都有对方需要的有价值的东西；③ 每一方都有沟通和运送货品的能力；④ 每一方都可以自由地接受或拒绝；⑤ 每一方都认为与对方交易是合适或称心的。交易是交换的基本组成单位，是交换双方之间的价值交换。交换是一种过程，在这个过程中，如果双方达成一项协议，我们就称之为发生了交易。交易通常有两种方式：一是货币交易，如甲支付 800 元给商店而得到一台微波炉；二是非货币交易，包括以物易物、以服务易服务的交易等。一项交易通常要涉及几个方面：至少两件有价值的物品；双方同意的交易条件、时间和地点；有法律制度来维护和迫使交易双方执行承诺。

一些学者将建立在交易基础上的营销称为交易营销。为使企业获得比交易营销所得更多，就需要关系营销。关系营销是市场营销者与顾客、分销商、经销商或供应商等建立、保持并加强合作关系,通过互利交换及共同履行诺言,使各方实现各自目的的营销方式。与顾客建立长期合作关系是关系营销的核心内容。与各方保持良好的关系要靠长期承诺和提供优质产品、良好服务和公平价格,以及加强经济、技术和社会各方面联系来实现。关系营销可以节约交易的时间和成本,使市场营销宗旨从追求每一笔交易利润最大化转向追求各方利益关系的最大化。

(五)市场营销与市场营销者

在交换双方中,如果一方比另一方更主动、更积极地寻求交换,我们就将前者称为市场营销者,后者称为潜在顾客。换句话说,所谓市场营销者,是指希望从别人那里取得资源并愿意以某种有价值的东西作为交换的人。市场营销者可以是卖方,也可以是买方。当买卖双方都表现积极时,我们就把双方都称为市场营销者,并将这种情况称为相互市场营销。

第三节 市场营销管理过程

所谓市场营销管理过程,是指企业为实现目标,完成任务而发现、分析、选择和利用市场机会的管理过程。具体包括分析市场机会、选择目标市场、设计市场营销组合以及执行和控制营销计划。

一、分析市场机会

市场机会就是未满足的需要。为了发现市场机会,营销人员必须广泛收集市场信息,进行专门的调查研究,充分了解当前情况;同时还要按照经济发展的规律,预测未来发展的趋势。营销人员不但要善于发现和识别市场机会,还要善于分析、评价哪些才是适合本企业的营销机会(就是对企业的营销具有吸引力的,能享受竞争优势的市场机会),市场上一切未满足的需要都是市场机会,但能否成为企业的营销机会,要看它是否适合于企业的目标和资源,是否能使企业扬长避短,发挥优势,比竞争者或可能竞争者获得更大的超额利润。

二、选择目标市场

企业选定符合自身目标和资源的营销机会以后,还要对市场容量和市场结构进行进一步分析,确定市场范围,无论是从事消费者市场营销还是从事产业市场营销的任何企业都不可能为具有某种需求的全体顾客服务,而只能满足部分顾客的需求。这是由顾客需求的多样变动性及企业拥有资源的有限性所决定的。因此,企业必须明确在能力可及的范围内要满足哪些顾客的需求。首先,进行市场细分,然后选择目标市场,最后进行市场定位。

三、设计市场营销组合

企业在确定目标市场和进行市场定位之后,市场营销管理过程就进入第三阶段——设计市场营销组合。市场营销组合是指企业用于追求目标市场预期销售量水平的可控营销变量的组合。营销组合中包含的可控变量很多,可以概括四个基本变量,即产品、价格、地点和促销。市场营销组合因素对企业来说都是可控因素,即企业根据目标市场的需求,可能自主决定产品结构、产品价格,选择分销渠道和促销方式,但这种自主权是相对的,要受到自身资源和目标的制约及各种微观和客观因素的影响。

四、执行和控制市场营销计划

企业市场营销管理的第四阶段是执行和控制市场营销计划,只有有效地执行计划,才能实现企业的战略任务,因此这是营销过程中极其重要的步骤。

(一)市场营销计划的执行

市场营销计划是企业整体战略规划在营销领域的具体化,是企业的一种职能计划。其执行过程包括五个方面:一是制订详细的行动方案。为了有效地实施营销战略,应明确营销战略实施的关键性决策和任务,并将执行这些决策和任务的责任落实到个人或小组。二是建立组织结构。不同的企业其任务不同,需要建立不同的组织结构。组织结构必须与企业自身特点和环境相适应,规定明确的职权界限和信息沟通渠道,协调各部门和人员的行动。三是设计决策和报酬制度。科学的决策体系是企业成败的关键,而合理的奖罚制度能充分调动人的积极性,充分发挥组织效应。四是开发并合理调配人力资源。企业的任何活动都是由人来开展的,人员的考核、选拔、安置、培训和激励问题对企业至关重要。五是建立适当的企业文化和管理风格。企业文化是指企业内部人员共同遵循的价值标准和行为准则,对企业员工起着凝聚和导向作用。企业文化与管理风格相联系,一旦形成,对企业发展会产生持续、稳定的影响。

(二)市场营销计划的控制

在营销计划的执行过程中,可能会出现一些意想不到的问题,需要一个控制系统来保证营销目标的实现。营销控制主要包括四项内容:一是年度计划控制。它是企业在本年度内采取制定标准、绩效测量、因果分析和改正行动的控制步骤,检查实际绩效与计划之间是否有偏差,并采取改进措施,以确保营销计划的实现与完成。二是盈利能力控制。运用盈利能力控制来测定不同产品、不同销售区域、不同顾客群体、不同渠道以及不同订货规模的盈利能力,帮助管理人员决定各种顾客群体活动是否扩展、减少或取消。控制指标有销售利润率、资产收益率和存货周转率等。三是效率控制。它包括销售人员效率控制、广告效率控制、促销效率控制和分销效率控制,通过对这些环节的控制以保证营销组合因素功能执行的有效性。四是战略控制。它是企业采取一系列行动,使实际市场营销工作与原规划尽可能一致。在控制中,通过不断地评审和反馈信息,对战略不断地进行修正。战略控制必须根据最新的情况重新评估计划和进展,对于企业来说,这是难度最大的控制。

第四节 市场营销观念

一、营销观念的演变过程

营销观念是指企业在进行营销管理的过程中所依据的指导思想和行为准则,其实质是在处理企业、顾客和社会三者利益关系方面所持的态度、思想和观念。随着社会经济的发展和市场形势的不断演变，支配企业营销活动的观念经历了六个阶段。

（一）生产观念

这是一种传统的、古老的经营思想。所谓生产观念，就是企业的一切经营活动以生产为中心，围绕生产来安排一切业务，生产什么产品就销售什么产品，以产定销。生产观念适用的条件如下：① 市场商品需求超过供给，卖方竞争较弱，买方争购，选择余地不大；② 产品成本和售价很高，只有提高生产效率，降低成本，从而降低售价，才能扩大销路；③ 消费者期望能够购买到有用产品，而并不计较产品的具体特色或特性。在生产观念指导下，企业的中心任务是集中一切力量增加产量、降低成本，提高销售效率，而很少考虑或者没有必要考虑是否存在不同的具体需求，因而谈不上开展市场调研活动。但是，随着科学技术和社会生产力的发展，以及市场供求形势的变化，生产观念的适用范围也必然越来越小。

（二）产品观念

这是与生产观念类似的一种经营思想。这种经营思想认为，消费者或用户总是欢迎那些质量高、性能好、有特色和价格合理的产品，只要注意提高产品质量，做到物美价廉，就一定会产生良好的市场反应，顾客就会自动找上门来，因而无须花大力气开展营销活动。因此，这种观念认为企业的主要任务就是提高产品质量，只要产品好，不怕卖不了；只要有特色产品，自然会顾客盈门。所以，如果说生产观念强调的是"以量取胜"，那么，产品观念则强调"以质取胜"。需要指出的是，产品观念本质上仍然是生产什么销售什么，以产定销，但它比生产观念多了一层竞争的色彩，并且考虑到了消费者或用户在产品质量和性能、特色和价格方面的愿望。这种观念在商品经济不甚发达、产品供求大体平衡和竞争不激烈的情况下，常常成为一些企业的经营指导思想。但在现代商品经济中，卖方竞争激烈，没有一种产品能永远保持独占地位，即使再好的产品，没有适当的营销，通向市场的道路也不会是平坦的。

（三）推销观念

推销观念是生产观念的发展和延伸。这种观念的基本内容是，产品的销路是企业生存、发展的关键。如果不经过销售努力，消费者就不会大量购买本企业产品。换句话说，只要企业努力推销什么产品，消费者或用户就会更多地购买什么产品。因此，企业的中心任务是把生产出来的产品推销出去，企业应充分运用推销术和广告术，向现实买主和潜在买主大肆兜售产品，以期压倒竞争者，提高市场占有率，取得较大利润。奉行这种观念的企业强调它们的产品是被"卖出去的"。它的典型用语是"我们卖什么，人们就买什么"。这种强调推销的经营观念是从既有产品出发的，因而本质上依然是生产什么销售什么，仍然没有脱离以生产为中心、"以产定销"的范畴。因为它只是局限于现有产品的推销，只顾千方百计地把产品推销出去，至于售出后顾客是否满意，以及如何满足顾客需要，是否达到顾客完全满意的程度，则没有给予足够的重视。因此，在产品供给稍有宽裕并向买方市场转化的过程中，许多企业往往奉行推销观念。但是，在商品经济进一步发展，产品更加丰富，买方市场形成的条件下，它就不能适应了。当然，在产品不为消费者或用户所了解、所熟悉的情况下，如某种新产品上市时，企业通常都会加强推销工作和促销活动。但这并不一定意味着是在奉行推销观念，推销观念与销售活动显然不是同义词，不应混为一谈。

（四）市场营销观念

市场营销观念是商品经济发展史上的一种全新的经营哲学，它是第二次世界大战后在美国新的市场形势下形成的，之后相继传入世界各国。市场营销观念是一种以顾客的需要和欲望为导向的经营思想，它以整体营销为手段来取得顾客的满意，从而实现企业的长远利益。市场营销观念是企业经营思想上的一次根本性的变革。传统的经营思想都是以生产为中心，以卖方的需要为中心，着眼于将已生产出来的商品变成货币，而市场营销观念则是以买方需要为中心，即以市场、以顾客为中心，市场需要什么，就生产什么和销售什么，按需生产，以销定产。并且，在产品售出后，还要了解顾客对产品有什么意见和要求，据此改进产品的生产和经营，同时还要为顾客提供各种售后服务，力求比竞争对手更有效、更充分地满足顾客的一切需要，通过满足需要来获取顾客的信任和自己的长远利益。按照这种观念，市场不是处于生产过程的终点，而是起点；不是供给决定需求，而是需求引起供给。哪里有需求，哪里就有市场，有了需求和市场，然后才有生产和供给。

（五）社会营销观念

所谓社会营销观念，就是企业的生产经营，不仅要满足消费者的需要和欲望，并由此获得企业的利益，而且要符合消费者自身和社会的长远利益，要正确处理消费者需要、消费者利益、企业利益和社会长远利益之间的矛盾，把这四个方面协调起来，做到统筹兼顾，关心与增进社会福利。这显然有别于单纯的市场营销，它增加了两个考虑因素：一个是消费者的潜在需要，即不仅要考虑消费者已存在的欲望，同时要兼顾他们的需要和利益。营销人员应当发掘这些潜在的需要，而不仅仅是迎合已存在的需要。另一个考虑因素是社会和个人的长远利益。不能只满足眼前的、一时的生理上或心理上的某种需要，还必须考虑到个人和社会的长期福利，如是否有利于消费者的身心健康，是否有利于社会的发展和进步，是否可防止资源浪费和环境污染等。

（六）大市场整体营销观念

这一观念吸收了美国菲利普·科特勒的强营销（大市场营销）、整体营销和加拿大兰·戈登的战略性竞争理论，表现为营销的可持续发展性，它是生态的、社会的、大市场的和整体营销观念的综合体现，与传统观念相比，在营销目的、出发点、着重点以及组织、策略与手段上更加完善。

二、营销观念演变过程中理论框架的形成与发展

（一）4P 营销理论

美国著名市场营销学家麦肯锡 1960 年提出的 4P 营销理论，即产品、价格、地点和促销，奠定了管理营销的基础理论框架，对市场营销理论和实践产生了深刻的影响，被营销

经理们奉为营销理论中的经典。该理论以单个企业作为分析单位，认为影响企业营销活动效果的因素有两种：一种是企业不能控制的，如政治、法律、经济、人文和地理等环境因素，称为企业不可控因素，这也是企业所面临的外部环境；另一种是企业可以控制的，如产品、价格、渠道和促销等营销因素，称为企业可控因素。企业营销活动的实质是对可控制的各种营销因素的优化组合和综合运用，使其协调一致，扬长避短，发挥优势，以适应外部环境的过程，即通过对产品、价格、分销和促销的计划和实施，对外部不可控因素做出积极动态的反应，以促成交易的实现，达到个人与组织的目标，用科特勒的话说就是"如果公司生产出适当的产品，定出适当的价格，利用适当的分销渠道，并辅以适当的促销活动，那么该公司就会获得成功"。所以，市场营销活动的核心就在于制定并实施有效的市场营销组合。由于 4P 为营销提供了一个简洁和易于操作的框架，很快成为营销理论界和营销实践者普遍接受的一个营销组合模型，成为长期占主导地位的无可置疑的市场营销学的基本理论。如何在 4P 理论指导下实现营销组合，实际上也是企业市场营销的基本运营方法。即使在今天，几乎每份营销计划书都是以 4P 的理论框架为基础拟订的，几乎每本营销教科书和每门营销课程都把 4P 作为教学的基本内容，而且几乎每位营销经理在策划营销活动时，都会自觉不自觉地从 4P 理论出发考虑问题。

（二）4C 营销理论

随着消费者的个性化日益突出，市场竞争日趋激烈，媒介传播速度越来越快，4P 理论无法满足企业对品牌形象、服务水平和顾客关系等重要营销战略的更高要求，越来越受到挑战。1990 年，美国北卡罗来纳大学教授罗伯特·F.劳特朋（Robert F. Lauterborn）针对 4P 存在的问题提出了 4C 营销理论。

（1）顾客需求（Consumer）。企业要了解、研究和分析顾客的需要与欲求，要生产消费者所需要的产品，而不是以产品为起点，先考虑企业能生产什么产品。

（2）顾客所愿意支付的成本（Cost）。企业要研究消费者的收入状况、消费习惯以及同类产品的市场价位，了解消费者在满足需要与欲求时愿意付出多少钱（成本），而不是先给产品定价，向消费者要多少钱。

（3）顾客的便利性（Convenience）。企业要考虑顾客购物等交易过程如何给顾客带来方便，而不是先考虑销售渠道的选择和策略。

（4）顾客的沟通（Communication）。消费者不只是单纯的受众，本身也是新的传播者，以消费者为中心实施营销沟通是十分重要的，通过互动、沟通等方式，将企业内外营销不断进行整合，把顾客和企业双方的利益无形地整合在一起。

（三）4R 营销理论

美国唐·E.舒尔兹（Don E.Schultz）教授提出的 4R 营销新理论，阐述了一个全新的营销四要素，即关联、反应、关系和回报。

4R 理论以竞争为导向，在新的哲学层次上概括了营销的新框架。4R 将企业的营销活动提高到宏观和社会层面来考虑，更进一步提出了企业是整个社会大系统中不可分割的一部分，企业与顾客及其他的利益相关者之间是一种互相依存、互相支持和互惠互利的互动关系，企业的营销活动应该是以人类生活水平的提高、整个社会的发展和进步为目的，企业利润的获得只是结果而不是目的，更不是唯一目的。因此，该理论提出企业与顾客及其他利益相关者应建立起事业和命运共同体，建立、巩固和发展长期的合作协调关系，强调关系管理而不是市场交易。

综上所述，4P、4C 和 4R 三者之间的关系是完善、发展的关系。由于企业层次不同，情况千差万别，市场、企业营销还处于发展之中，因此至少在一个时期内，4P 还是营销的一个基础框架，4C 也是很有价值的理论和思路。因而，两种理论仍具有适用性和可借鉴性。4R 是在 4P、4C 基础上的创新与发展。因此，不可把三者割裂开来甚至对立起来。如果根据企业的实际情况，把三者结合起来指导营销实践，可能会取得更好的效果。

三、现代营销观念与传统营销观念的区别

营销观念按其出发点、目的和手段不同分为传统营销观念和现代营销观念两类。传统营销观念包括生产观念、产品观念和推销观念，现代营销观念包括市场营销观念、社会营销观念和大市场整体营销观念。传统营销观念与现代营销观念在内容上存在着质的区别：前一类观念的出发点是企业的生产和产品，它以卖方的需要为中心，通过增加生产、加强促销、刺激需求和推动购买为手段，目的是扩大销售，获取利润，这可以看作是一种"以生产者为导向"的营销观念；后一类观念的出发点是市场需求，是以买方即目标顾客及其需求为中心，以整体市场营销为手段，集中企业的一切资源，安排适当的营销组合策略，目的是通过满足目标顾客的需要来获取利润，这可以认为是一种"以消费者（顾客）为导向"或称"市场导向"的营销观念。

由于社会生产各个行业的生产力发展水平不同，各种产品的社会供求状况不同，企业的规模大小不同，高层管理人员的价值取向和经验判断也有区别，因而同一时期不同的企业往往会有不同的营销观念。从理论上讲，为了更好地满足社会消费的需要，一方面要求生产紧随消费，按照市场上反映出来的、尚未得到满足的消费需求去组织生产，"以销定产"，不断开拓新产品，满足顾客需要；另一方面也要求生产走在需求的前面，以科技进步为契机去挖掘潜在的需求，创造新的消费需求，并开发出符合这种需求的新产品去引导消费、丰富消费、提高消费和创造市场。

四、现代市场营销观念的新领域

（一）服务型营销观念

服务型营销也称有形商品的无形性营销。该观念认为，在当今科学技术相当普及及信息快速传播的条件下，不同企业生产的同类或近似产品，其设计、制造水准已不相上下，使得一些有形产品其有形部分的属性如品质、功能和特性等方面的差异较小。顾客对商品的判断和选择，主要不再单单依据商品的有形属性，而在相当大的程度上取决于其无形属性的一面。顾客之所以购买某企业的产品，在一定程度上取决于企业能否提供更优质的服务。即企业"如何提供商品""如何服务顾客"。服务营销将企业间的竞争引向更高层次的竞争领域。未来的市场竞争，就是"优质产品+优质服务"的竞争。因此，服务营销将越来越显示出它的重要意义。服务相对于商品、资金及经营设施等硬件要素来讲，可塑性、

可控性更强。企业不仅可以通过加强质量保证服务，改善售前、售中、售后服务的方式和质量，恪守交货信用等，努力提高企业服务顾客的水平，更重要的是，各企业完全可以结合自己的情况，采取不同的方法、形式和手段，以更好地服务顾客。例如，目前普及的太阳能热水器，各厂家的设计、质量没有太大的差别，但售后服务却能体现一个企业真正的实力，如果产品出现质量问题，售后服务不到位会影响顾客的正常使用，再好的产品也会无人问津。

（二）包装型营销观念

中华民族的服装文化源远流长，并一直为世界所称道。可是，在注重人的穿着的同时，却不注意产品的打扮。中国包装技术协会披露：我国每年因包装不善造成的损失高达500多亿元。包装被誉为"无声的推销员"，尤其当人们对某产品不太熟悉时，人们的第一印象就是产品的包装。在超市，人们往往根据包装来选购商品。精美的包装会使产品身价倍增，消费者愿意付出高价购买。包装的完善不仅扩大了销售，还减少了商品损耗，提高了经济效益。在包装决策中，首先，要决定产品包装的主要功能，如保护商品使用价值、宣传商品和美化商品，给消费者带来附加利益、增加商品价值等；其次，再根据实现这些功能的特定要求，决定实施采用何种包装策略，采用何种包装材料、颜色、形状和尺寸等。有人在美国做了一番市场调查：我国优质的商品在美国市场上只卖到二等价钱，而来自印度尼西亚、泰国、巴西和中国台湾的三等低质商品都卖上了一等的好价钱。结果表明，中国商品败在了包装上。中国的商品虽然选用上等材料，但制作工艺较为粗糙，再加上劣质包装，被美国人称作"一等原料，二等产品，三等包装"，只能卖低等价钱了。一些精明的外国商人花费极低价钱买下中国商品，撕去劣质包装，换上漂亮的包装，如此这般经过一番精心打扮后，商品价格会上涨几倍乃至几十倍，本来应该由中国人赚的钱，却轻易地流进了外国人的腰包。

（三）关系型营销观念

关系营销是20世纪80年代末在西方企业界兴起的，它以管理企业的市场关系为出发点，核心思想是建立发展良好的关系，使顾客保持忠诚。该观念认为，建立有利的商业关系需要企业与顾客及其他利益相关人（包括供应商、分销商及其他合作者）之间，建立相互信任的关系，强调不仅要争取顾客和创造市场，更重要的是维护和巩固已有的关系。关系营销特别适合于生产者市场及第三产业部门的营销，其主要内容是对消费者进行科学的管理，而方法则灵活多样，如可以借助计算机建立消费者数据库，以使企业准确了解用户的有关信息，使产品能得以准确定位，同时使企业促销工作更具有针对性，从而提高营销效率。运用数据库与消费者保持紧密联系，无须借助大众传媒，比较隐秘，不易引起竞争对手的注意。此外还可建立顾客俱乐部、顾客信用卡、会员卡制度及对关键顾客专门设立关系经理等方式，进行消费者管理。

（四）文化型营销观念

文化营销就是从特定的文化背景中寻求新的创新，在营销活动中巧妙地融进生活中的文化现象和形式，从而提高商品的文化含量，增加商品的文化附加值，创造营销机会。其实质在于，与消费者情感的沟通和价值观、审美观的融合，因而是一种软营销。它是市场环境下的营销思想、营销价值观及营销手段综合运用而体现出的一种商业文化现象。文化营销通常是从产品（如品牌名称、商标、包装等）、促销渠道或环境等方面，挖掘自身所特有的文化资源，营造出独特的文化氛围。在我国市场经济体制的建设和发展过程中，企业既需要积极地学习接受现代西方的文明成果，掌握现代市场营销、市场竞争的观念，同时又必须坚持从我国的民族文化底蕴中吸取营养，唯此才能做到"洋为中用、古为今用"，促进我国企业市场营销理论和实践的发展。不仅如此，坚持民族文化为本，也有利于我国企业参与国际市场竞争，如"孔府家酒"，正是凭着"孔府"二字所包容的巨大文化内涵，大大提高了其品牌的文化含量，取得了国际、国内市场营销的巨大成功。

（五）生态型营销观念

绿色营销是社会经济发展到一定阶段的产物，是未来世界市场营销的主流，许多企业为了自身的利益，往往会出现浪费能源、污染环境以及损害消费者长远利益等现象。例如，清洁剂虽满足了人们洗涤衣服的需要，但同时却严重地污染了江河，大量杀伤鱼类，危及生态平衡。那些被丢弃的一次性快餐饭盒、大量塑料包装袋等，被称作是"白色垃圾"，也是造成环境污染的原因之一。现在，许多发达国家禁止生产的产品，逐渐向发展中国家转移，这与发达国家新的营销观念不无关系。为了改变这种状况，企业应树立生态营销观念。这就要求企业在以优质的产品、合理的价格进行促销的同时，还应注意环境保护，维护生态平衡，确保人们所使用产品的安全、卫生、方便。这样，才能进一步满足消费者的需求与欲望，达到扩大销售、增加利润的目的。

（六）创新型营销观念

创新营销观念是西方创新学说发展的产物，但由于以往多使用"技术创新"，使"创新"这一概念被蒙上了一层神秘的色彩。事实上，技术创新、营销创新和管理创新三者并存、并重，而且随着产业的成熟（市场饱和），营销创新更为重要，"不创新，则灭亡"。营销创新的关键是市场。创新的成功不取决于它的新颖度、科学内涵和灵巧性，而取决于它在市场上的成功。营销创新的核心是市场导向，其关键就在于了解市场、诱导市场和开发市场。其内容包括市场开发、产品创新（产品本身特性的变化）、营销组织创新和营销手段创新（如分销渠道、促销方式、定价策略）等方面。著名的皮尔·卡丹在开拓日本市场、中国市场之初，曾引起同行讥笑，但正是因其捷足先登的创新营销，最终取得了成功，并在世界服装领域牢固地树立了领先地位。营销创新观念对于那些运营成功的企业尤为重要。只有树立营销创新观念，锐意进取，才能使企业在日益激烈的市场竞争中充满生机和活力，永葆青春。

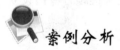
案例分析

一家美国鞋业公司派职员 A 到一个非洲国家去了解公司的鞋能否在那里找到销路。一个星期后，这位职员打电话回来说："这里的人不穿鞋，因而这里没有鞋的市场"。之后，鞋业公司总经理决定派职员 B 到这个国家，对此进行仔细调查。一星期后，B 打电报回来说："这里的人不穿鞋，但是这里有一个巨大的市场"。鞋业公司总经理为弄清情况，再派职员 C 去了解这个问题。两星期后，C 打电话回来说："这里的人不穿鞋子，然而他们有脚疾，穿鞋对脚会有好处，无论如何，我们必须在教育他们懂得穿鞋如何有益方面花费一笔钱。我们在开始教育前必须得到部落首领的合作。这里的人没有什么钱，但是他们生产着我未曾尝过的最甜的菠萝。我估计公司鞋的潜在销售量在 3 年以上，因而我们的一切费用包括推销菠萝给一家欧洲超级市场联号经营的费用，都将得到补偿。总算起来，我们还可赚得垫付款 20%的利润。因此我认为，我们应该毫不迟疑地去干"。

鞋业公司 A、B、C 三个职员，他们的职位不一样，所接触的事自然也不一样，他们的价值观也不同，就如同你要一个只是坐在办公室里的普通员工去分析公司未来的走向一样。正因为他们的价值观、世界观不同，所以他们看待事情的角度也是不同的。职员 A 认为非洲国家的人没有穿鞋的习惯又怎么会去买鞋；职员 B 从推销的角度去看，认为非洲国家是一个潜在的巨大市场，他的目的是只把东西推销出去；职员 C 不仅看到了潜在的市场，并分析其中的风险与机遇，最后得出一个比较理想的结论。

 营销实训项目

一、实训目标

通过实训，使学生具有运用市场概念和市场特征分析营销市场的能力，并运用现代营销观念指导市场营销实践。

二、实训内容和操作步骤

（一）技能训练

（1）用营销的观念分析下面这个杜撰的故事

某公司创业之初，为了选拔真正有效能的人才，要求每位应聘者必须经过一道测试：以比赛的方式推销 100 把奇妙聪明梳，并且把它们卖给一个特别指定的人群——和尚。

许多人都打了退堂鼓，但还是有甲、乙、丙三个人勇敢地接受了挑战……一个星期的期限到了，三人回公司汇报各自的销售实践成果，甲只卖出一把，乙卖出 10 把，丙居然卖出了 1 000 把。同样的条件，为什么结果会有这么大的差异呢？公司请他们谈谈各自的销售经过。

甲说，他跑了三座寺院，受到了无数次和尚的臭骂和追打，但仍然不屈不挠，终于感动了一个小和尚，买了一把梳子。

乙去了一座名山古寺，由于山高风大，把前来进香的善男信女的头发都吹乱了。乙找到住持，说："蓬头垢面对佛是不敬的，应在每座香案前放一把木梳，供善男信女梳头。"住持认为有理。那庙里共有 10 座香案，于是买下了 10 把梳子。

丙来到一座颇负盛名、香火极旺的深山宝刹，对方丈说："凡来进香者，多有一颗虔诚之心，宝刹应有回赠，保佑平安吉祥，鼓励多行善事。我有一批梳子，您的书法超群，可刻上'积善梳'三字，然后作为赠品。"方丈听罢大喜，立刻买下了1 000把梳子。

更令人振奋的是，丙的"积善梳"一出，一传十，十传百，朝拜者更多，香火更旺。于是，方丈再次向丙订货。这样，丙不但一次卖出了1 000把梳子，而且获得了长期订货。

（2）某日，一位姓李的顾客来到某服装店，将该服装店所有衣服都试穿了一遍，然后告诉店老板说，没有一件服装适合自己。这时老板说："你是来买衣服呢，还是寻开心呢？今天你不买也得买，否则你休想走出我的店门。"李姓顾客迫于无奈，只好买了一件衣服走出服装店。如果你是老板会怎样做？

（二）职业能力开发

1．开发学生的市场调研能力
- 目标

帮助学生理解营销市场的观念。
- 内容

调查商店顾客的流量及购物情况。
- 步骤

（1）把班级每5位同学分成一组，并确定1名负责人。
（2）每组选择一个小店，进店等待半小时。
（3）统计进出小店顾客数、购买商品数量和金额。
（4）观察顾客购买商品的行为，分析其心理。
（5）分析商店销售额与顾客人数、购买力和购买欲望之间的关系。

2．开发学生的产品开发与管理能力
- 目标

帮助学生理解消费者需求的概念。
- 内容

给某牙膏厂改进牙膏质量提出建议。
- 步骤

（1）老师提出为什么使用该品牌牙膏的问题。
（2）班级同学按自然学习小组围绕老师提出的问题进行讨论。
（3）组长引导同学拓宽思路。
（4）就同学讨论的共性问题进行归纳。
（5）就产品名称、品质、功能、包装、价格和促销等问题向某牙膏厂提出合理化建议。

3．开发学生的价格制定与调整能力
- 目标

帮助学生掌握和理解商品价格的功能。
- 内容

涨价带动了销售。
- 步骤

（1）老师讲述一个市场现象：2007年7月，市场方便面价格上涨20%～40%，部分地区出现抢购方便面风潮。

(2) 引导同学分析涨价为什么会出现抢购方便面风潮。

(3) 老师对同学的分析进行归纳。

(4) 结论：市场营销人员善于在政策法律允许的范围合理运用价格机制开展营销活动。

4. 开发学生的销售促进能力

● 目标

帮助学生促进销售措施的理解。

● 内容

网上广告引起你的购买欲望了吗？

● 步骤

(1) 同学们分组收集相关的广告资料。

(2) 哪些广告引起了你的购买欲望，为什么？

(3) 撰写一篇体会文章。

营销实践练习

一、单项选择题

1. 市场营销的核心是（　　）。
   A. 生产　　　　B. 分配　　　　C. 交换　　　　D. 促销
2. 从营销理论的角度而言，企业市场营销的最终目标是（　　）。
   A. 满足消费者的需求和欲望　　　B. 获取利润
   C. 求得生存和发展　　　　　　　D. 把商品推销给消费者
3. 当买卖双方都表现积极时，我们就把双方都称为（　　），并将这种情况称为相互市场营销。
   A. 市场营销者　　　　　　　　　B. 相互市场营销者
   C. 生产者　　　　　　　　　　　D. 推销者
4. 营销理论的基础是（　　）和价值实现论。
   A. 价值来源论　　　　　　　　　B. 生产目的论
   C. 交换目的论　　　　　　　　　D. 消费者主权论
5. 从管理决策的角度研究市场营销问题时，其研究框架是将企业营销决策分为目标市场和（　　）两大部分。
   A. 宏观环境　　　　　　　　　　B. 微观环境
   C. 企业不可控因素　　　　　　　D. 营销组合

二、多项选择题

1. 市场营销理论在中国的传播和发展大致有以下几个阶段（　　）。
   A. 20世纪三四十年代的首次引入　　B. 1978—1985年的再次引入

  C. 1988—1992 年的应用和发展　　　　D. 1985—1992 年的传播和应用
  E. 1992 年以来的发展和创新
2. 按照管理大师彼得·德鲁克的说法，企业的基本职能是（　　　）。
  A. 生产　　　　B. 组织　　　　C. 市场营销
  D. 创新　　　　E. 控制
3. 企业未能全面贯彻市场营销职能的原因主要有（　　　）。
  A. 外部环境的制约和影响
  B. 企业各部门因认识差异而相互抵制
  C. 企业组织和成员接受营销观念有一个过程
  D. 企业管理者和员工常把营销等同于推销和广告
  E. 企业顺利成长时极易忘记营销原则和理论
4. 宏观市场营销（　　　）。
  A. 从社会总体交换层面研究市场营销问题
  B. 以社会整体利益为目标
  C. 是一种企业的社会经济活动过程
  D. 目的是求得社会生产与社会需要的平衡
  E. 考虑的是个别企业与消费者利益的增长
5. 市场营销学的研究方法很多，主要有（　　　）。
  A. 传统研究法　　　B. 数量研究法　　　C. 管理研究法
  D. 历史研究法　　　E. 系统研究法

三、判断题

1. 从营销理论的角度看，市场就是买卖商品的场所。（　　）
2. 在组成市场的双方中，买方的需求是决定性的。（　　）
3. 市场营销就是推销和广告。（　　）
4. 消费者之所以购买商品，根本目的在于获得并拥有产品本身。（　　）
5. 市场的发展是一个由消费者（买方）决定，而由生产者（卖方）推动的动态过程。
（　　）

四、案例分析题

  与外商做生意，当然想赚钱。可是，有的时候又不能不亏损。湖南郴州玻璃厂就亏损过两次，而且是"心甘情愿"亏损。

  1990 年下半年，香港联豪电子有限公司与韩国一家公司联合做一笔玻璃生意。联豪公司魏先生与玻璃厂取得联系，要求该厂提供 5 毫米和 3 毫米两种规格的白色浮法玻璃，其中 3 毫米的要 10 万平方米。当时该厂只生产 5 毫米的玻璃，3 毫米的不能生产，怎么办？厂长唐清生想，与外商建立联系不容易，便爽快地答应下来。该厂自己没货便贴钱从广东买了货供给魏先生，魏先生知道后，非常感激，他在深圳对该厂厂长说："你们厂真讲信用，今后愿意与你们多合作，订货优先考虑你们的，如果你们自己干不出来就讲一声，不要为难。"他当即又向该厂订货，一订就是半年。从 1991 年 5 月起，每月要货 13 个车皮，总金额500多万元,这一次,该厂在价格上比国内要高,赚回的钱大大超过了所亏损的钱。另一笔亏损生意是同埃及客商做的。1990年12月,由海南裕华公司牵线,该厂与埃及洲际贸易公司总经理阿里先生谈成一笔生意。由该厂通过裕华公司向阿里先生销售10万平方米茶色玻璃,商定在1991年3、4、5月份三次交货。然而在执行合同的过程中,海湾战争爆发了,海运保险费一下子涨了300%。这意想不到的变化给阿里先生增加了困难,裕华公司也感到很为难。但是为了使阿里先生减少损失,并使产品打入埃及市场,该厂决定承担海运保险费增加部分的一半,因此补贴了4万元,另一半由负责经营的裕华公司承担,这批货4月中旬抵达埃及亚历山大港,阿里先生十分满意。从这以后,阿里先生与该厂的关系密切了,他于1991年4月到长沙与该厂负责人见面,一次订货20万平方米,4、6、8、10毫米的规格都要,生意做得更大了。现在阿里先生成了该厂在埃及及中东地区的代理商。目前,该厂的产品除了销往韩国、中东地区之外,还销往泰国、越南和中国港澳等地。国内市场也供不应求。往往是今天玻璃刚生产出来,明天客户就运走了,工厂成了实实在在的无库存工厂。

问题:

(1)郴州玻璃厂"心甘情愿"两次做赔本生意属于何种市场营销观念?有何启示?

(2)郴州玻璃厂营销观念的运用有什么局限性?为什么会有这样的局限性?

(3)关于郴州玻璃厂的营销观念,你有什么改进建议?

第二章　市场营销环境分析

 案例导入

巨人集团曾经是我国民营企业的佼佼者，一度在市场上叱咤风云，该企业以闪电般的速度崛起后，又以流星般的速度迅速在市场上陨落了。这样一家资产实力雄厚、年产值号称数十亿的企业破产，究其原因，管理层的决策失误是很重要的一个方面。

该企业在 1993 年以前，其经营状况是非常乐观的，但是在 1993 年国家有关进口电脑的禁令一解除，国外众多超重量级选手蜂拥进入我国市场，一些头脑理智的企业纷纷压缩规模调整结构，可巨人集团的管理层急于寻求新的产业支柱，轻易迈出了经营房地产和保健饮品的多角化经营的脚步。而当时巨人集团的资金明显不足，又没有得到银行等金融机构的资金支持，没有实力同时在两个全新的产业展开大规模投入。

到了 1994 年，巨人集团管理层已经意识到集团内部存在以下种种隐患：创业激情基本消失了；出现了大锅饭现象；管理水平低下；产品和产业单一；开发市场能力停滞。但管理层偏偏就回避了企业内部产权改造及经营机制重塑的关键问题，想通过再一次掀起的发展和扩张热潮，将企业重新带回到过去辉煌的时期。在保健饮品方面大规模投入，这样的投入带来了短暂的效益，可很快企业的问题就暴露无遗：企业整体协调乏力、人员管理失控、产品供应链和销售链脱节等。针对这些问题，企业管理层进行了整顿，但是未能从根本上扭转局面，最终全线崩溃。

巨人集团总裁史玉柱在检讨失败时曾坦言：巨人的董事会是空的，决策是一个人说了算。决策权过度集中在少数高层决策人手中，尤其是一人手中，负面效果同样突出。特别是这个决策人兼具所有权和经营权而其他人很难干预其决策，危险就更大。

总结巨人集团失败的经验教训，其计划过程失控也是主要原因，主要表现在：计划动因不明确；计划非理性，试图超越规范；过程失控，如计划制定较为粗放，计划执行过程中缺乏必要的反馈与检讨，计划柔性不足，在市场状况即企业经营状况发生变化时缺乏对策，企业原有经营管理模式及经营管理层的经营理念与计划不匹配，人才的压力也是导致计划失控的原因之一等。

案例来源：https://wenku.baidu.com/view/6d707e10cc7931b765ce150f.html

第一节　市场营销环境概述

一、市场营销环境的含义

任何企业都存在于一定的环境中，这种环境实质上是一种社会的"生态环境"。在分

析营销环境时，要明确环境是客观存在的，它不以主体的意志为转移。企业和企业管理人员必须认识环境、适应环境，进而利用环境、改造环境，放大环境给经济活动或者营销活动所带来的有利影响，缩小其带来的不利影响。那么，什么是市场营销环境呢？美国著名的市场学家菲利普·科特勒所下的定义为："企业的营销环境是由企业营销管理职能外部的因素和力量组成的。这些因素和力量影响营销管理者成功地保持和发展同其目标市场顾客交换的能力。"也就是说，市场营销环境是指在营销活动之外，能够影响营销部门发展并保持与目标顾客良好关系的能力的各种力量和因素体系。或者说，市场营销环境就是指影响企业与其目标市场进行有效交易能力的所有行为者和力量。因此，对环境的研究是企业营销活动的最基本课题。

市场营销环境是一个多因素、多层次而且不断变化的综合体。概括地说，企业市场营销环境具有以下特点。

（一）客观性

客观性是市场营销环境的首要特征。构成营销环境的因素是多方面的，它的存在并不以营销者的意志为转移，并且每一个因素又都随着社会经济的发展而不断变化。这就要求企业不断调整营销策略，以顺应环境因素和条件的变化。如果企业主观臆断某些环境因素及其发展趋势，就会造成盲目决策，使企业在市场竞争中遭受失败。

（二）差异性

市场营销环境的差异性不仅表现在不同企业受不同环境的影响，而且同样一种环境因素的变化对不同企业的影响也不相同。由于市场环境因素对企业作用的差异性，导致企业为应付环境的变化所采取的营销策略各有其特点。

（三）关联性

市场营销各个环境不是孤立的，而是相互联系、相互渗透、相互作用的。环境本身是一个体系，不管是国家的政策法规、宏观经济走向，还是地区经济发展水平、自然条件、文化风俗，都会综合在一起对市场营销活动发生作用。这种作用带来的营销活动产生的结果一般无法详细区分某一环境因素的影响所占的比例，只能大致区分出主要因素和次要因素。

（四）复杂性

企业面临的市场环境的复杂性，表现为各个环境因素之间经常存在着矛盾关系。例如，随着我国居民生活水平的不断提高，汽车消费已经成为一个新的消费热点，近几年汽车产业的发展也非常迅速，国外品牌纷纷在内地建厂生产，国内汽车生产厂家也不断开发出新产品，抢占市场。但是客观存在的道路设施落后、石油价格不断上涨以及给环保带来的诸多问题，使企业不得不作进一步权衡，在对现存资源有效利用的前提下去开发新产品。有时，企业向社会提供产品或劳务还必须在各项法律法规要求与消费者需求之间做出选择，既要利用现有的物质、技术条件去创造和满足社会需求，又要使企业的行为与政策、法律及管理部门的要求相符合。

（五）动态性

市场营销环境是在不断发生变化的，主要表现为两个方面：一是由于关联性影响，一种环境因素的变化会导致另一种环境因素随之变化；二是每个环境内部的子因素发生变化也会导致环境因素变化。尽管根据其变化程度的不同，可以分为较稳定的环境、缓慢变化的环境和急剧变化的环境，但变化是绝对的。例如，顾客的消费需求在变、宏观产业结构在调整等，从总体上看，变化的速度呈现不断加快的趋势。每一个企业都与周围环境的各种力量保持着一种微妙的平衡关系。一旦环境发生变化，平衡被打破，企业必须积极地反应和适应这种变化，否则就会被市场淘汰。

（六）不可控性

相对于企业内部管理机能，如企业对自身的人、财、物等资源的分配使用来说，营销环境是企业外部的影响力量，企业不能控制它，只能适应它。对于市场营销环境中的绝大多数单个因素，企业也不能控制，至多能在基本适应上施加一些影响。例如，无论是直接环境中的消费者需求特点，还是间接环境中的人口数量，都不可能由企业来决定。但是企业通过本身能动性的发挥，如调整营销策略、进行资源整合、引导消费热点等，可以对某些环境因素施加影响，以使环境出现自身所希望看到的局面。

二、市场营销环境的分类

按照不同的分类标准，可以将市场营销环境进行不同的分类。

（一）内部环境和外部环境

1. 内部环境

内部环境是指对企业的营销活动乃至整个企业的应变能力、竞争能力发生影响的企业可以控制的各种内部因素。如企业的生产、采购、研发、财务等制度和管理层级模式。

2. 外部环境

外部环境是指对企业的营销活动发生影响的企业难以控制和改变的各种外部因素。如目标顾客、商业法规和同业竞争者等。

（二）直接环境和间接环境

1. 直接环境

直接环境是指与企业的营销活动有着直接联系并对其产生直接影响的各种企业内外部环境因素。

2. 间接环境

间接环境是指对直接环境发生影响并进而影响企业营销活动的某些企业外部环境因素。

（三）微观环境与宏观环境

1. 微观环境

微观环境主要由企业的资源供应者、营销中间人、顾客、竞争者、社会公众和企业内部环境等方面的基本因素构成，它实际上就是对企业的营销活动发生影响的直接环境。

2. 宏观环境

宏观环境主要由人口环境、经济环境、政治环境、自然环境、科学技术环境和社会文化环境等方面的基本因素构成，它实际上就是对企业的营销活动构成影响的间接环境。但是，并不能排除宏观环境中的某些因素会对企业的营销活动产生直接的影响。

（四）国内环境与国际环境

对企业的营销活动发生影响的因素，不仅有国内环境因素，而且还有国际环境因素。随着经济全球化的趋势日益明显，单个国家的经济发展不可能离开全球贸易网络和金融体系。一国的开放程度越高，其国民经济与国际经济联系的程度就越紧密。企业进入国际市场的范围越广、程度越深，国际环境因素对企业营销的影响就越大。中国加入WTO之后，国际环境因素成为越来越多的企业在管理营销活动时考虑的一个重要方面，越来越受到企业的重视。

三、市场营销环境与企业营销的关系

市场营销环境与市场营销一样，都在不断完善和发展中。20世纪初，西方的企业仅将销售市场作为营销环境。到了30年代以后，又把政府、工会和竞争者等对企业有利害关系的对象看作环境因素。进入60年代，西方企业家又把自然生态、科学技术、社会文化等作为重要的环境因素。70年代以来，随着资本主义国家政府对经济干预力度的加强，西方企业家开始重视对政治、法律环境的研究。这种对市场营销环境研究不断扩大的过程，国外市场学称为"企业的外界环境化"。80年代后期至90年代，企业家普遍认识到环境对企业生存和发展的重要性，因而将对环境的分析、研究作为企业营销活动最基本的课题和出发点。

现代市场营销学认为，企业营销活动成败的关键，就在于企业能否适应不断变化着的市场营销环境。由于生产力水平的不断提高和科学技术的进步，当代企业外部环境的变化速度，远远超过企业内部因素变化的速度。以我国为例，改革开放以来，营销环境发生了很大的变化，物质产品的数量和种类极大丰富，卖方市场逐渐转化为买方市场。从消费者的角度来看，对产品的要求也更多地体现为质量和个性化。也就是说，消费者的消费心理正趋于成熟。这些无疑对企业的营销行为产生了最直接的影响。因此，企业的营销活动必须适应环境的变化，不断地调整和修正自己的营销策略，"适者生存"既是自然界演化的法则，也是企业营销活动的法则，如果企业不能很好地适应外界环境的变化，则很可能在竞争中失败，从而被市场所淘汰。

当然，强调企业对所处环境的反应和适应，并不意味着企业对于环境是无能为力或束手无策的，只能消极被动地改变自己以适应环境，而是应从积极主动的角度出发，能动地去适应营销环境。也就是说，企业既可以以各种不同的方式增强适应环境的能力，避免来自营销环境的威胁，也可以在变化的环境中寻找自己的新机会，并在一定的条件下转变环境因素。或者说运用自己的经营资源去影响和改变营销环境，为企业创造一个更有利的活动空间，然后再使营销活动与营销环境取得有效地适应。现代营销理论告诉我们，企业对营销环境具有一定的能动性和反作用，它可以通过各种方式如公共关系等手段，影响和改变环境中的某些可能被改变的因素，使其向有利于企业营销的方向变化，从而为企业创造良好的外部条件。美国著名市场学者菲利普·科特勒正是针对这种情况，提出了"大市场营销"理论。该理论认为，企业为了成功地进入特定市场或者在特定市场经营，应用经济的、心理的、政治的和公共关系的技能，赢得若干参与者的合作。科特勒举例说，假设某家百货公司拟在美国某城市开设一家商店，但是当地法律不允许你开店，在这种情况下，你必须运用政治力量来改变法律，才能实现企业的目标。"大市场营销"理论提出企业可以运用能控制的方式或手段，影响造成营销障碍的人和组织，争取有关方面的支持，使之改变做法，从而改变营销环境。这种能动的思想不仅对开展国际市场营销活动有重要指导作用，对国内跨地区的市场营销活动也有重要意义。因此，营销管理者的任务不但在于适当安排营销组合，使之与外部不断变化的营销环境相适应，而且要积极地、创造性地适应和改变环境，创造或改变目标顾客的需要。只有这样，企业才能发现和抓住市场机会，因势利导，在激烈的市场竞争中立于不败之地。

总之，只有加强市场营销环境的分析和研究，才能使企业制定正确的经营计划和营销策略；才能生产适销对路的商品，满足消费，指导消费；才能使企业增强活力，在竞争中处于有利的地位，不断地提高经济效益。

第二节　市场营销的微观环境

市场营销的微观环境，涉及企业内部环境因素、市场营销渠道企业、顾客、竞争者和社会公众等多个方面。这些方面或构成企业营销的内部基础，或与企业形成协作、服务、竞争和监督等关系，直接影响着企业的竞争能力、应变能力以及为目标市场服务能力的形成等情况。

一、企业内部的环境因素

企业的营销部门不是孤立的，面对企业的许多其他职能部门，在制订和实施营销计划时必须考虑其他部门的意见，争取其他部门的配合，处理好同其他部门的关系。根据国内外经验，处理好企业内部的各种关系和矛盾，有两条基本途径可以借鉴：一是通过建立独立的现代销售公司，全面负责协调企业营销出现的一切矛盾。例如，江苏春兰集团、北京联想集团，在企业发展到一定阶段后，把原来的销售部门分离出来，成立专门的销售公司，全面处理营销过程中出现的一切问题，从而提高了效率，促进了企业的全面发展。二是企业委派具有强烈市场信息观念和竞争意识的高级管理人员分管销售工作，全权负责处理和协调企业内部销售部与其他部门之间的关系。

二、市场营销渠道企业

市场营销渠道企业主要是指协助本企业把产品销售给最终购买者的所有中介机构，主要有供应商、中间商、实体分配机构、营销服务机构和金融中介机构。

（一）供应商

供应商是向企业及其竞争者供应原材料、辅助材料、设备、能源和劳动力等资源的一切组织和个人，因此，供应商的资源供应能力直接影响企业的营销能力，其提供的资源的质量及售后服务，是营销企业生产高质量产品以及服务于目标顾客能力的制约因素之一。供应商所供资源的价格与数量，直接决定营销企业产品的营销成本、价格水平、市场占有率以及利润的实现程度，所以企业在选择供应商时，既要考虑资源的质量、价格，也要重视供应商在运输、信用、成本和风险等方面的组合状况。

（二）中间商

中间商是指把产品从生产者流向消费者的中间环节或渠道，一般可分为两类：买卖中间商和代理中间商。买卖中间商从生产者手里购进商品，然后转卖给其他经营者或消费者，他们对其经营的商品拥有所有权，如批发商、零售商。代理中间商替生产者寻找买主，帮助推销商品，在整个交易过程中，代理中间商始终不取得商品所有权，只按每笔交易的数额从卖方那里提取一定比例（或约定）的佣金，如经纪人、生产商代表等。中间商是联系企业和顾客的桥梁，他们的工作效率和服务质量直接影响到企业产品的销售状况。

（三）实体分配机构

实体分配机构是指帮助企业进行产品保管、储存以及运输的专业企业，包括仓储公司、汽车运输公司等机构。仓储公司主要储存和保管商品，从两个方面为企业的营销活动提供服务：一是为企业储存生产的产品；二是为企业生产所需的原材料及零部件进行保管和储存。运输公司以各种运输工具和运输方式为企业运输产品，既把产品送达目标市场，又把生产所需的生产资料运来企业。当企业建立自己的销售网络时，实体分配机构的作用就非常突出，需要实体分配机构提供时空效益的帮助。近年来，随着仓储、运输手段的多元化和现代化，实体分配机构的功能日益健全，作用日益重要。

（四）营销服务机构

在现代市场经济条件下，营销服务机构所涉及的面比较广，包括市场调研公司、广告公司、信息咨询公司等，这些机构提供的专业服务将对企业营销活动产生直接的影响，如市场调研公司通过市场调研，为企业经营决策服务；广告公司为企业产品推广进行宣传等。尽管有些企业设立有相关的部门和人员，但许多企业还是倾向于委托专业的营销服务机构来完成某些营销工作。企业在选择营销服务机构时，应当比较各服务机构的服务特色、服务质量和价格，以获取最适合自己的有效服务。

（五）金融中介机构

金融中介机构主要包括银行、信贷公司、保险公司以及能够为企业提供金融支持或降低货物购销风险的各种机构。营销企业一般都需要同一家或数家金融机构建立联系，尤其是在现代经济生活中，企业的负债经营与购销活动中风险因素的增加，使得几乎每一个企业都与金融机构保持一定的联系和业务往来。企业的资金渠道、银行的贷款利率和保险公司保费的变动，无一不直接影响着企业的整体利润水平和市场营销效果。

三、顾客

这里所说的顾客，指的是企业决定为之服务的目标市场。顾客是企业的服务对象，是企业产品和服务的直接购买者或使用者。企业营销的最终目的就是通过有效地向顾客提供产品或服务满足顾客的需求，为企业创造利润。因此，顾客是企业最重要的环境因素。顾客可以从不同角度以不同的标准进行划分，按照购买动机和类别分类，顾客市场可以分为以下五种。

1．消费者市场

为满足个人和家庭需要而购买商品和服务的市场。

2．生产者市场

生产者市场是指生产者为了进行再生产而购买产品和服务的市场。

3．中间商市场

中间商市场是指批发商、零售商等购买商品和服务以转售而获得利润的市场。

4．社会集团市场

社会集团市场是指政府机关、社会团体、部队、企业、事业单位及各种集体组织购买商品和服务的市场。

5．国际市场

国际市场是指国外买主，包括国外的消费者、生产者、中间商和政府等。

四、竞争者

任何企业在进行营销活动时，都不可避免地要遇到竞争对手的挑战。在发育健全的市场经济中，一个企业不可能垄断整个市场，即使是高度垄断的市场，只要存在需求向替代产品转移的可能性，就可能出现潜在的竞争对手。所以，企业在某一目标市场上的营销努力总会遭到其他企业类似努力的影响或威胁，这些和营销企业争夺同一目标顾客的力量就是企业的竞争者。所谓竞争者，从广义来说，是指向一企业所服务的目标市场提供产品的其他企业或个人。竞争者的范围是非常广泛的，包括现实竞争者与潜在竞争者、直接竞争者与间接竞争者、国内竞争者与国际竞争者等。从满足消费需求或产品替代的角度看，每个企业在试图为自己的目标市场服务时通常面临四种类型的竞争者。

（一）愿望竞争者

愿望竞争者是指向一家企业的目标市场提供种类不同的产品以满足不同需要的其他企业。一个消费者在一定时期往往有许多想要满足的愿望，如既想买一台电视机，又想买一台家用电脑或一辆摩托车，那么提供电视机、家用电脑、摩托车的各个企业之间就在这一部分市场上形成了竞争关系，互为愿望竞争者。

（二）平行竞争者

平行竞争者是指向一家企业的目标市场提供种类不同的产品但可以满足同一种需要的其他企业。例如，一个消费者打算通过某种形式来解决上下班的交通问题，而购买一辆自行车，或是购买一辆摩托车，或是乘公共汽车都可以满足他的这一要求，这时自行车、摩托车或公共汽车在满足交通需要上是可以相互替代的，这些产品就是所谓的相关产品。那么提供自行车、摩托车、公共交通服务的各个企业之间就在这一部分市场上形成了竞争关系，互为平行竞争者。

（三）产品形式竞争者

产品形式竞争者是指向一家企业的目标市场提供种类相同，但质量、规格、型号、款式和包装等有所不同的产品的其他企业。由于这些相同种类但不同形式的产品在对同一种需要的具体满足上存在着差异，购买者有所偏好和选择，因此这些产品的生产经营者之间便形成了竞争关系，互为产品形式竞争者。

（四）品牌竞争者

品牌竞争者是指向一家企业的目标市场提供种类相同、产品形式也基本相同，但品牌不同的产品的其他企业。由于主客观原因，购买者往往对同种同形但不同品牌的产品形成不同的认识，持有不同的信念和态度，从而有所偏好和选择，因而这些产品的生产经营者之间便形成了竞争关系，互为品牌竞争者。例如，等离子电视、笔记本电脑、数码相机等产品之间的竞争所形成的各生产商之间的关系就是互为品牌竞争者的关系。

五、社会公众

所谓社会公众，是指对一个组织实现其目标的能力有着实际或潜在利益或影响的各种社会群体。社会公众的内涵相当广泛，主要有以下七种。

（一）金融公众

金融公众指关心并可能影响企业获得资金的能力的团体，如银行、投资公司、证券经纪商和股东等。

（二）媒介公众

媒介公众指报社、杂志社、出版社、广播电台和电视台等大众传播媒介，这些组织对企业的声誉具有举足轻重的作用。

（三）政府公众

政府公众指有关的政府职能机构和部门。营销管理者在制定营销计划时必须充分考虑政府的政策、规定以及态度，与政府的主导方向一致。

（四）市民公众

市民公众指消费者组织、环境保护组织及其他群众团体。在我国，最典型的市民公众就是于1985年1月12日成立的中国消费者协会。

（五）当地公众

当地公众指企业所在地附近的居民和社区组织等，企业的营销活动必须考虑到这些主体的利益。

(六)一般公众

一般公众指与企业经营活动无关的一般消费者。企业在一般公众心目中的形象,对企业的经营和发展是非常重要的。

(七)内部公众

内部公众指企业内部的公众,包括企业的股东、董事会、经理和职工等。内部公众的态度会影响到外部社会上的公众,如果企业内部的公众对企业都没有认同感和归属感,就更不要谈去争取社会一般公众对企业的支持了。

第三节 市场营销的宏观环境

企业营销的宏观环境,涉及人口、经济、自然、政治、法律、科学技术和社会等多个方面。宏观环境的发展变化,既会给企业造成有利条件或带来发展机会,同时也会给企业的生存发展带来不利影响或造成环境威胁,企业必须密切注视宏观环境的发展变化,并注意从战略的角度与之保持适应性。

一、人口环境

人口的多少直接决定市场的潜在容量,人口越多,市场规模就越大。但仅从人口总量角度来分析,而不从质的角度进行分析,就很难找到人口总量环境对企业营销制约点的真正所在。所以,分析人口因素,除了分析一个国家或地区的总人口以外,还要研究人口的地理分布、年龄结构、性别和教育程度等因素,以便根据企业的行业优势,选择自己的目标市场。

(一)人口的规模

人口规模即总人口的数量,它是影响需求的重要因素。一般来说,人口规模越大,市场规模(指现实商品需求与潜在商品需求的总和)也就越大,需求结构也就越复杂。人口数量的快速增长促进了需求的增长和多元化,预示着市场容量与发展潜力的增大,给营销企业带来了新的发展机遇。1991年,世界人口为54亿,到2000年就达到了62亿,呈现出一种爆炸性增长趋势。但是,这种增长很不平衡,一方面,发达国家人口增长极慢,甚至出现负增长,导致这些国家市场需求增长较慢,同时需求结构发生改变,人口老龄化的趋势明显,婴儿用品市场的需求下降,而老年人用品市场需求增加,"银发市场"成为新的关注焦点,像日本就比较典型;另一方面,一些经济欠发达的国家和地区人口增长的速度却很快,全球80%的人口都在发展中国家。在人口增长的同时由于购买力没有增长,或者购买力的分布极不均衡,因此总体需求水平仍然很低。

(二)人口的结构

人口结构主要包括人口的年龄结构、性别结构、家庭结构、社会结构以及民族结构。

1. 年龄结构

年龄结构指的是一定时期人口的不同年龄构成,基本上可以将人口划分为六个年龄段,学龄前儿童、学龄儿童、青少年、25~40岁青年、40~60岁中年人和60岁以上老年人。消费者由于年龄的不同，在收入、社会阅历、生活方式和价值观念等方面存在的差异，必然会产生截然不同的消费需求和消费方式，形成各具特色的消费群体。各个国家由于人口的年龄结构各不相同，消费结构自然也千差万别。在人口结构年轻的国家（地区），对学校用品、儿童用品和娱乐用品需求量大；而在人口老龄化国家里，对医疗、生活服务、医药保健和保险等产品和服务的需求量明显占较大比重。

2. 性别结构

性别结构指的是由于男女性别上的差异，往往导致消费需求、购买习惯与行为有很大的差别。一般来说，男性粗犷豪放，喜欢刺激冒险，热爱户外运动，因而男性消费者的需求特点多为粗放型、冒险型和冲动型；女性温柔细腻，多以生活和家庭为重，因而女性消费者的需求特点通常表现为唯美型和生活型。企业了解了性别的差异，就可以针对不同性别的不同需求，开发新的产品投放市场，创造新的利润点。

3. 家庭结构

家庭结构指的是家庭是社会的细胞，也是商品采购的基本单位之一，家庭结构的变化直接影响着某些消费品的需求。一方面家庭规模小型化导致家庭总户数的增加，从而引起对住房、家具、炊具和家用电器等家庭用品消费需求总量的增加。另一方面非传统型家庭的增长意味着人们对生活方式选择的多元化，意味着家庭成员构成的简单化，进而引起家庭消费需求结构的变化。如单亲家庭就不一定需要门类齐全的家庭用品，却对小居室、小型电器、便携式家具和小包装的食品情有独钟，并可能增加娱乐、旅游等方面的消费开支。

4. 社会结构

社会结构指的是我国农村幅员辽阔，人口众多，9亿农村人口占了总人口的70%以上，是一个难以估量的大市场，有着巨大的潜力。同时，目前城市市场竞争激烈，农村市场开发还处于起步阶段。这一社会结构的客观因素决定了企业在国内市场中，应当注意以农民为主要营销对象，市场开拓的重点也应放在农村，尤其是一些中小型企业，更应注意开发价廉物美的商品以满足农村市场的需要。

5. 民族结构

民族结构指的是民族的构成不同，消费结构也会有很大差异。例如，日本是一个单一民族，几乎所有的人都是大和族。而新加坡则恰好相反，人们的民族背景各不相同。各民族在漫长的历史进程中形成了各自的民族风俗习惯，在饮食、居住、婚丧、服饰、礼仪等生活的各个方面都有其特殊的需求和消费习惯，反映到市场信息上，就是各民族的市场需求存在较大的差异。因此，营销管理者在以不同民族消费者为目标顾客时，必须考虑到民族间的文化差异，尊重民族的消费习惯，开发出具有针对性的产品，制定符合民族传统和生活习惯的营销策略。

（三）人口的地理分布

人口的地理分布是指人口在不同地区的密集程度。任何一个国家和地区，由于自然地理条件以及经济发展等多方面因素的影响，人口的分布绝不会是均匀的。人口的这种地理上的分布不均表现在市场上，体现为对消费需求的两个方面的影响：一是人口密度越大，意味着该地区人口越稠密，市场需求也就越集中；二是人口的地理分布不同，带来了消费习惯和市场需求特性的不同。随着社会经济的发展，近年来我国人口的地区间流动增强，人口迁移的规模有逐年上升的趋势。这种趋势一方面加快了我国城市化步伐，另一方面在一定程度上也改变着我国人口的地区分布状况以及不同地区的人口结构，带来了人们消费结构、消费方式和服务方式的种种变化，进而影响着企业的营销环境。

二、经济环境

经济环境是指企业市场营销活动所面临的外部社会经济条件，其运行状况和发展趋势会直接或间接地对企业市场营销活动产生影响，这种影响直接表现为社会购买力的变化。购买力是构成市场和影响市场规模大小的重要因素，而社会购买力又主要受到宏观经济态势、消费者收入水平、消费者支出模式及消费储蓄和信贷等因素的影响。下面从影响购买力的因素入手来探讨营销的经济环境。

（一）宏观经济态势

市场主体的各种经济行为都是在宏观经济的大环境下运行的，企业的营销管理也必须服从和充分考虑到宏观经济情况，宏观经济情况主要体现为经济体制和经济发展水平两个方面。

（1）在市场经济体制下，企业的一切活动都以市场为中心，市场是其价值实现的场所，因而企业必须特别重视营销活动，通过营销，实现自己的利益目标。现阶段，我国正处于计划经济体制向社会主义市场经济体制的过渡时期，两种体制并存，两种机制并存，市场情况十分复杂。一方面，通过改革，企业正在逐步摆脱行政附属的地位，具有了一定的生产经营自主权，开始真正走向市场并以市场为目标开展自己的营销活动；另一方面，企业经营机制还没有完全转变过来，政府的直接干预还严重存在，企业的生产经营活动还受到较强的控制，因而企业的营销活动在一定程度上受到制约。另外，市场发育不完善，市场秩序混乱，行业垄断和地方保护主义盛行，也阻碍了企业营销活动的开展。因此，企业要尽量适应这种"双轨"并存的局面，注意选择不同的营销策略。

（2）企业的市场营销活动要受到一个国家或地区的整个经济发展水平的制约。总体来说，经济发展水平高，人均收入高，社会购买力就大，市场营销的机会就多；反之，经济衰退，市场就会萎缩，对企业的营销活动就会造成威胁。同样的市场，在经济繁荣时期和经济衰退时期会表现出不同的市场潜量，同样的营销投入也会产生不同的销售额。此外，经济发展阶段不同，居民的收入不同，顾客对产品的需求也不一样，从而会在一定程度上影响企业的营销。例如，以消费者市场来说，经济发展水平比较高的地区，在市场营销方面强调产品款式、性能及个性化特点，品质竞争多于价格竞争；而在经济发展水平较低的地区，则侧重于产品的功能及实用性，价格因素比产品品质更为重要。因此，对于不同经济发展水平的地区，企业应采取不同的市场营销策略。

（二）消费者收入水平

消费者的购买力来源于消费者收入，所以消费者收入水平的高低制约着消费者支出的多少和支出模式的不同，进而影响着市场规模的大小。从市场营销的角度考虑消费者收入，通常可从国民收入、个人收入、个人可支配收入和个人任意支配收入四个层次进行分析。

（三）消费者支出模式

消费者支出模式又称作消费结构，是指一定时期内人们各类消费支出的比例关系。消费者的个人收入是直接影响支出模式变化的决定性因素。随着消费者收入的变化，消费者支出模式会发生相应变化。消费结构的水平和变化，反映生活方式、消费水平和消费行为的变化。消费者支出模式还受家庭生命周期和家庭所在地两个因素的影响。

（四）消费者储蓄与信贷

消费者收入通常用于现实消费和储蓄两个方面。在消费者收入既定的前提下，储蓄越多，购买力和现实消费量就越小，但潜在消费量就越大；反之，储蓄越少，购买力和现实消费量就越大，但潜在消费量就越小。在现代市场经济中，消费者的储蓄方式主要有银行存款和有价证券两种，它们大都可以随时转化为现实的购买力。影响消费者储蓄的因素除了消费者的收入水平外，还有储蓄利率、对市场物价的预期、市场商品供给状况及消费者对未来消费和当前消费的偏好程度等。随着经济发展水平的提高，消费信贷也成为消费领域一个普遍的现象。所谓消费信贷，就是指消费者凭借个人信用先取得商品使用权，然后分期归还贷款，以最终获得商品所有权。通俗地讲就是提前消费，"花明天的钱，圆今天的梦"。消费信贷主要有短期赊销、分期付款和信用卡信贷三种类型。

三、自然环境

自然环境是指企业生产经营活动中所面对的地理、气候和资源等方面的种种状况，自然环境的变化会给企业造成一些环境威胁和市场机会，所以企业在营销活动中必须重视自然环境方面的变化趋势，适时调整企业营销战略。

四、政治和法律环境

政治与法律是影响企业营销的重要的宏观环境因素。政治因素像一只有形的手，调节着企业营销活动的方向；法律则为企业规定商贸活动行为准则。政治与法律相互联系，共同对企业的市场营销活动发挥影响和作用。政治环境是指能给市场营销活动带来或可能带来影响的外部政治形势状况，主要体现为政治局势、国家政策和国际关系。

五、技术环境

科学技术是社会生产力最活跃的因素，一项科学技术的新成果会给社会生产和生活带来影响和变化，也会对企业的市场营销活动产生重大影响。20世纪90年代以后，随着计算机技术及通信技术的飞速发展，互联网在全球范围内迅速扩展，电子商务逐渐渗透到我们的日常生活中。网络营销作为一种新兴的营销方式，日益表现出传统贸易方式所无法比拟的优势。

六、社会文化环境

社会文化是人类在创造物质财富过程中所积累的精神财富的总和。企业营销既是经济活动，又是社会活动，所以客观环境中的社会文化因素对其有着重要影响，如中国的春节和西方的圣诞节，分别为两种不同文化背景下的消费高峰期。市场营销活动所面对的社会文化环境，是指能够影响人们消费方式、购买行为的价值观、审美观、风俗习惯、宗教信仰、民族文化和地域文化等习惯。

案例分析

提起国酒茅台，中国人都有一种特殊的感情。1915年，茅台酒代表中国民族工商业进军巴拿马万国博览会并获得殊荣，从此跻身世界三大蒸馏名酒行列，奠定了中国白酒在世界上的地位，亦将其自身确立为中国白酒之至尊。新中国成立后，茅台酒又被确定为"国酒"，一直处于中国白酒领头羊地位，更因其在日内瓦会议和中美、中日建交等外交活动中发挥了独特作用而蜚声海内外。改革开放后，茅台酒业获得了长足发展，自1985年至1994年又在国际上荣获多项荣誉。茅台酒厂在全国同类企业中率先跨入国家特大型企业行列。

改革开放以后，与其他许多传统品牌一样，茅台酒遇到了老牌子如何跟上飞速发展的新形势的问题。首先是如何对待产品质量。在产品质量问题上，茅台酒确定并坚持了"质量第一，以质促效"的方针。在这个方针指导下，茅台人从三个方面诠释"质量"：一是质量就是企业的长远效益。领导班子对此保持高度共识。茅台酒是世界名酒、中国国酒，1915年后，在海内外市场上一直是"奇货可居""皇帝女儿不愁嫁"，特别是在市场经济中，在茅台的金字招牌下，只要企业愿意增加产量，就意味着随时可增加效益。但是，集团党委书记兼董事长季克良和总经理袁仁国说："面对来自市场的各种诱惑，国酒人始终头脑清醒。茅台酒之所以近百年金牌不倒，创造出如此的市场信誉度，根本原因即在于其拥有卓尔不群的品质。酒是陈的香，如果目光短浅，丢掉这个根本去杀鸡取卵，无疑最终反过来会葬送企业长远效益。"二是质量先于产量、效益和发展速度。强烈的质量意识已浸入每个国酒人血脉。20余年间，茅台集团生产能力由原来每年不足千吨攀升至每年5000余吨，但是，产品必须经过5年以上的酿造窖藏周期才能出厂的规定，以及相应的质量否决制却不折不扣地得以执行。每道工序、每一环节的质量都要与国酒、"中国第一酒"的身份地位相符合。当产量、效益、发展速度与质量发生矛盾时，都要服从于质量。茅台酒厂借助于现代化的科学仪器，从辅助材料、原材料、半成品到成品；对几十个项目要做科学严密的分析检验，使每一个项目都符合产品质量要求的指标。与此同时，不丢掉在长期实践中形成和传授下来的品评茅台酒的绝招，使用"眼观色，鼻嗅香，口尝味"的传统方法，凭人的感觉器官检验产品质量。现代科学检测手段与专家品评绝招相结合，恰似给茅台酒质量检测上了双保险。三是质量的稳定和提高需要创新。茅台人很重视先进质量管理方法和手段的引进、创新。早在20世纪80年代中期，茅台酒厂就引进了日本全面质量管理办法，一改长期以来主要靠师傅把质量关的管理方法为全体员工都参与，经过全员培训，规范操作程序和操作工艺,使质量有了全面提高。继 20 世纪 80 年代中期推广了全面质量管理方法之后,20 世纪 90 年代又通过了 ISO 9000 国际标准产品和质量保证体系认证,结合企业特点建立起一套行之有效的质量检评制度。迄今,集团一直坚持每年按季度做内部质量审核,每年主动接受权威质量保证机构的审核。生产工艺基本上变成机械化、现代化的操作;同时,发挥技术中心的作用,大量更新科研管理设备,加大科技成果转化力度,为产品质量的稳定、提高,提供了坚实的基础。

从 1997 年开始,白酒市场格局发生了新的变化,形成了多种香型、多种酒龄、不同酒度、不同酒种并存,各种品牌同堂竞争、激烈争斗的格局,我国酒业的生产也进入了前所未有的产品结构大调整时期,啤酒、葡萄酒等发展迅猛,风头甚劲。一批同行企业异军突起,后来居上,产量和效益跃居同类企业前列;同时,消费者的消费习惯也发生了改变,传统的白酒生产面临着严峻的挑战。

案例来源:国酒茅台市场营销环境案例分析[EB/OL]. http://www.wenku1.com/news/A168F20F00B5A90C.html.

营销实训项目

一、实训目标

通过实训,使学生具有运用营销信息管理知识和技能分析并管理营销信息的能力,且善于分析和利用营销信息环境进行营销决策。

二、实训内容和操作步骤

(一)技能训练

(1)以某一企业为例,分析其所面临的内外部环境。

(2)调查分析近年来我国高等职业教育的发展给企业带来的市场机会。

(二)职业能力开发

1. 开发学生的调研能力

● 目标

帮助学生提高信息收集与分析能力。

● 内容

某班级同学消费水平及消费结构调研项目计划书。

● 步骤

(1)明确调研的目的。

(2)设计调查问卷。

(3)选择调研对象,进行问卷调查。

(4)对调查表进行统计分析。

(5)在调研班级随机选择 10~15 名同学访谈。

(6)撰写调研报告。

(7)老师对调研报告进行点评。

2．开发学生的产品开发与管理能力
- 目标

帮助学生对服装产品形成概念并学会鉴别。
- 内容

对服装店、时装店经营的商品进行观察、访问，指出时装的特点。
- 步骤

（1）查阅资料，明确服装与时装的产品及营销特点。
（2）在学校所在地选择一家服装店、一家时装店。
（3）进店观察、访问，并将观察访问者的信息与间接得到的信息进行比较分析。
（4）写出分析报告。
（5）老师对分析报告进行审阅点评。

3．开发学生的价格制定与调整能力
- 目标

帮助学生认识商品价格与销售量之间的关系。
- 内容

选择金银首饰与日常生活用品的定价原则。
- 步骤

（1）老师列出若干种金银首饰类商品和日常生活用品。
（2）让学生讨论这两类商品的消费群体及消费特点与规律。
（3）比较哪一类商品最适宜采取薄利多销策略，试陈述理由。
（4）老师选出两名同学在班级交流。

4．开发学生的销售促进能力
- 目标

帮助学生提高广告策划能力。
- 内容

为某一书店设计一句广告词。
- 步骤

（1）让学生详细了解书店的地理位置、经营范围及服务对象。
（2）设计一句广告词并阐明内涵。
（3）让同学相互评价。
（4）老师点评。

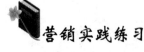

营销实践练习

一、单项选择题

1．市场营销学认为，企业市场营销环境包括（　　）。
　　A．人口环境和经济环境　　　　　　B．政治环境和法律环境

C．自然环境和文化环境　　　　　　D．宏观环境和微观环境

2．企业的营销活动不能脱离周围环境而孤立地进行，企业营销活动要主动地去（　　）。

　　A．适应环境　　B．征服环境　　C．改造环境　　D．控制环境

3．影响汽车、住房以及奢侈品等商品销售的主要因素是（　　）。

　　A．个人可支配收入　　　　　　B．可任意支配收入

　　C．个人收入　　　　　　　　　D．人均国内生产总值

4．（　　）主要指一个国家或地区的民族特征、价值观念、生活方式、风俗习惯、宗教信仰、伦理道德、教育水平和语言文字等的总和。

　　A．政治法律　　B．社会文化　　C．科学技术　　D．自然资源

5．下列（　　）因素不属于人口环境。

　　A．人口文化结构　　B．家庭结构　　C．地理分布状况　　D．家庭收入

二、多项选择题

1．下列属于市场营销环境特征的是（　　）。

　　A．客观性　　B．复杂性　　C．差异性

　　D．动态性　　E．关联性

2．企业的微观环境构成要素主要有（　　）。

　　A．资源供应者　　B．营销中间人　　C．顾客

　　D．竞争者　　E．社会公众

3．下列属于企业的宏观环境构成要素的有（　　）。

　　A．人口环境　　B．经济环境　　C．自然环境

　　D．科学技术环境　　E．社会文化环境

4．关于市场营销环境与企业营销的关系，下列说法正确的是（　　）。

　　A．企业营销活动成败的关键在于企业能否适应不断变化着的市场营销环境

　　B．当代企业外部环境的变化速度远远超过企业内部因素变化的速度

　　C．从消费者的角度来看对产品的要求更多地体现为质量和个性化

　　D．企业不可以运用自己的经营资源去影响和改变营销环境

　　E．企业的营销活动必须适应环境的变化不断地调整和修正自己的营销策略

5．市场营销渠道企业主要是指协助本企业把产品销售给最终购买者的所有中介机构，主要有（　　）。

　　A．供应商　　B．中间商　　C．实体分配机构

　　D．营销服务机构　　E．金融机构

三、判断题

1．宏观环境一般以微观环境为媒介去影响和制约企业的营销活动，因而宏观环境也称为间接营销环境。（　　）

2．宏观营销环境与微观营销环境各自独立地影响企业的营销活动。（　　）

3．面对目前市场疲软、经济不景气的环境威胁，企业只能等待国家政策的支持和经济形势的好转。（　　）

4. 在一定条件下，企业可以运用自身的资源积极影响和改变环境因素，创造更有利于企业营销活动的空间。　　　　　　　　　　　　　　　　　　　　　（　）

5. 企业可以控制宏观环境因素及其变化。　　　　　　　　　　　　　　　　（　）

四、案例分析题

山东荣成鞋厂生产了一种海蓝色涤纶塔跟鞋，很受消费者欢迎，不少用户前来订货。为了优待老客户，该厂主动给滨州市一家大商店发送了一批新产品。不久，这家商店来信要求退货。这样的热销货怎么会要求退货呢？厂方百思不得其解，便迅速派人前去调查。原来根据滨州的风俗，只有办丧事的人家，妇女才穿这种蓝色的布鞋，以示哀悼。这批布鞋款式虽新，颜色却为当地消费者所忌，因此成了"冷门货"。

吃一堑长一智。第二年春，这家鞋厂了解到即墨县一带有一种风俗，每逢寒食节，所有第一年结婚的新婚妇女都要给七大姑八大姨每人送一双鞋。于是该厂马上组织力量生产了四千双各种规格的布鞋，并赶在清明节前几天发到即墨，结果不到一天就销售一空。

问题：

（1）影响企业营销活动的宏观环境有哪些？

（2）荣成鞋厂的经营活动受到哪种宏观环境因素的影响？

（3）荣成鞋厂的两次不同遭遇说明了什么？

第三章 市场营销调研与预测

 案例导入

安徽特酒集团是我国特级酒精行业的龙头企业,全套设备及技术全部从法国引进。其主要产品是伏特加酒及分析级无水乙醇。其中无水乙醇的销量占全国的50%以上。伏特加酒通过边境贸易,向俄罗斯等苏联国家出口达到1万吨,总销售额超过1亿元。伏特加酒作为高附加值的主打产品,是安特集团利润的主要来源。但是,随着俄罗斯等苏联国家的经济形势的日趋恶化,出口量逐年减少,形势不容乐观。安特集团审时度势,决定从1998年下半年开始通过互联网进行网络营销调研,并在此基础上开辟广阔的欧美市场。集团确定了营销调研的三个方向:① 价格信息。包括生产商报价、批发商报价、零售商报价和进口商报价。② 关税、贸易政策及国际贸易数据。包括关税、进口配额、许可证等相关政策,进出口贸易数据,市场容量数据。③ 贸易对象,即潜在客户的详细信息。包括贸易对象的历史、规模、实力、经营范围和品种、联系方法等。同时还确定了网络营销调研的步骤:收集价格信息(包括生产商的报价、销售商的报价);收集关税及相关政策和数据(包括对数据库的查询、向已建立联系的各国进口商询问、查询各国相关政府机构的站点及对新闻机构的站点查询);收集各国进口商的详细信息。

安徽特酒集团利用半年左右时间,收集了以上三个方面的情报,对于世界上伏特加酒的贸易状况有了基本的了解,掌握了世界伏特加酒交易的价格走势,认清了安特牌伏特加酒所处的档次水平,也联系了上百家进口商、经销商,可以说基本上把握了国际伏特加酒市场的脉搏,圆满地完成了市场营销调研工作。这些工作为以后的网上谈判、选择代理商等网络营销工作打下了良好的基础。

案例来源:https://wenku.baidu.com/view/3773260fd1f34693dbef3e47.html

第一节 市场营销信息系统

一、市场营销信息系统的含义

(一)市场营销信息的概念及其特征

市场营销信息是指一定时间和条件下,与企业的市场营销有关的各种事物的存在方式、运动状态及其对接收者效用的综合反映。它一般通过语言、文字、数据和符号等表现出来。所有的市场营销活动都以信息为基础而展开,经营者进行的决策也是基于各种信息,而且经营决策水平越高,外部信息和对将来的预测信息就越重要。

市场营销信息作为广义信息的组成部分,除具有一般信息所具有的属性外,还具有自

己的特征，主要有以下几点。

1. 时效性强

市场营销活动与市场紧密联系在一起，信息的有效性具有极强的时间要求。这是由于作为国民经济大系统的中心位置的市场，受到错综复杂的要素的影响和制约，处于高频率的不断变化中，信息一旦传递加工不及时，就很难有效地利用。对此，日本的商业情报专家认为，一个准确程度达到百分之百的情报，其价值还不如一个准确程度只有 50%但赢得了时间的情报。特别是在竞争激烈之际，企业采取对策如果慢了一步，就会遭到覆灭的危险。

2. 更新性强

市场营销信息随市场的变化与发展处于不断运动中，这一运动客观上存在着新陈代谢。因此，市场活动的周期性并不意味着简单的重复，而必定是在新环境下的新过程。虽然新过程与原有的过程有着时间上的延续性，但绝不表明可以全部沿用原有的信息，企业营销部必须不断地、及时地收集、分析各种新信息，以不断掌握新情况，研究新问题，取得营销主动权。

3. 双向性

在商品流通中，商品的实体运动表现为从生产者向消费者的单向流动，而市场营销信息的流动则不然，它带有双向性：一面是信息的传递；另一面是信息的反馈。

4. 针对性

在市场营销过程中，要有针对性地把握好最佳消费群体的消费动态。

（二）市场营销信息系统的概念及其构成

市场营销信息系统是由人员、机器设备和计算机程序所构成的一个相互作用的连续复合体。其基本任务是及时而准确地收集、分类、分析、评价和分配恰当的、及时的和准确的市场营销信息，供市场营销决策者用于制定或修改市场营销计划，执行和控制市场营销活动。

不同企业，其信息系统的具体构成会有所不同，但基本框架大体相同。根据对市场信息系统的要求和市场信息系统收集、处理和利用各种资料的范围，其基本框架一般由四个子系统构成，如图 3-1 所示。

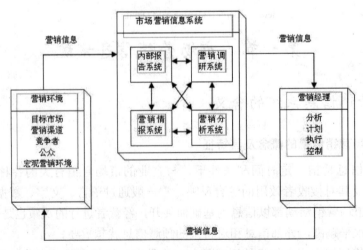

图 3-1 市场营销信息系统

1. 内部报告系统

内部报告的主要任务是由企业内部的财务、生产和销售等部门定期提供控制企业全部营销活动所需的信息,包括订货、销售、库存、生产进度、成本、现金流量、应收应付账款及盈亏等方面的信息。企业营销管理人员通过分析这些信息,比较各种指标的计划和实际执行情况,可以及时发现企业的市场机会和存在的问题。企业的内部报告系统的关键是如何提高这一循环系统的运行效率,并使整个内部报告系统能够迅速、准确、可靠地向企业的营销决策者提供各种有用的信息。

2. 营销情报系统

它是指企业营销人员取得外部市场营销环境中的有关资料的程序或来源。该系统的任务是提供外界市场环境所发生的有关动态的信息。企业通过市场营销情报系统,可能从各种途径取得市场情报信息,如通过查阅各种商业报刊、文件、网上下载;直接与顾客、供应者和经销商交谈;与企业内部有关人员交换信息等方式。也可通过雇用专家收集有关的市场信息;通过向情报商购买市场信息等。系统要求采取正规的程序提高情报的质量和数量,必须训练和鼓励营销人员收集情报;鼓励中间商及合作者互通情报;购买信息机构的情报;参加各种贸易展览会等。

3. 营销调研系统

它是完成企业所面临的明确、具体的市场营销情况的研究工作程序或方法的总体。其任务是:针对确定的市场营销问题收集、分析和评价有关的信息资料,并对研究结果提出正式报告,供决策者针对性地用于解决特定问题,以减少由主观判断可能造成的决策失误。因各企业所面临的问题不同,所以需要进行市场研究的内容也不同。根据国外对企业市场营销研究的调查,发现主要有市场特性的确定、市场需求潜量的测量、市场占有率分析、销售分析、企业趋势研究、竞争产品研究、短期预测、新产品接受性和潜力研究、长期预测及定价研究等项内容,企业研究的比较普遍。

4. 营销分析系统

它是指一组用来分析市场资料和解决复杂的市场问题的技术和技巧。这个系统由统计分析模型和市场营销模型两个部分组成,第一部分是借助各种统计方法对所输入的市场信息进行分析的统计库;第二部分是专门用于协助企业决策者选择最佳的市场营销策略的模型库。

二、市场营销信息系统的信息需求

一个企业的营销系统是由地域分散的销售部门、市场研究部门和决策机构组成的,并且由于竞争的加剧,企业必须能够及时地分辨市场环境和机遇,对客户的产品和服务需求能够及时满足,因而企业的营销信息系统是一个分布式的实时系统。同时,市场营销活动是建立在对市场的了解和分析基础上,对市场的了解需要收集、整理大量的营销信息。市场营销信息具有很强的时效性,处于不断的更新变化中,这就要求企业营销部门必须不断地及时收集各种信息,以便不断掌握新情况,研究新问题,取得市场营销主动权。通过企业营销信息系统,帮助管理者建立与企业内外部的信息连接。

营销信息可以分为内部营销信息和外部营销信息。内部营销信息主要包括有关订单、装运、成本、存货、现金流程、应收账款和销售报告等各种反映企业经营现状的信息。外部营销信息主要是指市场信息，它集中反映了商品供需变化和市场的发展趋势。主要包括以下内容。

1. 市场需求信息

市场需求信息主要由以下三个方面组成：购买力信息，它反映社会购买能力，如用户的数量与收入情况、用户的构成、用户的各种分布等；购买动机信息，它反映用户产生购买动机的各种原因；潜在需求信息，它反映用户各种偏好等的潜在需求信息。

2. 竞争信息

市场经济的一个主要特征是竞争性，竞争信息主要反映了市场竞争状况，这对于企业制定正确的经营对策具有十分重要的意义。

3. 用户信息

用户信息包括企业用户的基本情况和潜在用户的分布情况、用户的主要特点和支付能力、信用程度等方面的评价。

4. 合作伙伴信息

由于企业在生产中需要购买各种原材料和零配件，并且需要一系列的销售商来将产品推向市场，在生产过程中，还可能需要其他厂商的协助生产，因此市场营销信息系统需要原材料与零配件供应商、合作生产企业和分销商等的信息。

总之，市场营销信息系统需要收集和处理大量信息，以便对市场做出快速响应，不但要及时响应顾客的产品和服务需求，还要根据市场变化，及时调整营销策略。

三、市场营销信息系统的处理需求

市场营销信息系统具有自身特点，其建设必须满足下列需求。

（一）协作处理

营销活动的实现和营销方案的获得是通过一系列相关功能单元而实现的，处理过程本质上是多个功能单元和操作人员的协作求解过程，如对顾客订单的响应，需要销售人员、合同管理人员和生产与运输计划生成系统等共同完成。而且，决策任务常常由多项子任务组成，而每项子任务需要不同的领域知识和经验，由不同的专家或决策者承担。在营销过程中，数据库系统、专家系统、决策支持系统和人类专家等，在营销活动中发挥不同作用，如何将这些异构的功能单元集成起来，很大程度上影响着市场营销信息系统的功能和效率，也是市场营销信息系统建设中的一个首要问题。

（二）分布式系统

系统是由地域或逻辑分散的不同机构、设备和人员组成，因而造成信息、数据与知识的分布，以及处理功能的分布。营销信息来源于不同的部门、用户，分布于系统中的不同节点，通过计算机网络进行数据、信息的交换。

（三）智能化

由于市场营销信息系统所处理的数据量大量增加，其存储的信息种类、查询方式和信息处理手段等方面均面临着新的发展。从存储的信息种类来看，除了存储结构化的事实性数据，还要存储非结构化的启发性知识。从信息的查询方式来看，需要扩展严格条件匹配的单一查询方式，提供不确定性的和自然语言形式的查询方式。从信息的处理手段来看，不仅要对信息进行常规处理，而且有时需要对信息进行智能处理，如利用知识提供智能决策支持和咨询服务。对这些问题的解决，需要通过在市场营销信息系统中集成知识处理技术，为系统提供知识定义和操作功能，以及基于知识的推理能力。

第二节　市场营销调研

一、市场营销调研的概念与内容

（一）市场营销调研的概念

市场营销调研是指通过科学的方法，有目的、有计划地收集、记录、整理和分析商品供求情况及与之相关的资料，为市场经营预测提供可靠依据的一项工作。

市场营销调研有狭义和广义之分。狭义的市场营销调研是以消费者为对象，用科学的方法收集消费者购买、消费商品的实际意见、动机等有关资料，并进行分析研究。广义的市场营销调研对象不仅包括消费者，而且包括市场营销的一切活动，如商品计划、定价、销售方式、广告和包装等问题，都是调查研究的对象。因此，广义的市场营销调研是以科学的方法收集商品从生产者转移至消费者期间的一切与市场营销有关问题的资料，并进行整理和分析，为经营预测提供依据的一项工作。

（二）市场营销调研的内容

由于在目的、范围及侧重点上都有所不同，宏观市场营销调研与微观市场营销调研在内容上也略有区别，但两者又是相辅相成的，为阐述的方便，这里把它们放在一起做综合分析，并主要从微观角度去进行探讨。市场营销调研包括市场营销调查、市场营销研究和市场营销预测三个环节，就具体情况而言，市场营销调查与市场营销预测的内容会有所不同，但就市场调研这一系列活动而言，其工作程序既然有继起性，其内容也就有一致性。市场营销研究与市场营销预测都是以市场营销调查为前提，因而这三个环节的对象和内容也就必然是一脉相承的，其数据也是统一的。

1．市场营销需求状况的调研

市场营销需求由购买者、购买欲望和购买能力组成。购买者是需求的主体，是需求行为的实施者；购买欲望是需求的动力，是产生需求行为的源泉；购买能力是需求的实现条件，是需求行为的物质保障，三者共同构成了需求的实体。对市场营销需求状况的调研主要包括：人口情况调研；社会购买力情况调研；社会消费构成情况调研；社会消费习惯情况调研；储蓄额情况调研；耐用消费品社会保有量情况调研。

2．市场营销供应状况的调研

市场营销供应由商品及商品经营者组成。商品是供应的客体，商品经营者是供应的主体。这两部分共同构成了市场供应的实体。对市场供应状况的调研主要包括：社会商品可供量情况调研；社会商品储备情况调研；进出口商品情况调研；同行其他企业情况调研。

3. 生产变更情况的调研

对生产变更情况的调研是市场供应情况调研的一种必要补充。商品生产是市场供应的物质基础，对商品生产变更情况的调研是了解商品资源情况的基本手段，主要包括：商品生产投资变化调研、商品生产质量要素变化调研和新产品投产情况调研。

4. 市场营销宏观环境状况的调研

对市场营销宏观环境状况的调研主要包括政治环境调研、经济环境调研、技术环境调研和文化环境调研。

二、市场营销调研的步骤与方法

（一）市场营销调研的步骤

市场营销调研的步骤由三个阶段工作内容构成。第一阶段是预备调研阶段，第二阶段是正式调研阶段，第三阶段是调研结果处理阶段。每一个阶段又包含若干个具体步骤。

1. 预备调研阶段

这一阶段所要做的工作包括确定调研的主题；进行情况初步分析，即进行非正式调研。确定调研主题，就是要明确企业在营销活动中存在的问题。因为市场调研的根本目的是寻找企业市场营销活动中存在的问题及解决办法。此外，与调研主题有关的问题可能相当广泛，涉及面广，所以必须确定调研的范围。与调研主题有关的资料很多，如企业内部资料、政府及专门机构的统计资料。调研人员在确定的调研范围内阅读一遍有关的资料，并从中摘录与调研主题有关的事项，然后进行情况的初步分析。调研人员掌握了背景资料之后，要到企业外部进行非正式调研，同有关人员接触和交流，如果所有调研的问题比较简单，在非正式调研阶段已经解决，就不必做进一步调研了。不然，就要制订正式调研方案，进行实地调研。

2. 正式调研阶段

这一阶段所要做的工作包括制订正式调研方案，进行实地调研。制订调研方案，一般要确定以下几个问题。

（1）调研目的。任何一种调研计划，首先应确定所要达到的目的。在确定目的时，应考虑为什么要调研，想要知道什么，知道后有何用处，谁想知道，向谁说明，用什么方式说明较好等。

（2）调研项目。依据所确定的调研目的考虑要调研哪几个问题，主要问题、次要问题各是什么，需要怎样的统计资料，需要设计多少统计指标和表格等。

（3）调研方法。为实现既定的调研目标，必须决定在什么地方、由什么人和以什么方式进行调研。应探讨调研地点、调研对象、被调研者数目和抽样方法等问题。首先，最重要的是确定调研总体，草拟出数种样本方案，计算出各种方案所需的经费，并决定可容许的最大样本误差。其次，要分析在什么时期调研最适当，用什么方法较经济，是做大规模调研有利还是做小规模调研有利，一次调研为宜还是重复多次调研为宜等。

（4）经费与日程计划。调研费用因调研种类不同而不同，即使同一种类调研按费用预算，也有很大弹性。因此，调研费用实际上是难以测定的，但必须严格控制。调研活动所需要的资料费、差旅费，预计需要多少可严格些，还可把调研人员的奖金、工资等也计算在内，以便考核调研活动的经济效果。在日程安排上尽量明确，调研从何时开始、何时完成以及各人各项工作的起讫时间都要明确。

3．调研结果处理阶段

这一阶段的工作包括整理分析资料和写出调研报告。整理分析资料就是要把通过调研收集到的大量资料进行整理分类，加以鉴别、筛选，然后进行分析、归纳，从而得出有事实根据的科学结论，着手编写调研报告。市场营销调研报告一般包括前言、正文和结尾三个部分。前言部分用简短文字介绍调研时间、地点、对象、范围、目的和参加人员，说明调研的主题和采用的调研方法。正文一般应包括情况部分、预测部分、建议或决策部分。调研报告的结尾一般应重申观点，加深对问题的认识。

（二）市场营销调研的方法

1．市场营销调研的基本方法

（1）普查。普查是以调研项目的市场总体为对象，是一种专门组织的全面调研。它的优点是所取得的资料全面可靠，缺点是费用较大、时间较长。这种方法适用于调研对象不多或者调研对象集中的情况，但一般来说不宜过多采用。

（2）随机抽样调研。这是一种采用随机的方法抽取若干样本从而推算总体的方法。它按照随机的原则从调研对象总体中抽取一部分个体单位作为调研对象。这种方法较节省费用和时间，能获得与全面调研相接近的结果。当调研对象总体较大或无法进行全面调研时，往往采用这种方法。随机抽样方法如表 3-1 所示。

表 3-1　随机抽样调研类型表

抽样形式	基本做法	适用情形	样本数量
简单随机抽样	通过抽签或查随机数值表，从总体中抽取事先规定好的若干样本	被调研总体不十分庞大,总体中各个体单位的同一性很高	事先规定好若干样本
分群随机抽样	把被调研总体的各相似部分,分成若干群体，然后在若干群体中进行随机抽样	适用于调研对象高度混乱的总体	事先规定好分群要求和样本数量
系统随机抽样	根据一定的抽样距离，从总体中抽取样本。距离的大小，由总体数量除以样本数量而定	适用调研总体中各群体单位同一性质情形	根据一定的抽样距离决定样本数量
分层比例抽样法 分层非比例抽样法 最低成本抽样法	各层的样本数量确定后，再用随机方法从各层中抽取样本	被调研总体中各层次同一性质的情况	根据调研需要,事先规定好分层要求和样本数量
多次分层抽样法	在一次分层的基础上，再作一次、两次及两次以上分层，然后用随机方法从各层中抽取样本	适用调研总体中层次比较复杂的对象	可先规定好分层要求和样本数量

（3）消费者固定样本连续调研。消费者固定样本连续调研是对被选出来的人或户，逐年累月地连续调研。由于每次调研的样本不变，调研反复进行，因此称为消费者固定样本连续调查。采用这种调研方法，可以迅速准确地得到消费者市场各种动向的信息。消费者固定样本连续调研，可以提供相当广泛的市场营销资料，企业就好像在市场上有了一个庞大的情报网。于是，新产品渗透情况，广告投资与购买的关系，消费者对品牌的忠诚度，消费者购买路线、购买方法、购买日期和购买率等信息，将源源不断地传输到企业中来。

消费者固定样本调研，容易得到被调研者的支持。因为调研的次数不是一次，而企业只要将调研费用编入预算，给被调研人送些样品，交往时间长了以后，调研人与被调研人之间就会逐渐建立起人际关系，故调研获得的资料也较可靠。

2. 市场营销调研的具体方法

根据调研的形式不同，可分为以下几种调研方法。

（1）市场询问调研法。这是一种用提出问题征求答案的形式，向消费者和有关人员收集资料的方法，是进行市场调研时较常用的方法。询问调研分为访问调研、电话调研、邮寄调研和留置问卷调研等形式。

① 访问调研。当面索取被调研者的意见，观察其对问题的反应。这种方法比问卷回收率高，但调研结果正确与否，受调研人员的技术熟练程度影响较大。

② 电话调研。根据抽样规定或样本范围，以电话方式询问对方意见。这种方法可在短时间内调研多个样本，但不易获得对方的合作，无法询问较为复杂的问题。

③ 邮寄调研。将设计好的问卷邮寄给被调研者，请他们填答好后寄回。这种方法调研区域广，被调研者有充分的时间考虑答案，但回收时间长，回收率较低，被调研者还会因误解问卷的意思而出现答非所问的情况。

④ 留置问卷调研。将问卷由调研员当面交给被调研者，说明回答方法后，留在被调研者家中填写，最后由调研员定期收回。这是一种介于访问调研和邮寄调研之间的一种方法。

（2）市场研究观察法。这是一种由调研员直接观察或间接观察被调研者的行为或现场事实而收集资料的方法。采用这种方法，多数被调研者并不知道自己处于被调研中，有利于真实地观察他们的行为，但对于影响行为的心理因素较难观察。这种方法多用于商标、店面、橱窗设计、零售活动、广告效果及消费者购买习惯等方面的调研。

（3）市场研究实验法。这种方法是在实验市场中先进行一项推销的小规模实验，然后观察、分析这种实验性的推销方法是否值得大规模进行。实验法应用范围很广，任何一种商品在改变品质、包装、设计、价格、广告和陈列方法等因素时，都可应用实验法调研顾客的反应。这种方法较科学、客观，但实验时间过长，费用高。

（4）统计分析法。这种方法是通过利用企业内外的现成资料，根据统计原理，分析市场及销售变化情况的方法。根据处理资料的不同，有趋势分析和相关分析两种方法。进行趋势分析是将过去的资料加以整理，找出其变化趋势方向，再按此方向予以合理延伸，以推测变化方向。进行相关分析是判断、分析统计资料中各变量彼此间有无相关关系以及相关程度的大小，根据变量的关系，推测某一变量的状况。

第三节 市场营销预测

一、市场营销预测的概念

市场营销预测,就是运用预测技术,对商品市场的供求趋势、影响因素和变化状况,做出分析和推断,从而为制订营销计划、进行营销决策提供依据。

进行市场营销预测,应该借助于调研研究和科学分析。我们把在调研研究和科学分析基础上的预测称为预测分析,以区别于其他预测活动。预测分析是一种科学活动,依赖于科学的理论和方法、可靠的资料、先进的计算手段,我们从事的市场营销预测是科学的预测分析。

科学的预测分析包括一系列程序和方法,并在一定的理论指导下进行。首先,要确定预测什么,即预测的目标;然后,根据已确定的预测目标和有关影响因素去调研与该预测有关的资料,最后,将资料加工整理成预测信息,对预测信息进行处理和判断,概括出能反映未来情况的演变规律。这种规律常常利用模型表示出来,然后再根据规律预测未来。

二、市场营销预测的步骤

市场营销预测的步骤是根据市场的特点、预测目的和所采用的一般方法决定的。一般包括以下几个步骤。

(一)明确预测目的

当预测人员接受一项预测任务后,首先要弄清预测的目的。明确预测目的可以使预测人员在工作中主动地、全面地考虑各种相关因素,摒弃无关或关系不大的因素。这样往往能在组织安排人员,确定具体方法、步骤上做到心中有数。

(二)收集整理资料

明确了预测目的,就可以根据预测的需求去收集整理有关的资料。资料来源大体上可分为两大类型:一种是企业内部的资料;一种是从市场营销调研中获得的资料。资料是包含着大量的反映未来事物发展变化的信息,是预测赖以建立的依据。企业内部资料包括统计资料、会计资料以及生产、销售和经营的各种历史记录,各种账本、发票、报表、订货卡片、合同、收支账和计划单等。企业外部资料,如政府、机关、研究所和图书馆等提供的各种资料,常常对预测也有所帮助。

(三)选择预测方法

一般来说,选择预测方法的依据是,管理部门的要求、问题的性质、资料数据的类型或样式、预测期的长短等。如果对一种预测方法的效果没有十分把握,那就应多采用几种方法,利用历史数据对预测方法和准确性进行分析,从而选用较为满意的一种。

(四)进行预测计算和判断

对于定量分析,利用具体历史数据建立起一个合适的数学模型进行预测,其模型的建立和预测值的计算可通过计算机来进行。对于定性预测,则主要是凭经验进行直观判断。

(五)写出预测报告

预测人员在完成一项预测工作后,应该向管理部门提交一份预测报告,详细说明预测的组织、方法步骤以及所开支的费用等。重点汇报预测的结果和对预测值的分析论证。

三、市场营销预测的方法

为了适应各种预测情况的需要,必须选择与预测背景资料相适应的预测方法。一般可以将预测方法分为两大类:定性预测和定量预测。

(一)定性预测

定性预测是以经验为主的预测方法,是一种在科学分析基础上的主观估计。进行市场营销预测,可采用主观概率法、综合意见法和德尔菲法三种预测方法。

1. 主观概率法

主观概率法是调研人员通过对未来事件发生的可能性做出主观估计,并将"主观估计"予以概率确定,然后进行市场预测的一种经验判断法。人们在实际工作中,总会积累和总结出一些经验。因此,人们对某些事件发生的可能性都会持有个人的看法和一定的信念程度,也就是人们常说的"心中有数"。个人对某事件的信念可以用数字(0~1)来衡量。例如,某人对某事件发生的可能性估计为0.5,即这件事发生的可能性为50%,主观概率是50%。所以对于某一事件发生或不发生的程度的信念称为主观概率。主观概率法中采用的概率是人们凭个人经验估计的主观概率,而不是客观概率或统计概率,但主观概率同样要遵循概率论的基本原理。

(1)任何随机事件的概率都在0(不可能事件)与1(必然事件)之间出现。用公式表示,即

$$0 \leqslant P(E_i) \leqslant 1$$

(2)样本空间中所有事件的概率之和必须等于或小于1。用公式表示,即

$$\sum P(E_i) \leqslant 1$$

以上两个公式中:P表示概率;E_i($i=1, 2, 3, \cdots, n$)表示经验样本空间的某件事。

因此,如果预测某一事件发生机会的可能性,可用一组调研人员的主观概率相加,然后求出其平均值,便可求出该事件发生的可能性。用公式表示,即

$$P = \sum P_i / n$$

式中:P表示预测概率的平均值;P_i表示每个调研人员的主观概率;n表示调研人数。

2. 综合意见法

综合意见法是将市场营销预测人员以预测水平的不同分为若干组,分别进行预测,然后再根据预测水平定出预测值的权数,最后予以综合。

例如,某企业由3个销售员组成一个小组,由正、副经理也组成一个小组,对销售员的商品销售进行分析:

设销售员甲的估计平均销售量=600(单位);

设销售员乙的估计平均销售量=700（单位）；
设销售员丙的估计平均销售量=780（单位）。
假定甲、乙、丙预测水平相同，而给予相同的权数，则销售方面做出的预测值为：
$$(600+700+780)/3≈693$$
运用上述方法，假设经理方面的预测值是775。那么，设经理方面的权数为2，销售员方面的权数为1，则综合销售员和经理两方面的正式预测值为
$$(1×693+2×775)/(1+2)≈747.7（单位）$$

3．德尔菲法

利用德尔菲法进行预测，必须邀请数位熟悉市场的专家，按规定的程序，一对一地征询专家对市场问题的看法，然后由各专家背对背地进行预测。在缺乏客观数据的情况下，可采用这种方法进行预测。这种方法的程序如下。

（1）确定课题。

（2）选择专家。按照课题需要的专业范围，选择有关市场问题的专家。

（3）设计咨询表。围绕预测课题，从不同侧面以表格形式提出若干个有针对性的问题，发出咨询表，向专家征询意见。

（4）逐轮咨询和信息反馈。这是德尔菲法的主要环节。每次收回咨询表后，要将专家们的预测意见加以整理、综合，然后反馈给各个专家，再次征求意见，再加以整理、综合，如此反复进行三至四轮，以求得出比较集中和一致的意见。

（5）对预测结果进行评价和表述。函询调研结束后，得到的大量数据必须再加以适当处理，找出反映市场变化的可能性及达到某一状态的可能时间，用明确的语言表述出来。

（二）定量预测

定量预测方法的共同特点是，各种方法的预测值几乎都是根据历史数据得出的。

1．时间序列预测法

时间序列预测法，是把长期积累的同一经济变量（或称特征值）的实际记录排成时间数列，运用统计分析或建立数学模型，找出其中的发展趋势的变化规律的一种定量分析预测方法。

时间序列预测方法很多，但可归纳为确定性时序预测法和随机性时序预测法两大类。前者指利用反映事物具有确定性的时间序列进行预测的方法，包括平均法、指数平滑法、趋势外推法和季节指数预测法等；后者指利用反映事物具有随机性的时间数列进行预测的方法，包括马尔可夫链预测法、平稳时序预测法和非平衡预算法等。本章只着重介绍确定性时序预测法中的指数平滑法和随机性时序预测法中的马尔可夫链预测法。

（1）指数平滑法。这种方法是利用过去资料（包括预测值和实际值）进行预测的一种应用方法。以 X_{t-1} 表示上月实际销售量，Y_{t-1} 表示上月预测值，Y_t 表示本月预测值。其计算公式如下：
$$Y_t = Y_{t-1} + α(X_{t-1} - Y_{t-1}) = αX_{t-1} + (1-α)Y_{t-1}$$

式中：$α$ 表示加权因素或平滑系数。$α$ 取值范围为 $0<α<1$，指数平滑法所取各期平滑系数分别为：$α$，$α(1-α)_2$，$α(1-α)_3$，…，$α(1-α)_{n-1}$。

(2) 马尔可夫链预测法。这是一种概率预测法,其分析研究对象是一个运行系统的"状态"和"状态转移"。所谓状态是指某个时点上的某种情况,如畅销还是滞销、盈利还是亏损、正常还是异常等。各种状态出现的可能性大小由状态概率表示。所谓状态转移是另一种状态的转移,如由畅变滞,又由滞变畅等。状态转移的可能性大小,用转移概率表示。一个系统(某类事物)随着时间的推移,由一种状态转移到另一种状态的过程,称为马尔可夫过程。当时间参数是离散数值(如月、季、年)时,一个系统(某类事物)状态演变的一系列转移过程的整体(各种转移状态的集合),一环接着一环,像一根链条一样,所以被称为马尔可夫链,或叫时间和状态都离散的马尔可夫过程。这类事物的变化过程与事物的近期状态有关,而与事物的过去状态无关。这种特征称为无后效性。即事物的第 n 次试验结果仅取决于第 $n-1$ 次试验结果,第 $n-1$ 次试验结果仅取决于 $n-2$ 次试验结果。例如,某商品五年来销售状态的畅滞情况为第一年畅,第二年畅,第三年滞,第四年滞,第五年畅。第五年畅的状况只是同第四年的状态有关,而同第三年以前的状态无直接关系。马尔可夫链预测法就是对某预测目标的马尔可夫过程或马尔可夫链的过去演变状态进行研究分析,从而对预测目标的未来状态和变化趋势做出预测。商品市场占有率的演变转移过程可以看成是一个时间离散马尔可夫过程。

2. 因果关系预测法

因果关系预测法是一类从分析事物变化的因果关系入手,通过统计分析和建立数学模型,揭示预测目标与其他有关经济变量之间的数量变动关系,并据此进行预测的方法。这种方法主要包括回归分析法、经济计量模式法和投入产出法等。这里主要介绍回归分析法。

回归分析法是处理已知数据,寻求这些数据因果规律的一种数理统计方法。回归分析法根据有关因素的多少而分为一元线性回归分析法、多元线性回归分析法与非线性回归分析法。

(1) 一元线性回归分析法。一元线性回归分析法也叫直线回归法,是指一个变量 x 对因变量 y 的影响,只是一个因素的影响。其方程式为

$$y = a + bx$$

直线回归法主要是确定一条倾向性的回归直线。该直线到实际资料各点之间的偏差平方和为最小,最能代表实际各点的变动倾向。因此,以该直线作为预测的依据。根据最小二乘法原理,当 $x=0$ 时,求得直线方程 ($y = a + bx$) 中两个回归参数 a、b 为

$$a = \sum y/n, \quad b = \sum xy/\sum x^2$$

例如,某商场前 7 个月的销售额为 1 月份 16 万元、2 月份 17 万元、3 月份 16 万元、4 月份 18 万元、5 月份 20 万元、6 月份 18 万元、7 月份 16 万元。要求:采用直线回归法预测 8 月份、9 月份的销售额。

解:根据所给资料求得相关数据,如表 3-2 所示。

表 3-2 直线回归法预测相关数据计算表

月 份	时间序数(期数)	销售实绩/万元	实绩与期数乘积	期数的平方
n	x	y	xy	x^2
1	−3	16	−48	9
2	−2	17	−34	4

续表

月　份	时间序数（期数）	销售实绩/万元	实绩与期数乘积	期数的平方
3	-1	16	-16	1
4	0	18	0	0
5	1	20	20	1
6	2	18	36	4
7	3	16	48	9
合计 $n=7$	$\sum x=0$	$\sum y=121$	$\sum xy=6$	$\sum x^2=28$

根据以上计算，$\sum x=0$，$\sum y=121$，$\sum xy=6$，$\sum x^2=28$，代入公式可得

$$a=121/7\approx 17.29 \quad b=6/28\approx 0.214$$

则方程式 $y=a+bx=17.29+0.214x$。

根据方程式可求得 8 月份的预测销售额，$x=4$，$y_{8月}=17.29+0.214\times 4=18.146$（万元）。

如预测 9 月份的销售额，$x=5$，则 $y_{9月}=17.29+0.214\times 5=18.36$（万元）。

（2）多元线性回归分析法。它是指多个自变量因素同时对因变量的影响。其基本公式为

$$y=a+b_1x_1+b_2x_2+\cdots+b_nx_n$$

式中，y 表示因变量（预测目标）；x_1，x_2，$\cdots$，x_n 表示自变量（影响因素）；a，b_1，b_2，$\cdots$，b_n 表示回归参数。

案例分析

李成俊是一个做虚拟社区的纯互联网公司高管，在全民"互联网+"的创业浪潮下，被一家传统企业老板高薪挖走，帮着搭建电子商务平台。入职以后，李成俊发现，新老板是做二、三线城市连锁超市出身的土豪，对自己线下成功的自信，同样落根在从来没有涉及的电子商务领域。老板认为电子商务这事其实跟他线下去开发几个点没啥区别，只是把要做的事改成网上罢了。李成俊预感这事可能要坏了。老板怎么想其实还算可以扛，因为大多时候他虽然很有兴趣，却没那个精力插手任何一个细节。但接下来就遇到了新组建起来的团队与原来部门人员的磨合问题，极其严重。

问题之一：报酬不平衡。老板给了新组建的电商团队里骨干或专业人员以市场报酬价，但这已经远远高于他原来团队的薪水。当大多数职员都知道这个新团队的工资比其他部门高，甚至连扫地阿姨(老板关系户)都想来凑个热闹往这个团队里塞个小孩的情况下，李成俊承受着被整个公司羡慕嫉妒的压力。

问题之二：沟通大问题。新组建的团队成员平均年龄不超过 30 岁，而其他部门的人极少有低于 30 岁的，来源及身份较复杂，还有不少是裙带关系。而电子商务部门虽说是独立组建的，其实得跟全公司上上下下甚至还有在外地的部门打交道，从供货到财务到采购到销售到渠道，林林总总。3 个月后，15 个人的团队就走了年纪最轻的 3 个人。

平时，老板接到任何线上促销方案都不想看，只问"一个月能卖掉多少""赚进来多少"，然后拿线上和线下进行最简单粗线条的数据对比。有时比下来觉得还挺合算，虽然

人员成本高了点，但杂七杂八的事好像比线下少很多，支出和人员流动性也不算大，没那么麻烦。这时他会高兴点，一些必不可少的网络推广预算才会批一批。有时他比下来又觉得不合算，就啥都不批，李成俊团队要做啥事他都不高兴，整个团队笼罩在高压气氛之下，如此反复，又走了两个人。而此时线下与线上的价格差异问题，导致某部门去老板那里闹了闹，虽然李成俊反复说影响不大，他们做的是线下的区域流量，但是线上做促销的商品还是被迫全部恢复原价，月销售量大幅下降。这时，整个部门都深感无力了。

无奈之下，李成俊找老板进行了一次深谈，他初步同意了新交的线上营销方案。但这时李成俊又犯了一个错误，老板同意不代表就万事 OK 了，他忽略了最应该去沟通或争取资源的部门老总。这家企业并非扁平化的，再小也水深如潭。电商部门的组建给本来最关键最有权势的线下销售带来了竞争压力，而他们与公司其他团队都磨合及互惠了十几年，新势力介入如同插针入泥，不是受到抵挡就是被吞没。

李成俊自觉缺乏游刃于传统行业企业思维和电商部门使命之间的水平和经验，没有混迹于复杂人际环境内进行团队领导的本事，缺乏承受压力的能力。虽然老板一再诚意挽留，李成俊还是灰头土脸地辞职闪人了。

案例来源：刘春雄，段磊，肖震. 传统企业互联网转型陷阱[EB/OL]. http://www.xzbu.com/3/view-7874548.htm.

营销实训项目

一、实训目标

通过实训，使学生能够运用市场调查相关的知识与技能，掌握市场调查的基本组织方法和实施手段，并能撰写市场调研报告。

二、实训内容和操作步骤

（一）技能训练

（1）青年旅行社欲开发一系列针对大学生的休闲旅游产品，请你根据这一目标顾客群的消费需求特点，在适当的市场调研的基础上，为旅行社设计一个既有针对性，又有吸引力的旅游产品，并进行价格、分销和促销组合策略的设计。

（2）某连锁店即将开业，公司想了解顾客会如何光顾这家连锁店，需要进行相关的调查。假设你作为公司的调研人员，试列举出此时进行调研的具体内容。

（二）职业能力开发

● 目标

开发学生的市场调查能力，考查学生设计调查问卷和撰写调查报告的能力。

● 内容

围绕"学生"这一主题，分组设计一个调研问题，并设计一份问卷，开展一次实际的调查。

● 步骤

（1）在授课教师指导下分组，确定组长。

（2）每小组制订具体的实训安排方案（包括实训项目、项目负责人、完成的时间和实训地点等内容）。

（3）集体讨论调查提纲，设计调查问卷。

（4）实地进行调查。

（5）整理、分析资料。

（6）撰写调查报告。

（7）各组写出实训总结，汇报成果。

（8）授课教师总评和评分。

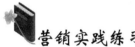

营销实践练习

一、单项选择题

1．企业在情况不明时，为找出问题的症结，明确进一步调研的内容和重点，通常要进行（　　）。

　　A．探测性调研　　　　　　　　　B．描述性调研
　　C．因果关系调研　　　　　　　　D．临时性调研

2．收集第一手资料的主要工具是（　　）。

　　A．计算机　　　　　　　　　　　B．乱数表
　　C．调查表　　　　　　　　　　　D．统计年鉴

3．用抽样方法，从母体中抽出若干样本组成固定的样本小组，在一段时期内对其进行反复调查以取得资料，这种资料收集方法是（　　）。

　　A．观察调查　　　　　　　　　　B．固定样本连续调查
　　C．类型抽样　　　　　　　　　　D．询问调查

4．在营销调研的基础上，运用科学的理论和方法，对未来一定时期的市场需求量及其影响因素进行分析研究，寻找市场需求发展变化的规律，为营销管理人员提供未来市场需求的预测性信息，作为营销决策的依据，这被叫作（　　）。

　　A．市场开发　　　　　　　　　　B．市场调研
　　C．市场预测　　　　　　　　　　D．市场控制

5．运用直线趋势法对某商场连续7年的营业额建立的直线趋势方程为 $Y=0.5+0.3X$（亿元），则第8年可能实现的营业额预测值是（　　）。

　　A．2.6亿元　　　　　　　　　　　B．2.9亿元
　　C．0.8亿元　　　　　　　　　　　D．1.7亿元

二、多项选择题

1．外部营销信息主要是指市场信息，主要包括（　　）。

　　A．市场需求信息　　B．经营状况信息　　C．竞争信息
　　D．用户信息　　　　E．合作伙伴信息

2. 制订调研方案，一般要确定以下哪几个问题（　　）。
   A．调研目的　　　　B．调研主题　　　　C．调研项目
   D．调研方法　　　　E．经费与日程计划
3. 随着行业营销费用的增加，刺激消费的力度加大，市场需求（　　）。
   A．也随之增长　　　　　　　　　B．无限制地增长
   C．随着市场环境的不同而有所不同　D．报酬率由递增转入递减
   E．随产品类别不同而有不同的增长速度
4. 下列属于随机抽样调研方法的是（　　）。
   A．简单随机抽样　　B．分群随机抽样　　C．系统随机抽样
   D．分层比例抽样法　E．最低成本抽样法
5. 产品销售的时间序列，其变化趋势主要是（　　）共同作用的结果。
   A．趋势因素　　　　B．周期因素　　　　C．季节因素
   D．不确定因素　　　E．复合因素

三、判断题

1. 收集第一手资料通常花费较大、周期长，但能掌握市场的即时信息。（　　）
2. 抽样调查通常比普查在人力、物力和财力方面的开支大，所需时间长。（　　）
3. 市场需求预测是凭借预测者的经验和感觉对未来市场需求量进行的猜测。（　　）
4. 在用综合意见法对市场需求情况进行预测时，只要参加预测的人员都非常熟悉了解他所管辖的区域市场，就肯定能取得较准确的预测结果。（　　）
5. 德尔菲法的特点是专家互不见面，避免相互影响，且反复征询、归纳、修改，意见趋于一致，结论比较切合实际。（　　）

四、计算题

1. 某乡镇企业 2013—2017 年实现的销售额统计资料如下表，试运用直线趋势法预测 2018 年可能完成的销售额。

年　　度	2013	2014	2015	2016	2017
销售额（万元）	560	620	685	747	808

2. 某自助商店 2012—2017 年实现的利润如下表，试用直线趋势法预测 2018 年可能实现的利润是多少？

年　　度	2012	2013	2014	2015	2016	2017
利润（万元）	95	105	119	131	145	158

五、案例分析题

随着人们经济条件的改善和生活水平的提高，电脑已成为一种普通的消费品。在高校内，拥有电脑的学生的数量不断增加。为了解武汉市两所高校电脑使用市场情况，某知名公司特委托武汉商学院商贸物流学院2015级电子商务专业1班、2班和创业班成立调研小组，在武汉两所高校内进行一次专项市场调研。通过此次调研，旨在掌握高校内电脑市场

整体情况，分析本公司电脑市场前景，因此调研的目的在于：第一，了解高校内电脑市场的竞争格局，为该公司拓展学生市场提供科学依据；第二，研究电脑用户消费行为特点及对电脑服务质量及功能的满意度；第三，了解用户对各种广告宣传形式的认可程度，为其广告策划提供依据。

问题：

（1）你认为本次调研的对象是什么？

（2）本次调研可以采用什么样的调查方法？分别调查哪些方面的内容？

第四章　购买行为分析

 案例导入

通过对近几年我国的汽车消费购买行为进行市场调查，我们发现，消费者的购买行为大致分为以下几种。

一是选价型购买行为。一直以来，跑车为大多数消费者特别是年轻人所青睐。但由于跑车价格不菲，所以许多消费者难以实现其消费愿望。1964 年福特公司推出了一种经济型轿跑车"野马"，该品牌车上市价格仅为豪华跑车价格的 1/3 左右，一时赢得了消费者的认可，取得了甚好的销售成绩。之后，通用、克莱斯勒公司均以多款轿跑车陆续投放市场，但福特的"野马"车 40 年来一直是领军品牌，至今仍雄踞全球跑车品牌车销售量的榜首。我国同样有不少酷爱跑车的消费者，进口跑车价值十分昂贵，对此吉利汽车公司推出了经济型跑车。这种跑车具有相当低的价位，性价比甚高，具有找空隙进入市场的营销思路和满足这类消费群体意愿的服务理念，因此也受到了消费者的喜爱。

二是理智型购买行为。桑塔纳轿车系列中被俗称为"普桑"的老车型，虽然属于淘汰车型，但现在每年仍然可以销售 10 万辆左右，市场占有率甚大。这就是具有保守性购买动机的消费群体的消费区域。"普桑"的价格已降低了一半多，生产成熟，品质稳定，而且买中级车享受经济车的消费，维修市场零配件充足便宜，维修工对车型最为熟悉；另外车型老、不起眼，用得安心、放心。

三是习惯型购买行为。在对购买汽车 90 天内同品牌每百辆车出现缺陷数的统计中，一开始奔驰品牌缺陷数量少，很快日本的凌志、无限就成为最佳，美国车也通过努力赶到前面。但是奔驰在人们心目中依旧是第一品牌汽车，2016 年奔驰品牌价值增幅提升了 18%，奔驰更是凭借这一增幅及 434.90 亿美元位列百强榜的第九名。

四是情感型购买行为。20 世纪 80 年代末，日产公司在美国市场推出豪华轿车"无限"。在电视广告中见不到靓丽的车型，代之以反复呈现的大自然、原野、雷雨、大海和森林。广告词则为：所谓的豪华是指一种多彩的自然感觉，所谓的美是指一种密切的个人关系。这种在视觉、听觉上给予的豪华和美丽观念给许多消费者留下了深刻的印象，这正符合他们的信念。"无限"轿车从此屡屡列在美国各品牌轿车年销售量的榜首或前几名。

案例来源：https://wenku.baidu.com/view/eccb99a79ec3d5bbfc0a742a.html

第一节 消费者市场购买行为分析

一、消费者市场及消费者购买行为模式

(一) 消费者市场的含义和特点

市场是指有购买力、有购买愿望的顾客群体。按照顾客购买目的或用途的不同,市场可分为组织市场和消费者市场两大类。其中,消费者市场是个人或家庭为了生活消费而购买产品和服务的市场,又被称为消费品市场、生活资料市场和最终产品市场。

作为人数最多、覆盖面最广、需求量最大的市场类型,消费者市场具有如下特点。

1. 广泛性

个人和家庭作为消费品市场的基本购买单位,遍及城乡各地。生活中的每一个人都不可避免地发生消费行为。

2. 需求的差异性

消费者由于年龄、性别、职业、经济收入、文化水平、价值观等的不同,对商品种类的需求也不同。即使是同一种产品,对花色、款式、质地、规格也都有各自的要求。

3. 购买的情感性较强

消费品有千千万万,消费者对所购买的商品大多缺乏专门的甚至是必要的知识,属非专家购买,容易受广告、商品的包装、新奇特点、降价、商店的营销气氛、营业员的劝告等外在因素的影响,易导致冲动性购买。

4. 需求弹性较大

生活必需品的需求受价格涨落和收入变化影响不大,但选购高档耐用消费品需求受价格涨落、收入变化、生活方式和储蓄利率影响较大,有些商品还可产生较强的替代需求。

5. 一次性购买数量少,购买频率高

消费者为满足个人和家庭的日常生活所需,除一部分耐用品外,大多需要经常购买、反复购买,从而决定了消费品市场交易零散、购买次数多的特点。

(二) 消费者购买行为模式

消费者市场涉及的内容千头万绪,从哪里入手进行分析呢? 市场营销学家建立了对市场购买行为进行分析的 7O 的框架,它综合反映了市场购买行为的模式。7O 包含以下内容。

消费者市场由谁构成?	(Who)	购买者 (Occupants)
消费者市场购买什么?	(What)	购买对象 (Objects)
消费者市场为何购买?	(Why)	购买目的 (Objectives)
谁参与购买行为?	(Who)	购买组织 (Organizations)
消费者市场怎样购买?	(How)	购买方式 (Operations)
消费者市场何时购买?	(When)	购买时间 (Occasions)
消费者市场何地购买?	(Where)	购买地点 (Outlets)

具体来说,消费者市场的购买者主要是个人和家庭,他们是组成消费者市场的主体。

此外，消费者市场上也有部分组织购买者，既包括营利组织，如企业、公司等，也包括非营利组织，如政府机关、学校、公安、医院和慈善机构等，当他们到市场进行不以营利为目的而属纯生活消费的购买时，就成为消费者市场的购买者。

购买对象的商品品种繁多，根据消费者的购买习惯，可以将其划分为便利品、选购品和特殊品三大类。便利品是指消费者较为熟悉，经常购买、随时购买，且不愿花过多的时间和精力去比较品牌、价格的日用必需品，如食盐、牙膏和洗衣粉等；选购品是指消费者乐于花费较多的时间和精力对商品的品牌、款式、质地、花色、价格和效用等进行比较和挑选的商品，如家用电器、服装和家具等；特殊品是指消费者愿意花费更多的时间、精力和金钱去选购，具有独特品质、特定厂牌或偏好的特殊商品，如照相器材、古玩字画和金银首饰等。

购买目的是指消费者的购买动机。消费者的购买动机主要有生理动机和心理动机两类。生理动机是消费者由于生理上的本能需要所产生的购物驱使和冲动，如对食品、饮料、服装和药品等的要求；心理动机是由人们的认识、意志和情感等心理活动引起的购物欲望和冲动，满足除生存之外的求知、社交、获得友谊、娱乐、自尊和实现自我价值等高层次的精神需求和心理需求。

消费者市场的购买活动大多是以个人和家庭为单位进行的，其购买行为往往是家庭其他成员或密切的相关群体共同影响的结果。不同的人在购买活动中扮演着不同的角色，对购买行为产生不同的作用。具体而言，参与购买决策的有以下几类：① 倡议者，即首先提出建议或想到要购买某种商品的人；② 影响者，即其看法或建议能影响购买决策的人；③ 决策者，即决定是否购买某种商品的人；④ 购买者，即实际购买商品的人；⑤ 使用者，即消费或使用商品的人。

购买方式是指消费者如何购买，这主要取决于所购买商品的类别和消费者的经济条件。购买日用便利品时，消费者往往就近购买，讲究便利、省时；购买选购品时，消费者愿意花费较多的时间，多逛百货商场、专卖店等，进行比较，然后决定是否购买，认牌选购行为也较为普遍；购买高档耐用消费品或特殊品时，则主要是选择名牌优质产品。

消费者购买商品的时间受商品特点、节假日等因素的影响，具有一定的规律性。购买地点主要包括消费者在何地决定购买和在何地实际购买。一般而言，日用品在购物现场决定并实际购买，有的是急需时就近购买，有的是受到促销活动的影响而冲动性购买；大件商品和高档商品大都是家庭成员在家里集体研究决定，然后到大型商店或市中心商业区、专卖店去购买。

二、影响消费者购买行为的主要因素

消费者在整个购买决策过程中受许多因素的影响。这些因素可以分为四大类，即文化因素、社会因素、个人因素和心理因素。

（一）文化因素

文化因素在消费者行为中产生着最广泛、最深刻的影响。营销者需要了解消费者的文化、亚文化及社会阶层所起的作用。

1. 文化

每一个人都在一定的社会文化环境中成长,通过家庭和其他主要机构的社会化过程学到和形成了基本的文化观念。每个群体或者社会都有自己的文化,而且文化对购买行为的影响在国家间差异很大,营销活动如果不针对这些差异进行调整就会没有效果,有时甚至会造成尴尬。曾经有一个美国商业代表团到台湾访问,并带了绿色棒球帽作为礼物。但是到台湾后,他们发现根据中国的文化习俗,戴绿帽子的男人意味着他的妻子对他不忠。这个代表团的团长说:"我不知道这些绿帽子究竟怎么了,但这次访问使我们更深刻地理解了人类文化的巨大差异。"对于国际营销人员来说,深入了解不同国际市场的文化习俗并随之调整营销战略尤为重要。

2. 亚文化

亚文化是指某一文化群体所属次级群体的成员共有的独特信念、价值观和生活习惯等。许多亚文化都是重要的营销市场,而营销人员经常为这些市场的需要专门设计产品和营销方案。每一个国家的文化中又包含若干不同的亚文化群,主要有以下几种。

(1) 民族亚文化群。每个国家都存在不同的民族,每个民族都在漫长的历史发展过程中形成了独特的风俗习惯和文化传统。例如,中国社会有汉族、满族、回族、维吾尔族、藏族等 56 个民族,各有其不同的文化形态。

(2) 宗教亚文化群。每个国家都存在不同的宗教,每种宗教都有自己的教规或戒律。

(3) 种族亚文化群。一个国家可能有不同的种族,不同的种族有不同的生活习惯和文化传统。

(4) 地理亚文化群。世界上处于不同地理位置的各个国家,同一国家内处于不同地理位置的各个省份和市县都有着不同的文化和生活习惯。例如,中国各地区饮食文化具有明显的地方特色。在中国的八大菜系中,山东菜以清香、鲜嫩、味纯见长;四川菜以麻、辣著称于天下;江苏菜注重原汁原汤,浓淡适口,甜咸适中;浙江菜鲜嫩软滑,香酥绵糯,清爽不腻;安徽菜肴重油、重色、重火功;湖南菜味重、酸辣、香鲜、软嫩;福建菜重甜、酸、咸;广东菜以清淡、生脆、爽口为特色。除此之外,北京、上海、河南、湖北等地各有其独特风味食品和菜肴。

3. 社会阶层

社会阶层是社会学家根据职业、收入来源、教育水平、价值观和居住区域对人们进行的一种社会分类,是按层次排列的,具有同质性和持久性的社会群体。

(二) 社会因素

消费者行为还受到社会因素的影响,如消费者所属的相关群体、家庭及其社会角色和地位。

1. 相关群体

相关群体是指能够影响消费者购买行为的个人或集体。只要某一群人在消费行为上存在相互影响,就构成一个相关群体,不论他们是否相识或有无组织。群体的影响在购买者征求其他人对产品的意见时是强烈的。而且相关群体的凝聚力越强,其沟通过程越有效,人们也就越尊敬它,它对人们在产品和品牌选择方面的决策影响就会越大。相关群体对消费行为的影响主要体现在三个方面：一是示范性，即相关群体的消费行为和生活方式为消费者提供了可供选择的模式；二是仿效性，即相关群体的消费行为引起了人们仿效的欲望，影响人们的商品选择；三是一致性，即由于仿效而使消费行为趋于一致。相关群体对购买行为的影响程度视产品类别而定。据研究，相关群体对家具、汽车、彩电、摩托车、服装、香烟、啤酒、食品和药品等产品的购买行为影响较大，对冰箱、杂志等的影响较小，对洗衣粉等几乎没有影响。

2．家庭

家庭是社会的细胞，也是最基本的购买单位，家庭成员对消费者个人购买行为具有十分重要的影响，家庭成员之间的生活习惯和消费模式具有较强的趋同性和一致性。每个成员都因年龄、性别、收入及在家庭中的地位不同而担任不同的角色，对购买决策产生不同的影响。购买不同种类的商品时，家庭决策的模式也会不同。据国外学者调查，在受教育程度较低的"蓝领"家庭，日用品的购买决策一般由妻子做出，耐用消费品的购买决策由丈夫做出。在科学家和教授的家庭里，贵重商品的购买决策由妻子做出，日用品的购买普通家庭成员就能决定。

3．社会角色和地位

在现实生活中，人们需要扮演各种各样的角色。社会或群体对人们扮演特定角色的过程中应穿什么衣服、开什么汽车、从事什么活动均有要求和期待。人们如果不按这些要求和期待去做，不仅会受到群体异样的对待，连自己也会感到不自在。因此，人们在社会或群体中占据的一定的位置以及所扮演的角色对其消费行为有很大的影响。企业把自己的产品或品牌变成某种身份或地位的标志或象征，将会吸引特定目标市场的顾客。当然，人们以何种产品或品牌来表明身份和地位会因社会阶层和地理区域的不同而不同。

（三）个人因素

购买者的决策还要受到个人因素的影响，个人因素指消费者的年龄和所处的人生阶段、经济条件、个性、生活方式和职业等对购买行为的影响。

1．年龄和所处的人生阶段

人的年龄不同，价值观念、生活态度、行为方式都不一样，在消费上就会有不同的偏好和需求。例如，青年人喜欢时装，追求刺激性强的体育、娱乐和旅游活动，而中老年人则喜欢舒适、方便的衣物，对保健用品、药品等的需求比较大。购买行为还受到家庭生命周期的不同阶段的影响，消费者在各阶段的购买偏好是不同的。如在新婚阶段，消费者以组织家庭为重心，可能添置床上用品、家具、冰箱、洗衣机和电视机等。在养育孩子初期，孩子成为家庭新的购买中心，偏好购买婴儿食品、玩具等。所以，营销者需要确定其目标市场的生命周期，并针对每一阶段提供适当的产品和营销计划。另外，一些研究还认为人类存在心理生命周期阶段。成年人在一生中会经历数次过渡时期和转化阶段。营销人员应该注意成年人一生各个时期有关的消费兴趣，如离婚、丧偶和再婚后的变化情况。

2．经济条件

经济条件因素是指消费者可支配收入、储蓄、资产和借贷的能力，它是决定购买行为的首要因素，决定着能否发生购买行为以及发生何种规模的购买行为，决定着购买商品的种类和档次。如果一个人的收入低，购买能力弱，那么他主要是购买基本生活必需品以及价格较低的产品。如果一个人的收入高，购买能力强，那么他有条件购买奢侈品以及价格较高的产品。企业在产品设计及定位上应该考虑不同群体的经济条件、购买能力及其偏好。

3．个性

个性是指能导致一个人对自身环境产生相对一致和持久的反应的独特心理特征，常以一种固定的方式反映在行为上。个性特征有若干类型，如外向与内向、细腻与粗犷、谨慎与急躁、乐观与悲观、领导与追随、独立性与依赖性等。每个人与众不同的个性影响他或她的消费需求和对市场营销因素的反应。例如，外向的人爱穿浅色衣服和时髦的衣服，内向的人爱穿深色衣服和庄重的衣服；追随性或依赖性强的人对市场营销因素敏感度高，易于相信广告宣传，易于建立品牌信任和渠道忠诚，独立性强的人对市场营销因素敏感度低，不轻信广告宣传。

4．生活方式

生活方式是指一个人在生活中表现出来的活动、兴趣和看法的模式。人们即使来自相同的亚文化、社会阶层及职业背景，也会有不同的生活方式。不同生活方式的消费者对商品也有不同的需求和偏好。例如，节俭式消费者群体通常偏好经济实用的产品；奢华式消费者群体通常偏好高档产品；守旧式消费者群体通常偏好购买成熟的产品；革新式消费者群体通常偏好购买新产品。一般而言，一个人的生活方式是相对稳定的，但当环境、收入和职业等因素发生变化后，生活方式也会做相应的调整；当人们的生活方式变化之后，其需求、偏好及其购买行为也会随之变化。如果使用得当，生活方式的概念可以帮助营销者理解消费者不断变化的价值观及其对购买行为的影响。营销人员应设法从多种角度区分不同生活方式的群体，在设计产品和广告时应明确针对某一生活方式群体。例如，高尔夫球俱乐部不会向节俭者群体推广高尔夫球运动，名贵手表制造商应研究高成就者群体的特点以及如何开展有效的营销活动。

5．职业

一个人的职业也影响其消费模式。例如，蓝领工人会买工作服、工作鞋和工作餐，公司总裁则会买高档的服饰。营销工作者应该努力去识别那些对其产品和劳务比一般人有更多需求兴趣的职业群体，甚至专门为特定职业群体定制他们需要的产品。

（四）心理因素

消费者的购买行为通常还要受到动机、知觉、学习、信念和态度的影响。

1．动机

动机是指促使人们产生某种行为的内在驱动力。从心理学的角度来看，人们的行为模式是：需求—动机—行为。消费者的需求是产生购买动机的源泉，只有当消费者有某种需要并期望得到满足时，才会产生购买动机，并进而转化为购买行为，每一种购买行为背后都有动机支撑。

心理学家已经提出了人类动机理论，最流行的有三种，即亚伯拉罕·马斯洛的理论，西格蒙德·弗洛伊德的理论和弗雷德里克·赫茨伯格的理论。这三种动机理论对分析消费者行为和营销战略提出了不同的含义。

（1）马斯洛的需要层次论。第二次世界大战后，美国行为科学家马斯洛提出了需要层次论，将人类的需要分为由低到高的五个层次：① 生理需要。这是人类维持其生命的最基本的需要。如果衣、食、住、行、空气和水等这类需要得不到满足，人类的生存就成了问题。从这个意义上来说，这些基本的物质条件是人们行为最强大的动力。② 安全需要。当一个人的生理需要得到满足之后，他就想满足安全的需要。即不仅考虑到眼前，而且要考虑到今后。考虑自己的身体免遭危险，考虑已获得的基本生理需要及其他的一切不再丧失和被剥夺。③ 社交的需要。社交的需要也称归属和爱的需要，包括情感、集体荣誉感（家庭、朋友等）的情感联系。生理及安全的需要得到相当的满足后，社会需要便占据主导地位。④ 受尊重的需要。当一个人归属感的需要得到满足之后，他通常不只是满足做群体中的一员，还会产生受尊重的需要，即希望别人尊重自己的人格和劳动，对自己的工作、人品、能力和才干给予承认并做出公正的评价；希望自己在同事之间有较高的地位、声誉和威望，从而得到别人的尊重并发挥一定的影响力。⑤ 自我实现的需要。马斯洛认为这是最高层次的需要，当尊重的需要得到满足后，自我实现的需要就成为第一需要。自我实现的需要，就是要实现个人的理想和抱负，最大限度地发挥个人潜力并获得成就，实现自我价值。这种需要通常是通过胜任感和成就感来获得满足的。马斯洛认为，个人首先要满足最重要的需要，当那个需要被满足之后就不再是一个动机，而人们会继续满足下一个最重要的需要，下一个较高层次的需要就占据主导地位，成为驱动行为的主要动力。例如，饥饿的人们（生理需要）对艺术界最近发生了什么（自我实现的需要）不会感兴趣，也不会对别人对他们的看法或是否尊重他们（社交或受尊重需要）感兴趣，甚至也不会对他们呼吸的空气是否洁净（安全需要）感兴趣。马斯洛理论可以帮助营销人员了解各种产品如何才能适应潜在消费者的计划、目标和生活。

（2）弗洛伊德的精神分析论。精神分析论的创立者为弗洛伊德，他认为形成人们行为的真正心理因素大多是无意识的，因此，一个人不可能真正懂得其受激励的主要动因。把弗洛伊德的理论用于购买行为研究的主要代表人物是恩纳斯特·狄希特（Ernest Dichter），他认为研究消费者购买行为必须深入到无意识水平，并设计了多种投射调查法，如语言联想法、语句完成法、图画故事法和角色扮演法等调查无意识动机与购买情景和产品选择的关系。狄希特认为，物内有"精神"存在，如皮大衣是地位的象征，树木是生命的象征等。消费者把自己投射在各个商品上，购买商品实际是买进自己人格的延伸部分。消费者购买产品时，不仅会对产品功能和质量有所反应，对于与产品有关的其他事项也都有反应，如产品的大小、形态、重量、材料、颜色和购物环境都能引发某些情绪。制造商设计产品时应了解视觉、听觉和触觉对激发消费者情绪的影响，以刺激或抑制消费者购买行为。

（3）赫茨伯格的动机理论。弗雷德里克·赫茨伯格（F.Herzberg）于1959年创立了动机双因素理论，也称为动机保健理论。这个理论区别了两种不同因素，即不满意因素（动机因素）和满意因素（保健因素）。用该理论来分析消费者行为，可将企业用于吸引消费者购买商品的市场营销诸因素分为保健因素和动机因素两类。保健因素是消费者购买的必要条件，动机因素是魅力条件，在有选择余地的情况下，如果消费者对保健因素不满意，就肯定不会购买，但是仅仅对保健因素满意，也不一定购买，只有对动机因素也满意才会购买。必要条件和魅力条件随着时代、消费动向和产品寿命周期的不同而变化。在电冰箱问世的初期，制冷功能和耐用性是必要条件，而耗电少是魅力条件。随着产品的普及和更新，耗电少成为必要条件，款式成为魅力条件。分析消费者购买动机必须注意分析特定时期的保健因素和动机因素，一般而言，质量、性能和价格等属于保健因素，情感和设计等大多属于动机因素。

2. 知觉

受动机驱使的人准备采取行动。但是一个人的行动还会受到他或她对情况的知觉的影响。在相同情况下，有相同动机的两个人可能会采取完全不同的行动，剖析这种现象产生的原因必须了解知觉与知觉的选择性。

知觉是指个人选择、组织并解释信息的投入，以便创造一个有意义的外界事物图像的过程。知觉不但取决于物质刺激物的特征，而且还依赖于刺激物同周围环境的关系以及个人所处的状况。不同的人对同一刺激物会产生不同的知觉，是因为知觉会经历三种过程，即选择性注意、选择性扭曲和选择性保留。结果，人们可能对营销者想要发出的信息视而不见或充耳不闻。

（1）选择性注意。选择性注意是指在众多信息中，人们易于接受对自己有意义的信息以及与其他信息相比有明显差别的信息。例如，一个打算购买汽车的人会十分留意汽车信息而对电视机信息并不在意。消费者会注意构思新奇的广告而忽视那些平淡的广告。选择性注意意味着营销人员必须竭尽全力吸引消费者对其产品的注意。

（2）选择性扭曲。选择性扭曲是指人们接受了外界刺激，但并不会得出相同的解释，人们倾向于按自己已有的想法或成见对信息进行解释。由于存在选择性扭曲，消费者所接受的信息不一定与信息的本来面貌相一致。例如，某人偏爱海尔洗衣机，当别人向他介绍其他品牌洗衣机的优点时，他总是设法挑出毛病或加以贬低，以维持自己固有的"海尔洗衣机最好"这种认识。

（3）选择性保留。选择性保留是指人们易于记住与自己的态度和信念一致的信息，忘记与自己的态度和信念不一致的信息。例如，一个想购买计算机的消费者对 IBM 计算机非常欣赏，听到别人谈论 IBM 计算机的优点时会记得很清楚，而当别人谈论他不欣赏的其他品牌计算机的优点时则容易忘记。选择性保留解释了为什么营销人员在传递信息给目标市场的过程中需要选用大量戏剧性手段和重复手段的原因。

3. 学习

人们行动的过程也是学习的过程。学习是指由于经验而引起的个人行为的变化。学习理论家说，人类大部分行为都是通过学习得到的。学习发生在动机、刺激、线索、反应及巩固的相互作用过程中。动机是指促成行动的一种强烈的内在驱动力。假设某人有自我实现的驱动力，当他的这种驱动力被引向特定的刺激物（如数码摄像机）时，驱动力就变成一种动机。他对购买数码摄像机这个念头所做出的反应受周围线索的影响。线索是能决定人们何时、何地、怎样来做出反应的小刺激。在商场里看到数码摄像机，得到家人的支持等都是影响他对购买数码摄像机这一兴趣的反应的线索。假设这个人买了索尼数码摄像机。如果在使用摄像机过程中感觉很有收获的话，他会越来越多地使用摄像机。这样，他对摄像机的反应就会得到巩固。下一次他购买照相机等类似产品时，购买索尼产品的可能性就会很大。

学习理论对营销者的借鉴意义是，可以通过将产品与强烈的动机联系起来，使用驱动线索及提供积极的巩固的方式创造对产品的需求。

4. 信念和态度

通过实践和学习，人们获得了自己的信念和态度，它们又转过来影响人们的购买行为。

（1）信念是指一个人对某些事物所持有的描述性思想。例如，一些消费者可能认为，名牌产品的质量比一般产品高出很多，能够提供更多的附加利益。另一些消费者则认为，随着产品的成熟，不同企业生产的产品在品质上并不存在太大的差异，名牌产品所提供的附加利益并不像人们想象得那么多。信念的形成可以基于知识，也可以基于信仰或情感等。顾客的信念决定了企业和产品在顾客心目中的形象，决定了顾客的购买行为。营销人员应当高度重视顾客对本企业或本品牌的信念，如果发现顾客的信念是错误的并阻碍了他的购买行为，就应运用有效的促销活动予以纠正以促进产品销售。

（2）态度是指一个人对某些事物或观念长期持有的好与坏的认识评价、情感感受和行动倾向。人们几乎对所有事物都持有态度，态度导致人们对某一事物产生或好或坏，或亲近或疏远的感情。态度使人对相似的事物产生相当一致的行为，因为人们通常不会对每一事物都建立新的态度或做出新的解释和反应，按照已有态度对所接触到的事物做出反应和解释能够节省时间和精力，所以，一个人的态度是难以变更的。人们的态度呈现为稳定一致的模式，要改变一种态度就需要在其他态度方面做重大调整。对于营销人员来说，最好使自己的产品、服务和营销策略符合消费者的既有态度，而不是试图去改变。但是，如果改变一种态度带来的利润大于为此而耗费的成本，则值得尝试。

三、消费者购买过程

在了解了影响消费者购买的各种因素后，营销人员还应该了解消费者怎样真正做出购买决策，即消费者的购买过程，以便更有针对性地开展营销活动，满足需求，扩大销售。

（一）参与购买的角色

就许多产品而言，识别购买者是相当容易的。但是，购买角色是可以改变的，营销人员仍需要仔细地确定目标决策者。一次购买决策中可能会有五种角色。

（1）发起者：第一个提议或想到去购买某种产品的人。

（2）影响者：有形或无形地影响最后购买决策的人。

（3）决定者：最后决定整个购买意向的人。包括买不买，买什么，买多少，怎么买，何时何地买等。

（4）购买者：实际执行购买决策的人。如与卖方商谈交易条件，带上现金去商店选购等。

（5）使用者：实际使用或消费商品的人。

消费者以个人为单位购买时，五种角色可能同时由一人担任；以家庭为购买单位时，五种角色往往由家庭不同成员分别担任。例如，某家庭购买一辆汽车，儿子可能是倡议者，向父母提出购买汽车的意愿；父亲可能是影响者，其看法和建议对最终购买决策具有一定的影响；母亲可能是决策者，她在整个家庭中当家理财，对最终是否购买汽车具有决定权；

购买者可能是儿子,他给供应商打电话,到汽车交易中心进行磋商、付款,把汽车开回家;使用者则可能是父亲和儿子。

企业有必要识别以上这些角色,因为这些角色对于产品的设计、广告媒体和信息的决定、渠道的选择以及营销预算的分配,都有其重要意义。

(二)消费者购买决策过程的各个阶段

消费者购买决策过程,是其购买行为的动态系列,一般可分为如下五个阶段。

1. 认识需要

认识需要是指消费者识别尚未满足的需求,确立购买目标,这是整个购买过程的起点。消费者对需求的认识可由内在刺激和外在刺激引起。内在刺激源于消费者的生理需求,外在刺激指一切能激发消费者需求动机的因素。认识需要对企业市场营销人员具有重要的意义。

(1)了解与本企业产品有关的现实和潜在的需要。在价格和质量等因素既定的条件下,一种产品如果能够满足消费者多种需要或多层次需要就能吸引更多的购买者。

(2)了解消费者需要随时间推移以及外界刺激强弱而波动的规律性,以便设计诱因,增强刺激,唤起需要,最终唤起人们采取购买行动。

2. 信息收集

一个被唤起需求的消费者可能会去寻求更多信息。信息收集大致会有两种状态。一是"适度的收集状态",也被称为加强注意,是指消费者对能够满足需要的商品信息敏感起来。虽然并不是有意识地收集信息,但是会留心接受信息,比平时更加关注该商品的广告、别人对该商品的使用和评价等。二是"积极的收集信息状态",是指主动地、广泛地收集该产品的信息。营销人员最感兴趣的是消费者需要的各种主要信息来源,以及每种信息对今后的购买决策的相对影响。消费者信息来源有四种。

(1)个人来源。家庭成员、朋友、邻居、同事和其他熟人所提供的信息。

(2)经验来源。直接使用产品得到的信息。

(3)公共来源。社会公众传播的信息,如消费者权益组织、政府部门、新闻媒介、消费者和大众传播的信息等。

(4)商业来源。营销企业提供的信息,如广告、推销员介绍、商品包装的说明和商品展销会等。

这些信息来源的相对影响力随产品和购买者的不同而变化。总的说来,消费者得到的关于产品的信息主要来自商业来源——被营销者控制的来源。而最有影响力的来源,一般是个人来源。个人来源在服务的购买上影响更大。商业来源一般起到通知的作用,个人来源起着对做出购买决定是否合理或评价的作用。

随着所获信息的增加,消费者对已有的产品及性能的知识和了解也不断增加。企业必须仔细设计它的营销综合计划,以便让未来顾客了解关于其产品的各方面的知识。同时营销人员必须仔细识别消费者的信息来源及每个来源的重要性。他们应该向消费者询问他们是怎样知道这个品牌的,他们获得了哪些信息,他们更看重哪个信息来源等。

3. 备选产品评估

消费者收集信息之后，要进行分析、整理，提出若干备选方案，并根据自己的购物标准对各种备选商品的质量、效用、款式、价格、品牌和售后服务等进行比较和评价，以选定最能满足自己需求的产品。消费者对产品的判断大都是建立在自觉和理性的基础之上。消费者在做出购买决策之前，要对解决问题的可选品牌进行评估。消费者在评价的过程中，一般要涉及如下几个问题。

（1）产品属性。产品属性是指产品所具有的能够满足消费者需要的特性。产品在消费者心中表现为一系列基本属性的集合。例如，计算机、药品和旅馆应具备的属性如下。

计算机：信息储存量大，运行速度快，图像清晰，软件适用性强。

药品：迅速消除病痛，安全可靠，无副作用，价格低。

旅馆：清洁卫生，环境幽雅，价格优惠，地理位置方便。

但消费者不一定将产品的所有属性都视为同等重要，不同的消费者对产品属性的偏好是不同的。营销人员应了解顾客主要对哪些属性感兴趣以确定本企业产品应具备的属性。

（2）品牌信念。品牌信念是指消费者根据以往所积累的经验及知识，对某一品牌产品的各项性能的看法。通过品牌信念产生的特殊的印象，被称为品牌形象。

（3）效用要求。效用要求是指消费者对该品牌每一属性的效用功能应当达到何种水准的要求。或者说，该品牌每一属性的效用功能必须达到何种水准消费者才会接受。

（4）评价方法。明确了上述三个问题以后，消费者会通过某种评价方法对不同的品牌进行评价和选择。不同的消费者在不同的购买决策中，会使用一种或几种评价程序。例如，某人打算购买电冰箱，收集了A、B、C、D、E五种品牌的资料，他要求价格不超过2 500元，A、C、D三种超过此价则被淘汰；他要求节能度要超过9分（按主观标准打分），B品牌未达到标准被淘汰，还剩下一种品牌供选择。

4. 购买决策

经过评价选择后，消费者对某些产品便形成了一定的偏爱，产生了购买意图，但是不一定导致实际购买，从购买意向到实际购买还有一些因素介入其间。

（1）其他人的态度。其他人态度的影响力取决于两个因素：其他人对购买者所喜好的品牌持否定态度的强度和购买者对遵从旁人愿望的动机。其他人的否定态度越强烈，与消费者的关系越密切，购买者就越是会修改他的购买意图。从反面来看，购买者对某一品牌的偏好也因其喜欢的人的喜欢而增加。

（2）未预料到的情况因素。消费者形成的购买意向可能基于预期收入、预期价格及预期产品益处。然而不可预料事件会改变购买意向。例如，预期的奖金收入没有得到，原定的商品价格突然提高，购买时销售人员态度恶劣等都可能导致顾客购买意向的改变。顾客一旦决定实施购买意图，就会做出五种决策，即品牌决策、卖主决策、数量决策、时间决策和支付方式决策。当然对日用品的购买，较少涉及这些因素。例如，在购买食盐时，消费者几乎不考虑谁是卖者或使用什么支付方式。

5. 购后行为

产品被购买后，对于所购买产品，消费者可能会满意，也可能会不满意。所以在产品被购买之后，营销人员的工作并未结束，而是进入了购后时期。营销人员必须密切关注购后满意、购后行动和购后产品的使用和处置。

（1）购后满意。消费者购买产品后，有些会感到非常满意。也可能会发现某些缺陷，但不同消费者对缺陷的态度是不一样的。有些对缺陷不满意，有些却不介意，甚至将其看成是产品价值的增加。购买者对一项产品的满意程度可以用其产品期望和该产品可见绩效之间的函数表示。如果产品符合期望，顾客就会满意；如果超过期望，顾客就会非常满意；如果不符合期望，顾客就会不满意。这些感觉会影响他们以后的购买行为。为了使顾客满意，企业应使其产品真正体现产品绩效的要求，以便使购买者产生满意感。

（2）购后行动。消费者对所购产品的满意度会影响他们今后的购买行为。如果他们对产品满意的话，在下一次购买中极有可能会继续购买该产品。如果不满意的话，消费者的反应会截然不同，他们可能会退货或放弃下次购买，也有的消费者会采取向公司抱怨，向消费者权益机构申诉或告诫朋友的行为。不管哪种行为，卖者都会因为没有使购买者满意而蒙受损失，所以营销人员应该采取措施尽可能地降低买者购后不满意的程度。

（3）购后使用和处置。消费者购买以后如何使用和处置该产品也应引起营销者的注意。如果消费者经常使用甚至为产品找到新用途，则对企业有利；如果消费者将产品闲置不用甚至丢弃，则说明产品无用或不能令人满意；如果消费者把产品转卖他人或用于交换其他物品，将会影响企业产品的销售量。

第二节　组织市场购买行为分析

一、组织市场概述

（一）组织市场的概念和特点

组织市场又称组织机构市场，是另一个重要的市场类型，指以某种组织（如公司、社会团体和政府机关等）为购买单位的购买者所构成的市场，购买目的是生产、销售、维持组织运作或履行组织职能。在组织市场上，商品的购买者都是组织单位，属集团购买者行为，购买的目的是用于生产过程创造利润，或转售以谋利，或开展公益事业，提高社会福利等。因此，组织市场的购买行为与消费者市场相比有明显的差异。与以个人和家庭为购买主体的消费者市场相比，组织市场具有如下特点。

1. 购买数量和金额都很大

组织市场的顾客每次购买数量都比较大，有时一位买主就能买下一个企业较长时期内的全部产量，有时一张订单的金额就能达到数千万元甚至数亿元。

2. 购买过程持续时间较长

由于组织机构购买的商品批量大，价值高，并且其中作为生产设备的产品技术性能复杂，精确度要求高，所以造成购买过程持续的时间较长，有时几个月，甚至一年以上。

3. 参与购买决策的人数较多且专业性强

组织机构购买过程的参与者不是一个人，而是由多人组成的采购中心或采购委员会共同做出决策，并且采购人员大都经过专业训练，具有丰富的专业知识，清楚地了解产品的性能、质量、规格和有关技术要求。

4. 供需双方关系密切

在组织市场中，作为购买者的一方需要有源源不断的货源，对生产设备等商品的技术支持、人员培训、零配件供应、安装维修与调试、信贷优惠和按时交货等有较为严格的要求；作为供应商的另一方也需要有长期稳定的销路，每一方对另一方都具有重要的意义，因此供需双方互相保持着密切的关系。

5. 组织需求属引发需求（也称派生需求或衍生需求）

组织机构购买产品是为了给自己的服务对象提供所需的商品或服务，也就是说，组织机构对产品和服务的需求是由消费者对消费品的需求引发而来的，并且随着消费品需求的变化而变化。例如，消费者的饮酒需求引起酒厂对粮食、酒瓶和酿酒设备的需求，连锁引起有关企业和部门对化肥、农资、玻璃和钢材等产品的需求。派生需求往往是多层次的，形成一环扣一环的链条，消费者需求是这个链条的起点，是原生需求，是组织市场需求的动力和源泉。组织市场的需求品种、数量和时间最终由消费者市场的需求品种、数量及时间决定。

6. 需求缺乏弹性

同消费者市场相比，组织市场对产品和服务的需求总量受价格变动的影响较小。一般规律是，在需求链条上距离消费者越远的产品，价格的波动越大，需求弹性却越小。例如，皮革制造商在皮革价格下降时，不会打算采购大量皮革；当皮革价格上升时，他们也不会因此而大量减少对皮革的采购，除非他们发现了某些满意的皮革替代品。原材料的价值越低或原材料成本在制成品成本中所占的比重越小，其需求弹性就越小。组织市场的需求在短期内特别无弹性，因此企业不可能临时改变产品的原材料和生产方式。

7. 需求波动大

组织市场需求的波动幅度大于消费者市场需求的波动幅度，一些新企业和新设备尤其如此。如果消费品需要增加某一百分比，那么为了生产出满足这一追加需求的产品，工厂的设备和原材料会以更大的百分比增长，经济学家把这种现象称为加速原理。当消费需求不变时，企业用原有设备就可生产出所需的产量，仅支出更新折旧费，原材料购买量也不增加；消费需求增加时，许多企业要增加机器设备，这笔费用远大于单纯的更新折旧费，原材料购买也会大幅度增加。有时消费品需求仅上升 10%，下一阶段工业需求就会上升 200%。组织市场需求的这种波动性使得许多企业向经营多元化发展，以便在商业周期中实现某种平衡。

（二）组织市场的类型

组织是社会的基本元素，组织的类型多种多样。按组织的性质和购买动机，可以将组织市场划分为生产者市场、中间商市场、非营利组织市场和政府市场。

（1）生产者市场。生产者市场指为企业销售供生产加工用的产品、服务和租赁品的市场，又称生产资料市场、工业品市场或产业市场。组成生产者市场的主要产业有：农业、林业、渔业、矿业、制造业、建筑业、通信业、运输业、公用事业、银行、金融业、保险业和服务业等。

(2) 中间商市场。中间商市场也称为转卖者市场，指为批发商和零售商销售供转卖之用的商品和服务的市场。部门包括批发商和零售商。

(3) 非营利组织市场。非营利组织泛指所有不以营利为目的、不从事营利性活动的组织。非营利组织市场指为了维持正常运作和履行职能而购买产品和服务的各类非营利组织所构成的市场。

(4) 政府市场。政府市场指为各级政府机关和事业团体销售供其履行各项社会职能之用的商品和服务的市场。由于各国政府通过税收、财政预算等掌握了相当数量的国民收入，加之其购买的商品种类繁多，因此形成了潜力极大的政府采购市场。

二、生产者市场购买行为分析

（一）生产者购买类型

生产者购买有三种类型，即新购、直接重购和修正重购。

(1) 新购。新购是指生产者首次购买某种产品或服务。企业没有或很少有相关的经验，需要收集大量的信息，并需要在一系列问题上做出决策，是最为复杂的购买类型。

(2) 直接重购。直接重购是指生产者从已被认可的供应商那里购买以往采购过的产品。因为是采购部门按照过去的订货目录和基本要求继续向原先的供应商购买产品，省去了很多程序，所以是最简单的购买类型。

(3) 修正重购。这是介于以上两者之间的一种购买类型，是指生产者用户改变原先所购产品的规格、价格或其他交易条件后再进行购买。用户会与原先的供应商协商新的供货协议，甚至更换供应商。

（二）生产者购买决策的参与者

生产者购买，通常不是采购主管一个人影响决策，也不是由一个人最终决定，而是一组人的活动行为，即购买小组的行为。在购买过程中，购买小组的成员可能扮演着六种不同的角色。

1. 使用者

使用者指生产者用户内部使用这种产品或服务的成员。使用者往往是最初提议购买的人，也是协助制定产品规格的人。

2. 影响者

影响者指能够直接或间接地影响采购决策的人员。他们通常协助制定产品规格，并且提供评估方案的信息。技术人员是特别重要的影响者。

3. 决策者

决策者指有权决定买与不买，决定产品规格、购买数量和供应商的人。有些购买活动的决策者很明显，有些却不明显。

4. 批准者

批准者指批准决策者或购买者建议的人。

5. 采购者

采购者指拥有正式职权去选择供应商及安排采购条件的人。采购者可能会协助修订产品规格，但他们的主要角色仍在于选择供应商以及进行谈判。

6. 信息控制者

信息控制者指生产者用户的内部或外部能够控制信息流向采购中心成员的人员。例如，决策者或批准者的秘书。供应商联系决策者或批准者必须征得他/她的同意。

（三）影响生产者购买决策的主要因素

生产者的购买行为比消费者更为复杂，决策的参与者更多，同时受多种因素的影响和制约。这些影响因素如下。

1. 环境因素

环境因素指企业外在的宏观环境，包括经济环境、技术环境、政治法律环境、竞争环境、自然环境、地理环境和文化环境等。其中经济环境制约作用最大，国民经济发展状况、市场需求趋势、价格和产业结构等都直接影响着企业生产资料的采购。

2. 组织因素

组织因素指生产者用户自身的有关因素，包括经营目标、战略、政策、采购程序、组织结构和制度体系等。企业对生产资料的采购必须服从于企业的经营目标，有利于营销策略的实施，遵守采购政策和程序。

3. 人际因素

如前所述，购买小组通常包括使用者、影响者、决策者、批准者、采购者、信息控制者等，他们都参与购买决策过程。这些参与者各自在企业中的地位、职权、威望不同，购买期望不同，因此，对购买决策均有不同程度的影响。供应商的营销人员应当了解每个人在购买决策中扮演的角色是什么、相互之间关系如何等，利用这些因素促成交易。

4. 个人因素

个人因素指生产者用户内部参与购买过程的有关人员的年龄、教育、个性、偏好和风险意识等因素对购买行为的影响，与影响消费者购买行为的个人因素相似。

三、生产者购买决策过程

西方营销专家将生产者用户完整的购买过程分为八个阶段（见表4-1）。但是购买类型不同，具体过程也会有所不同，直接重购和修正重购可能跳过某些阶段，新购则会完整地经历各个阶段。

表 4-1 生产者购买过程的八个阶段

购买阶段	新 购	修正重购	直接重购
1. 认识需要	是	可能	否
2. 确定需要	是	可能	否
3. 说明需要	是	是	是
4. 寻找供应商	是	可能	否
5. 征求供应建议书	是	可能	否
6. 供应商选择	是	可能	否
7. 签订合约	是	可能	否
8. 绩效评价	是	是	是

（一）认识需要

认识需要是指生产者用户认识自己的需要，明确所要解决的问题。认识需要是生产者用户购买决策的起点，它可以由内部刺激或外部刺激引发。内部刺激源于企业生产需要，如开发新产品、更新设备和增购生产用品等；外部刺激指产品广告的吸引，如展销会、展览会和订货会的提示等。

（二）确定需要

企业认识需要后便进一步分析需要，确定所需要的产品种类、特征及数量等。

（三）说明需要

说明需要是指生产者用户确定所需的产品种类及特征之后，写出详细的技术说明书，说明所购产品的品种、性能、特征、数量和服务，作为采购人员的采购依据。

（四）寻找供应商

寻找供应商指采购人员根据产品技术说明书的要求寻找最佳供应商。寻找供应商的途径有访问原有的供应商、查阅广告、询问其他企业、派采购员出访等。如果是新购或所需品种复杂，生产者用户为此花费的时间就会较长。

（五）征求供应建议书

征求供应建议书指生产者用户邀请准供应商对企业的采购决策提出建议，并对他们的建议进行分析和评价。

（六）供应商选择

供应商选择指生产者用户对供应商建议书加以分析评价，确定供应商。评选的标准包括供应商的产品质量、数量、价格、信誉、交货期限和技术服务等。生产者用户应同时保持几条供应渠道，以免受制于人，并促使卖方展开竞争；供应商要及时了解竞争者的动向，制定竞争策略。

（七）签订合约

签订合约指生产者用户根据所购产品的技术说明书、需要量、交货时间、退货条件、担保书等内容与供应商签订最后的订单。许多生产者用户愿意采取长期有效采购合同的形式，而不是定期采购订单。长期采购合同计划导致更多地向一个来源采购，并从该来源采购更多的项目。这就使得供应商和采购者的联系十分紧密，其他供应商很难涉足其间。

（八）绩效评价

完成了上述工作之后，采购者就要对各个供应商的绩效加以评价，以决定维持、修正或中止供货关系。可以采用三种评价方法：生产者用户可以接触最终用户并询问他们的评估意见；或者用几种标准对供应商进行加权评估；或者把绩效差的成本加总，以修正包括价格在内的采购成本。供应商必须关注该产品的采购者和使用者是否使用同一标准进行绩效评价，以保证评价的客观性和正确性。

四、中间商市场购买行为分析

(一)中间商的购买类型

1. 新产品采购

新产品采购即中间商准备购进以前未经营过的某一新产品时,根据价格、需求等因素来决定是否购进以及向谁购进的问题。

2. 忠实购买

忠实购买即中间商和一个或几个供应商建立了长期的、固定的购销关系。商品低于库存水平时,即按照过去的订货目录和交易条件继续向原先的供应商购买产品。

3. 最佳供应商选择

最佳供应商选择即中间商在事先备好的准供应商中精心选择,向提供最佳供货条件、能满足自己长期利益的供应商购买商品。

4. 优惠条件采购

优惠条件采购指中间商向愿意提供广告资助或价格折扣、信贷优惠等其他优惠条件的供应商购买商品。

(二)中间商购买过程的参与者

中间商购买过程中,参与购买决策、执行采购职能人员的多少及权限大小,因企业规模和采购任务的繁简程度而定。在小型"便利商店"中,店主人亲自进行商品选择和采购工作。在大公司里,有专人或专门的部门从事采购工作。参与购买过程的人员和组织主要有三种形式。

(1)采购员。采购员是专门执行采购职能的个人,负责商品组合编排、人员管理等主要事宜。

(2)采购委员会。采购委员会是有权制定购买决策和采购政策的组织机构。采购委员会定期召开业务会议,严格审查采购员提出的采购建议,在充分了解货源情况、市场需求变化及采购条件的基础上,做出购买决策。

(3)外聘采购员。外聘采购员是企业聘请的独立的采购代理。多位于生产者所在地,为中间商寻求供应商。他们熟悉市场供应状况,紧密跟踪消费需求,随时为中间商提供新产品,根据采购商品数额收取手续费。

(三)影响中间商购买行为的主要因素

和生产者用户一样,中间商的购买行为也要受到环境因素、组织因素、人际因素和个人因素的影响。但是,中间商的营销目标、营销活动内容、购买决策及购买行为又有自己的特点,在制定购买决策、采取购买行为时,还要受到以下因素的制约。

(1)购买者需求。为他人购买是中间商的一个显著特点,因此中间商在制定购买决策时必须考虑其购买者——消费者个人及家庭、生产企业的需求和愿望。对中间商来说,按购买者需求决定购买什么同生产者按消费者需求决定生产什么一样,是至关重要的决策。

(2)存货管理。储存是中间商的一个重要职能,储存商品的种类和数量也是影响中间商购买行为的一个重要因素。精明的中间商都会加强存货管理,避免存货过多造成成本提高,并防止库存不足失去营销机会。

(3) 供应商的策略。中间商购买商品的目的是将其转售出去,而供应商的供货条件、价格折让、运费折让、促销津贴等策略对其商品转售有直接关系,因而影响中间商的购买决策。愿意提供优惠供货条件的供应商必然能对中间商的购买行为产生积极的影响。

(四) 中间商购买决策过程

如同生产者用户一样,中间商完整的购买过程也分为八个阶段,即认识需要、确定需要、说明需要、寻找供应商、征求供应建议书、供应商选择、签订合约和绩效评价。中间商的购买类型不同,决策过程也会有所不同。一般情况下,新产品采购会完整地经历各个阶段,而其他三种类型的采购则可能跳过某些阶段。

1. 认识需要

认识需要指中间商认识自己的需要,明确所要解决的问题。认识需要由内在刺激和外在刺激引起。内在刺激是指中间商通过销售业绩分析,认为目前经营的品种陈旧落伍,不适应市场需求潮流,从而主动寻求购进新产品,改善产品结构。外在刺激是指中间商的采购人员通过广告、展销会、供应商的推销人员或消费者等途径了解到有更加适销对路的新产品,产生购买欲望。

2. 确定需要

确定需要指中间商根据产品组合策略确定购进产品的品牌、规格和数量。批发商和零售商的产品组合策略主要有四种:① 独家编配,即中间商只经销一家厂商的产品,如某摩托车商店只经营"大洋"牌摩托。实行独家编配的中间商主要是精品店、专卖店。② 深度编配,即中间商同时经销多家厂商生产的多种不同规格型号、花色款式的同类产品,如某家用电器商店同时经营"海尔""长虹""海信"等各种品牌、规格、型号的电视机等。③ 广度编配,即中间商同时经销多家厂商生产的多种类产品,经营范围广泛,但并未超越中间商的营销范围。④ 综合编配,即中间商同时经销多家供应商生产的互不相关的多种类、多规格的产品,如超级市场、仓储式商店等都属于综合编配。

3. 说明需要

说明需要指中间商写出详细的采购说明书,说明所购产品的品种、规格、质量、价格、数量和购进时间,作为采购人员的采购依据。中间商为了减少"买进卖出"带来的风险,对产品购进时间的要求极其严格,或者要求立即购进以赶上消费潮流,或者把购进时间一拖再拖以看清消费趋向。中间商决定购买数量的主要依据是现有的存货水平、预期的需求水平和成本/效益的比较。

4. 寻找供应商

中间商的购买活动具有较强的计划性和理智性,对供应商的选择比较慎重。品牌、声誉、商品质量、品种规格、供货能力、供货时间与条件及合作的诚意等是中间商甄选供应商时要考虑的主要因素。生产厂家在设计开发与生产商品时要考虑满足最终消费者的要求,在销售商品时却要考虑如何满足中间商的需求。

5. 征求供应建议书

邀请合格的供应商提交供应建议书，筛选后留下少数选择对象。

6. 供应商选择

采购部门和决策部门分析评价供应建议书，确定所购产品的供应商。选择供应商主要考虑的因素是有强烈的合作欲望和良好的合作态度；产品质量可靠，适销对路，与本店的经营风格一致；价格低廉，允许推迟付款；信用保证，减少中间商进货风险，补偿因商品滞销、跌价而产生的损失；交货及时；给予广告支持或广告津贴；提供完善的售后服务，有专门维修点，允许调换有缺陷破损的商品，遇有顾客投诉或产品质量事故等纠纷无条件地承担责任等。

7. 签订合约

中间商根据采购说明书和有关交易条件与供应商签订订单。同生产者客户一样，他们也倾向于签订长期有效的合同，以保证货源稳定，供货及时，减少库存成本。

8. 绩效评价

购买结束后，中间商对各个供应商的绩效、信誉、合作诚意等因素进行评价，以决定将来是否继续合作。

五、非营利组织市场和政府市场购买行为分析

（一）非营利组织市场购买行为特点

（1）价格低廉。非营利组织的采购经费总额是既定的，不能随意突破，有限的经费使其在采购中特别注重商品的价格，要求商品价格低廉。

（2）质量保证。非营利组织的采购目标并非为了利润，也不是为了使成本极小化，而是维持组织运行和履行组织职能，所购商品的质量和性能必须保证实现这一目的。例如，医院以劣质食品供应病人就会损害声誉，因此，采购人员必须购买价格低廉且质量符合要求的食品。

（3）受到一定控制。由于采购的商品在价格和质量上都有较为严格的限制，而且采购经费有限，为了使有限的资金发挥更大的效用，非营利组织采购人员受到较多的控制，只能按照规定的条件购买，缺乏自主性。

（二）政府市场购买行为特点

（1）受国内外政治、经济形势的影响较大。例如，在国家安全受到威胁或出于某种原因发动对外战争时，军备开支和军需品需求就大；和平时期用于建设和社会福利的支出就大；经济疲软时期，政府会缩减支出，经济高涨时期则增加支出。

（2）需求的计划性较强。政府开支要列入财政预算，各级政府部门购买什么、购买多少都要受到财政预算的限制，且要制订购买计划，还要经过预算、审批等过程。

（3）购买受到社会公众的监督。各级政府机构的开支来自财政拨款，财政拨款来自社会公众的税收。因此，社会公众有权以各种形式对政府机构的购买活动加以监督。

（4）购买目的的多重性。这是由政府部门独特的社会职能决定的。各级政府在采购商

品时除考虑质量、性能和价格等经济性因素外,还要满足政治性、军事性和社会性的目的。例如,政府在采购国防用品、军火时考虑的不是价格的低廉,而是两国或多国之间的政治、军事与外交关系,有时还是某种筹码。

(三)非营利组织市场和政府市场的主要购买方式

(1)公开招标竞购。公开招标竞购指非营利机构和政府组织以向社会公开招标的方式择优购买商品和服务。采购部门首先通过传播媒体发布广告或发出信函,说明拟采购商品的名称、规格、数量和有关要求,邀请供应商在规定的期限内投标。有意争取这笔业务的企业要在规定时间内填写标书,密封后送交这些机构的采购部门。随后招标单位在规定的日期开标,选择报价最低且其他方面符合要求的供应商作为中标单位。采用这种方法,招标人处于主动地位,可充分利用投标人之间的竞争争取最大利益。

(2)议价合约选购。即这些机构的采购部门同时和若干供应商就某一采购项目的价格和有关交易条件展开谈判,最后与符合要求的供应商签订合同,达成交易。当采购业务的计划复杂、风险较大、竞争性较小时,适合采用这种方式。

(3)日常性采购。日常性采购指采购部门为了维持日常办公和组织运行的需要而进行的采购。采购的商品多是办公用品、易耗物品和福利性用品,多为经常性、常规性连续购买,一般是即期付款,即期交货。

案例分析

通常来讲,在中国能够搭乘飞机出行的人还算比较高端的消费人群,我们看一下这部分人的非理性消费特征。很多搭乘飞机出行的商务人士都喜欢转转机场的书店。大家常常会看到很多专家撰写的并带有光盘的企业管理书籍,暂且不论其书和光盘对企业管理或者市场营销有何作用,我们只讨论这些书籍和光盘的销售方式。通常我们会看到它们会有三种销售定价:举例来看,光盘销售价格为1 200元,书籍销售价格1 800元,光盘和书一起合买销售价格为1 900元。其特点是光盘里面有讲师生动的讲解,书籍里面有相关运作的表格,各有其独特的吸引人的卖点,当然合起来就是二者兼而有之了。

我们分析来看,凡是要购买这种书籍和光盘的人都是想从中吸取管理或者营销知识。显然,从表面上来看,再高明的消费者也无法判断光盘的1 200元和书籍的1 800元哪个更具价值。如果消费者购买了哪一种,都应该是非理性消费,尽管他们都是超级理性的高端人群,但他们在这种情况下必须做出非理性的判断。玄妙就在这时出现了!其实光盘和书的销售者并不想让消费者只购买其中一种,所以他们将光盘和书捆绑起来销售,定价1 900元。根据销售数据统计,约有80%的购买者都选择了合买书和光盘,这就是商家的高明之处。

通过这一案例,我们发现,非理性消费是有特点的,营销者通过认真研究非理性消费特征可以掌控消费者的消费行为,实现高效的市场营销和业绩表现。

案例来源:https://wenku.baidu.com/view/17d6200a03d8ce2f00662362.html

营销实训项目

一、实训目标

通过实训,使学生能够运用顾客让渡价值理论、消费者需要理论、购买动机和行为理论进行营销决策,制定相关的营销策略。

二、实训内容和操作步骤

(一)技能训练

(1)某中医院除了给每位就诊患者开出必要的药物处方外,还要开出一张"无药处方",如给一位老年患者的"无药处方"上写着:多吃蔬菜、水果;食用低盐、低脂、低糖食品;按时服药、测量血压;多活动……这种医疗服务深受患者欢迎。请分析这种"双处方"的医疗服务为什么会受到患者的欢迎?

(2)某顾客花费4万元在某商场购买劳力士手表一块,戴了两个月后,表突然停了,顾客戴着该表找到商场,请你提出解决方案。

(二)职业能力开发

1.开发学生的价格制定与调整能力

● 目标

帮助学生提高理解顾客让渡价值及对定价的影响。

● 内容

一个名牌大店与一个小店卖同样一种商品,请你为其定价。

● 步骤

(1)分析两个店的顾客价值与顾客成本,得出两店的顾客让渡价值。

(2)对顾客让渡价值进行分析比较。

(3)名牌大店的价格定得高于小店,有利于双方销售。

2.开发学生的促进销售能力

● 目标

帮助学生理解消费者购买动机和购买行为过程,并据此提出一条促销建议。

● 内容

完全记录自己的一次购买消费活动,提出一个促销方案。

● 步骤

(1)自己为什么要购买某一品牌的商品,是如何购买、如何消费的,有什么感受,从中找出决定购买最关键的因素。

(2)根据最关键的因素与同学在一起交流,看有无共鸣。

(3)根据共鸣制定促销方案,与学生进行交流讨论。

营销实践练习

一、单项选择题

1. 消费者的购买单位是个人或（　　）。
   A．集体　　　　B．家庭　　　　C．社会　　　　D．单位
2. 消费者购买过程是消费者购买动机转化为（　　）的过程。
   A．购买心理　　B．购买意志　　C．购买行动　　D．购买意向
3. 下列哪个因素不是影响消费者购买行为的主要因素（　　）。
   A．文化因素　　B．社会因素　　C．自然因素　　D．个人因素
4. 在复杂的购买行为中，消费者购买决策过程的第三个阶段是（　　）。
   A．确认　　　　B．收集信息　　C．备选产品评估　D．决定购买
5. 消费者对某一品牌评价较差，就会对使用该品牌的所有产品都形成不好的评价，这一特性反映的是态度的（　　）。
   A．稳定性　　　B．易变性　　　C．伸缩性　　　D．倾向性

二、多项选择题

1. 消费者在整个购买决策过程中受许多因素的影响，主要包括（　　）。
   A．文化因素　　　B．政治因素　　　C．社会因素
   D．个人因素　　　E．心理因素
2. 生产者的购买行为受多种因素的影响和制约，这些影响因素包括（　　）。
   A．环境因素　　　B．社会因素　　　C．组织因素
   D．人际因素　　　E．个人因素
3. 下列属于制约中间商在制定购买决策、采取购买行为时的因素的是（　　）。
   A．购买者需求　　B．存货管理　　　C．成本管理
   D．价格管理　　　E．供应商的策略
4. 对于寻求多样性的购买行为，市场领导者力图通过（　　）等方式鼓励消费者形成习惯性购买行为。
   A．占有货架　　　B．避免脱销　　　C．降价
   D．提醒购买的广告　E．折扣
5. 同一社会阶层的成员具有类似的（　　）。
   A．收入　　　　　B．个性　　　　　C．价值观
   D．兴趣　　　　　E．行为

三、判断题

1. 归属于不同生活方式群体的人，对产品和品牌有着相同的需求。　　　　（　　）
2. 顾客的信念并不决定企业和产品在顾客心目中的形象，也不决定他的购买行为。　　　　　　　　　　　　　　　　　　　　　　　　　　　　　　（　　）

3．通常企业并不试图去改变消费者对其产品、服务的态度，而是使自己的产品、服务和营销策略符合消费者的既有态度。（   ）

4．在价格不变的条件下，一个产品有更多的性能会吸引更多的顾客购买。（   ）

5．消费者对其购买的产品满意与否直接决定着以后的购买行为。（   ）

四、案例分析题

下面是以上海为例的市民生活消费二则。

一、在上海娶妻花多少钱

男人长到一定的年龄要讨老婆是一个古今中外不变的社会问题。发展到今天，讨老婆已经不仅仅是为了繁衍后代、养儿防老的需要了，而是演变成为一项体现自身价值，获得社会认同，决定阶级层次的重大决策行为。

目前，以上海为例，要讨一个老婆，没有一定的物质基础是很难办到的。结婚需要房子，上海女孩一般不愿和父母住一起，那么另购一套婚房是每一个上海男人首先需要完成的一项工作。下面以讨一个中上条件（学历大专以上，身材相貌较好，有稳定的工作）的上海老婆为例，粗略计算一下各项成本。

（一）房屋一套（80平方米以上，临近市区），以均价13 000元计，1.3万元×80＝104万元。

（二）装修，以中等装修、80平方米计算，需要装修费10万元。

（三）家电及家具，计5万元（有部分女方以嫁妆形式出资承担）。

（四）轿车，以普通代步车为标准，计10万元。也有部分通情达理的杭州女孩同意以电动车作为替代品，计1 500元。

（五）办喜酒，以中等酒店（喜乐的档次）25桌，包括自带酒、烟、糖，计0.1万元×25＝2.5万元，回收红包以每桌平均1 200元，计0.25万元×25＝6.25万元，盈利3.75万元。

（六）度蜜月，以港澳、新马泰、云南、海南为主要出行地，平均每人费用以6 000元为标准，计0.6万元×2＝1.2万元。

（七）从恋爱到决定结婚这段时间（恋爱期），包括出去吃饭、买礼物、娱乐、旅游、送女友父母节日礼品等，平均每月以1 500元的标准，谈2年，计0.15万元×12×2＝3.6万元。

综上，各项支出合计104＋15＋5＋10－3.75＋1.2＋3.6＝135.05万元。

以男方家庭50万元的家产、男人年收入8万元计，（135.05－30）/8约为13年。最后得出结论为：男方倾家荡产，加上男人不吃不喝地工作10年才能讨得一个上海中上条件的老婆。

二、李小姐的超级省钱买衣法

李小姐在上海一家比较讲究仪表的公司工作，大家都很讲究穿着。有个收入相同的同事，光是刷卡买衣服一年就要花费12万元。而李小姐穿得不比她差，一年花费总共不过用1万元。算起来，一年中，李小姐有62%的时间是在办公室度过的，所以买上班可以穿的衣服是利用率最高的。其他的晚装是没机会穿的，运动装、家居服可以适当添点，但比例也不能超过38%。

（一）先购基本款服装，基本色，基本款，料子要硬点，不皱可水洗，外贸货最好，如两件套的针织服装、黑色西装套装、直筒短裙、白色衬衣。500元可以买到一件极好的西装了。

（二）再补充点艳色的时尚衣服，如 T-shirt 一类，50元以下。

（三）便宜又有特色的小饰品多购置点，如各色腰带、胸针、项链，10元一条的腰带质地也很好的。

（四）再有看家的包和鞋子。基本款的可以买打折牌子货（反正款式多年不变），价格控制在200元到500元。耐用的款式可以用十年呢；还可以提升整体档次，值得投资。

（五）《瑞丽伊人风尚》杂志20元一个月，看完可以将旧衣服搭配出N套新花样。这一方法值得强力推介。

再来看看李小姐的得意之选：

No.1 服饰：用于工作、见客户。在淮海路的小店，她买了一条GUCCI的吊带裙，50元。料子是有弹性的棉布，花样是今年最流行的白底蓝色大花，她很满意这条裙子。最近比较喜欢去M街，买了一件阿曼尼的长袖白西装，是收腰的款式，腰上还有条蓝色的带子，正好跟上面的裙子是绝配，唯一的缺点是会皱。但想想自己也只有这一件短款的白西装了。

No.2 服饰：用于周末、平时。上衣是DKNY正品的双层纱衣，在XS广场买的。外层是花纱，上面有小小的亮片，里面是红纱，也是高搭配的那种。裙子是黄色的牛装裙，在XS广场对面的商场买的。包是在襄阳路买的便宜货，其颜色与衣服很相配，但背起来带子太硬，不舒服。

No.3 服饰：用于宴会、Party。基本款式是一件黑色无袖、无吊带的连衣裙。上身搭配有两种：一是搭配米色西装，显得既随和又精干；二是配JESSIC的粉红上衣，兼顾淑女、休闲与工作。在非正式场合，也可以不再另配上衣，而只配一条CHANNEL的腰链，显得很时尚。

问题：

（1）第一则案例中的分析和计算方法是否符合实际情况？为什么？

（2）请用合适的营销理论分析第二则案例中李小姐的购买行为。

（3）假如你是一家拥有个人理财服务业务的金融企业的营销专家，请为一位与第一则案例中的男主人翁提供一个令其满意的理财方案，并说明理由。

第五章　目标市场营销

 案例导入

2015年2月红杉资本投资小样乳酸盐母公司好彩头集团2个亿，助力好彩头。同年11月，好彩头新品小样乳酸盐上市，进行大范围、高强度的高空宣传，起用王珞丹和贾乃亮两位代言人，冠名浙江卫视热门节目《燃烧吧少年》，冠名中国羽毛球联赛。品牌产品认知度被快速放大，但离产品畅销市场还有一定的距离。那么，小样乳酸盐应如何撬动消费者需求，引爆市场？

小样乳酸盐作为运动饮料中的新品类，洞察消费者需求是其引爆市场的根本。作为运动饮料，小样乳酸盐的产品命名，已将产品与其他运动饮料如百事维动力、达能脉动、可口可乐水动乐进行区隔，并突显自身的差异点。而这显著的差异点，正是小样乳酸盐引爆市场需求的关键点，但是小样并未放大这一独特价值。

通过对小样乳酸盐成分表的研究，我们看到小样乳酸盐除了与其他运动饮料一样具有维生素之外，在成分里加入了独特的"发酵乳酸菌"和"澳洲雪盐"。澳洲雪盐相对其他运动用饮料添加食用盐具有相同的价值，无独特性。但发酵乳酸菌却是其他运动饮料没有，小样独有的成分。所以，小样乳酸盐应放大"发酵乳酸菌"的独特点，基于发酵乳酸菌本身发酵的工艺，开创"发酵运动饮料"的新品类；并依据"发酵具有易消化易吸收"的概念，提出"发酵运动饮料，解渴更快"的价值。

从消费认知与需求来看，第一：认知上，"发酵运动饮料"均不是生造词汇，是从运动饮料中基于发酵工艺分化出来的新品类，消费认知不陌生，认知普遍。而且从源点消费群体来看，运动饮料针对运动人士。运动人士是对健康关注度极高的群体。这类群体对发酵工艺均有显著的认知。第二：需求上，发酵运动饮料符合消费者追求健康饮食的需求。近年发酵型的产品热销，如风靡日韩的酵素饮料、畅销乳品行业的常温酸奶、常年畅销早餐市场的乳酸菌饮品等，均是基于发酵工艺促进身体排泄具有健康价值而引爆市场。另外，发酵运动饮料，作为跨界型的饮料新品类，满足了消费者对饮料求新求异的价值，易引发消费者关注，激发消费需求。所以小样乳酸盐提出发酵运动饮料，更吻合消费者需求趋势。

从竞争来看，目前市场上还未有发酵型运动饮料存在，小样作为开创者，具有显著的先入为主的优势。从小样母公司好彩头企业来看，好彩头之前创新型产品如小样酸Q糖、小样小乳酸均是发酵型产品，已具有制作工艺、原料等优势。此外，小样乳酸盐凭借红杉资本的助力，具有快速抢占发酵属性价值、开创发酵运动饮料的资本优势。

综上，小样乳酸盐开创"发酵运动饮料品类"更具市场需求。小样应集中火力传播"小样乳酸盐，发酵运动饮料，解渴更快"的价值，并大力倡导发酵运动饮料中发酵乳酸菌的菌种和含量，支撑发酵概念，从而使小样从众多运动饮料中脱颖而出，激发消费者对发酵健康概念的需求，引爆市场。这才是好彩头企业踏足饮料市场，谋求百亿大单品的产品战略机会。

案例来源：林树林. 小样乳酸盐，轻运动不怎么样[J]. 销售与市场，2016（04）.

第一节 市场细分

一、市场细分的概念

市场细分理论是美国市场营销学教授温德尔·史密斯于1956年首先提出的,这一理论已被广泛地用来指导企业的市场营销活动,为企业寻找目标市场,对产品进行精确市场定位,对加强市场竞争地位起到重要作用,在为企业带来良好经济效益的同时,也更好地满足了消费者的需求。温德尔·史密斯首先提出"市场细分"的概念,被认为是企业市场营销工作中的一项重大突破。一方面,企业的市场营销活动必须从消费者或用户的需求出发,而这种需求已日益丰富化、多样化;另一方面,企业拥有的生产经营资源毕竟有限,不可能满足市场所有需求,出路就在于市场细分,企业要在市场需求细分的基础上,寻找适合本企业营销的目标市场,开展有效的营销活动。它主张凡是在市场上的产品或劳务的购买者超过两人的,这个市场就有被细分为若干个子市场的可能。由于这一观点顺应了"二战"后美国正处在由卖方市场向买方市场转变的经济时期,一经问世,迅速得到许多企业的认可和接受,并被誉为创造性新概念。

所谓市场细分,是指按照消费需求(含生产消费与生活消费)的差异性,把某一产品的整体市场划分为若干个子市场的过程。每个子市场都是由一组具有相同或类似的需求与欲望、购买行为和购买特征的消费者构成,而在各个子市场之间,其消费需求与欲望、购买行为与特征则有很大的不同。企业通过市场细分可以区分整个市场,并发现和确定自己的目标市场,以便针对不同的目标市场选择正确的营销策略,这是市场细分的主要任务。

市场细分不同于市场分类。市场分类是商品供应为了便于掌握市场特征而对市场进行的划分,它可以按照供应的对象、区域、商品的功能或用途进行划分,而市场细分则是按照市场细分的变量,如人口统计、地理、心理、行为等进行划分。

市场细分后,一个整体市场被划分为若干个子市场,各个"子市场"内部具有相似或者相同的需求,各个"子市场"之间,对同类产品存在着不同的需求,既有同中取异,也有异中求同。而市场分类立足于企业,以企业为中心,出发点在于为企业的经营提供方便。市场细分立足于消费者,以消费者为中心,出发点在于为消费者提供优质的服务,以提高企业信誉和不断拓展市场为主要目的。

二、市场细分的标准和步骤

(一)市场细分的标准

由于消费品市场与产业市场具有不同的市场特征,进行市场细分的标准也不尽相同。

1. 消费品市场细分标准

(1)地理因素。地理因素是消费品市场细分的主要因素之一,是企业进行市场细分的首要因素,是形成产品具有不同消费需求的一个重要因素,也是消费品市场进行细分的重要依据之一。地理因素主要包括国家、地区、城市、乡村、城市规模、人口密度和地形地貌等具体变量。不同地区的人们受地域因素的影响，对同一类产品的需求往往不同，如对空调、电风扇的需求，在不同的地域和气候条件下，消费者的需求状态是不同的；城市规模不同，人口密度不同，造成人们的生活方式不同，如城市和乡村对自行车这种代步工具的需求也不同。至于在不同的国家对消费品需求上将会产生更大的差异。

（2）人口统计因素。人口统计因素是根据人口统计变量对市场进行细分，即按照人口构成中的年龄、性别、职业、收入、受教育程度、家庭人口、家庭生命周期、国籍、民族、宗教或社会阶层等对整个市场细分。人口统计因素作为细分市场重要因素之一，与消费者的需求、偏好、欲望和商品使用频率等有着密切的关系。

（3）心理因素。心理因素是影响消费者欲望和需求的一个重要因素。生活方式不同，对商品的需求也有相当大的差别。当人们的生活方式有所改变时，需求也有相应的变化。个性是人们在生活中形成的一种性格趣向。营销人员通过研究消费者的个性，给自己的产品进行个性化的定位，使产品显示品牌个性，以符合相应的消费者的个性，如耐克的刺激、劳力士的精密、宝马的华贵，都是很好地细分个性的案例。人们在态度、兴趣和行为上各不相同，而这些因素都会影响到人们选择何种商品与服务。企业可以把具有类似或者具有共同主张、个性、兴趣和价值观念的消费者分为一个消费群体，如传统型、新潮型或节俭型等多种类型，这样的细分方法可以显示出对同一种商品不同消费者的不同心理需求方面的差异性。

（4）行为因素。行为因素是根据消费者对一件产品的了解程度、态度和使用情况或反应，将他们划分成不同的群体。营销人员认为行为因素是市场细分至关重要的出发点，主要包括消费者的购买时机、消费者利益、使用者情况和频率、消费者对品牌的忠诚度和消费者的态度等。

2. 产业市场细分标准

产业市场细分标准在本质上与消费品市场没有区别，也可以将地理因素、追求利润和使用频率等作为细分标准。但产业市场毕竟不同于消费品市场，有自己的需求规律和需求特征，其服务对象主要是企业。因此，它的细分标准主要考虑用户的性质、用户的要求、用户的规模及用户的地理位置等因素。

（1）用户的性质。即企业必须知道企业的产品所服务的行业有哪些，应该把重点放在购买这种产品的那些行业中去。在一定的目标行业和顾客规模中，企业应细分购买标准。例如，一家专门生产实验室仪器的公司可将用户按性质分为政府、大学、工业及其他实验室。在分析其产品性质、企业规模和营销能力后，最终选择了工业实验室，因为工业实验室要求高度可靠。因此，分析用户性质可以使产品更符合用户的需要。

（2）用户的要求。最终用户对产品的不同要求，必然影响生产企业对产品的选择，这是企业细分市场时必须首先考虑的因素。不同的用户对产品的规格、型号、价格和功能等都会有不同的要求，如对于一种电子元件，不同的用户会有不同的要求。飞机制造厂的最终用户可能是军队，民用通信器材厂的最终用户可能是一般企业、单位或个人，而一家电子元件零售商的最终用户可能是普通的消费者群，同样的东西，由于各自的最终用户不同，他们对产品的采购行为也不同。生产企业可以根据某种产品的最终用户使用该产品的不同目的，结合对产品功能、规格、型号、价格和质量分析，进行市场细分，把对产品需求基本一致的用户集合为一个消费群,为不同的消费群建立有效的营销策略。用这种细分标准对用户的需求划分比较明显,是一种有效的细分方法。

(3)用户的规模。以用户的规模作为细分标准,就是企业在细分时不是以其质量的差异来细分,而是以其数量的大小作为细分的标准。因为在细分之前,企业可以将用户分为大量使用者、中量使用者和少量使用者。购买者的量不同,所形成的市场价值也不同,企业可以选择价值大的子市场作为企业的目标市场,或者对不同的子市场采用不同的营销策略。对于大客户,企业应建立直接的业务机构,不经过中间环节,对其直接供货;而对于众多的小客户,则可以通过批发或者零售的办法供货。在采用用户规模作为细分变量时,要进行全面的权衡,不能仅依靠采购量的大小作为细分标准,同时要考虑市场供求变化和竞争势态。

(4)用户的地理位置。按用户的地理位置进行细分,虽然有局限性,但如果把用户按照远近不同、集中与分散程度不同进行细分,企业依然可以发现价值较大的产业市场。许多国家按照自然条件、社会环境、气候条件和历史背景以及生产相关性与连接性的特点,形成生产力布局的不同特征,把某个地区作为一个产业带,提供产品需求,既可以有效地规划运输路线而节省运输费用,还可以更充分地利用销售力量,降低销售成本。例如,我国许多企业按照生产力的布局,把我国划分为辽宁冶金工业区、山西煤炭重化工业区、上海轻纺工业区、江浙纺织工业区等,这些是企业经过长期的市场分析后,划分的产业区或产业带。虽然不是每个企业都能把产业区作为自己的目标市场,但对那些大型企业,选择产业区作为目标市场,仍然是一个明智的选择。

产业市场与消费品市场一样,消费需求是许多因素影响的结果,因此产业市场细分也会用到许多的细分变量。现在以一个铝制品公司为例,说明企业是如何用多重变量来细分市场的,如图5-1所示。

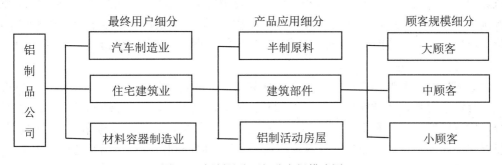

图 5-1 铝制品公司细分市场模式图

首先,铝制品公司进行宏观细分,从三个方面进行:第一步,按照最终用户这个变量把铝制品市场细分为汽车制造业、住宅建筑业和材料容器制造业三个子市场,然后决定选择其中一个可以进入并提供最好服务的目标市场。假定这家企业选择了住宅建筑业作为其目标市场。第二步,按照产品应用这个变量进一步细分为半制原料、建筑部件和铝制活动房屋三个子市场,然后选择一个为目标市场。假定这家公司选择建筑部件为目标市场。第三步,按照顾客规模这个变量把建筑部件进一步细分为大顾客、中顾客、小顾客三个子市场。假定这家公司可以选择大顾客为目标市场。其次,公司在对铝制品行业进行宏观细分的基础上,再对大顾客的不同要求进行微观细分。例如,可以从产品质量、性能、规格和价格等内容上进一步细分,可以分为根据价格而购买的一类,根据服务而购买的一类,根据质量而购买的一类。最后,企业把重视产品质量选为目标市场。经过一系列细分变量的运用与分析,公司细分市场后的目标市场轮廓便十分清晰了。

(二)市场细分的步骤

市场细分由一系列有联系的过程组成,对任何一个环节的删减都可能破坏市场细分的有效性,因此,市场细分作为战略性市场营销策略实施的一项重要工作,掌握其科学的步骤就显得十分重要。根据企业实践,市场细分需要经过以下几个基本步骤。

1. 划定细分范围

划定细分范围,是指企业对细分哪一种产品或服务的整体市场,以及要在哪一区域内进行细分这两个前提加以界定。企业的目标不同,选择的目标市场也不同,如一家饮料企业在进入市场时,它可以进入碳酸饮料市场,也可以进入果蔬饮料市场,还可以进入营养滋补饮料市场,可对于企业来说,最后可以进入哪个市场,必须有一些具体因素的制约,企业的战略与任务、企业的人力资源的保障程度、企业的财力资源与物力资源情况、企业开发产品的能力和技术获利能力等都是影响企业选择目标市场,划分细分范围的重要条件。

2. 确定细分依据

细分依据就是细分标准,市场环境的多变性,产品的复杂性,消费需求的变化性,竞争的激烈性,都给企业选择正确的细分标准提供了条件,同时也设置了障碍。如果市场环境不复杂,消费需求变化少,竞争不激烈,对一个产品的整体市场,企业完全可以采用无细分政策,很轻松地进入市场,满足消费者的需要,但是当市场环境发生了变化,企业必须从众多的细分标准中准确把握属于企业市场细分的有效标准。地理因素、心理因素和人口统计因素,都是十分重要的可以确定整体市场消费需求差异的标准,企业为了保证细分的准确性,往往需要选择多种细分依据,即考虑多种影响因素进行市场细分,如服装市场、化妆品市场,就必须按照人口统计因素和心理因素两种依据细分产品市场。

3. 衡量细分变量

企业应按照消费群体的情况,对所选择的细分市场进行认真评估。许多的细分标准,必须进行综合分析,才能够做出正确的判断。例如,美孚石油公司根据购买者的利益进行划分,发现顾客对同一种商品中的追寻的利益差异是很大的,即使是停车加油的驾驶员也可能寻求不同的利益。他们通过调查,识别了五种不同的利益细分市场及它们的规模。

(1)道路勇士:产品保险和有质量的服务(16%)。
(2)F代:快速加油、快速服务和快速食品(27%)。
(3)实在的花费:品牌产品和可靠的服务(16%)。
(4)家庭实体:方便(21%)。
(5)价格购买者:低价(20%)。

经过这样的测试,尽管石油属于标准产品,但价格购买者在买者中只占了20%,美孚公司决定定位于对价格不是很敏感的细分群体,并且提供良好的服务:清洁的房屋和卫生间、较好的照明设备以及友好的工作人员。尽管美孚比竞争对手每加仑多收了0.2美元,但销售额却增长了20%~25%。可见,细分变量的选择是否准确,对市场细分的准确性至关重要。如果使用不当,可能会使细分结果与市场的实际情况相去甚远,从而导致决策失误,影响企业目标与任务的实现,所以市场营销人员必须深入了解市场需求状况,认真分析市场需求的特点及消费群体的差异性,对市场做出正确的判断。

4. 进行市场调查

市场调查既是对市场细分标准进行的一次检验,也是重新衡量细分标准是否正确有效的重要环节。通过市场调查可以进一步发现新的细分标准。在实践中,企业常常开展以需求特征、购买行为、消费者或用户对市场营销策略反应为内容的一系列调查,通过调查可以获得第一手资料。通常情况下,企业应根据目标市场的具体情况,结合企业的调查能力,通过合理的调查方案,开展调查工作。

5. 评估细分市场

企业可以根据对市场的调查所取得的信息,对各个子市场的价值进行评价、分析。在具体评估过程中,企业必须考虑两个因素:市场结构的吸引力、企业的目标和资源。首先,企业必须明确潜在的细分市场是否对企业有吸引力。这主要是指它的大小、成长性、盈利率、规模经济和低风险等。其次,企业必须考虑对细分市场的投资与企业的目标和资源是否一致。某些细分市场虽然有较大的吸引力,但不符合企业长远的目标,因此不得不放弃。如果企业在某个细分市场缺乏一个或更多的能提供优势价值的竞争能力,就应放弃该细分市场。

6. 选择目标市场

企业在对目标市场进行细分后,考虑企业的目标与目标市场的适应情况,可以将各个有价值的市场按照一定的标准进行排序,直到企业的资源不能再去满足为止。然而不同的企业,开拓市场的目的不同,资源也不一样,因此采用的排序标准也有所不同,可以按盈利能力或市场占有率,也可以按销售潜力或竞争状况进行排序。但不论哪一种排序标准,都不是绝对的,应综合考虑。

7. 确立营销策略

分析了消费者的潜在需求规模及其发展趋势,企业应该确定细分市场的规模,并结合企业的资源选定目标市场,制订相应的市场营销组合策略,如产品开发策略、价格制定策略、分销渠道策略与产品促销策略,使企业顺利进入目标市场。

在现实工作中,必须根据市场要求对影响消费者群体的因素加以调查研究,分析每一个细分市场的经济性及其对企业的价值影响,使企业在细分市场上获得较大的收益。

通常情况下,市场细分必须定期反复进行。因为消费需求的多变性与企业的适应性要很好地结合,必须不断地进行调查,发现更好、更细的细分市场。在国际上有一种流行的寻找新细分市场的方法叫市场划分(Market Partitioning)。它是根据消费者在挑选产品时的选择不同,而将其划分为不同的属性层次,如顾客首先决定购买日本汽车,这是第一层选择;然后决定要买丰田汽车,这是第二层选择;最后决定购买丰田的皇冠车,这是第三层选择。因此,企业必须根据消费者在选购商品层次中的潜在变化,不断地根据消费者的优先次序进行调整。

三、市场细分的方法

明确了市场细分的过程,企业可以按照细分的程序,采用一定的方法进行市场细分。常用的细分方法有以下几种。

(一)完全无细分

这是一种无细分的方法。企业针对一个完整的市场,不论什么消费者均不予考虑,也不采用细分标准。这种方法的好处是企业无须在市场细分上投入大量的精力,减少了生产、销售成本。企业只关心消费群体整体性的需求,强调市场需求的共识,漠视需求的多样性。如消费者对电力、煤炭和自来水的消费均属此类,消费共性较大,消费需求大体一致。消费者最为关心的是价格,只要价格合理,服务周到,企业就可以有收益。

(二)完全细分

这是与完全无细分完全相对的一种细分办法。它认为每一位消费者均可能是一个独立的市场,通过运用众多的细分变量,对整个市场进行全方位的细分,以获得每个市场的购买者。在实践中,如果整个市场中只有少数一些购买者,而且这些购买者之间存在着较大差异时,个别产品就可以采用这种方法进行细分。它的优点是为每一个小顾客群建立一整套市场营销策略,是真正的"服务到人"的细分,但由于这种细分的难度较大,细分的结果又没有代表性,因而在使用中具有局限性。美国的波音和道格拉斯飞机的机骨架制造商所面临的情况是只对少数几个大的购买商,它是以某一位购买者作为其中的一个细分市场的。这样做,虽然有些市场,但从整体效益上看,不论从理论上还是实践中,都是不可取的。因为企业针对一种产品,投入生产,投入量远远高于生产所产生的效益,没有规模经济带来的成果,不利于企业的发展。从销售上看,为一件产品花费众多的促销费用,也是不符合营销原则的。因此,市场细分过小,必然引起市场营销成本的加大。对于许多企业来说,还是应该按照一定的变量,对市场进行消费群划分更好些。

(三)按两个以上的因素进行细分

在实践中,许多营销人员发现,大多数产品购买者都受到许多因素的影响。不同的地理因素下,消费需求不同;不同的心理需求,反映在商品上会产生不一样的需要;不同的购买方法和环境因素,也会导致不同的需求倾向。因此,大多数产品均会按照两个或两个以上的细分标准进行细分,如化妆品市场,首先按年龄细分,把消费者分为婴幼儿、少年、青年、中年和老年几种类型,然后再根据性别分为男、女,再根据受益性进行细分,这样综合因素的考虑,得到的细分市场,是一个比较可行的目标市场。当然以多个市场细分标准进行细分,企业必须按照产品的不同情况,对一定的因素组合进行控制,因为尽管企业细分市场运用的变量越多,所获得的精确度越高,但这样细分的结果是每个细分市场上的消费者也会越少,细分成本也会提高。在细分中应把握有效、合理、精确、低成本的原则。

(四)按系列因素细分

系列因素就是按照细分因素的相关性与联系性,对整个市场进行细分。有一家鞋制造企业，对整个的鞋市场进行调查后，进行了五步细分：第一步，按市场范围，分为国内市场与国外市场；第二步，按市场上该产品的应用对象，分为男鞋与女鞋；第三步，按照该产品在市场上的应用范围，分为商务用鞋、防水防潮用鞋、季节适用鞋、家居用鞋等；第四步，按照收入不同，将鞋的消费分为高收入、中等收入和低收入等；第五步，经过比较，企业选择了城市中高收入者中的男性作为微观细分，又进一步分为重视价格型、重视质量型、重视售后服务型、重视品牌型和重视外观型等几种类型，这样该企业的目标市场就已经相当清晰了。

（五）产品—市场方形图法

产品—市场方形图法是一种较好的市场细分的方法，它的基本原理是：将消费者对产品的不同需要与市场需求情况结合起来，对企业所面对的细分市场进行分析比较。它是采用方格的方法进行划分，从而做出选择的过程。通常，方格的横行代表各种不同的产品，方格的纵列代表不同的消费者。以某一产品为例，假定消费者对产品有三种不同需要，而市场上存在着三种不同的商品，于是就形成了九种可以选择的市场。企业可以对九个市场进行客观评价，从中寻找一个最合适的市场作为企业的目标市场，如图5-2所示。

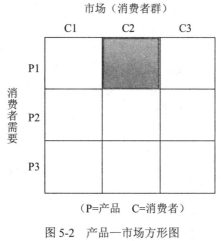

图 5-2 产品—市场方形图

市场细分的方法很多，企业在具体的实践中要结合自身资源和市场特点，加以分析和利用。

第二节 目标市场选择

一、目标市场的概念

所谓目标市场，是指企业在市场细分之后的若干子市场中，所运用的企业营销活动之"矢"而瞄准的市场方向之"的"的优选过程。例如，现阶段我国城乡居民对照相机的需求，可分为高档、中档和普通三种消费者群。调查表明，33%的消费者需要物美价廉的普通相机，52%的消费者需要使用质量可靠、价格适中的中档相机，16%的消费者需要美观、轻巧、耐用、高档的全自动或多镜头相机。国内各照相机生产厂家，大都以中档、普通相机为生产营销的目标，因而市场上这两种相机供过于求，而各大中型商场的高档相机，多为高价进口货。如果某一照相机厂家选定16%的消费者目标，优先推出质优、价格合理的新型高级相机，就会受到这部分消费者的欢迎，从而迅速提高市场占有率。

二、目标市场选择的策略

（一）评估细分市场

目标市场的选择，对企业生死攸关，因此必须对企业经过市场调查所发现的细分市场进行评估。企业评估细分市场主要从以下几个方面考虑：企业细分市场的规模和增长潜力；细分市场的吸引力；企业自身的优势和资源。

1. 企业细分市场的规模和增长潜力

进行细分市场评估，首先要评估市场是否具有适当规模与潜力。这里所说的适当规模主要是指市场规模与企业规模相对适应。这是许多企业不愿面对而又不得不面对的问题。一个细分市场可以很大，很有规模，但对于一个小规模的企业来说，是不适应的，进入的可能性很小。同样，对于一个大企业来说，较小的细分市场也是不值得涉足的。因此，企业在进入细分市场时，必须首先对自己的规模与市场进行预量，比较它们之间的适应性。市场潜力的增长意味着企业在这个市场上有利可图，因为市场潜力主要表现为企业销量的增加和利润的增长。需要注意的是，越是有增长潜力的市场，也越是竞争激烈的市场，企业不考虑竞争的残酷性，不考虑自身进入的可行性，可能很快就会在竞争中失去自我，因此越是市场潜力大的市场，竞争的激烈性越强，其获利的机会也就越少。

2. 细分市场的吸引力

所谓市场吸引力，主要指长期获利率的大小。一个市场可能具有适当的规模，也可能具有一定的增长潜力，但如果这个市场没有吸引力的话，依然不是企业可以进入的市场。在营销理论界，把决定一个市场是否具有吸引力的力量表述为五种：现实的竞争者、潜在的竞争者、替代产品、购买者和供应者。企业必须充分估计这五种力量的影响，确定企业在某一个市场上的获利能力大小，以便分析其在市场上的机会与威胁。这五种力量的分析原理是：如果某个市场已有为数众多、实力强大的或者竞争意识强烈的竞争者，那么这个市场是缺乏吸引力的；如果某个市场能吸引新的竞争者进入，他们将会投入新的生产能力和大量的资源，并争取占有较大的市场份额，这个市场就是一个有吸引力的市场；如果某个市场已存在潜在的替代品，这个市场就没有太大的吸引力；如果某个市场购买者的谈判能力很强或正在加强，或购买者对产品过分苛求，那么这个市场就缺乏吸引力；如果企业的供应者、原材料和设备供应商、公共事业单位或者银行都随意去提高或降低产品或服务质量，或人为地减少供应量，那么这个市场也是缺乏吸引力的。

现在，随着人们对市场吸引力研究的进一步加深，吸引力的大小不仅与产品竞争有关，而且与该市场所表现的增长和发展趋势有关。中国加入WTO后，许多跨国公司纷纷抢滩中国，除了看重中国市场日益增长的需求外，还有一点就是中国经济增长势头的强劲有力与不可阻挡。尽管在中国市场上，存在着具有相当实力的国际知名企业，购买者的讨价还价的能力也在不断提高，许多企业也清楚，要进入中国市场，必将投入新的生产能力与大量资源，但依然没有放慢进军中国市场的步伐。可见，今天在分析该市场吸引力的时候，营销人员必须对该市场进行全面的分析，在原有营销理论的基础上，具体问题具体分析。在1999年中国成功地举办了上海《财富》全球论坛的基础上，2005年北京《财富》论坛又于5月16日成功开办。这次论坛确定以"中国和新的亚洲世纪"为主题，充分表达了全世界对中国和亚洲发展前景的关注，表达了大家对中国及亚洲的发展对全球经济增长所发挥的作用的关注。2017年全球论坛将于12月6～8日在中国广州举办。这次财富全球论坛将为《财富》世界500强的首席执行官们创造一次宝贵的机会，与中国工商界和政府部门的领导者展开积极对话。此次财富论坛的主题为"开放与创新：构建经济新格局"，将重点关注全球化和数字化两大主题。"这两大趋势已经完全改变了全球商业的面貌。"时代公司的首席内容官兼《财富》杂志主编穆瑞澜指出，在过去的三十多年里，以中国为首的发展中国家从全球化中获得了很大的红利。当前欧美地区出现了一些反全球化的趋势，未来应该如何继续推进全球化、促进世界经济的发展，如何搭建更好的平台、让更多企业分享全球化带来的实惠，这是广州"2017财富论坛"的重要议题。这也充分说明，在经济全球化趋势深入发展的条件下，以中国为首的发展中国家的发展正在成为世界经济发展新的推动力量，世界经济发展也将给以中国为首的发展中国家的发展带来新的重要机遇。世界各国经济互利合作、相互依存程度的加深，必将给全球经济增长创造更加美好的前景。

3. 企业自身的优势和资源

对任何一个细分市场，尽管它有适当的规模和吸引力，但如果企业没有足够适应它的能力与资源，进入细分市场也是要冒险的。即使有资源，如果没有赢得比竞争对手更好的技术优势与财力，也要慎重进入。当然市场的容量大小也是企业需要考虑的一个因素。因为容量大，企业可以寻找某一个突破口，在某一子市场上发挥自身的优势；如果市场容量较小，且已被某些企业所控制，加上竞争的激烈，盈利的可能性会变小。

（二）选择细分市场

一旦企业确定了市场细分机会，除了必须对细分市场进行评估外，还必须决定为多少个细分市场服务，这就是细分市场的选择，也叫目标市场策略模式。企业在对细分市场进行评估后，可考虑五种目标市场策略模式。

1. 密集单一市场

密集单一市场是指企业只选择一个单一市场作为目标市场。它可以通过集中营销，清楚地了解细分市场的需求，树立良好的声誉，在细分市场上建立巩固的市场地位。企业可以通过生产、销售和促销的专业化分工，提高经济效益，一旦企业在细分市场上处于领导地位，那它就可以获得很高的投资收益。不过，采用此模式的风险比一般风险更大。个别细分市场可能出现不景气，或者某个竞争者进入同一个细分市场。正是由于这个原因，许多企业选择进入若干个细分市场，分散经营模式，如图5-3所示。

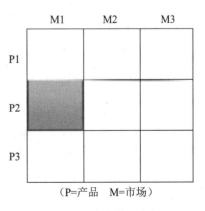

图5-3 密集单一市场

2. 有选择的专门化

有选择的专门化是指企业有选择地进入几个细分市场，每个市场都有吸引力，且符合企业的目标与资源水平，在各个细分市场之间很少或根本不发生联系，但在每一个细分市场上都有盈利。该策略可以分散企业风险，企业即使在一个细分市场上失利，依然可以在其他市场上盈利。美国著名的广播集团公司埃米斯（Emmis Broadcasting Corp.）为了使广播既要吸引年轻人，又要吸引老年听众，因此把广播分为："KISS-FM"——"流畅的蓝调与古典乐灵魂"，用于吸引老年听众；"WQHT-FM"——"热点 97"播放城市街头音乐，以吸引年龄在 25 岁以下的年轻人，模式如图 5-4 所示。

3. 产品专门化

企业生产一种产品，并向各类顾客销售这种产品。不同的子市场，产品的式样、档次有所不同。这种模式的特点是能分散企业的经营风险，投资也不大，即使其中的某个子市场失去了利润，企业还可以在其他市场上盈利。但是如果产品被一种全新的产品所代替，企业就会出现危机。例如，一家显微镜生产企业完全可以将自己的产品出售给大学实验室、政府部门检测机构、工商企业实验室、航空实验部门等各个市场，而放弃生产实验室的其他仪器，这种战略的最大好处在于企业可以在某个产品方面树立很高的声誉，模式如图 5-5 所示。

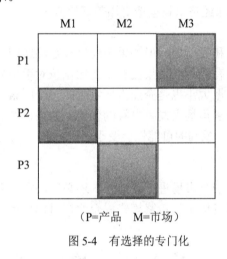

（P=产品　M=市场）

图 5-4　有选择的专门化

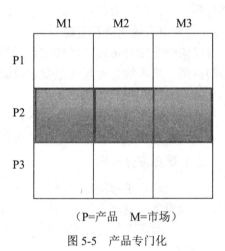

（P=产品　M=市场）

图 5-5　产品专门化

4. 市场专门化

市场专门化是指企业为满足某个顾客群体的各种需要而服务，即企业以所有产品，供应给某一类顾客群，各产品性能有所区别。如某机械厂专门为农村生产农用机械，从一般小农具到大型农业设备，一应俱全，满足了农村这个大市场对农业机械的要求，在这个市场上获得了极好的收益，与顾客建立了稳固的联系。当然，如果这一市场突然因为某种原因而萎缩，可能会带来危机，模式如图 5-6 所示。

5. 全面进入（完全覆盖）市场

全面进入市场是指一个企业想用各种产品满足各种顾客群体的需要。这是实力较强的企业为了占据市场领先地位采用的策略，如大众公司、通用汽车公司等，模式如图 5-7 所示。

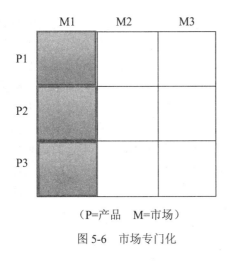

图 5-6 市场专门化

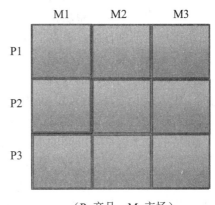

图 5-7 完全覆盖市场

（三）目标市场选择的策略

企业对细分市场进行了评估后，又进一步分析了可能的几种细分市场选择模式，这样就可以决定采用何种营销策略。可供企业选择的目标市场策略主要有以下三种。

1. 无差异性市场营销策略

无差异性市场营销策略是指企业不考虑细分市场间的区别，把整个市场看成一个整体，不进行细分，或者是做了细分化工作后，把整个市场看成一个目标市场，采用一种产品和制订一个营销计划来吸引最多数的购买者。它凭借广泛的销售渠道和大规模的广告宣传，旨在人们心中为该产品树立一个独特形象。采用这种策略的企业，一般是那些具有单一生产线，大规模生产单一产品的企业，尽管可能有不同的型号，但产品在实体上差异不大。以早期美国可口可乐公司为例，实行的就是无差异性市场营销策略，不管在国内还是国外，它都采用统一的产品和推销手段，利用其独特的专利配方，大量造势，使这种产品受到世界各地的欢迎，其可谓采用此策略的典范。

2. 差异性市场营销策略

差异性市场营销策略是指企业选择两个或两个以上的子市场作为目标市场，有针对性地为每个子市场提供产品，并根据产品特征和子市场的特点，分别制订和实施产品组合营销策略。一般来讲，下面的几种情况比较适宜采用差异市场营销策略：① 拥有较宽、较深的产品组合和产品线实行批量生产、多品种生产的企业；② 消费者需求弹性比较大的产品；③ 不同的产品有不同的价格，或者同一产品在不同的地区具有不同的价格；④ 不同的产品有不同的广告宣传的思路与风格；⑤ 产品处在成长期和成熟期。

3. 集中性市场营销策略

集中性市场营销策略是企业将资源集中于某一个或两个目标市场上，专门为该市场开发独特产品，实行专业化生产和经营，其营销组合的目标也是为了在该市场上获得较高的市场占有率。由于目标市场选择的范围较小，企业可以充分利用自身资源和营销能力，满足目标市场上特殊的需要，因此，集中性市场营销策略对于中小企业，是比较适当的选择。通常情况下，市场上的确存在着一些大企业无法满足的特殊市场，如果中小企业能够独辟蹊径，为这些特殊的市场提供产品和服务，首先占领一个小目标市场，然后等待时机成熟，再进一步扩大生产或扩大市场范围,也有利于中小企业的发展。最近几年,我国中小企业在某些小市场上渐创佳绩,著名的澳大利亚奥普卫浴电器(杭州)有限公司,以"小"策略,赢得大市场,集中优势资源,努力建造一个品质卓越、品位高尚、品牌著名的卫浴电器,不但市场细分明确,而且目标市场选择准、定位好,在准确把握消费需求的基础上抢占先机,成为行业之首。不过,企业采用集中性策略,也存在着一定的风险,如果目标市场上的消费者突然改变消费偏好或有某一个竞争者进入,可能会使企业陷入困境。奥普卫浴因为独特的技术壁垒和准确的市场定位,使其处于市场领先地位,在不远的将来如果有某一个强势企业加入浴霸行业,可能会引起行业的竞争。因此,采用这一策略的企业,必须密切注意行业的势态变化,及时调整产品结构,加大产品的保护与防御力度,关注行业竞争的态势,通过不断增加新产品和提高服务质量,始终使自己处于有利的地位。

三、影响目标市场选择的因素

目标市场的三种营销策略,从总体上分析,均有不同的利弊,这就要求企业在选择时,应根据企业的产销情况、资源情况、市场情况、产品特点和市场环境因素对其进行分析,确定最适合企业的策略。通常情况下,企业选择目标市场应考虑以下几个因素。

(一)企业的目标与整体实力

企业目标是决定企业行为方式的关键因素,对企业效率的评价,就是看企业目标在多大程度上得以实现。选择目标市场,无论采用哪种策略,都要与企业的目标相一致,在企业的战略目标之下,制定目标市场战略。企业的整体实力包括企业的技术、资金等资源状况与经营能力。大型企业资金雄厚,技术力量强大,一般采用无差异市场营销策略和差异营销策略的居多;反之,如果企业的技术力量薄弱,资金较为困难,可以集中一个目标市场开展营销活动,实行集中营销策略。

(二)产品的自然属性

不同的产品,由于其特性不同,采用的市场策略也不相同。那些具有物理变化性能的产品,如米、面、油、盐等产品,长期以来没有太大的变化,比较适合无差异性营销策略。而服装、化妆品、家用电器和照相机等产品,消费需求变化快,且品质差异较大,消费者在选购时,往往都要对其功能、质量、款式和价格进行再三比较才决定购买,因此,最好采用差异性或集中性营销策略。

(三)市场差异性的大小

在市场上,由于消费者的收入、职业、受教育的程度与所处的环境不同,对产品的选择有很大的差异性。如果一个消费品市场上消费者对某一个产品的兴趣爱好、购买动机与购买行为大致相同,则称其为同质市场,这样,便可以采用无差异性市场营销策略;如果是异质市场,那么,只有采用差异性营销策略,才能使消费需求得到满足。

(四)产品的寿命周期

在产品所处的四个寿命周期里,尤其是在进入期,产品刚刚进入市场,可以采用无差异性市场营销策略；在成长期，产品已被消费者所接受，竞争对手进入，这时企业除了加强产品品质、扩大宣传力度外，目标市场营销策略应采用差异性策略，以巩固市场占有率，提高产品的利润水平；在成熟期，产品进入更新换代阶段，企业一方面应着手引入第二代产品，同时应对原有产品实行选择性市场营销策略与集中性营销策略。

（五）竞争对手的情况

在市场营销中，企业应对竞争对手采用的策略有所把握，这样才能有针对性地制定自己的策略。通常情况下，企业采用的策略应与竞争对手有所不同。如果竞争对手实力强大，采用无差异性营销策略，那么企业可以采用差异性或集中性营销策略，以获得一定的市场份额，取得良好的市场效果；如果竞争对手采用差异性营销策略，则企业应采取集中性营销策略。对于同一产品的竞争，如果市场同质性较强，消费需求特性复杂，企业商品竞争力不足，必须采用差异性营销策略或者集中性营销策略，以便能集中优势，提高目标市场的占有率。目标市场策略的选择是一个严谨的、随着时间变化而变化的、具有一定艺术性的工作，企业的营销人员要根据具体情况做出决定。当企业内部、外部情况发生变化时，企业必须不断进行市场调查与研究，及时发现问题，掌握营销环境变化的动态，分析竞争对手的发展态势，扬长避短，灵活运用各种策略，提高企业竞争力，增加企业的收益。

第三节 市场定位

一、市场定位的概念

市场定位可以定义为：针对竞争者在市场上所处的位置，根据消费者或用户对该种产品某一属性或特征的重视程度，为产品设计和塑造一个个性或形象，并通过一系列营销努力把这种个性或形象强有力地传达给顾客，从而适当确定该产品在市场上的位置。

市场定位的基本点是为了竞争。通过定位，企业可以识别市场上的竞争者，确立其市场竞争的地位，同时还可以制定出有效的竞争策略。明确自己的定位目标，有利于发现自己的竞争优势与劣势。企业必须明白定位主要考核企业到底可以向它的目标顾客宣传多少产品的差异。在营销实践中，一般有几种利益差异形式：一种利益，是一个公司为每一种产品制定一个唯一的销售定位，并专门经营这一定位。佳洁士牙膏始终宣传其产品防蛀这一保护功能，而奔驰汽车则宣传自己杰出的发动机，都属于一种利益定位法。当一种利益定位使消费者感到并不是最佳选择时，或者大多数的竞争者也可以提供这种利益时，那么双重利益法也会给企业定位带来许多利益，如"沃尔沃"将其汽车定位为"最安全""最耐用"。例如，美国钢制文件柜有限公司把按时送货与最佳的安装服务结合起来，在两项利益上使其与其他的公司相区别。

二、市场定位的方法

当企业了解了产品、服务、人员、渠道和形象等各方面的差异化以后，便可以进行准确的市场定位，顺利地进入并占领市场。制定定位战略，必须解决下面一些主要问题：向目标市场推出多少差异？推出哪种定位？如何开发和宣传企业定位思想？为此，企业必须做好以下几方面的工作。

（一）进行市场调查，选择竞争优势

企业通过与竞争对手在产品、促销、成本和服务等方面进行对比分析，发现自己的长处与短处，以便更好地确定自己的竞争优势。因此，必须进行深入细致的市场调查工作。企业可以利用一些科学的方法和手段开展这一项工作。著名的 SWOT 分析方法在企业优势、劣势分析中具有极好的分析效果。SWOT 分析方法就是对企业优势、劣势进行分析，发现机会，规避威胁，以采取有效的措施解决问题。我们可以将企业所有的优势一一列出来，与竞争对手进行比较：① 企业可不可以使顾客购买过程更便利或更有效？② 企业可不可以满足人们所需要的更多信息与建议的要求？③ 企业可不可以向顾客提供更适合的产品或者定制某些特殊需求的产品？④ 企业可不可以向顾客宣传更多的产品功能？⑤ 企业可不可以向顾客提供更高效的服务？

经过分析，可以确定企业在市场所处的位置，使企业更容易与目标市场进行沟通，员工对企业的目标理解更清楚，企业更容易发现整个组织的定位重点。

解决好定位能帮助企业解决市场营销组合的问题。因此，一个将自己定位于"优质产品"的企业，它必须生产优质产品，制订一个高价，通过高档的经销店分销产品，以及在品位较高的媒体上进行广告宣传。

（二）初步确定定位方案

根据市场分析，如何进行市场定位？一般情况下是利用定位图的办法进行。假定美国有一家游乐场准备建一个主题公园，以吸引大量来洛杉矶游览迪士尼乐园和其他旅游胜地的游客。它的周围已经有七家这样的公园：迪士尼、神奇山、狮山、诺特公司、布希、日本鹿园及海洋世界。它必须进行相关的分析，从中可以获得一张认知图。其基本原理是利用人们对游乐园的多种需求而进行。这样，该公司就可以从多种形式的定位策略中进行选择：① 特色定位，像迪士尼那样具有相当规模与历史的乐园；② 利益定位，即给消费者提供一定的利益；③ 使用定位，即按使用者进行定位；④ 竞争者定位，即定位为比竞争者更好；⑤ 质量定位，即定位为产品是最好的。

（三）对选择的定位进行修正

初步定位，只解决了定位的选择问题，要使企业定位合理有效，必须在定位的选择上下功夫，提高其市场吸引力。一般来说，要解决以几个问题。

（1）企业所选择的定位对目标市场的顾客来讲重要性如何？

（2）企业是否有能力去改进？需要多长时间？

（3）竞争对手对企业的定位改进会有什么反应？

（四）确立定位方案

经过上述分析，企业可以按照定位的指导思想，对企业的定位进行认定。如果是新企业，意味着企业应该考虑以怎样的形象进入市场。如果是再定位，则说明是企业通过调整产品、服务、价格、渠道、特色和促销等，使消费者对企业重新认识的过程，也可以被认

为是企业战略的转移。

（五）传播企业的定位

企业定位决策做出后，要使定位深入人心，必须进行有效的定位宣传，即把企业的定位理念准确地传播给潜在的购买者。

首先定位必须明确产品的类别，其次是明确与其他产品的区别。所选产品必须与其他产品一样，具有相同点，同时又与其他产品存在着质的不同，才能显示出它的独特性。如果一家企业将自己的产品定位为"质量最佳"，那么就必须对质量方面的情况多加关注。一位卡车制造商给车子底盘的内层也刷上油漆，并非十分需要，而是要显示其对质量的关心。"质量最佳"也可以通过其他营销手段来实现。高价往往被人们视为产品质量好的一个重要信息，精美的包装被人们视为质量好的重要标志等，这些都可以加深企业市场定位的印象。

三、市场定位的策略

企业进入市场，可能要面对许许多多的竞争对手。企业作为市场参与者，它的自身资源不同，所处的竞争地位也不一样。因此，必须进行恰当的企业定位和产品定位。

（一）企业竞争定位策略

根据企业在目标市场所处的地位，可以把市场上的企业分为领导者、挑战者、追随者和补缺者。按照一定的市场占有率，可以发现，市场领先者大约占40%的市场；市场挑战者大约占30%的市场；市场追随者大约占20%的市场，还有10%的市场份额由市场补缺者占领。

1. 市场领先者策略

所谓市场领先者，是指企业在相关产品市场中占有最大的市场份额，而且它在价格变化、新产品引进、分销渠道覆盖和促销强度上，对其他公司均具有领导作用和感染力。一般来说，每个行业均有一个公认的市场领先者。这类企业经济实力雄厚，以企业整体形象进行定位，把自己定位在顾客需求偏好的中心位置，这种定位可以使其获得较大的市场占有率。

企业要保持自己行业领先的地位，必须做好三项工作：找到扩大总需求的方法；通过好的防御和进攻策略来保护现有的市场份额；即使企业市场规模不变，也要努力扩大市场份额。

（1）扩大市场总需求。扩大市场总需求，可以提高整个市场的需求能力，几乎所有的企业均可获得收益，但处于领先地位的企业获利最大。如美国人拍摄更多的照片，柯达公司获利最大，因为它占全美国销售额的80%以上，如果它能说服美国人在节假日或者其他时候也能去拍摄，可能获利会更大，因此一个市场领先者，可以通过寻找新用户、新用途以及更多的使用者而获利。

（2）保护市场份额。作为市场领先者，除了要不断扩大市场总需求规模外，还要经常保持自己的业务不受侵犯，防止进攻者打开缺口，进入自己的领地。例如，柯达对富士的提防；可口可乐对百事可乐的提防；通用对福特的提防；都是一种重要的保护政策。作为市场领先者,还要经常保持冷静的头脑,明确哪些阵地应不惜一切代价加以保护,哪些阵地可以放弃而不会招致风险;哪些侧面可能是薄弱环节,应加大防御力度;如何将攻击目标引入威胁较小的地带等。在通常情况下,企业可以采用的防御策略有:阵地防御、侧翼防御、先发制人防御、反击式防御、运动防御及收缩防御。

(3) 扩大市场份额。扩大市场份额,可以提高企业的利润,这是不争的事实,但一味地追求市场份额,并不一定能使企业的利润增加。因为追求较高的市场份额的成本也许会大大超过企业的收入。因此,企业在追求提高市场份额时,要注意考虑下面三个因素:① 引起反垄断行动的可能。如果一个占统治地位的企业进一步占领了更多的市场份额,那么就会引起其他企业的嫉妒和打击,这些企业就会因为经济利益的缺失而反对其独占化,这种风险上升,将会过分削弱追求市场份额获利的吸引力。② 经济成本。如果为了扩大市场份额而投入的资金过大,追求更高的市场份额将得不偿失。③ 企业在取得较高的市场份额时,采用了错误的营销组合战略,从而没有增加其利润。例如,企业利用削价获得了市场份额,并不是赢得了竞争者的市场份额,因此这样做的结果将使企业的利润更低。

2. 市场挑战者策略

市场挑战者是市场上位于领先者之后的一些大企业。作为追随者,其拥有较高的市场份额,离领先者最近,也是经营中的大企业。它可以进攻领先者,以夺取更多的市场份额。对于追随者来说,一般可以通过下面一些策略来实现自身的目标。

(1) 确定战略目标与竞争对手。作为市场挑战者,要占领市场,必须首先确定其战略目标。它们的目标一般都是提高市场份额,主要考虑向谁进攻的问题。

(2) 选择一个总的进攻战略。企业一旦选择了进攻的对手和目标,就可以采用一些有效的策略进行进攻,如正面进攻、侧翼进攻、包围进攻、迂回进攻和游击战等。

(3) 选择特定的进攻战略。采用惯常的进攻战略,可以极大地提高市场的份额,但是,如果企业能选择一些特定的进攻策略,一样可以收到扩大市场份额的效果,如价格折扣、廉价品、声望产品、产品扩散、产品创新、改进服务、分销创新、降低制造成本和密集的广告促销等。

值得注意的是,一个成功的挑战者,其成功的方法在于设计了一整套随着时间的推移而不断改善其地位的总战略。

3. 市场追随者策略

对于市场领先者,它们的风险在于要不断对产品进行更新,进行分销渠道的调整,为了保持市场地位,付出了许多代价。而对于这样一些企业,它们不进行大规模的产品创造,而是紧紧跟随领先者其后,模仿或者改进产品,也可获得相当的利润。这一类企业常被称为市场追随者。

从追随者的出发点看,其策略是针对一定区域内产品差异化和形象差异化较少、服务模仿性较强,价格过于敏感而采取的,因此,对于市场追随者来说,不是没有策略,而恰恰是慎重地考虑后而做出抉择。作为追随者,必须确定一条不会引起竞争报复的成长之路,可以采用的具体策略有仿制、紧跟、模仿和改变等。

4. 市场补缺者策略

一些小企业因为资金、技术或其他原因,往往无力与大企业在大市场上抗争,其最好的策略就是采用市场补缺者策略,即成为一小块市场上的领先者或补缺者。这样既可以避免同大企业竞争,又可以在小市场上获得较多的市场份额。市场补缺者能盈利,是因为它们比其他销售该产品的企业更清楚地了解这些顾客的需要。作为补缺者,一般有三项工作要做:创造补缺、扩展补缺和保卫补缺。由于采用补缺策略的大多是小企业,因此企业必须不断地创造新的补缺市场,这样才有发展的机会。

(二)企业产品的市场定位策略

所谓产品定位,是指利用企业产品创立鲜明的特色与个性,塑造企业产品的独特形象。具体来说,其定位策略主要有以下几种。

1. 填补式定位策略

这种定位策略主要是企业将自己的产品避开与竞争对手正面交手,而把主要精力放在市场的空缺点。这样既可以避开竞争者,又可以迅速占领某一市场,使顾客产生先入为主的印象。这种定位策略风险小而成功率较高。但采用此定位策略时,必须瞄准市场需求,并不断改进产品质量与功能,才可保持长久的市场地位。

2. 并列式定位策略

这种定位策略主要是企业将自己的产品与竞争产品并列在同一个市场上销售,服务于同一消费市场。这种定位策略可以使企业依附于人企业产品的销售氛围,激发自己的斗志,一旦成功还可以获得较大的市场优势。不过这种定位策略风险较大。采用此定位策略时,必须注意在各方面,要求企业的产品能与竞争对手相比较,或者从产品特色上区别于竞争产品。

3. 对抗式定位策略

这种定位策略主要从市场上最强的竞争对手中抢市场。这种定位策略在于打乱原来的定位模式,进一步取代竞争对手的产品地位。这是一种竞争性最强的产品定位策略,可以扩大企业的影响,使企业获得较大的市场份额,因此,选择这一定位策略的企业,一定是实力较竞争对手雄厚,或者目标市场被竞争对手占领,要采用对抗的办法收复"失地",以保持其原有的市场地位。

前面所述的关于企业与产品的定位策略,是企业在实现市场细分后,选择目标市场而进行的准确的市场定位工作。各种策略的运用,必须与企业的自身资源与实际营销能力相结合,才能有效地发挥作用。

第四节 市场竞争分析

一、竞争者分析

(一)竞争者分析的内涵

1. 竞争者分析的概念

竞争者分析是指企业通过某种分析方法识别出竞争对手,并对它们的目标、资源、市场力量和当前战略等要素进行评价。其目的是准确判断竞争对手的战略定位和发展方向,并在此基础上预测竞争对手未来的战略,准确评价竞争对手对本组织的战略行为的反应,估计竞争对手在实现可持续竞争优势方面的能力。对竞争对手进行分析是确定组织在行业中战略地位的重要方法。

2. 竞争者分析的内容和步骤

竞争者分析一般包括以下五项内容和步骤。

(1) 识别竞争者。识别竞争者必须从市场和行业两个方面分析。

(2) 判断竞争者的目标。

(3) 评估竞争者的优势和劣势。

(4) 确定竞争者的战略。

(5) 判断竞争者的反应模式。

(二) 识别竞争者

企业参与市场竞争,不仅要了解谁是自己的顾客,而且还要弄清谁是自己的竞争对手。从表面上看,识别竞争者是一项非常简单的工作,但由于需求的复杂性、层次性和易变性,技术的快速发展和演进,产业的发展使得市场竞争中的企业面临复杂的竞争形势,一个企业可能会被新出现的竞争对手打败,或者由于新技术的出现和需求的变化而被淘汰。企业必须密切关注竞争环境的变化,了解自己的竞争地位及彼此的优劣势,只有知己知彼,方能百战不殆。我们可以从不同的角度来划分竞争者的类型。

1. 从行业的角度来划分

(1) 现有厂商。现有厂商指本行业内现有的与企业生产同样产品的其他厂家,这些厂家是企业的直接竞争者。

(2) 潜在加入者。当某一行业前景乐观、有利可图时,会引来新的竞争企业,使该行业增加新的生产能力,并要求重新瓜分市场和主要资源。另外,某些多元化经营的大型企业还经常利用其资源优势从一个行业侵入另一个行业。新企业的加入,可能导致产品价格下降,利润减少。

(3) 替代品厂商。与某一产品具有相同功能,能满足同一需求的不同性质的其他产品,属于替代品。随着科学技术的发展,替代品将越来越多,某一行业的所有企业都将面临与生产替代品的其他行业的企业进行竞争。

2. 从市场方面来划分

(1) 品牌竞争者。企业把同一行业中以相似的价格向相同的顾客提供类似产品或服务的其他企业称为品牌竞争者,如家用空调市场中,生产格力空调、海尔空调、三菱空调等厂家之间的关系。品牌竞争者之间的产品相互替代性较高,因而竞争非常激烈,各企业均以培养顾客品牌忠诚度作为争夺顾客的重要手段。

(2) 行业竞争者。企业把提供同种或同类产品,但规格、型号、款式不同的企业称为行业竞争者。所有同行业的企业之间存在彼此争夺市场的竞争关系,如家用空调与中央空调的厂家、生产高档汽车与生产中档汽车的厂家之间的关系。

(3) 需要竞争者。提供不同种类的产品,但满足和实现消费者同种需要的企业称为需要竞争者,如航空公司、铁路客运、长途客运汽车公司都可以满足消费者外出旅行的需要,当火车票价上涨时,乘飞机、坐汽车的旅客就可能增加,相互之间争夺满足消费者的同一需要。

(4)消费竞争者。提供不同产品,满足消费者的不同愿望,但目标消费者相同的企业称为消费竞争者,如很多消费者收入水平提高后,可以把钱用于旅游,也可用于购买汽车,或购置房产,因而这些企业间存在相互争夺消费者购买力的竞争关系,消费支出结构的变化,对企业的竞争有很大影响。

3. 从企业所处的竞争地位来划分

(1)市场领导者。即在某一行业的产品市场上占有最大市场份额的企业,如柯达公司是摄影市场的领导者,宝洁公司是日化用品市场的领导者,可口可乐公司是软饮料市场的领导者等。市场领导者通常在产品开发、价格变动、分销渠道和促销力量等方面处于主导地位。市场领导者的地位是在竞争中形成的,但不是固定不变的。

(2)市场挑战者。即在行业中处于次要地位(第二、第三甚至更低的地位)的企业,如富士是摄影市场的挑战者,高露洁是日化用品市场的挑战者,百事可乐是软饮料市场的挑战者等。市场挑战者往往试图通过主动竞争扩大市场份额,提高市场地位。

(3)市场追随者。即在行业中居于次要地位,并安于次要地位,在战略上追随市场领导者的企业。在现实市场中存在大量的追随者。市场追随者的最主要特点是跟随。在技术方面,它不做新技术的开拓者和率先使用者,而是做学习者和改进者。在营销方面,不做市场培育的开路者,而是搭便车,以减少风险和降低成本。市场追随者通过观察、学习、借鉴和模仿市场领导者的行为,不断提高自身技能,不断发展壮大。

(4)市场补缺者。多是行业中相对较弱小的一些中、小企业,它们专注于市场上被大企业忽略的某些细小部分,在这些小市场上通过专业化经营来获取最大限度的收益,在大企业的夹缝中求得生存和发展。市场补缺者通过生产和提供某种具有特色的产品和服务,赢得发展的空间,甚至可能发展成为"小市场中的巨人"。

(三)判断竞争者的目标

在识别了主要竞争者之后,企业经营者接着应回答的问题是,每个竞争者在市场上寻求什么?什么是竞争者行动的动力?最初经营者推测,所有的竞争者都追求利润最大化,并以此为出发点采取各种行动。但是,这种假设过于简单。不同的企业对长期利益与短期利益各有侧重。有些竞争者更趋向于获得"满意"的利润而不是"最大利润"。尽管有时通过一些其他的战略可能使他们取得更多利润,但他们有自己的利润目标,只要达到既定目标就满足了。也就是说,竞争者虽然无一例外都关心其企业的利润,但他们往往并不把利润作为唯一的或首要的目标。在利润目标的背后,竞争者的目标是一系列目标的组合,对这些目标竞争者各有侧重。所以,我们应该了解竞争者对盈利的可能性、市场占有率的增长、资金流动、技术领先、服务领先和其他目标所给予的重要性权数。了解了竞争者的这种加权目标组合,就可以了解竞争者对目前的财力状况是否感到满意以及对各种类型的竞争性攻击会做出什么样的反应等。如一个追求低成本领先的竞争者对于他的竞争对手因技术性突破而使成本降低所做出的反应,比对同一位竞争对手增加广告宣传所做出的反应强烈得多。

企业必须跟踪了解竞争者进入新的产品细分市场的目标。若发现竞争者开拓了一个新的细分市场，这对企业来说可能是一个发展机遇；若企业发现竞争者开始进入本公司经营的细分市场，这意味着企业将面临新的竞争与挑战。对于这些市场竞争动态，企业若了如指掌，就可以争取主动，有备无患。

（四）评估竞争者的优势和劣势

1．评估竞争者的优势和劣势的必要性

在市场竞争中，企业需要分析竞争者的优势与劣势，做到知己知彼，才能有针对性地制定正确的市场竞争战略，以避其锋芒、攻其弱点、出其不意，利用竞争者的劣势来争取市场竞争的优势，从而来实行企业营销目标。

2．评估竞争者的优势和劣势的内容

（1）产品。包括竞争企业产品在市场上的地位；产品的适销性；产品系列的宽度与深度。

（2）销售渠道。包括竞争企业销售渠道的广度与深度；销售渠道的效率与实力；销售渠道的服务能力。

（3）市场营销。包括竞争企业市场营销组合的水平；市场调研与新产品开发的能力；销售队伍的培训与技能。

（4）生产与经营。包括竞争企业的生产规模与生产成本水平；设施与设备的技术先进性与灵活性；专利与专有技术；生产能力的扩展；质量控制与成本控制；区位优势；员工状况；原材料的来源与成本；纵向整合程度。

（5）研发能力。包括竞争企业内部在产品、工艺、基础研究和仿制等方面所具有的研究与开发能力；研究与开发人员的创造性、可靠性、简化能力等方面的素质与技能。

（6）资金实力。包括竞争企业的资金结构；筹资能力；现金流量；资信度；财务比率；财务管理能力。

（7）组织。包括竞争企业组织成员价值观的一致性与目标的明确性；组织结构与企业策略的一致性；组织结构与信息传递的有效性；组织对环境因素变化的适应性与反应程度；组织成员的素质。

（8）管理能力。包括竞争企业管理者的领导素质与激励能力；协调能力；管理者的专业知识；管理决策的灵活性、适应性和前瞻性。

（五）确定竞争者的战略

各企业采取的战略越相似，它们之间的竞争就越激烈。在多数行业中，根据所采取的主要战略不同，可将竞争者划分为不同的战略群体。例如，在美国的主要电气行业中，通用电气公司、惠普公司和施乐公司都提供中等价格的各种电器，因此可将它们划分为统一战略群体。

根据战略群体的划分，可以归纳出两点：一是进入各个战略群体的难易程度不同。一般小型企业适于进入投资和声誉都较低的群体，因为这类群体较易打入；而实力雄厚的大型企业则可考虑进入竞争性强的群体。二是当企业决定进入某一战略群体时，首先要明确谁是主要的竞争对手，然后决定自己的竞争战略。

除了在统一战略群体内存在激烈竞争外，在不同战略群体之间也存在竞争。这是因为：① 某些战略群体可能具有相同的目标客户；② 顾客可能分不清不同战略群体的产品的区别，如分不清高档货和中档货的区别；③ 属于某个战略群体的企业可能改变战略，进入另一个战略群体，如提供高档住宅的企业可能转而开发普通住宅。

（六）判断竞争者的反应模式

1．迟钝型竞争者

某些竞争企业对市场竞争措施的反应不强烈，行动迟缓。这可能是因为竞争者受到自身在资金、规模和技术等方面的能力的限制，无法做出适当的反应；也可能是因为竞争者对自己的竞争力过于自信，不屑于采取反应行为；还可能是因为竞争者对市场竞争措施重视不够，未能及时捕捉到市场竞争变化的信息。

2．选择型竞争者

某些竞争企业对不同的市场竞争措施的反应是有区别的。例如，大多数竞争企业对降价这样的价格竞争措施总是反应敏锐，倾向于做出强烈的反应，力求在第一时间采取报复措施进行反击，而对改善服务、增加广告、改进产品和强化促销等非价格竞争措施则不太在意，认为不构成对自己的直接威胁。

3．强烈反应型竞争者

竞争企业对市场竞争因素的变化十分敏感，一旦受到来自竞争的挑战就会迅速地做出强烈的市场反应，进行激烈的报复和反击，势必将挑战自己的竞争者置死地而后快。这种报复措施往往是全面的、致命的，甚至是不计后果的，不达目的绝不罢休。这些强烈反应型竞争者通常都是市场上的领先者，具有某些竞争优势。一般企业轻易不敢或不愿挑战其在市场上的权威，尽量避免与其做直接的正面交锋。

4．不规则型竞争者

这类竞争企业对市场竞争所做出的反应通常是随机的，往往不按规则出牌，使人感到不可捉摸。例如，不规则型竞争者在某些时候可能会对市场竞争的变化做出反应，也可能不做出反应；他们既可能迅速做出反应，也可能反应迟缓；其反应既可能是剧烈的，也可能是柔和的。

二、行业竞争结构分析

（一）行业竞争结构的定义

行业竞争结构是指行业内企业的数量和规模的分布。理论上，可以分为完全垄断、完全竞争和寡头垄断三种市场。

1．完全垄断市场

完全垄断市场也叫作纯粹垄断市场，一般简称为垄断市场。完全垄断市场是一种在市场上只存在一个供给者和众多需求者的市场结构。在这种结构下，市场上只有唯一一个厂商生产和销售商品；该厂商生产的商品没有任何接近的替代品；其他厂商进入该行业都极为困难或不可能，所以垄断厂商可以控制和操纵市场价格。

2. 完全竞争市场

竞争最极端的市场称为完全竞争市场，又叫作纯粹竞争市场。完全竞争市场是一种与完全垄断市场相对立的市场结构，是一种竞争充分而不受任何阻碍和干扰的市场结构。在这种市场结构中，市场完全由"看不见的手"进行调节，政府对市场不做任何干预，只起维护社会安定和抵御外来侵略的作用。

3. 寡头垄断市场

寡头垄断市场是介于完全垄断市场与完全竞争市场之间的一种比较现实的混合市场，是指少数几个企业控制整个市场的生产和销售的市场结构，这几个企业被称为寡头企业。在现实经济中，寡头垄断常见于重工业部门，如汽车、钢铁、造船、石油化工、有色冶金、飞机制造、航空运输等部门。

（二）影响行业竞争结构的基本要素

影响行业竞争结构的基本要素主要包括行业内部竞争、顾客议价能力、供货厂商议价能力、潜在竞争对手的威胁和替代产品的压力。这五种因素作用的时间、方向和强度往往并不一致，不同时期各有侧重。例如，某个企业所在的行业自我保护能力很强，进入行业的障碍很大，新的竞争者不易进入，难以构成威胁，然而价廉物美的替代品的出现却直接威胁到行业内现有企业的生存。

1. 行业内部的竞争

导致行业内部竞争加剧的原因可能有：行业的增长缓慢，对市场份额的竞争激烈；竞争者数量较多，竞争力量大致相当；竞争对手提供的产品或服务大致相同，或者体现不出差异；某些企业为了规模经济利益，扩大生产规模，市场竞争均势被打破，产品大量过剩，企业开始付诸于削价竞销。

2. 顾客议价能力

行业顾客可能是行业产品的消费者或用户，也可能是商业买主。顾客的议价能力主要表现在能否促使卖方降低价格，提高产品质量或者提供更好的服务。行业顾客的议价能力受到以下因素的影响：一是购买数量。如果顾客购买数量多，批量大，作为买方的大客户，就有更强的讨价还价能力；如果顾客购买的是重要的原辅材料，或者顾客购买的支出比重大，这样，顾客就必然会广泛寻找货源，货比三家，从而拥有更强的议价能力。二是产品性质。若是标准化产品，顾客在货源上有更多的选择，可以利用卖主之间的竞争加强自己的议价力量；如果是日用消费品，顾客并非那么注重产品的质量，而是更关心产品的售价；如果是工业用品，产品的质量和可能提供的服务则是顾客关注的中心，价格就显得不那么重要了。三是顾客的特点。消费品的购买者人数多而分散，每次购买的数量少；工业品购买者人数少且分布集中，购买数量多；经销商不仅大批量长期进货，而且还可直接影响消费者的购买决策。因此经销商或工业用户相对消费品购买者而言具有更强的议价力量。四是市场信息。如果顾客了解市场供求状况、产品价格变动趋势，并掌握卖方生产成本或营销成本等有关信息，就会有很强的讨价还价能力，就有可能争取到更优惠的价格。

3. 供货厂商议价能力

供货厂商的议价能力表现在供货厂商能否有效地促使买方接受更高价格、更早的付款时间或更可靠的付款方式。供货厂商的议价能力受到以下因素的影响：一是对货源的控制程度。若货源由少数几家厂商控制或垄断，这些厂商就处在有利的竞争地位，就有能力在产品价格、付款时间或方式等方面对购货厂家施加压力，索取高价。二是产品的特点。若供货厂商的产品具有特色，或购买厂家转换货源供应需要付出很大的代价或很长的适应时间，则供货厂商就处于有利的竞争地位，就有能力在产品上议价。三是用户的特征。若购货厂家是供货厂商的重要客户，供货厂商就会采取各种积极措施来搞好与用户的关系。例如，合理的定价水平、优惠的付款条件、积极的产品开发活动或各种形式的产品服务，争取稳定的客户关系或长期的供货关系。

4．潜在竞争对手的威胁

潜在竞争对手是指那些可能进入行业参与竞争的企业或公司。新的进入者将带来新的生产能力和对资源与市场的需求，其结果可能使行业的生产成本上升，市场竞争加剧，产品售价下跌，行业利润减少。潜在竞争对手的可能威胁，取决于进入行业的障碍程度及行业内部现有企业的反应程度。进入行业障碍程度越高，现有企业的反应越激烈，潜在竞争对手就越不容易进入或不想进入，从而对行业构成的威胁也就越小。进入行业障碍一般有：一是规模经济。规模经济效益包括产品生产、研制开发、市场营销和售后服务等方面。它是潜在竞争对手进入行业的重要障碍，行业的规模经济要求新进入的生产厂家具有与现有厂家同等的生产与经营规模，否则将面临生产成本或营销成本上的竞争劣势。二是品牌忠诚。通过长期的广告宣传或顾客服务等方式建立起来的企业产品形象或品牌忠诚，是潜在竞争对手进入行业的主要障碍之一，特别是饮料行业、药品行业或化妆品行业，新进入行业的生产厂家不得不花费大量的投资与时间，来克服原有的顾客品牌忠诚，建立起自己的产品（或品牌）形象。 三是资金要求。进入行业的资金要求，不仅包括厂房设备等固定资本投资，还包括消费信贷、产品库存及开业损失等流动资金需要；不仅需要生产性资金，而且还需要大量的经营资金，用于产品研制开发、广告宣传及企业公关活动等方面。对于采矿、石化、钢铁或汽车等行业来说，资金要求是进入行业的主要障碍。四是分销渠道。分销渠道也可成为进入行业的重要障碍。例如，一个新的食品生产商，他必须通过价格折让、广告宣传或大量营销推广活动，才有可能挤掉现有竞争者的产品，将自己的产品摆上商场的货架。可资利用的分销渠道越少，或现有竞争者对分销渠道控制越紧，进入行业的障碍越高，新进入行业的厂商甚至不得不另起炉灶，从头开始建立自己的分销渠道。五是政府限制。为了保护本国的工业与市场，或为了维持本国消费者的利益，当地政府可以通过项目审批或控制外商进入某些行业，也可以利用环境污染控制或安全标准限制等措施来限制或控制外商进入某些行业。政府限制通常是最难逾越的行业障碍。六是其他方面的行业障碍。新的竞争对手在进入行业之初，与行业内原有厂家相比，可能在生产专利的拥有、重要原材料的控制、政府所给予的补贴、良好的地理位置等方面处于竞争劣势。这些竞争劣势也可能使潜在竞争对手在进入行业之前知难而退。

5．替代产品的压力

替代产品是指具有相同功能，或者能满足同样需求从而可以相互替代的产品。例如，石油与煤炭、铜与铝、咖啡与茶叶、天然原料与合成原料等互为替代品。

(三）行业竞争结构的策略选择

1. 保持合适的利润率

一般来说，开拓或者进入新行业的企业通常在产品生命周期的进入阶段后期可以获得很高的毛利和利润率，因为它有先动的优势。但是把高毛利都变成高利润，就会使这个新的行业过于有魅力而吸引许多新的进入者。如果大量的进入者在产品生命周期的早期增长阶段进入这个行业，整个行业的竞争结构就会陷入长期和严重恶化。广东省早年非常出名的一些大企业就是因为没有制定合适的利润率而在后来受到进入过多新企业的困扰，所以创造或者进入一个行业时，企业应该在考虑防止吸引过多进入者的前提下，制定一个合适的利润率，然后将毛利中的相当部分用于市场、生产和研究开发等各个方面的再投入，或将规模扩大所带来的毛利增加部分进行再投入，从而进入一个良性的循环。

2. 建立行业进入障碍

如果无法通过限制魅力而阻止新的进入者，那么先入企业（尤其是市场占有率在 50%以上的大企业）就应该采用主动建立行业进入障碍的策略。建立行业进入障碍的策略有：及时有意地扩大生产规模，以低成本作为主要的进入障碍；有意造成生产能力的过剩，以制造潜在进入者的心理障碍；有意扩大广告投入，提高感情障碍；提高对渠道的直接占有或者间接控制，制造进入渠道的障碍；有意提高行业进入所需要的固定资产、广告或者流动资金等方面的投入，提高初始资本要求方面的障碍；有意加快技术、产品或者工艺方面的技术创新，制造行业进入的技术障碍，如此等等。

3. 合作战略

如果无法建立行业进入障碍或者所建立的障碍被突破，先入行业的企业与后入行业的企业不能够一下子就进入恶性竞争，而是应该先采用合作战略。从理论上说，这种合作可以在任何管理活动或者职能活动和层次上发生，但是其意义远远超过合作本身。例如，现有企业之间的合作可以有效地抵御新进入者的威胁；建立新的规则；提高行业竞争的水平或者各个企业的竞争力。实施合作战略的结果可能在行业内部的主要竞争对手之间建立一种虚拟或者网络型组织或者关系。

4. 行业内部的竞争规则

如果无法通过合作避免同行业企业之间的对抗，那么也应该避免陷入恶性的价格竞争。美国两大可乐公司之间的"可乐大战"就不是以消灭对手为主要的目的；"大战"主要是在两大可乐公司所拥有和特许的灌装厂之间进行的，从来没有将战火烧到自己的原液厂；在所进行的战斗中从来都是适度反应和点到为止。

5. 降低供应商的权利

供应商的权利大小在一定程度上是与上下游行业的技术特点有关的，但是也与行业内部企业的战略选择有关。因此在分析行业竞争结构的基础上，企业可以通过以下策略有意降低供应商讨价还价的权利：相对集中采购量；控制信息披露；提高标准化程度；尽量了解供应商的信息；增加候选供应商的数量。

6. 降低顾客的权利

顾客是上帝，但是顾客的权利太大，整个行业及其企业的盈利水平就会太低。企业一般有两种不同的顾客，经销商是直接的顾客，而最终消费者则是间接的顾客。企业可以通过以下策略有意降低经销商讨价还价的权利：不能够让一个或者几个经销商在自己的销售额中占据的比例过大；控制信息披露；增加对零售商的控制；分离销售与售后服务；增加对最终消费者的广告投入和促销；提高本行业的集中度。企业可以通过以下策略有意降低最终顾客讨价还价的权利：符合或者影响他们的价值观念；提高购物的方便程度；降低购买点的可选择对象；不要给顾客过多的思考时间；利用顾客的一些行为方式，如从众行为；提供个性化的产品或者服务。

三、企业市场竞争策略选择

（一）处于分散行业的企业市场竞争策略

分散行业是指一个行业中任何一个企业都不具备市场占有率上的决定性优势，该行业由许多中小企业组成，其基本特点是行业中缺少有影响力的行业领袖，这种行业如食品、服装、工艺制作等。造成分散的原因有两个方面：一是行业进入壁垒低。任何一个企业都可以轻易进入，造成企业数目多，各自的市场占有率低；二是市场需求个性化、特色化。例如，服装，每个人都希望自己穿得与别人不同，这在一定程度上限制了企业规模化生产，企业规模效应自然不明显，企业规模显得不重要。

当人们谈到 WTO 时，就会想到国际著名企业进入我国市场。事实上，进入中国市场的，不一定都是以规模取胜的企业，在有些行业中，规模并不一定是最重要的和最必需的。例如，快餐行业，麦当劳是进入我国较早的"快餐巨人"，但它并不是以单个快餐店的规模取胜的。就单个店而言，中式快餐比它规模大的有不少，但问题就在于麦当劳市场策略运用得当。麦当劳的市场竞争策略是建立有集中控制权的分权组织，分散布点，尽可能接近消费者，同时增加产品的附加值，到处开连锁店或搞特许经营，提供快餐的同时也提供一种快餐文化。

在分散行业中的企业，除了采取麦当劳那种策略外，还可以采取专业化策略，即让自己的服务或产品尽可能专业化，形成与众不同的特色，专业服务于某一细分的目标市场的顾客群。

（二）处于集中行业的企业市场竞争策略

集中行业是指一个行业中企业数目较少，投资相对集中于为数不多的大企业中，企业与企业之间明显地分为优势企业和弱势企业，能较明显地界定行业领袖型企业。我国的家电行业、饲料行业、汽车行业都是相对集中的行业。处于集中行业的企业，大致可以分为三个层次：领导型企业、优势企业和弱势企业。不同层次的企业应当采取不同的市场竞争策略。

领导型的企业如同跑步中的领跑者，最重要的事情是保住自己的领导地位，在竞争中主要是求稳。优势企业的策略大多是进攻型的，它们在"跟跑"中寻找机会超过领跑者。弱势企业则要寻找领导型企业和优势企业留下的市场空间去填补，找到自己的立身之地。在可乐行业，可口可乐就是领导型企业，而百事可乐则是优势企业，我国的饮料企业，只能算弱势企业。

（三）处于行业不同生命周期的企业如何确定竞争策略

行业和市场同产品一样，也存在生命周期。处于行业不同生命周期，市场机会和盈利率都不同，企业应当采取不同的竞争策略。一个行业刚兴起时自然是处于成长期，这个时期，风险高，收益也高，企业在策略上应当保持谨慎，在选择进入哪种行业、进入哪个目标市场、进入时机，以及进入后如何引导行业向有利于自己的方向发展都需要进行详细论证。处于行业成熟期的企业，在策略选择上，应该注重产品结构优化策略、成本领先策略和技术领先策略。处于行业衰退期的企业，则应当采取稳定型策略或紧缩型策略，以尽快收回投资或减少损失为经营目标。

（四）不战而胜的市场竞争策略

不战而胜的市场竞争策略有两种形式。

1. 分居共处策略

分居共处，即不同势力的企业在同一行业中和平共处。任何一个市场都可以细分为若干个更细小的目标市场，而任何一个企业都不可能占领全部的细分市场，这就为分居共处创造了条件。例如，大型服装企业批量生产服装，无法满足一小部分高收入消费者对个性化服装的需求。于是，便会有小企业去占领这部分个性化服装市场，这一大一小两类企业虽然处于同一行业，但谁也不会伤害对方，分居共处就成为现实。主动采取分居共处策略的企业通常都是行业的后进入者或弱势群体，它们实现分居共处的方法有两种：一是向未开拓的领域进军；二是从竞争对手薄弱部分或无暇顾及的部分进攻。分居共处的结果造成这样的局面，小企业进入不了大企业的目标市场，而大企业进入小企业的目标市场得不到好处，因此彼此相安无事。

2. 协调行动策略

协调行动，即同一行业中各个企业相互结盟，协调行动，共同谋取市场利益。协调行动策略，就是企业与企业之间在资源、技术、生产和销售的某一方面或某几方面协调行动，共同占领某些市场领域。

案例分析

从2015年4月到6月，繁忙中的蒋雯丽经纪团队曾数次抽身前往山西陈醋品牌水塔，了解工厂、了解产品、了解这个企业真实的供应链。对他们来说，选择一个品牌的风险在于，企业的真实度与可信度，这其中包括产品的品质和人的品质。

水塔看中的魅力，则是蒋雯丽的品质所在：一位生活健康独立、见解卓尔不群的知识女性。

就品牌调性而言，正面、健康、独立、刚毅，是二者内在最为相符的部分。对于70后、80后整天平衡事业与家庭关系的厨娘们来说，平和、独立、韧性，是他们当下最为需要的力量。

正如水塔营销总经理边江所说，透过品牌代言人，加大与消费者之间的沟通，不仅希望消费者记住"水塔"这个品牌名称，还要传递品牌一直希望带给消费者的健康、幸福的生活方式。

与消费者走得越近，越会发现，他们的需求变得越来越细分，特别在一个始终大容量大品项同质化的陈醋领域。其实，消费者的需求都是潜在的，只要给他一个暗示，他就会跟进。

在细分市场与消费者无限接近，正是水塔的发展思路之一。

- 山西老陈醋，经久不变，代表一种传统文化，但现在已经开始融入现代气息。
- 山西陈醋，在全国使用量最大，度数比较低，更多体现的是现代气息加上传统意识。
- 风味醋，比如饺子醋、凉拌醋，基本上以现代气息为主。

未来市场要拼的，不是那些严重同质化的产品，而是一个个细分市场。A品牌陈醋与B品牌陈醋到底有何不同?消费者是很难品出来的。但是，你是吃饺子用，还是拌凉菜用，从功能上，很容易做出判断。产品细化、品类细分，才是未来市场的主流方向。

当然，可能未来每个家庭都有两瓶醋：一瓶陈醋，炒菜通用型；一瓶风味醋，特用型。至于适合南方朋友的海鲜醋，适合伊斯兰教朋友的伊斯兰醋……也在细分之列。

如果还有人说，南方人对陈醋的消费量不大，水塔给的答案是：南方市场将以风味醋为主打，白醋、米醋和陈醋在那里起辅助作用。

看起来，做了40多年陈醋的水塔，品牌理念还是蛮新的，正在不断变化的市场中做全面调整。而这样的品牌升级，需要的是一套成熟的支持体系，比如供应链和团队，它也并不像我们看到的那样简单。从一个调味品制造商，转变为一家引领健康生活的服务商，路还很长！

http://www.xuexila.com/chuangye/shichangyingxiao/1139656.html

营销实训项目

一、实训目标

通过实训，使学生能够运用市场细分和目标市场定位的知识与技能分析和解决目标市场选择和定位中的实际问题。

二、实训内容和操作步骤

（一）技能训练

（1）请对以下产品进行市场细分：服装、空调、保健品、旅游产品、家具。

（2）某企业拟开发儿童用品市场，请学生根据市场情况，帮助选择目标市场。

（二）职业能力开发

1．开发学生的市场调研能力

- 目标

帮助学生掌握市场细分的基本理论与技能。

- 内容

在学校附近选择三家综合百货商场，了解各个商场经营商品类别、层次，分析其定位上的差异。

- 步骤

（1）把班级每5位同学分成一组，每组确定1~2人负责。

（2）对学生进行商品类别划分培训，确定选择哪几类商品作为调研的范围。

（3）学生按组进入商场调查，并将调查情况详细记录。

（4）对调查的资料进行整理分析。

（5）依据市场细分和市场定位理论，找出各商场市场定位的特点与差异。

（6）各组在班级进行交流、讨论。

2．开发学生的产品开发与管理能力

- 目标

帮助学生掌握生产资料与生活资料的区别。

- 内容

学生根据老师提供的商品目录将其划分为生产资料和生活资料两大类型。

- 步骤

（1）老师提供20种商品目录。

（2）学生依据商品的用途将其分为生产资料和生活资料两大类。

（3）老师将学生认识不统一的商品单独提出来进行讨论。

（4）进一步讨论生产资料与生活资料市场细分的标准。

3．开发学生的价格制定与调整能力

- 目标

帮助学生了解价格的作用。

- 内容

某商场在两处销售某品牌服装，一处为三层专柜，一处为一层电梯旁。电梯旁五折销售，门庭若市；三层专柜顾客稀少。为什么？

- 步骤

（1）老师向学生说明案例情况。

（2）让学生分析价格调整与商品销售的关系。

（3）让学生进一步分析商家为什么要降价销售。

（4）老师作总结性发言。

4．开发学生的促进销售能力

- 目标

帮助学生提高商品销售能力。

- 内容

在社会生产力和科技飞速发展的今天，消费者所需要的产品，绝大多数都是能够生产出来的。当你打算推出自己的产品的时候，实际上要挤进市场，免不了要参与竞争。竞争并不可怕，关键是在策略上要做到"避其锋芒，攻其不备"。然而，"不备"之处在哪里？

运用市场细分理论进行分析，并提出相应的产品及市场定位方案。

● 步骤

（1）把学生分成若干小组，组织学生重温市场细分理论。

（2）让学生开展市场调查，每组确定一个产品，如A组以啤酒为例。

（3）A组在营销决策前，对啤酒市场做了认真调查。他们发现，根据对啤酒饮用程度的不同，可将消费人群分为两类：一类是轻度饮用者；另一类是重度饮用者。重度饮用者的饮用量是轻度饮用者的8倍。重度饮用者以中低收入水平的蓝领人群为主，于是针对"真正爱喝啤酒"的中低收入者开发啤酒产品，确定销售渠道和销售价格。

（4）针对中低收入者开展各种促销活动。

（5）对啤酒销售的市场趋势进行分析，并提出应对措施。

（6）A组派出一位同学就啤酒市场定位原因、过程以及涉及的知识、能力等在班级与其他组进行交流。

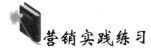

营销实践练习

一、单项选择题

1．处于（　　）的产品，可采用无差异性的目标市场营销策略。
A．成长期　　　B．衰退期　　　C．导入期　　　D．成熟期

2．在春节、中秋节、情人节等节日即将来临的时候，许多商家都大做广告，以促销自己的产品。他们对市场进行细分的方法是（　　）。
A．地理细分　　B．人口细分　　C．心理细分　　D．行为细分

3．资源有限，无力顾及整体市场或多个细分市场的企业，宜采用（　　）目标市场策略。
A．无差异　　　B．差异性　　　C．集中性　　　D．多元性

4．细分消费者市场可依据四大类因素为标准，下列哪个不是人口和社会经济状况因素（　　）。
A．年龄　　　　B．职业　　　　C．生活态度　　D．家庭生命周期

5．对于同质产品或需求上共性较大的产品，宜实行（　　）。
A．无差异性市场策略　　　　B．差异性市场策略
C．集中性市场策略　　　　　D．产品多样化市场策略

二、多项选择题

1．（　　）是消费品市场进行细分的重要依据之一。
A．地理因素　　B．人口统计因素　　C．心理因素
D．行为因素　　E．文化因素

2．若强大的竞争对手实行的是无差异性营销，企业则应实行（　　）营销。
A．大量　　　　B．竞争　　　　C．集中性
D．无差异性　　E．产品多样化

3. 下列（　　）情况比较适宜采用差异性市场营销策略。
   A. 拥有较宽、较深的产品组合和产品线实行批量生产、多品种生产的企业
   B. 消费者需求弹性比较大的产品
   C. 不同的产品有不同的价格，或者同一产品在不同的地区具有不同的价格
   D. 不同的产品有不同的广告宣传的思路与风格
   E. 产品处在成长期和成熟期

4. 通常情况下，企业选择目标市场应考虑的因素有（　　）。
   A. 企业的目标与整体实力　　B. 产品的自然属性　　C. 产品的寿命周期
   D. 产品的生产成本　　　　　E. 市场差异性的大小

5. 影响行业竞争结构的基本要素主要包括（　　）。
   A. 行业内部竞争　　　　　B. 顾客议价能力　　　C. 供货厂商议价能力
   D. 潜在竞争对手的威胁　　E. 替代产品的压力

三、判断题

1. 一个理想的目标市场必须有足够的市场需求。　　　　　　　　　　　（　　）
2. 在同类产品市场上，同一细分市场的顾客需求具有较多的共同性。　　（　　）
3. 容量大、潜量大、竞争对手弱，盈利水平高的细分市场，最适合作企业的目标市场。
   　　　　　　　　　　　　　　　　　　　　　　　　　　　　　　　　（　　）
4. 企业在选择市场定位策略时，必须考虑企业自身资源、竞争对手的可能反应、市场的需求特征等因素。　　　　　　　　　　　　　　　　　　　　　　　　　（　　）
5. 许多资源有限的小企业都乐于采取差异性市场营销。　　　　　　　　（　　）

四、案例分析

济南九阳电器有限公司是一家从事新型小家电研发、生产与销售的民营企业。1994年12月份公司推出豆浆机产品后，市场连年大幅度扩大，如今公司已发展成全国最大的家用豆浆机生产厂家，市场遍及除西藏、贵州、甘肃、新疆以外的大部分省市。通过160多个地级市场的建设，九阳形成了一套寻找和管理经销商的思路。

九阳公司根据自身情况和产品特点采用了地区总经销制。以地级城市为单位，在确定目标市场后，选择一家经销商作为该地独家总经销。为达到立足长远做市场、做品牌、共同发展的目标，九阳公司对选择总经销商提出了较严格的几点要求：一是总经销商要具有对公司和产品的认同感，具有负责的态度，具有敬业精神。这是选择的首要条件。二是总经销商要具备经营和市场开拓能力，具有较强的批发零售能力。这涉及经销商是否具备一定的业务联系面，分销通路是否顺畅，人员素质高低及促销能力的强弱。三是总经销商要具备一定的实力。实力是销售网点正常运营，实现企业营销模式的保证，但是要求实力并不是一味地求强求大。四是总经销商现有经营范围与公司一致，有较好的经营场所。如经营家电、厨房设备的经销商，顾客购买意向集中，易于带动公司产品的销售。

九阳公司的业务经理们对于开拓市场首先树立了三个信心：第一，提供的是好产品，满足了消费者的生活需要，有市场需求。产品质量过硬，售后服务完善。第二，公司的一切工作围绕市场开展，考虑了经销商的利益，拥有先进的营销模式。第三，坚信有眼光的

经销商必定会和九阳公司形成共识，进行合作。这三个信心保证了业务经理在同经销商的谈判中积极主动，帮助经销商分析产品的优势和市场潜力，理解并认同公司的经营理念和宗旨。

九阳公司与其经销商的关系，不是简单的立足于产品买卖的关系，而是一种伙伴关系，谋求的是共创市场、共同发展。因而公司在制定营销策略时，注意保证经销商的利益，注重的是利益均衡，不让经销商承担损失。如公司规定总经销商从公司进货，必须以现款结算，一方面保证公司的生产经营正常进行；另一方面可促使总经销商全力推动产品销售。那么，如何化解经销商的经营风险？一是公司的当地业务经理可以协助总经销商合理确定进货的品种和数量及协助到货的销售；二是公司能够做到为经销商调换产品品种，直至合同终止时原价收回经销商的全部存货，通过这些措施解除经销商的疑虑。

问题：

（1）你对九阳公司选择经销商的条件如何评价？为什么？

（2）九阳公司和经销商能否达到双赢的目的？为什么？

第六章 产品策略

 案例导入

二十世纪九十年代，云系烟在中国市场上是如日中天，红塔集团的红塔山、阿诗玛等品牌香烟在内地市场更是作为高端烟草代表受到消费者广泛追捧。1993年6月，安徽蚌埠卷烟厂研发了一个无论是口感还是包装都可以与红塔山相媲美的新产品——黄山烟，如何打破红塔山在当时安徽市场上高端产品封锁成为企业考虑的关键。当时，蚌埠卷烟厂无论是行业知名度还是品牌营销资源，跟亚洲最大的烟草企业——红塔集团都不是一个重量级别的，在激烈的竞争中突围需要的是善于借力借势。当时，蚌埠卷烟厂在安徽省会城市合肥搞了一个全国性不记名卷烟品牌拼吸活动，将新品黄山、红塔山、阿诗玛、中华等全国性著名品牌放在一起进行品牌营销，结果是，黄山烟排名第一，红塔山第二，中华第三。随后，公司迅速在市场上发布了资讯：香烟品吸，黄山第一，红塔山第二。并且连篇累牍的软文迅速在全国主流媒体上进行传播，红塔山被打了一个措手不及，黄山烟，就是用几个巧妙的品牌营销公关策略很好地化解了强势品牌红塔山在安徽、华东乃至于全国市场的竞争势头，创造了弱势品牌巧妙挑战强势品牌，成功实现新产品上市的经典范例。

这个案例的关键在于比附定位，巧借品牌名烟，将其捆绑在一起，然后迅速传播，奠定了市场基础。在品吸结束的第一时间，将品吸结果在省会城市合肥快速传播。香烟品吸，黄山第一，红塔山第二的广告铺天盖地，实现了信息第一到达，吸引了省内媒体的高度关注。很显然，黄山烟战略企图不仅仅是省内市场，他要将产品与品牌蛋糕做大。所以，黄山烟在全国性媒体上很巧妙地靠品牌营销传播了这样一个主题，主题内容已经从品吸走向了更加广阔的视野——中国烟草：黄山第一，红塔山第二，这时候，黄山品牌战略企图基本上被发挥到极致。

案例来源：http://3y.uu456.com/bp-fa1ce312cc7q31b76sce1s6c-1.html

第一节 产品与产品组合

一、产品的整体概念

（一）产品的含义

对于产品的含义，人们有各种不同的看法，一般从狭义、广义两个角度来予以阐述。狭义的产品是指生产者通过生产劳动而生产出来的，用于满足消费需要的有形实体。这一概念强调产品是有形的物品，在生产观念盛行的时代，基于此狭义认识，生产者可能只关注产品的物质特征及生产成本，而消费者则关心通过产品实体的消费来满足某种需要。在

生产力高度发展、商品日益丰富、市场竞争十分激烈的现代市场环境下，狭义的即传统的产品概念已不适应需要了。广义的产品不仅指基本的产品实体这一物质属性，还包括产品的价格、包装、服务、交货期、品牌、商标、企业信誉和广告宣传等一系列有形或无形的特质。广义的产品是以满足消费者需要出发，是为顾客提供某种预期效益而设计的物质属性、服务和各种标记的组合，是适应现代市场经济发展的要求的。基于以上认识，我们将产品定义为，产品是能够提供给市场以引起人们注意，让人们获取、使用或消费，从而满足人们某种欲望或需要的一切东西。这里的产品具有两种形态，其一是实体产品（有形产品），呈现在市场上具有一定的物质形态，如房屋、飞机、食品等；其二是软体产品（无形产品），指各种劳务或销售服务，如运输、保险等劳务以及产品的送货服务、维修服务等。

（二）产品的概念

产品的整体概念包含实质产品、有形产品（形式产品）和附加产品三个层次。

1. 实质产品

实质产品也称核心产品，是指产品向购买者提供的基本效用或利益。人们购买产品不是为了获得产品本身，而是因为这种产品能满足某种需要，如汽车带来便捷，电视机带来娱乐，手机带来通信方便，钻戒带来美与身份象征等。产品如果没有这些效用或利益，人们就不会购买，因此，实质产品是产品的核心，也是企业营销的根本出发点。

2. 形式产品

形式产品是指实质产品借以实现的形状、方式。实质产品所描述的仅仅是一种概念，效用或利益要通过一定的形体才能得以实现。形式产品主要有五个方面的基本特征。

（1）质量水平。即产品实体满足消费者需要的可靠程度，是可以用技术参数表现的产品内在本质水平，如水泥的型号表示它能够达到的强度。

（2）特征。满足某种需求的产品应该是多种多样、各具特色的，可以满足不同层次、爱好的顾客的需要。

（3）式样。即物质产品的外观形状、款式或无形产品如服务的不同表现形式。

（4）品牌名称。即产品和劳务的名称和标志，如"红塔山"是一种香烟的品牌名称，"GPS"是一种全球卫星定位系统的名称。

（5）包装。即物质产品的盛装容器及装饰。

3. 附加产品

附加产品也称延伸产品，是指顾客购买产品时所得到的附带服务或利益，如提供信贷、免费送货、安装调试、维修及其他售后服务。顾客往往希望一次购买能满足某一方面的全部需要。IBM 公司还由此产生了"系统销售"的概念，它出售的不仅仅是计算机的硬件设备，而是整个操作系统。只有向消费者提供具有更多实际利益，能更完善地满足其需要的附加产品，企业才能在日益激烈的竞争中赢得胜利。美国市场营销专家莱维特指出，现代竞争的关键，并不在于各家公司在其工厂中生产什么，而在于它们能为其产品增加什么内容，诸如包装、服务、用户咨询、融资信贷、及时送货、仓储以及人们所重视的其他价值等。每一家公司都在寻求有效的途径，为其产品提供附加值。

实质产品、形式产品、附加产品构成产品的整体概念。其中实质产品是基础,是本质;实质产品必须转变为形式产品才能得到实现;在提供形式产品的同时还要提供更广泛的服务和附加利益,形成附加产品。

(三)产品分类

(1)按照产品是否耐用和是否有形分类,可分为非耐用品、耐用品和服务。

① 非耐用品。即正常情况下一次或几次使用就被消费掉的有形物品,如铅笔、牙膏等,这些物品很快就被消费掉,消费者购买频繁。

② 耐用品。即正常情况下多次使用的有形物品,如电视机、汽车等。

③ 服务。即供出售的活动或满足感等,如修理、教育、酒店等。

(2)按照消费者的购物习惯分类,产品可以分为便利品、选购品、特殊商品和非渴求物品四类。

① 便利品。即消费者通常购买频繁,希望一需要即可买到,并且只花最少精力和最少时间去比较品牌、价格的消费品,如方便面、报纸等。

② 选购品。即消费者为了物色适当的物品,在购买前往往要去许多家零售商店了解和比较商品的花色、式样、质量、价格等的消费品,如服装、家具等。

③ 特殊品。即消费者能识别哪些牌子的商品物美价廉,哪些牌子的商品质次价高,而且许多消费者习惯上愿意多花时间和精力去购买的消费品,如名牌服装、供收藏的特殊字画、邮票等。

④ 非渴求物品。即顾客不知道的物品,或者虽然知道却没有兴趣购买的物品,如刚上市的新品、人寿保险、百科全书等。

二、产品组合决策

(一)产品组合的概念

所谓产品组合,也称为产品花色与品种配合,是指一个企业生产经营的所有产品线和产品品种的组合方式,也就是全部产品的结构。其中,产品线是指密切相关的一组产品,这些产品能满足类似的需要或必须在一起使用,销售给同类顾客群,而且经由同样的渠道销售出去,销售价格在一定幅度内变动。在产品目录上所列出的每一个产品都是一个产品品种,具有上述密切相关性的产品品种就组成了产品线。

要研究产品组合,可从产品组合的三个要素入手。产品组合主要有广度、长度和关联性三个变化因素。

(1)产品组合的广度是指企业内有多少条不同的产品线。如果一家企业拥有牙膏、肥皂、洗涤剂、除臭剂四条产品线,则其产品组合的广度是四条产品线。

(2)产品组合的长度是指每一产品线上平均拥有的产品品种数。如果上述企业产品组合中一共拥有22个产品品种(总长度),那么产品线的平均长度就是总长度除以产品线数:22÷4=5.5。这就是说,该企业每一产品线上平均拥有5.5个品种。实际上,每一条产品线的长度当然各不相同,如牙膏有8种、肥皂有6种、洗涤剂有5种、除臭剂有3种。

（3）产品组合的关联性是指各条产品线的最终用途、生产条件、分销渠道等方面相互关联的程度。像上面的四条产品线都是通过类似分销渠道销售的非耐用消费品，因而产品组合的关联性较大。如果某公司同时生产精密机床和化妆品，则这两条产品线的关联性就很小。

企业产品组合选择和评价的依据是，有利于促进销售和增加企业的总利润。上述产品组合的三个要素对促进销售、增加盈利有直接效果。一般来说，拓展产品组合的广度，即增加产品线，扩大业务范围，实行一体化或多角化经营，可以充分利用企业的各项资源，发挥企业优势，开拓新的市场，提高经济效益；延长产品线，即增加产品品种，使各产品线具有更多规格、花色丰富的产品，可以适应更加广泛的消费者需要，吸引顾客，扩大总销售量；提高产品组合的关联性，可以增强企业的市场地位，充分发挥企业的技术、生产和销售能力。

（二）产品组合的分析方法

由于市场需求和竞争形势的变化，产品组合中的每个产品必然会在变化的市场环境下发生分化，一部分产品获得较快的成长，一部分产品继续取得较高的利润，也有一部分产品趋于衰退。为此，企业需要经常分析产品组合中各个产品品种销售成长的现状及发展趋势，以做出开发新产品、改进名产品和淘汰衰退产品的决策，适时调整产品组合，力求达到一种动态的最佳产品组合。

对产品组合进行分析，首先要对产品组合中现有的产品线的状况进行分析，然后要对每一条产品线中产品品种的销售、盈利情况及定位状况做出分析评价。对产品线组合进行评价的方法有若干种，这里只介绍比较简便和常用的两种方法。

1. 波士顿矩阵法

这一方法由波士顿咨询公司（BCG）首创。如图 6-1 所示，以市场占有率为横坐标，以市场增长率为纵坐标，每一坐标从低到高分成两部分，就形成四个象限，每一象限中可放入不同的产品线，然后加以分类评价。

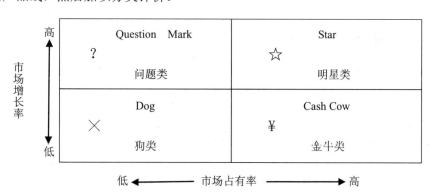

图 6-1 波士顿矩阵图

（1）问题类。这类产品线具有高的市场增长率和低的市场占有率，需要投入大量资金，以提高其市场占有率，但有较大风险，需慎重选择。

（2）明星类。这类产品线市场占有率和市场增长率都很高，具有一定的竞争优势。但是由于市场增长率很高,竞争激烈,为了保持优势地位需要许多资金,因而并不能为企业带来丰厚的利润。但当市场增长率放慢后,它就转变为金牛类,可大量为企业创造利润。

(3)金牛类。这类产品线有低的市场增长率和高的市场占有率,收入多、利润大,是企业利润的源泉。企业常用金牛类产品线的收入来支付账款和支持明星类、问题类和狗类产品线。

(4)狗类。这类产品线的市场增长率和市场占有率都很低,在竞争中处于劣势,是没有发展前途的,应逐步淘汰。对产品线进行这样的分类评价后,企业可以确定产品线组合是否健康。如果问题类和狗类产品线较多,而明星类和金牛类较少,则应当对不合理的组合进行调整:那些很有发展前途的问题类产品线应予以发展,努力提高其市场占有率,增强其竞争能力,使其尽快成为明星类;对金牛类产品线应尽量维持其市场份额,以继续提供大量的资金收入;处境不佳、竞争小的金牛类产品线和一些问题类、狗类产品线应实行收缩,尽量减小投资,争取短期较多的收益;那些没有发展前途又不能盈利的狗类和问题类产品线应放弃,进行清理、淘汰,以便把资金转移到更有利的产品线上。

2. GE 矩阵法

这种方法由通用电气公司(GE)首创。GE 矩阵法和波士顿矩阵法相比,综合考虑了更多的重要因素,而不仅局限于市场增长率和市场占有率,所以更加切合实际。

如图 6-2 所示,对每一产品线从行业吸引力和产品线实力两方面予以衡量。行业吸引力主要根据该行业的市场规模、市场增长率、历史毛利率、竞争强度、技术要求、通货膨胀、能源要求、环境影响以及社会、政治、法律等加权评分得出,分为高、中、低三档。产品线实力主要根据企业该产品线的市场份额、市场增长率、产品质量、品牌信誉、分销网、促销效率、生产能力与效率、单位成本、物质供应、研究与开发实绩及管理人员等加权评分得出,分为强、中、弱三档,于是在 GE 矩阵中有九个区域。

		产品线实力	
	强	中	弱
行业吸引力 高	(1)	(2)	(3)
行业吸引力 中	(4)	(5)	(6)
行业吸引力 低	(7)	(8)	(9)

图 6-2 GE 矩阵图

GE 矩阵可以分为三大部分:左上角部分,包括(1)、(2)、(4)三个区域,表示最强的产品线,行业吸引力和产品线实力都较好,企业应采取增加投资、积极扩展的策略;左下角到右上角的对角线部分,包括(3)、(5)、(7)三个区域,表示产品线的总体吸引力处于中等状态,企业一般应维持投资,保持盈利;右下角部分,包括(6)、(8)、(9)三个区域,表示总体吸引力很低的产品线,企业一般应采取收缩和放弃策略。

(三)产品组合决策

产品线是决定产品组合广度、长度和关联性的基本因素,动态的最优产品组合正是通过及时调整产品线来实现的。因此,对产品线的调整是产品组合决策的基础和主要组成内容。

1. 产品线扩展决策

产品线扩展是指企业把产品线延长而超出原有范围。促使产品线延长的因素有很多，包括企业生产能力过剩，推销人员和分销商希望以更为全面的产品线去满足顾客的需求，企业希望开拓新市场而谋求更高的销售量和利润等。产品线扩展决策有三种形式。

（1）向上扩展。有些企业的产品线原来只定位于低档产品，由于希望发展各档产品齐全的完全产品线，或者是受到高档产品较高的利润率和销售增长的吸引，企业会采取产品线向上扩展的决策，准备进入高档产品市场。

向上扩展可能存在一些风险：① 那些生产高档产品的竞争者会不惜一切坚守阵地，并可能会反戈一击，向下扩展，进攻低档产品市场；② 对于一直生产低档产品的企业，顾客往往会怀疑其高档产品的质量水平；③ 企业的营销人员和分销商若缺乏培训和才干的话，可能不能为高档产品市场服务。

（2）向下扩展。那些生产高档产品的企业，可能决定生产低档产品，也就是将产品向下扩展。企业向下扩展的理由可能有：企业在高档产品市场上受到强大攻击，因而以拓展低档产品市场来反戈一击；企业发现高档产品市场增长缓慢而不得不去开拓低档产品市场；企业最初进入高档产品市场是为了树立优质形象，目标达成后，向下扩展可以扩大产品市场范围；企业为填补市场空缺而增加低档产品品种，以防竞争者乘虚而入。

企业采取向下扩展的决策，也会有一些风险：① 企业新增的低档产品品种可能会损害到高档产品品种的销售，危及企业的质量形象，所以企业最好对新增低档产品用新的品牌以保护原有的名牌产品；② 可能会刺激原来生产低档产品的企业转入高档产品市场而加剧竞争；③ 可能因低档产品获利微薄及有损原有形象而不愿意或没有能力经营低档产品，从而企业不得不另建分销网，增加销售费用。

（3）双向扩展。生产中档产品的企业在市场上可能会同时向产品线的上下两个方向扩展。

2. 产品线填充决策

产品线填充决策是在现有产品线的经营范围内增加新的产品品种，从而延长产品线，所以同产品线扩展是有区别的。

采取这一决策的动机主要有：增加盈利；充分利用过剩的生产能力；满足经销商增加产品品种以增加销售的要求，阻止竞争者利用市场空隙进入；企图成为领先的完全产品线的企业。

产品线的填充要避免导致新旧产品的自相残杀和在消费者中造成混乱，因此，企业要使新增品种与旧品种具有显著的差异，使顾客能够区分清楚。企业还应核查新增品种是否适合市场需要，而不可仅仅为了满足企业自身填补空隙或形成完全产品线的需要。

3. 产品线现代化决策

有的企业，其产品线长度是适当的，但产品多年以来一直是老面孔，所以必须使产品线现代化，以防被产品线较为新式的竞争对手所击败。

产品线现代化，要考虑是采取渐进式，还是一步到位。渐进式，即逐步实现现代化，它的优点在于以下两点。

（1）可以使企业在全面改进产品线之前，观察和了解消费者和经销商对新式产品的喜爱情况。

（2）可以使企业耗费较少的资金。

它的主要缺点在于易被竞争对手察觉到企业的行动，而采取类似的行动，也推出新式产品。

4．产品线号召决策

企业可以在产品线中有目的地选择一个或少数几个产品品种进行特别号召，一般有以下三种情形。

（1）对产品线上低档产品品种进行特别号召，使之成为"开拓销路的廉价品"，以此吸引顾客。一旦顾客登门，推销员就会想方设法地影响并鼓动消费者购买高档产品。

（2）对优质高档产品品种进行号召，以提高产品线的等级。例如，某公司的一种帽子标价高达 300 美元，无人问津，但这种帽子起到了"旗舰"的作用，提高了整条产品线的地位。

（3）当企业发现产品线上有一端销售形势良好，而另一端却有问题时，可以对销售较慢的那一端大力号召，以努力促进市场对销售较慢的产品的需求。

5．产品线削减决策

产品线常常被延长，而增加新品种就会使设计、工程、仓储、促销等费用相应上升。因此，企业可能会出现资金短缺和生产能力不足。于是，管理当局就会对产品线的盈利能力进行研究分析，从中可能发现大量亏损的产品品种。为了提高产品线的盈利能力，企业会将这些产品品种从产品线上削减掉。在企业中，这种产品线先延长而后被削减的模式将会重复多次。

第二节　产品生命周期

一、产品生命周期阶段

产品生命周期是指产品从进入市场到退出市场所经历的市场生命循环过程。产品只有经过研究开发、试销，然后进入市场，它的市场生命周期才算开始。产品退出市场，标志着生命周期的结束。在现代市场经济条件下，企业不能只埋头生产和销售现有产品，必须随着产品生命周期的发展变化，灵活调整市场营销方案，并且重视新产品开发，及时用新产品代替衰退的老产品。

典型的产品生命周期一般可分四个阶段，即介绍期（或引入期）、成长期、成熟期和衰退期。

（一）介绍期

新产品投入市场，便进入介绍期。此时，顾客对产品还不了解，只有少数追求新奇的顾客可能购买，销售量很低。为了扩展销售，需要大量的促销费用，对产品进行宣传。在这一阶段，由于技术方面的原因，产品不能大批量生产，因而成本高，销售额增长缓慢，企业不但得不到利润，反而可能亏损。

（二）成长期

当产品在介绍期的销售取得成功以后便进入成长期。这时顾客对产品已经熟悉，大量新顾客开始购买，市场逐步扩大。产品已具备大批量生产的条件，生产成本相对降低，企业销售额迅速上升，利润迅速增长。在这一阶段，竞争者看到有利可图，将纷纷参与竞争，使市场同类产品供给量增加，价格随之下降，企业利润增长速度逐步减慢，最后达到生命周期利润的最高点。

（三）成熟期

经过成长期以后，市场需求趋向饱和，潜在顾客已经很少，销售增长缓慢直至转而下降，产品进入成熟期。在这一阶段，竞争逐渐加剧，产品售价降低，促销费用增加，企业利润下降。

（四）衰退期

随着科学技术的发展，新产品或新的代用品出现，将使顾客的消费习惯发生改变，转向其他产品，从而使原来产品的销售额和利润额迅速下降，于是产品进入了衰退期。

二、产品生命周期战略

（一）介绍期市场营销战略

介绍期开始于新产品首次在市场上普遍销售之时。新产品进入介绍期以前，需要经历开发、研制、试销等过程。进入介绍期的产品的市场特点是产品销量少，促销费用高，制造成本高，销售利润常常很低甚至为负值。在这一阶段，促销费用很高，支付费用的目的是建立完善的分销渠道。促销活动的主要目的是介绍产品，吸引消费者试用。

在产品的介绍期，一般可由价格、促销、地点等因素组合成各种不同的市场营销战略。若仅考察促销和价格两个因素，则至少有以下四种战略。

（1）快速撇脂战略。这种战略采用高价格、高促销费用，以求迅速扩大销售量，取得较高的市场占有率。采取这种战略必须有一定的市场环境，如大多数潜在的消费者还不了解这种新产品；已经了解这种新产品的又急于求购，并且愿意按高价购买；企业面临潜在竞争者的威胁。在这种情况下，应该迅速使消费者建立对自己产品的偏好。

（2）缓慢撇脂战略。以高价格、低促销费用的形式进行经营，以求得到更多的利润。这种战略可以在市场面比较小，市场上大多数消费者已熟悉该新产品，购买者愿意出高价，潜在竞争威胁不大的市场环境下使用。

（3）快速渗透战略。实行低价格、高促销费用的战略，迅速打入市场，取得尽可能高的市场占有率。在市场容量很大，消费者对这种产品不熟悉，但对价格非常敏感，潜在竞争激烈，企业随着生产规模的扩大可以降低单位生产成本的情况下适合采用这种战略。

（4）缓慢渗透战略。以低价格、低促销费用来推出新产品。这种战略适用于市场容量很大，消费者熟悉这种产品但对价格反应敏感，并且存在潜在竞争者的市场环境。

（二）成长期市场营销战略

新产品经过市场介绍期以后，消费者对该产品已经熟悉，消费习惯业已形成，销售量迅速增长，这种新产品就进入了成长期。进入成长期以后，老顾客重复购买，并且带来了新的顾客，销售量激增，企业利润迅速增长，在这一阶段利润达到高峰。随着销售量的增大，企业生产规模也逐步扩大，产品成本逐步降低，新的竞争者会投入竞争。随着竞争的加剧，新的产品特性开始出现，产品市场开始细分，分销渠道增加，企业为维持市场的继续成长，需要保持或稍微增加促销费用，但由于销量增加，平均促销费用有所下降。针对成长期的特点，企业为维持其市场增长率，延长获取最大利润的时间，可以采取下面几种战略。

（1）改善产品品质。例如，增加新的功能、改变产品款式等。对产品进行改进，可以提高产品的竞争能力，满足顾客更广泛的需求，吸引更多的顾客。

（2）寻找新的子市场。通过市场细分，找到新的尚未满足的子市场，根据其需要组织生产，迅速进入这一新的市场。

（3）改变广告宣传的重点。把广告宣传的重心从介绍产品转到建立产品形象上来，树立产品名牌，维系老顾客，吸引新顾客，使产品形象深入顾客心中。

（4）在适当的时机，采取降价战略，这样可以激发那些对价格比较敏感的消费者产生购买动机和采取购买行动。

（三）成熟期市场营销战略

产品经过成长期的一段时间以后，销售量的增长会缓慢下来，利润开始缓慢下降，这表明产品已开始走向成熟期。进入成熟期以后，产品的销售量增长缓慢，逐步达到最高峰，然后缓慢下降；产品的销售利润也从成长期的最高点开始下降；市场竞争非常激烈，各种品牌、各种款式的同类产品不断出现。

对成熟期的产品，只能采取主动出击的战略，使成熟期延长，或使产品生命周期出现再循环。为此，可以采取以下三种战略。

（1）调整市场。这种战略不是要调整产品本身，而是发现产品的新用途或改变推销方式等，以使产品销售量得以扩大。

（2）调整产品。这种战略通过产品自身的调整来满足顾客的不同需要，吸引有不同需求的顾客。整体产品概念的任何一个层次的调整都可视为产品再推出。

（3）调整市场营销组合。即通过对产品、定价、渠道、促销四个市场营销组合因素加以综合调整，刺激销售的回升。例如，提高产品质量、改变产品性能、增加产品花色品种的同时，通过特价、早期购买折扣、补贴运费、延期付款等方法来降价让利；扩展分销渠道，广设分销网点，调整广告媒体组合，变换广告时间和频率，增加人员推销，大搞公共关系等"多管"齐下，进行市场渗透，扩大企业及产品的影响，争取更多的顾客。

（四）衰退期市场营销战略

在成熟期，产品的销售量从缓慢增加达到顶峰后，会发展为缓慢下降。在一般情况下，如果销售量的下降速度开始加剧，利润水平很低，就可以认为这种产品已进入生命周期的衰退期。衰退期的主要特点是：产品销售量急剧下降；企业从这种产品中获得的利润很低甚至为零；大量的竞争者退出市场；消费者的消费习惯已发生改变等。面对处于衰退期的产品，企业需要进行认真的研究分析，决定采取什么战略，在什么时间退出市场。以下几种战略可供选择。

（1）继续战略。继续沿用过去的战略，仍按照原来的子市场，使用相同的分销渠道、定价及促销方式，直到这种产品完全退出市场为止。

（2）集中战略。把企业能力和资源集中在最有利的子市场和分销渠道上，从中获取利润。这样有利于缩短产品退出市场的时间，同时又能为企业创造更多的利润。

（3）收缩战略。大幅度降低促销水平，尽量降低促销费用，以增加目前的利润。这样可能导致产品在市场上的衰退加速，但也能从忠实于这种产品的顾客中得到利润。

（4）放弃战略，对于衰退比较迅速的产品，当机立断，放弃经营。可以采取完全放弃的形式，如把产品完全转移出去或立即停止生产，也可采取逐步放弃的方式，使其资源逐步转向其他的产品。

第三节　品牌与包装策略

一、品牌的含义

所谓品牌，也就是产品的牌子。它是销售者给自己的产品规定的商业名称，通常由文字、标记、符号、图案和颜色等要素或这些要素的组合构成，用作一个销售者或销售者集团的标志，以便同竞争者的产品相区别。品牌是一个集合概念，包括品牌名称、品牌标志、商标。所有品牌名称、商标都是品牌或品牌的一部分。品牌名称是指品牌中可以用文字表达的部分。品牌标志是指品牌中可以被认出，但不能用文字表述的部分。

（一）品牌的整体含义

品牌实质上代表着卖者对交付给买者的产品特征、利益的一贯性承诺。最佳品牌就是质量的保证。但品牌还是一个更复杂的象征。品牌的整体含义可分成六个层次，以汽车为例。

（1）属性。品牌首先使人们想到某种属性。因此"奔驰"意味着昂贵、工艺精湛、马力强大、高贵、转卖价值高、速度快等。公司可以采用一种或几种属性为汽车做广告。多年来"奔驰"的广告一直强调它是"世界上工艺最佳的汽车"。

（2）利益。品牌不只意味着一整套属性。顾客不是在买属性，他们买的是利益。属性需要转化成功能性或情感性的利益。耐久的属性可转化成功能性的利益："多年内我不需要买一辆新车。"昂贵的属性可转化成情感性利益："这辆车让我感觉到自己很重要并受人尊重。"制作精良的属性可转化成功能性和情感性利益："一旦出事时，我很安全。"

（3）价值。品牌也说明一些生产者价值。因此，"奔驰"代表着高绩效、安全、声望及其他东西。品牌的营销人员必须分辨出对这些价值感兴趣的消费者群体。

（4）文化。品牌也可能代表着一种文化。"奔驰"汽车代表着德国文化，组织严密、高效率和高质量。

（5）个性。品牌也反映一定的个性。如果品牌是一个人、动物或物体的名字，会使人们想到什么呢？"奔驰"可能会让人想到严谨的老板、凶猛的狮子或庄严的建筑。

（6）用户。品牌暗示着购买或使用产品的消费者类型。如果我们看到一位20来岁的秘书开着辆"奔驰"时会感到很吃惊，而我们更愿意看到开车的是一位55岁的高级经理。

所有这些都说明品牌是一个复杂的符号。如果公司只把品牌当成一个名字，那就错过了品牌化的要点。品牌化的挑战在于制定一整套品牌含义。当公众可以识别品牌的六个方面时，我们称之为深度品牌；否则只是一个肤浅品牌。"奔驰"就是一个深度品牌，因为我们能从六个方面理解它；"奥迪"的品牌深度差一些，因为我们不太容易了解它的独特利益、个性和用户特征。

了解了六个层次的品牌含义，营销人员必须决定品牌特性的深度层次。人们常犯的错误是只注重品牌属性。但是购买者更重视品牌利益而不是属性，而且竞争者很容易模仿这些属性。另外，现有属性会变得没有价值，品牌与特定属性联系得太紧密反而会伤害品牌。

但是，只强调品牌的一项或几项利益也是有风险的。假如"奔驰"汽车只强调其"性能优良"，那么竞争者可能推出性能更优秀的汽车，或者顾客可能认为性能优良的重要性比其他利益要差一些，此时"奔驰"需要调整到一种新的利益定位。

品牌最持久的含义是其价值、文化和个性。它们构成了品牌的实质。"奔驰"代表着"高技术、杰出表现和成功"等。奔驰公司必须在其品牌战略中反映出这些东西。如果奔驰公司以"奔驰"的名称推出一种新的廉价小汽车，那将是一个错误，因为这将会严重削弱奔驰公司多年来苦心经营的品牌价值和个性。

（二）品牌资产

品牌是一种资产，企业应重视品牌投资的思想可以追溯到20世纪60年代。例如，迪安（J.Dean）早在1966年就提出广告是一种品牌投资，应该纳入长期资本预算。但是直到20世纪80年代，品牌资产问题才开始引起西方学术界和企业界的重视。1988年，美国市场营销科学学会（MSI）将品牌资产问题列为其研究重点，进一步推动了市场营销学界在该领域的研究活动。目前，在西方，品牌资产问题的研究方兴未艾，已成为市场营销领域的热门课题之一。

二、品牌决策

企业经常制定的品牌决策包括以下几项。

（一）品牌有无决策

一般来讲，现代企业都建立有自己的品牌和商标，虽然这会使企业增加成本费用，但也可以使销售商得到以下好处：① 便于管理订货；② 有助于企业细分市场；③ 有助于树立良好的企业形象；④ 有利于吸引更多的品牌忠诚者。

例如，花王公司不是推销单一品种的香波，而是提供至少五种不同品牌的香波。每一种配方略有不同，分别推向特定用途的子市场。大多数购买者也需要品牌和商标，因为这是购买者获得商品信息的一个重要来源,即购买者通过品牌和商标可以了解各种产品质量的好坏,从而有助于提高购物效率。

在古往今来的市场竞争中,品牌正是一个强有力的工具和手段。例如,1930年,华商上海华成烟草公司的"美丽"牌香烟畅销,南洋兄弟烟草公司随之创制"梅兰芳"牌与之竞争;1932年,华成烟草公司的"槟榔"牌香烟畅销,南洋兄弟烟草公司又创制"喜鹊"牌进行打击;1933年,华成烟草公司创制"美丽""金鼠"牌火柴,作为两种同名香烟的广告,效果十分明显,南洋兄弟烟草公司当即与大中华火柴公司协作,依照华成图案,创制"大联珠"火柴,"以图抵制"。

20世纪70年代以来,西方国家的许多企业对某些消费品和某些药品不规定品牌名称和品牌标志,也不向政府注册登记,实行非品牌化,这种产品叫无牌产品,是指在超级市场出售的无品牌、包装简易且价格便宜的普通产品。企业推出无牌产品的主要目的是节省包装、广告等费用,降低价格,扩大销售。一般来讲,无牌产品使用质量较低的原料,而且其包装、广告、标签的费用都较低。

(二) 品牌使用者决策

企业有三种可供选择的决策,即企业可以决定使用自己的品牌,这种品牌叫企业品牌、生产者品牌、全国性品牌;企业也可以决定将其产品大批量地卖给中间商,中间商再用自己的品牌将物品转卖出去,这种品牌叫作中间商品牌、私人品牌;企业还可以决定有些产品用自己的品牌,有些产品用中间商品牌。

1. 使用中间商品牌的利弊

目前,中间商品牌已经变成品牌竞争的一个重要因素。中间商使用自己的私人品牌,会带来一些问题。例如,中间商必须花很多钱做广告,大力宣传其品牌;中间商必须大批量订货,因而需将大量资金占压在商品库存上,并且需承担一些风险。但是,中间商使用自己的品牌又可带来种种利益。例如,可以更好地控制价格,并且可以在某种程度上控制供应商(因为中间商可以用更换供应商来威胁企业);进货成本较低,因而销售价格较低,竞争力较强,可以得到较高利润。因此,越来越多的中间商特别是大批发商、大零售商都使用自己的品牌。

2. 品牌战

在现代市场经济条件下,企业品牌和中间商品牌之间经常展开激烈竞争,这就是所谓的品牌战。在这种对抗中,中间商有许多优势。例如:① 零售商业的营业面积有限,因此许多企业特别是新企业和小企业难以用其品牌打入零售市场;② 虽然消费者都知道,以私人品牌出售的商品通常都是大企业的品牌,但由于中间商特别注意保持其私人品牌的质量,仍能赢得消费者的信任;③ 中间商品牌的价格通常定得比企业品牌低,因此能迎合许多计较价格的顾客,特别是在通货膨胀时期更是如此;④ 大零售商把自己的品牌陈列在商店醒目的地方,而且妥善储备。由于这些原因,企业品牌昔日的优势正在削弱。有些市场营销评论家预言,中间商品牌终将击败所有企业品牌。

3. 品牌阶梯与品牌均势

十几年来,在消费者心目中,一直存在着品牌阶梯(Brand Ladder)的观念。即自己最偏好的品牌位于阶梯的最上层，随着偏好程度的递减，各个品牌的阶层依次降低。而近来人们的阶层观念越来越趋于淡化，取而代之的是品牌均势（Brand Parity）观念，即在消费者看来，所有品牌都是一样的。他们愿意购买本周正在出售的任何能接受的品牌。消费者可能看不出高露洁牙膏与中华牙膏、飘柔香波与花王诗芬香波等有什么差异。消费者越来越感受到明智消费的压力，对产品产量、价格、价值等非常敏感。无休止的品牌扩展和产品线扩展，混淆了不同品牌的差异。降价券和特价造就了一代关注价格的新型消费者。中间商品牌不断改进质量，并通过其连锁店系统增强了消费者的信任度，从而构成了对企业品牌的一个重大挑战。

（三）品牌统分决策

如果企业决定其大部分或全部产品都使用自己的品牌，那么还要进一步决定其产品是分别使用不同的品牌，还是统一使用一个或几个品牌。这就是说，在这个问题上有四种可供选择的决策。

1. 个别品牌

个别品牌是指企业各种不同的产品分别使用不同的品牌。其好处主要是企业的整个声誉不致受其某种商品的声誉的影响。例如，如果某企业的某种产品失败了，不致给这家企业的脸上抹黑（因为这种产品用自己的品牌名称）；某企业一向生产某种高档产品，后来推出较低的产品，如果这种新产品使用自己的品牌，也不会影响这家企业的名牌产品的声誉。

2. 统一品牌

统一品牌是指企业所有的产品都统一使用一个品牌名称。例如，美国通用电气公司的所有产品都统一使用 GE 这个品牌名称。企业采取统一品牌名称战略的好处主要是：宣传介绍新产品的费用开支较低，如果企业的名声好，其产品必然畅销。

3. 分类品牌

分类品牌是指企业的各类产品分别命名，一类产品使用一个牌子。西尔斯·罗巴克公司就曾采取这种战略，它所经营的器具类产品、妇女服装类产品、主要家庭设备类产品分别使用不同的品牌名称。这主要是因为：① 企业生产或销售许多不同类型的产品，如果都统一使用一个品牌，这些不同类型的产品就容易互相混淆。例如，美国斯维夫特公司同时生产火腿和化肥，这是两种截然不同的产品，需要使用不同的品牌名称，以免互相混淆。② 有些企业虽然生产或销售同一类型的产品，但为了区别不同质量水平的产品，往往也分别使用不同的品牌名称。例如，青岛美达实业股份有限公司在其所经营的各种香皂中，将销往北京、广东等高档市场的定名为"得其利是"，销往东北、华北等中档市场的定名为"雁牌"，销往沂蒙山等低档市场的定名为"蝴蝶"。

4. 企业名称加个别品牌

这种战略是指企业对其不同的产品分别使用不同的品牌，各种产品的品牌前面都冠以企业名称，如美国凯洛格公司就采取这种战略，推出"凯洛格米饼""凯洛格葡萄干"。企业采取这种战略的好处主要是，在各种不同新产品的品牌名称前冠以企业名称，可以使新产品合法化，能够享受企业的信誉，而各种不同的新产品分别使用不同的品牌名称，又可以使各种不同的新产品各有不同的特色。

（四）品牌扩展决策

品牌扩展决策是指企业利用其成功品牌名称的声誉来推出改良产品或新产品，包括推出新的包装规格、香味和式样等。例如，美国桂格麦片公司成功地推出桂格超脆麦片之后，又利用这个品牌及其图样特征，推出雪糕、运动衫等新产品。显然，如果不利用桂格超脆麦片这个成功的品牌名称，这些新产品就不能很快地打入市场，企业采取这种战略，可以节省宣传介绍新产品的费用，使新产品能迅速地、顺利地打入市场。

此外，还有一种品牌扩展，即企业在其耐用品类的低档商品增加一种式样非常简单的产品，以宣传其品牌中各种产品的基价很低。例如，西尔斯·罗巴克公司可以大力宣传其经营的各种空调器最低价格仅为 120 美元。通用汽车公司也可以大力宣传其新雪佛兰汽车售价仅 3 400 美元。这些公司可以利用这些"促销品"招徕顾客，吸引顾客前来购买式样较好的高档产品。

（五）多品牌决策

多品牌决策是指企业同时经营两种或两种以上互相竞争的品牌。这种战略由宝洁公司首创。传统的市场营销理论认为，单一品牌延伸能使企业降低宣传成本，易于被顾客接受，便于企业形象的统一。宝洁公司认为，单一品牌并非万全之策。因为一种品牌树立之后，容易在消费者心目中形成固定的印象，不利于产品的延伸，尤其是像宝洁这样横跨多种行业、拥有多种产品的企业更是如此。假如宝洁的洗发精只用"海飞丝"一个品牌，就会在消费中造成"海飞丝"就是洗发精的印象，如果再用"海飞丝"去开辟其他种类的产品，就不易被顾客接受。

一般来说，企业采取多种品牌战略的主要原因如下。

（1）多种不同的品牌中要被零售商店接受，就可占用更大的货架面积，而竞争者所占用的货架面积当然会相应减小。上海家化的"美加净""百爱神""六神""明星"等品牌的洗发水，在抢占货架面积方面就取得了理想的效果。

（2）多种不同品牌可吸引更多顾客，提高市场占有率。这是因为一贯忠诚于某一品牌而不考虑其他品牌的消费者是很少的，大多数消费者都是品牌转换者。发展多种不同的品牌，才能赢得这些品牌转换者。

（3）发展多种不同的品牌有助于在企业内部各个产品部门、产品经理之间开展竞争，提高效率。

（4）发展多种不同的品牌可使企业深入到各个不同的市场部门，占有更大的市场。

（六）品牌重新定位决策

即使某一个品牌在市场上的最初定位很好，随着时间推移也必须重新定位，主要原因是发生了以下情况。

（1）竞争者推出一个品牌，把它定位类同于本企业的品牌，侵占了本企业品牌的一部分市场，使本企业品牌的占有率下降，这种情况要求企业进行品牌重新定位。

（2）有些消费者的偏好发生了变化，他们原来喜欢本企业的品牌，后来喜欢其他企业的品牌,因而市场对本企业的品牌的需求减少,这种市场情况变化也要求企业进行品牌重新定位。

企业在制定品牌重新定位决策时,要全面考虑两方面的因素:一方面,要全面考虑把自己的品牌从一个市场转移到另一个市场的成本费用。一般来讲,重新定位距离越远,其成本费用就越高。另一方面,还要考虑把自己的品牌定在新的位置上能获得多少收益。

(七)企业形象识别系统决策

企业形象识别系统(Corporate Identity System,CIS)是指将企业经营理念与精神文化,运用整体传达系统(特别是视觉传达设计),传达给企业周围的关系或团体(包括企业内部与社会大众),从而使之对企业产生一致的认同与价值观。换言之,也就是结合现代设计观念与企业管理理论的整体性运作,以刻画企业个性,突出企业精神,使消费者产生深刻的认同感,从而达到促销目的的设计。它由经营理念识别(Mind Identity,MI)、经营活动识别(Behavior Identity,BI)和整体视觉识别(Visual Identity,VI)三个方面的因素构成。企业形象识别系统对于树立企业形象,创立名牌,搞好品牌定位具有重要意义。

三、包装决策

(一)什么是包装决策

包装是指产品的容器和外部包扎,是产品策略的重要内容,有着识别、便利、美化、增值和促销等功能。包装是产品不可分割的一部分,产品只有包装好后,生产过程才算结束。产品包装是一项技术性和艺术性很强的工作,通过对产品的包装要达到以下效果:显示产品的特色和风格,与产品价值和质量水平相配合,包装形状、结构、大小应为运输、携带、保管和使用提供方便,包装设计应适合消费者心理,尊重消费者的宗教信仰和风俗习惯,符合法律规定等。

传统上包装被认为是一种附带的营销决策。包装决策主要是基于成本和生产的考虑,包装的主要功能是包容和保护产品。近几年来随着自助服务销售方式的增加,产品的包装必须执行许多销售任务,包装已经成为一项重要的营销工具。它必须吸引顾客注意,描述产品的功能特色,给顾客以信心,使产品在顾客心目中有一个很好的印象。

在制定包装决策的同时,还应注意到社会对包装日益关切的趋势,然后才能制定同时满足社会利益、消费者目标以及企业目标的包装决策。

包装决策的原则是保护、经济、方便、促销等。包装决策的要素包括包装物大小、形状材料、色彩、文字说明、品牌标记等。包装的不同要素之间必须相互协调;包装要素的选择必须与价格决策、广告决策以及其他营销因素相互匹配。

(二)包装决策需考虑的要素

企业包装决策应当要考虑以下几个方面。

1. 正当的包装和标签

社会大众关心产品的包装或标签是否真实,是否会引起误解。不实或引起误解的标签或包装,属于不公平竞争。消费者往往会因为那些令人混淆不清的包装形状及大小而难以在价格上加以比较。

2．过高成本

许多人批评某些产品由于包装过度，致使售价上扬；特别是那些买来后就丢弃的次级包装，对消费者根本没有什么价值，有些包装的成本甚至比产品本身还高。

3．资源有限

纸张、铝以及其他原料的短缺正逐渐引起关注，因此人们建议企业应该努力减少产品的包装。

4．污染

绿色环保观念正逐渐形成潮流，营销人员在设计产品包装时应设法使其符合生态环境的要求。

（三）包装的策略

企业除了使包装能充分展现产品的特色外，还需要运用适当的包装策略，使包装成为强有力的营销手段。常用的包装策略主要有以下几种。

1．类似包装策略

类似包装策略指企业生产的产品都采用相同或相似的形状、图案、色彩和特征等。这种包装策略的优点是既可以节省包装设计的成本，又可以扩大企业及产品的影响，扩大推销效果，有利于新产品迅速进入市场。但如果企业产品相互之间的差异太大，则不宜采用这种策略。

2．多种包装策略

多种包装策略指企业依据人们消费的习惯，把使用时有关联的多种产品配套装入一个包装物中，同时出售。这种包装策略的优点是一物带多物，既方便了消费者购买，又扩大了销路。

3．再使用包装策略

再使用包装策略又称为双重用途包装策略，即包装物在产品用完后，还可以做其他用途。这样可以利用消费者一物多用的心理，诱发消费者的购买行为，既使顾客得到额外的使用价值，同时包装物在再使用过程中，又能发挥广告宣传作用。

4．附赠品包装策略

附赠品包装策略指在产品包装物上或包装内，附赠物品或奖券，吸引消费者购买。在儿童商品中附赠玩具是目前生产儿童用品的厂家最常见的做法。采用这种策略可以增加购买者的兴趣，吸引顾客重复购买。但赠品要注意制作精良，不可粗制滥造，否则不但起不到促销的作用，还会影响产品或企业的形象。

5．等级包装策略

等级包装策略指企业把所有产品按品种和等级不同采用不同等级的包装，如分为精品包装和普通包装。这种策略的优点是能突出商品的特点，与商品的质量和价值协调一致，并满足了不同购买水平的消费者的需求，但增加了设计成本。

6．改变包装策略

改变包装策略指企业对产品原包装进行改进或改换，达到扩大销售的目的。改变包装包括包装材料的改变、包装形式和图案设计的变化、包装技术的改进等。当原产品声誉受损，销量下降时，可通过改变包装，制止销量下降。

（四）包装决策的程序

包装决策通常分为以下三个步骤。

（1）建立包装观念，确定这种包装的基本形态、目的和基本功能。例如，某食品公司的"什锦果酱夹心饼干"，管理部门确定其包装的主要功能有两方面：一是保护产品在流通过程中不破损不变质；二是显示产品特色，使购买者直观地了解饼干的颜色、形状，以作为包装设计的依据。

（2）决定包装因素。所谓包装因素是指包装的大小、形状、材料、色彩、文字说明以及商标图案等。包装因素是由包装观念决定的。如上例中夹心饼干的包装，从保护产品的要求而言，应采用具有一定强度的密封包装。从显示产品特色的要求来看，应该采用透明材料，并以较硬的塑料板增加强度，使饼干能保存得更长久而不破碎。值得注意的是，包装因素之间要互相协调，如包装的大小和材料有关，材料和色彩有关，而且决定这些"包装因素"时，也必须和定价、广告等市场营销因素协调一致。如果企业已对某产品做出优质优价的营销决策，则包装的材料、造型、色彩等都要与之配合。

（3）包装设计出来以后，要经过试验，以考察包装是否能满足各方面的要求，在正式采用前做出改进。包装试验分如下四种。

① 工程试验。检验包装在正常的运输、储存、携带等情况下的适用性，如磨损程度、变形程度、密封性能、褪色程度等。

② 视觉试验。确定包装的色彩、图案是否调和悦目，造型是否新颖，包装上的文字说明是否简明易读。

③ 经销商测试。为了扩大盈利，经销商常会希望包装引人注目并能确实保护产品，避免各种损害、污染带来的困难。

④ 消费者测试。用来了解包装是否能被消费者认可，并根据消费者意见及时对包装加以改进。

第四节 新产品开发策略

由产品寿命周期理论可以知道，任何产品都有一定的寿命，而企业要保证正常的收益水平，除了延长市场上现有产品的寿命外，还要经常推出新的产品，才能使产品的利润保持一定的增长速度。

一、新产品的概念

市场营销学中所说的新产品，是从产品的整体概念来理解的。任何产品只要能给顾客带来某种新的满足，就都可以看作是新产品。因此，新产品不一定都是新发明的、从未出现过的产品。根据产品创新的不同程度，一般可以把产品分成四类。

(一) 全新产品

全新产品指市场上从来没有出现的,运用新原理、新材料、新技术、新工艺制成的产品,如第一次出现的电话、录音机、电视机、电子计算机等。

(二) 革新产品

革新产品又称换代产品,是指在原有产品的基础上,部分采用新技术、新材料制成的性能显著提高的产品,如从盘式录音机到盒式录音机,从黑白电视机到彩色电视机等。

(三) 改进产品

改进产品指对原产品的材料、结构、款式、包装等方面做出改进的产品,如在普通牙膏中加入不同物质制成的各种功能的牙膏,手表的形状从圆形到方形、菱形等。

(四) 新牌子产品

新牌子产品又称企业创新品,这是在市场上已有的,企业仿制后经过创新标上自己的品牌所形成的产品,如电冰箱厂、电视机厂从国外引进生产线和技术所生产的仿制产品。

这四种类型产品的创新程度由高到低,其中全新产品的创新程度最高,新牌子产品的创新程度最低。一般地说,创新程度越高,其所需要投入的资源就越多,开发的风险也就越大。因此,为了减少风险,必须按照一定的科学程序来进行新产品的开发。

二、新产品的开发过程

新产品开发的程序可以分为八个阶段。

(一) 创意的产生

创意就是开发新产品的设想。有效的创意是开发新产品的前提,没有新的创意就很难开发出新的产品。尽管并非每一个创意都能开发出新的产品,但创意越多,就越可能找到有效的创意,开发出新产品的机会也就越多。新产品创意的产生来源有很多,主要有以下几种。

1. 顾客

顾客的需要是新产品开发的出发点,因为新产品只有得到顾客的认可才能销售出去。通过对顾客使用现有产品状况的调查,可以了解顾客对产品的意见和建议,并进一步预测和了解消费者的潜在需求,从而得到对原产品进行改进或直接开发新产品的创意。

2. 科研机构及科研人员

科学技术的进步是新产品开发的动力。把科学技术研究的成果用于产品的开发,也是新产品创意的一个重要来源。很多新产品,如电话、电视、电脑等的出现,都基于新的科学技术。

3. 竞争者

通过对竞争者现有产品的分析,可以知道其产品的成功与失败之处,给企业以有益的借鉴;也可以通过各种渠道刺探竞争者的新产品开发信息,以获取比竞争者更新或更完善的新产品的创意。

4．中间商

中间商是企业与顾客的联系纽带，而且处于市场前沿，因此，他们最了解消费者的不满和需要，深知市场需求的变化趋势，同时也了解竞争者的动态，他们所提供的信息往往能带来有效的新创意。

此外，企业的内部人员、咨询公司、各种传播媒体、专利机构等，往往也能提供有价值的信息而成为新产品创意的来源。

（二）创意的筛选

好的创意对于开发新产品非常重要，但有了创意却并不一定都能付诸实施。因此，还需要对所产生的创意进行筛选，选出可行性较高的创意来进行下一步的开发，及时删除不可行或可行性较低的创意，以免造成企业资源的浪费。

在创意的筛选过程中，要注意避免两种偏向：误舍与误用。误舍是指未能认识到该创意的开发潜力而轻率舍弃；误用则是把没有发展前途的创意留了下来，继续开发。这两种错误都会给企业带来损失，在筛选时应特别注意。

创意的筛选主要考虑企业目标和企业的资源能力，要选择那些与企业目标相符而企业又有能力开发的创意，以作进一步的开发。企业可以用评价表来进行分析、选择（见表6-1）。

表6-1 新产品创意评价表

新产品成功的必要条件	权数（A）	企业实际能力水平（B）										评分（A×B）
		0.1	0.2	0.3	0.4	0.5	0.6	0.7	0.8	0.9	1.00	
企业目标	0.20									√		0.18
营销能力	0.20						√					0.12
技术水平	0.20								√			0.16
资金来源	0.15								√			0.12
生产能力	0.10						√					0.07
人事配置	0.10								√			0.08
原料供应	0.05						√					0.03
总　　计	1.00											0.76

表 6-1 中的第一栏是新产品成功的必要条件；第二栏是根据这些条件的重要程度确定的权数；第三栏则是对企业的能力进行打分，即分析企业现有能力水平与新产品开发必要条件相吻合的程度；第四栏是各项条件加权后的分值，各加权分值相加，就可得出总分值，即对该创意开发成新产品的可能性的评价，最后根据企业确定的总分值评价标准进行取舍。

新产品创意评价表是因企业而异的。不同的企业，新产品开发成功的条件是不相同的，第一条件的相对重要程度也不一样。如表 6-1 所列的企业认为新产品成功的必要条件有七项，根据这七项条件，企业考察了自身的能力水平，最后得出总分值 0.76。一般认为，总分在 0～0.40 为差，0.41～0.75 为较好，0.76～1.00 为好，而且根据经验，总分在 0.70 以下的应予淘汰。本项新产品创意评价得分 0.76，属于可进一步开发的范畴。

（三）产品概念的形成与评估

产品的创意仅仅是一种设想，而消费者购买的不是设想，他们只会购买具体的产品。

因此，需要把产品的创意更进一步具体化，即把产品的创意转化成产品的概念，把它用文字或图像表示出来。例如，一家自行车厂针对城市交通拥挤，人们出行不方便的状况，准备设计生产一种新颖的助力车，这样既可以解决一些消费者骑自行车过于耗费体力的困难，又为他们提供了自由、便捷的交通工具。考虑到对环境的保护，这种助力车采用电力作为动力，这就是一项新产品的创意。但要使消费者理解和购买，则需要把这个创意进一步具体化，发展成产品概念。

在创意发展成产品概念的过程中，通常要考虑三方面的因素，即产品的目标消费者、产品给消费者带来的效用和利益、产品的使用环境。一个创意可以形成许多不同的产品概念，如根据以上三方面的因素，就可以把上述的助力车创意发展成以下的三种概念。

（1）工薪阶层上下班使用。价格比较适中，由于市内蓄电池更换较方便，可以使用较小的蓄电池，时速 12～15 千米，充一次电可以行驶 100 千米。

（2）年轻人郊游使用。由于休闲时间的增加，不少年轻人喜欢到郊外游玩。这种车时速可达 30 千米，使用较大的蓄电池，充一次电可行驶 200 千米，价格可以偏高。

（3）家庭用。供一般家庭主妇接送孩子上学、采购使用。价格低廉。

产品概念形成后，就可以拿到目标顾客中进行评估。通过对目标顾客的调查，了解该不同概念的产品受消费者欢迎的程度，以及消费者对产品改进的意见，进而从中挑选出最佳的产品概念。例如，上述的三个概念中，经过调查发现，年轻人的郊游用车和家庭用车的市场都不大，唯有上下班用车很有市场潜力，因此，发展上下班用的助力车就是最佳的产品概念。

（四）制定营销策略

最佳的产品概念确定以后，企业还要制定产品的营销策略。这个策略是初步的，以后还要进一步完善。营销策略通常由三个部分组成。

（1）目标市场的规模、结构和行为，产品的定位，头几年的销售额、市场占有率、利润目标等。仍以上述助力车为例，它的目标市场是工薪阶层，价格适中，第一年销售 5 000 辆，市场占有率达 10%，亏损不超过 250 万元，亏损额由其他产品的盈利弥补。第二年销售 10 000 辆，市场占有率 16%，盈利 500 万元。

（2）新产品第一年的预定价格、分销策略和促销预算等。例如，预定每辆车价格为 2 500 元，经销商可享受 15%的折扣，如每月销量超过 20 辆，该月内每再卖一辆可追加 5%折扣，广告预算为 200 万元，其他促销活动预算 100 万元。

（3）长期销售额、利润目标、营销组合等。例如，长期销售量目标是拥有 20%的市场占有率，投资利润率争取达 20%。努力提高产品质量，促销总预算每年递增约 15%。

（五）经营分析

在选择了产品概念的拟定营销策略后，企业还要进一步分析这一新产品开发方案在企业经营上的可行性，即审核预计销售额、成本、利润等是否符合企业的经营目标。如果符合企业的经营目标，企业可以进入下一步的产品研究开发阶段。否则，就需要对原方案作进一步修正或放弃这个方案。这里重要的是对未来销售额的预测的准确程度，预测越准确，企业经营的风险就越小。有了准确的销售预测，企业才能预计新产品的成本并分析它是否能盈利。

经营分析的方法有很多，常用的有盈亏平衡分析、投资回收期分析、风险分析等。

（六）产品的研究试制

产品概念一旦通过了经营分析，就可以进行产品的研究试制。企业的研究开发部门与工程技术部门将原来用文字、图像表示的产品概念变成具体的产品。在产品的研究试制过程中，企业的营销部门应与研究开发部门紧密配合，以保证研制出来的产品完全达到产品概念中所提出的各项主要指标，安全可靠，同时通过价值工程分析，争取以尽量低的成本生产出具有更高使用价值的产品。

样品制造出来后，还需要进行功能试验和消费试验。功能试验通常在实验室或现场进行，主要检验产品的技术性能；消费试验则是请一些消费者试用这些样品，然后征求他们的意见。

（七）市场试销

在此之前的新产品开发，基本上局限在企业内部。为了进一步测定市场上的消费者对产品的反应，企业还有必要进行试销。通过市场试销，企业可以对推出产品的营销组合进行预先的测试，了解市场上消费者的行为，以便及时修正，减少由于新产品开发错误而带来的风险。尽管并非每个企业、每个产品都需要进行试销，但实践证明，市场试销往往是产品开发过程中的一个重要环节。

试销通常在选定的商店或地区、城市内进行，试销的规模往往取决于投资成本的风险，试销的成本和时间、试销的方法则根据产品类型的不同而有不同的选择。

（八）正式上市

试销成功的新产品，就可以大批量投产上市。这时企业需要投入大量的资金，一方面用来购置设备和原材料，组织生产；另一方面用来培训推销人员，做广告，因此，新产品推出的初期，企业往往是亏损的。为了使新产品能成功推出，企业需要做好以下四项决策。

1. 推出时机

企业要选择新产品上市的最佳时机，如季节性强的产品应该应季上市；如果新产品是替代老产品的，则要考虑新产品上市对老产品的影响，应在老产品库存量下降后再推出新产品。

2. 推出地点

即决定在什么地方首先推出新产品。通常企业都是先选择在某个主要地区推出新产品，取得立足点，然后逐步展开，扩展到其他地区。因此，企业应选择最有吸引力或影响力最大的地区作为新产品推出的主要地区。

3. 推出对象

企业应针对最佳的顾客群推出新产品，利用他们的影响力，使产品迅速扩散。这些顾客一般具有以下特征：是产品的早期使用者；是产品的大量使用者；是会对产品有好评的舆论领袖；是能以较低成本争取得到的消费者。

4. 推出策略

企业要采取适当的营销组合策略来推出新产品。首先要给营销组合的各因素分配预算，然后安排各种营销活动的先后顺序，使新产品上市活动有计划、有序地进行。同时，针对不同的营销环境，企业应采用不同的营销策略。

三、新产品的开发途径

由于新产品开发的风险很大，企业除了要按照一定的程序进行开发外，还应该了解新产品开发的途径，即通过什么方式、以什么作为前提进行新产品的开发。通常，企业可以从以下几方面着手，进行新产品的开发。

（一）需求导向型开发

需求导向型开发，即企业根据市场需求来开发新产品。这是企业新产品开发的主要方式。采用这种方式开发新产品，企业首先要进行广泛的市场调研工作，分析、了解消费者的市场需求，然后针对市场的需求来组织新产品的研究开发，开发出能满足消费者需求的产品投放市场。日本企业打进世界市场的成功经验说明了这种开发方式的重要性。从 20 世纪 50 年代中期开始，日本开始向美国出口小轿车，但最初无人问津。然而到了 1980 年，日本的小轿车在美国销售了 200 万辆，而美国的小轿车在日本仅卖出 6 000 辆。这其中一个很重要的原因就是日本企业非常注重消费者的需求，在最初的轿车出口受阻后，他们随即对美国市场进行了深入、细致的调查研究，根据美国消费者的需要，生产出了质量好、轻型、耗油低的轿车，在石油危机、经济危机的 20 世纪 70 年代，一举打进了美国市场，进而也打进了国际市场。

因此，需求导向型开发的关键在于企业必须了解消费者的需求，做好市场调查和预测，以作为产品开发的依据。例如，1977 年日本为了摸清世界电视机的供求情况，以 53 个能生产彩电的国家作为调查对象，进行市场调查，预测了 1978 年、1980 年和 1985 年的需求情况，并详细分析了需求量大的国家的市场供求动向，为日本电视机工业的产品开发指明了方向。

（二）技术导向型开发

技术导向型开发是指利用企业所掌握的新技术来进行产品的开发。随着科学技术的迅速发展，新技术、新发明在不断涌现，企业可以利用这些新技术、新发明来开发新产品，然后把新产品投入市场，以求引起消费者对这种新产品的需求。实际上，这种新产品的开发过程有悖于前述的新产品开发程序，是一种非程序化的新产品开发方式。采用这种方式开发新产品，其难度往往比程序化的开发方式要大，但由于它常与重大的突破和改进联系在一起，如能开发成功，将给企业乃至社会带来巨大的效益，可以推动社会经济的迅速发展。当今世界上的很多著名企业，往往都是技术领先的典范。例如，索尼公司，从开发日本第一台磁带录音机开始，到 Walkman（随身听）风行全球；夏普推出的日本第一台电视机、第一个微波炉、第一个液晶显示电子计算机；美国 3M 公司的产品从光导纤维到人造心脏，从塑料滤膜到熟肉包装纸；如此等等。这些企业利用新技术开发新产品，从而使自己在竞争中处于领先、有利的地位。

采用技术导向型开发方式，关键是要有创新精神，而且是能克服一切困难的创新精神，特别是企业的主要领导者要有支持创新的意志和勇气，如索尼 Walkman 的开发成功就在于总经理盛田昭夫的坚持。而美国 3M 公司则把创新奉为最神圣的信条，创新成为公司职工的共同兴趣。

（三）系列导向型开发

系列导向型开发是指企业在原产品的基础上，通过移植、改进，使原产品增加新的功能、款式等来开发新产品。这实际上是对原有产品的延伸，开发多种多样的系列产品，这是新产品开发的一种最基本的方式，在企业的新产品开发中被广为采用。在很多企业不断推出的新产品中，绝大部分都是对原有产品进行了某一方面的改进，而不是全面的创新。特别是由于生产方法的改进，柔性生产系统在企业生产中的使用，在同一条生产线上可以生产出批量小、型号或品种多的"系列产品家族"，有的在一两分钟内就能更换生产不同型号的产品，从而使这种开发方式如虎添翼，如丰田汽车公司从 20 世纪 80 年代中期开始使用这种灵活的生产线，目前可以生产出 20 种不同型号的汽车；日产汽车公司 1989 年开始安装"高技术智能车身装配体系"，并宣称日产公司的任何人都可以在任何时间、任何地点生产出任何批量和任何型号的日产牌汽车。采用系列导向开发方式，关键是要对原有产品进行深入的研究，找出能加以改进的部分，同时也要研究消费者的需求变化发展方向，以使产品的改进能适应消费需求的变化。

系列导向型开发，可以节省时间，节约研究开发的费用，开发产品方便灵活，时效快，能适应不同的需求，符合多样化、个性化、独特化的消费发展趋势，可以说是企业新产品开发的一条捷径。

总而言之，企业不管采用哪一种开发方式，都要使开发出来的新产品与消费发展的趋势相吻合，这样的新产品才有生命力，企业也才能得到不断的发展。

案例分析

从 2012 年开始，生鲜电商逐渐成为电商领域的新热点。策划"褚橙进京"的生鲜电商本来生活网今年仍然在进行它的褚橙"爆款"营销。本来生活的褚橙营销走了幽默营销路线。在预售期内，本来生活网站上就推出一系列青春版个性化包装，那些上印"母后，记得一颗给阿玛""虽然你很努力，但你的成功，主要靠天赋""谢谢你，让我站着把钱挣了""我很好，你也保重"等幽默温馨话语的包装箱，推出没多久就在本来生活网上显示"售罄"，可见其受欢迎程度。

本来生活网这一系列个性化包装，除了非常吸引眼球，也让人为"中国营销界玩得起幽默"感到欣慰。毕竟，在这个竞争激烈的社会里，能让中国人会心一笑的幽默还是太少了。

当然，光靠营销手段打响品牌并不是本来生活网大肆追崇的重点，本来生活始终坚信优质的食材是会说话的，严格把控各个环节保证最优的产品和服务，以食品本身的价值和媒介作用，足够在市场上站稳脚跟。

从电商品牌营销的角度，本来生活是选择了一个有爆点的产品，也就是电商比较常说的"爆款"产品，通过一个爆款产品的炒作同时提升电商平台的影响力。一个品牌在不是大众皆知或者品牌基础还比较薄弱的背景下，要在互联网上建立品牌知名度，必须要有一个爆款产品来作为主打，并利用爆款产品和品牌的捆绑营销来达成实效目标。

案例来源：本来生活：生鲜电商，用爆款做营销[EB/OL]．（2013-12-22）．http://www.iliema.com/article-427-1.html.

营销实训项目

一、实训目标

通过实训，使学生能够运用整体产品观念、产品生命周期理论、新产品开发理论和产品品牌、产品包装理论及技能进行产品决策，制定产品营销策略。

二、实训内容和操作步骤

（一）技能训练

（1）按是否耐用，将下列商品和服务进行分类。

电视机　牙膏　牙刷　电冰箱　汽车　肥皂　洗衣粉　微波炉　烟酒　音响　大米　食盐

（2）春天到了，某服装公司库存一批款式仍然新颖的羽绒服装，请你帮助公司制定这批服装的处置方案。

（二）职业能力开发

1．开发学生的调研能力

● 目标

帮助拓展学生的思维能力。

● 内容

让学生收集家电营销方面的资料。

● 步骤

（1）让学生收集家电营销方面的资料。

（2）把学生收集的家电营销资料按相近的分组。

（3）各组讨论本组家电营销策划的优缺点。

（4）各组进行交流。

（5）请学生或老师点评。

2．开发学生的产品开发与管理能力

● 目标

帮助学生拓展产品创新的思路。

● 内容

某企业产品开发部讨论产品创新问题。

● 步骤

（1）正确预测市场发展的趋势及市场容量。

(2) 研究企业自身的优势。
(3) 研究企业产品的研发能力。
(4) 研究企业产品营销能力。
(5) 进行投入产出的比较分析。
(6) 提出决策的思路。

3. 开发学生的价格制定与调整能力
● 目标
帮助学生掌握有关定价技巧。
● 内容
分析两种定价的利弊。
● 步骤
(1) 老师提出竞争性不强的生活日用品单价可以定为 19.80 元，也可以定为 20 元，让学生决定并提出理由。
(2) 学生讨论两种价格的利弊。
(3) 让学生代表在班级陈述所持观点的理由。
(4) 老师做出结论性点评。

4. 开发学生的促进销售能力
● 目标
帮助学生提高选择促销方式的能力。
● 内容
为手机、服装、玩具三种产品提供促销方式。
● 步骤
(1) 分析三种产品的各自消费者群及其消费心理特征。
(2) 分析三种产品的特点、市场需求弹性及价格弹性。
(3) 分析三种产品促销宣传媒体适用性、影响力及其成本。
(4) 提出促销方式决策方案。

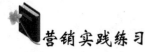

营销实践练习

一、单项选择题

1. 企业在考虑营销组合策略时，首先需要确定生产经营什么产品来满足（　　）的需要。
   A. 消费者　　　B. 顾客　　　C. 社会　　　D. 目标市场

2. 市场出现了用唐老鸭、米老鼠等塑料玩具来包装糖果很受儿童欢迎，这是一种（　　）。
   A. 统一包装策略　　　　　　B. 再使用包装策略
   C. 分档包装策略　　　　　　D. 附赠品包装策略

3. 既讲产品组合深度，又讲产品组合宽度的商店是（　　）。
   A．烟杂店　　　B．专业店　　　C．综合百货　　　D．小商场
4. 上海"通用"生产了别克后，又推出了赛欧，这是（　　）策略。
   A．向上延伸　　B．向下延伸　　C．双向延伸　　　D．品牌延伸
5. 在普通牙膏中加入不同物质制成的各种功能的牙膏，这种新产品属于（　　）。
   A．全新产品　　B．革新产品　　C．新牌子产品　　D．改进产品

二、多项选择题

1. 按照消费者的购物习惯分类，产品可以分为（　　）。
   A．便利品　　　　　　　　　　B．选购品　　　　　C．特殊商品
   D．渴求物品　　　　　　　　　E．非渴求物品
2. 产品处于衰退期时，企业可以采取（　　）等几种战略。
   A．扩张战略　　　　　　　　　B．集中战略　　　　C．收缩战略
   D．放弃战略　　　　　　　　　E．继续战略
3. 企业建立自己的品牌和商标，对卖主的好处有（　　）。
   A．可以赚取更多的利益　　　　B．便于管理订货　　C．有助于企业细分市场
   D．有助于树立良好的企业形象　E．有利于吸引更多的品牌忠诚者
4. 企业可以运用适当的包装策略，使包装成为强有力的营销手段。（　　）属于常用的包装策略。
   A．类似包装策略　　　　　　　B．多种包装策略　　C．再使用包装策略
   D．附赠品包装策略　　　　　　E．等级包装策略
5. 为了使新产品能成功推出，企业需要做好（　　）等几种决策。
   A．推出时机　　　　　　　　　B．推出地点　　　　C．推出对象
   D．推出销售　　　　　　　　　E．推出策略

三、判断题

1. 消费者在购买商品时只能从实体产品中得到利益。（　　）
2. 运用产品包装来保护产品，便于储运是现代营销的重要手段。（　　）
3. 只讲产品组合深度，不讲产品组合宽度的商店是烟杂店。（　　）
4. 上海大众生产了桑塔纳后，又推出了帕萨特，这是向上延伸策略。（　　）
5. 在产品投入期，采用"快速掠夺"策略是为了薄利多销，便于企业长期占领市场。
   （　　）

四、案例分析题

2000年左右，中国水市竞争格局基本上已经成为定势。以娃哈哈、乐百氏为主导的全国性品牌基本上已经实现了对中国市场的瓜分与蚕食。同时，很多区域性品牌也在对水市不断进行冲击，但是往往很难有重大突破。当时，比较有代表性的水产品有深圳景田太空水、广州怡宝、大峡谷等，还有一些处于高端的水品牌，如屈臣氏、康师傅等。但是，中国水市竞争主导与主流位置并没有改变。正是在此时，海南养生堂开始进入水市，农夫山

泉的出现改变了中国水市竞争格局，形成了中国市场强劲的后起之秀品牌，从而创造了弱势资源品牌依靠品牌营销打败强势资源品牌的著名战例。

在具体的操作过程中，首先，农夫山泉买断了千岛湖五十年水质独家开采权，不仅在瓶盖上创新，利用独特的开瓶声依靠品牌营销来塑造差异，而且打出"甜"的概念，"农夫山泉有点甜"成为差异化的卖点；其次，为了进一步获得发展和清理行业门户，农夫山泉宣称将不再生产纯净水，而仅仅生产更加健康、更加营养的农夫山泉天然水，其"天然水比纯净水健康"的观点通过学者、孩子之口不断传播，因而品牌营销赢得了影响力，农夫山泉一气呵成，牢牢占据瓶装水市场前三甲的位置。

问题：

（1）农夫山泉产品策略获得成功的原因是什么？

（2）农夫山泉产品策略案例给我们哪些启示？

第七章 定价策略

 案例导入

北京地铁有家每日商场,每逢节假日都要举办一元拍卖活动,所有拍卖商品均以 1 元起价,报价每次增加 5 元,直至最后定夺。但这种由每日商场举办的拍卖活动由于基价定得过低,最后的成交价就比市场价低得多,因此会给人们产生一种卖得越多,赔得越多的感觉。岂不知,该商场用的是招徕定价术,它以低廉的拍卖品活跃商场气氛,增大客流量,带动了整个商场的销售额上升,这里需要说明的是,应用此术所选的降价商品,必须是顾客都需要,而且市场价为人们所熟知的才行。

产品定价是一门科学,也是一门艺术,为自己的产品制定一个合适的价格,是当今每一个企业都面对的问题。虽然随着经济的发展和人民生活水平的提高,价格已不是市场接受程度的主要因素。但是,它仍然是关系企业产品和企业命运的一个重要筹码,在营销组合中,价格是唯一能创造利润的变数。价格策略的成功与否,关系着企业产品的销量、企业的盈利,关系着企业和产品的形象。因此,企业经营者必须掌握定价的原理、方法和技巧。

案例来源:https://nuoha.com/book/170743/00042.html

第一节 影响企业产品定价的因素

要合理地定价,首先必须研究影响定价的基本因素,并根据企业的特定条件和决策者的意愿,决定合理的定价目标,然后再决定适当的定价方法和定价策略。商品价格的高低,主要是由商品中包含的价值量大小决定的。但是,从市场营销的角度来看,商品的价格除了受价值量的影响之外,还受其他诸多因素的影响。

一、成本因素

产品在生产与流通的过程中要耗费一定数量的物化劳动和劳动才能构成产品成本。成本是商品价格的最低限度。从长期来看,价格必然要等于成本加上合理的利润,使之能够补偿产品生产及市场营销的所有支出,并补偿商品经营者为其所承担的风险支出,否则就无法经营。从短期来看,企业需要知道成本的结构,以便在定价时能掌握盈亏情况,减少经营的风险。成本的构成及其表现形式,一般表现为以下几种。

(一)固定成本

固定成本指为组织一定范围内的生产经营活动所支付的固定数目的费用,其数量不随产量的变动而变化的成本,如固定资产折旧、办公费用、管理人员的工资等。

(二) 变动成本

变动成本指随着产品种类及数量的变化而相应变动的成本费用,如原材料、生产工人的工资、销售费用等。一般来说,变动成本与产量是成正比关系变化的,即成本随产量增加而增加。

(三) 总成本

总成本即固定成本和变动成本之和。当产量为零时总成本等于固定成本。

(四) 平均固定成本

即单位产品的固定成本。由于固定成本不随产量的变动而变动,但平均固定成本却随产量的增加而减少,这里就有一个规模效益的潜在因素。

(五) 平均变动成本

即单位产品的变动成本。从理论上讲,不论产量是多少,单位产品的变动成本是不变的。但是,实际上当生产发展到一定规模,工人熟练程度提高,批量采购材料价格的优惠,都会使变动成本减少。

(六) 平均总成本

即单位产品的总成本。等于平均固定成本与平均变动成本之和。随着生产率的提高,规模经济效益的形成,平均总成本呈递减趋势。

(七) 边际成本

即企业每增加或减少一个单位产量而引起的总成本变动的数值。边际成本的变动与固定成本无关,在产量增加初期,边际成本呈下降趋势,低于平均成本,导致平均成本下降;但超过一定限度,则高于平均成本,又导致平均成本上升。

(八) 机会成本

企业从事某一项经营活动而放弃另一项经营活动的机会,另一项经营活动所应取得的收益即为某项经营活动的机会成本。企业的经营活动中,具有各种可能的经营途径,应慎重分析每一个方案的机会成本,以便使有限的资源得到最合理的利用。

定价时以何种成本为依据是定价决策的重要内容。就长期来说,产品价格如低于平均总成本,企业将难以生存;就短期而言,产品价格必须高于平均变动成本,否则亏损将随生产数量的增加而增加。

二、竞争因素

市场价格是在市场竞争中形成的。产品市场竞争的激烈程度不同,对定价的影响也不同,市场竞争越激烈对价格的影响也就越大。按照市场竞争的程度,可将市场竞争分为完全竞争、完全垄断、垄断竞争和寡头竞争四种情况。

(一) 完全竞争

完全竞争是指没有任何垄断因素的市场状况。同种商品有多个卖主和买主,生产要素可以自由流动，产品同质。卖主和买主对市场信息尤其是市场价格变动的信息完全了解，买主和卖主都不能操纵市场价格，卖主既不可能按高于现行市场价格的价格出售商品（由于对信息完全了解，买主会买其他卖主的商品），也没必要减价出售（因为按现行价格就能卖掉其全部商品）。价格完全由供求关系决定，各个卖主都是价格的接受者，而不是价格的决定者。

在完全竞争的市场上，生产企业不可能采用提价的办法得到利润，只能靠提高自己产品的生产效率，降低各种消耗从而降低各种成本的办法取得更多的利润。同样，由于产品完全同质，卖者也无须花很大精力去搞市场营销研究、产品开发、定价广告和销售促进等市场营销工作，这些活动只会增加商品的成本，因而都是不必要的。

在现实生活中，完全竞争市场是不存在的。

（二）完全垄断

完全垄断又称纯粹垄断市场或独占市场，是指某一种产品完全被一个厂商垄断和控制，而这种产品在市场上没有一个现成的代替品的市场。完全垄断市场在实际生活中极为少见，一般只有在特定的条件下才能形成，一些与居民生活密切相关的产业（如通信、电力、自来水等），对某种产品拥有专利或拥有独家原料开采权的企业，就可能处于垄断地位。

从理论上讲，垄断企业完全有自由定价的权利。但是实际上，独占企业的产品价格也要受其他情况的限制，如容易引起消费者的反对和政府的干预，减少消费或采用代用品等。完全垄断与市场经济提倡自由经济是相矛盾的，它使企业缺乏降低成本的外在压力，导致较高的销售价格、较低的产量和垄断超额利润。结果是生产效率低下，社会资源配置不佳。

（三）垄断竞争

在现代经济中，完全竞争或完全垄断的情况都很少见，而比较接近现实的形态是垄断竞争，既有垄断倾向，又具有竞争成分，因此是一种不完全竞争。

在垄断竞争的市场上有许多卖主和买主，但不同卖主所提供的同类产品存有差异性。有些是产品实质上的差异，如质量、花色、式样和产品服务的差异；有些是产品心理上的差异，如购买者由于受广告、宣传、商品包装的影响，在主观上或心理上认为其有差异，而有所偏好，愿意花不同的钱去购买。因此各个卖主对其产品都有相当的垄断性，能控制其产品的价格，在这种情况下，企业已不是一个消极的价格接受者，而是一个对价格有影响力的决定者。

在不完全竞争条件下，卖主定价时广泛地利用心理因素。产品差异是其控制产品价格的一种主要策略，企业往往通过强调本企业产品与众不同，使消费者接受其价格。

（四）寡头竞争

寡头竞争是竞争和垄断的混合物，也是一种不完全竞争。它是指某种商品的绝大部分由少数几家大企业生产或销售，每个企业在该行业中都占有相当大的份额，使其中任何一家厂商的产量或价格变动都会影响该种产品的价格和其他厂商的销售量。每个寡头都有能力影响和控制市场价格。

寡头竞争又分为完全寡头竞争和不完全寡头竞争。各个寡头企业生产的产品为同质的，称为完全寡头竞争；各个寡头企业生产的产品具有差异性，称为不完全寡头竞争。

在寡头竞争条件下，商品的价格不是通过市场供求决定的，而是由寡头们通过协议或默契决定的，这称为操纵价格（或联盟价格）。操纵价格一旦决定，一般在相当长的时间内不会改变。因为某一个厂商降低了价格，会立刻遭到对手更猛烈的降价报复，结果使得大家都降低了收入；而如果某一个企业单独提高价格，其竞争对手绝不会随之提价，同时会乘机夺取提价企业的市场。但各个寡头在广告宣传、促销方面竞争较激烈。

在现实的经济中，寡头竞争比完全垄断更为普遍。西方国家的许多行业如汽车、飞机制造业、钢铁业等都是寡头竞争。

三、需求因素

市场营销学理论认为，决定价格下限的是成本，决定价格上限的是产品的市场需求，需求是企业定价最主要的影响因素。而需求又受价格和收入变动的影响，经济学上称因价格与收入等因素引起的需求的相应变动率，叫作需求的弹性，需求的弹性分为需求的收入弹性、需求的价格弹性和需求的交叉弹性。

（一）需求的收入弹性

需求的收入弹性是指由于收入变动而引起的需求的相应变动率，反映需求变动对收入变动的敏感程度。有些产品的需求收入弹性大，意味着消费者货币收入的增加导致该产品的需求量有更大幅度的增加，享受性商品的情况就是如此。有些产品的需求收入弹性较小，这意味着消费者货币收入的增加导致该产品需求增加的弹性较小，生活必需品、生产资料的情况就是如此。也有的产品的需求收入弹性是负值，即消费者收入的增加将导致该产品需求下降，某些低档食品、低档服装就是如此。因为消费者收入增加后，对此类产品需求将减少，甚至不再购买，而转向高档产品。

（二）需求的价格弹性

价格与需求是相互影响的，需求的价格弹性反映需求量对价格的敏感程度。正常情况下，市场需求会按照和价格相反的方向变动。价格提高，市场需求就会减少；价格降低，市场需求就会增加。但某些商品也会出现例外情况，如一些显示身份地位的商品的需求曲线是向上倾斜的，价格提高，其销量反而会提高，但当价格提高超过某一程度时，其需求和销售将减少。

需求价格弹性大的商品，价格的升降对市场需求的影响大；需求价格弹性小的商品，价格降低并不能刺激需求。许多时新的商品，或是具有名望的名牌产品，购买者对价格并不注重。而对于多次购买的消费品，则要价格合理，宜采用降低价格和薄利多销的策略，以促进销售。新上市的商品，一般要根据相近产品或代用品的销售资料，估计市场潜力，并通过市场调查，根据顾客与中间商的意见，得到一个预期价格，作为定价的一个依据。

（三）需求的交叉弹性

需求的交叉弹性是指因一种商品价格变动引起其他相关商品需求量的相应变动率。产品线中的某一个产品项目很可能是其他产品的替代品或互补品，其价格的需求量的变化都是相互作用的。如果产品价格上涨导致产品需求量上升，则此项产品为替代品，其需求交叉弹性为正值。如果产品价格上涨导致产品需求下降，则此两项产品为互补品，其需求弹性为负值。

四、政府对价格的干预

为了维护国家与消费者的利益，维护正常的市场秩序，政府往往通过行政、法律、经济等手段对企业定价及社会整体物价水平进行调节和控制。因而，企业在定价时也必须考虑政府的影响。政府对价格的干预有以下几种。

（一）行政手段

主要在某些特殊时期，对某些特殊产品采取限价措施，包括在物资严重匮乏时期实行的最高限价和为保护生产者利益而对某些产品实行的最低限价。限价措施在一定时期内对保护消费者和生产者利益具有积极作用。但从长期来看，不利于供求规律调节作用的发挥，随着时间的推移，商品短缺和过剩会变得更为严重，因而限价措施不适宜长期使用。

与最低限价相比，政府补贴，尤其是对农副产品的财政补贴具有更大的灵活性，因而为许多国家所广泛使用。

（二）法律手段

用法律法规管理价格，主要是为了保护竞争，限制垄断。

（三）经济手段

经济手段是国家抑制通货膨胀的重要措施，对企业定价的影响主要表现为：为抑制需求、减少投资而采取的提高利率或增加营业税措施，会影响企业的成本，减少企业利润结果推动价格上升；而为了限制工资的增长速度，以征税为基础的收入政策，对于制止成本推动的价格上升也有一定的效果，如美国1936年通过的《罗宾逊·彼德曼法案》。需要指出的是，对于处于向市场经济过渡中的中国经济，企业定价的政府影响因素，更多地来自政府的行政干预。从长远来看，法律手段应当成为政府管理价格的主要手段。

五、货币价值与货币流通量

货币是衡量价值的尺度，商品价格一方面取决于商品价值的高低，另一方面取决于单位纸币所代表的价值量的大小。市场上纸币流通量与商品流通保持一定比例，市场商品价格才能保持稳定。纸币流通量过多，导致通货膨胀，货币贬值，价格上涨。反之，纸币流通量不足，导致货币紧缩，市场疲软，商品积压，价格下跌。

六、社会经济状况

一个国家或地区经济发展水平及发展速度高，人们收入增长快，购买力强，价格敏感性弱，有利于企业较自由地为商品定价。反之，一个国家或地区经济发展水平及发展速度低，人们收入水平低，购买力低，价格敏感性强，就会对商品定价有一定限制。

七、心理因素

消费者的心理行为，是营销者制定价格时最不易考察的一个因素，但又是企业定价必须考虑的重要因素之一。消费者一般根据某种商品能为自己提供的效用大小来判定该商品的价格，他们对商品一般都有客观的估价。期望值一般不是一个固定的具体金额，而是一个价格范围。如果企业定价高于消费者心理期望值，就很难被消费者接受；反之，低于期望值，又会使消费者对商品的品质产生误解，甚至拒绝购买。

随着社会主义市场经济的发展，收入结构的多层次化，使购买者心理行为日趋复杂，如低收入阶层的求实、求廉心理，中等收入阶层的求美、求安全心理，高收入阶层的求新、求名心理，暴发户的炫耀性消费心理等。这些错综复杂的心理因素，对商品定价的影响越来越大。

第二节 定价目标和定价方法

一、定价目标

定价目标是企业市场营销目标体系中的具体目标之一，任何企业都不能孤立地制定价格，而必须服从于企业总目标，也要和其他营销目标相协调。不同时期，体现营销总目标的定价目标不同，因而有不同的价格策略。企业定价大致有以下几种。

（一）以追求利润最大化为目标

追求利润最大化是指企业期望获得最大的销售利润，这取决于合理价格所推动的销售规模，因而追求利润最大化的定价目标并不意味着企业要制定最高单价。当一个企业的产品在市场上处于某种绝对优势时，如有专卖权或垄断等，固然可以实行高价策略，以获得超额利润。但是由于市场竞争，任何一个企业要想在长期内有一个过高的价格几乎是不可能的，必然会遭到来自各方面的抵制，诸如需求减少，代用品加入，竞争者增多，购买行为推迟，甚至会引起公众的不满而遭到政府的干预等。

最大利润既有长期和短期之分，又有企业全部产品和单个产品之别。有远见的经营者，都着眼于追求企业长期利润的最大化。当然这并不排除在某种特定情况条件下，对某些产品定高价以获取短期最大利润。特别对于一些中小企业或商业企业，这种情况也是常见的。

此外，有许多品种经营的企业，经常使用组合定价策略，而把有些产品的价格定得比较低，有些甚至以低于成本的价格出售给顾客，以带动其他产品的销售，从而从整体上获得更大的利益。例如，美国吉列公司曾以低价甚至是赔钱的价格销售其刀架，目的是吸引更多顾客购买其互补品剃须刀片，从大量销售剃须刀片中获取更多的利润。

（二）以维持企业生存为目标

当企业遇到生产能力过剩或激烈的市场竞争或者要改变消费者需求时，为了保持继续开工和减少存货，企业往往制定一个较低的价格，它要把维持生存作为自己的主要目标。

对于这类企业来讲，只要价格能够弥补变动成本和一部分固定成本，即单价大于单位变动成本，就能维持住企业，并争取到研制新产品的时间，重新问鼎市场。这种定价方法只能作为特定时间内的过渡性目标，一旦出现转机，将很快被其他目标取代。

（三）以保持或扩大市场占有率为目标

市场占有率是企业经营状况和产品竞争能力的直接反映，它关系到企业的兴衰。一个企业只有在产品市场逐步扩大和销售逐渐增加的情况下，才有可能发展。事实证明，紧随着高市场占有率的往往是高盈利率。提高市场占有率比短期高盈利意义更为深远，正因如此，提高市场占有率通常是企业普遍采用的定价目标。以低价打入市场，开拓销路，逐步占领市场是以提高市场占有率为目标时普遍采取的方法。

（四）以保持稳定的价格为目标

稳定的价格通常是获得一定的目标收益的必要条件。当企业拥有较丰富的后备资源，打算长期经营，需要一个稳定发展的市场，或是市场供求与价格经常发生波动的行业，需要有一个稳定的价格来稳定市场时，往往由行业中的大企业或具有较大影响力的企业（称之为价格领袖）先制定出一个价格，其他企业（称之为价格追随者）的价格与之保持一定的比例关系。这样定价，可以使价格稳定在一定水平上，保证大企业在长期的经营中获取稳定的利润。对于大企业来说，这是一个稳定的保护政策；对于中小企业来说，由于大企业不随意降价，利润也可以得到保障。这种定价目标，可以避免不必要的价格竞争或因价格骤然变化所带来的风险。

（五）以保护良好的分销渠道为目标

对于那些需经中间商推销的企业来说，保持分销渠道畅通无阻，是保证企业获得良好经营效果的重要条件之一。为了使分销渠道畅通，企业必须研究价格对中间商的影响，充分考虑中间商的利益，保持中间商有合理的利润，促使中间商有充分的积极性来推销商品。中间商是现代企业营销活动的延伸，对于宣传产品，提高企业知名度有十分重要的作用。

二、定价方法

大体上，企业定价有三种导向，即成本导向、需求导向和竞争导向。其中，成本导向包括成本加成定价法、目标收益率定价法、收支平衡定价法，需求导向包括理解价值定价法和需求差异定价法，竞争导向包括随行就市定价法、投标竞价法和拍卖定价法。

（一）成本导向定价法

企业从主观意愿出发，以各种成本或投资额作为制定价格根据的各种方法都称作成本导向定价法。在定价时，首先考虑的是收回企业在生产经营中投入的全部成本，即以成本作为价格的最低界限，加上要求达到的利润，就可以制定出产品的基本价格。成本导向定价法由于较为简单，是企业最基本、最普遍、最常用的定价方法。

1. 成本加成定价法

这种方法是在平均单位产品成本的基础上，加上预期的利润和税金来确定产品的售价。

这种方法历史悠久，应用普遍，具备以下优点。

（1）简单易行，省去根据需求变动和竞争者不同反应而随时调整价格的麻烦，大大简化了企业的定价程序。

（2）在市场环境各因素基本稳定的情况下，采用这种方法可以保证各行各业获得正常的利润率，从而保证生产经营的正常进行。

（3）只要行业中都采用这种定价方法，且各家成本加成又比较接近，价格也大致相似，企业之间的竞争就不会像采用需求差异的定价法时那样激烈。

（4）对买卖双方都显得较为公平。加成率不是随意制定的，多数企业采取同行业平均利润率，当买方需求迫切时，卖方不利用该条件谋取额外收益，而仍能获得一定利润。

但是，从现代营销观念来看，将一个固定惯例化的加成加在成本上，这种定价法并不是最合理的，它忽视了需求与竞争等因素，难以确保企业实现利润最大化。一方面，使企业面对旺盛需求而不能运用提价方法，失去赢得更大利润的机会；另一方面，面对需求不足的市场却不能通过产品价格下浮去刺激需求。

2．目标收益率定价法

这是根据预测的总销售收入（销售额）和企业的总成本，加上按投资收益率制定的目标利润额，作为定价基础的方法。目标定价法的优点是可以保证实现既定的目标利润，从而实现既定的目标收益率。但是，这种定价方法的缺点也是显而易见的。首先，这种方法只考虑生产者的利益而不考虑竞争的情况和需求的情况，是一种生产者导向的方法。其次，这种方法根据销售量倒过来推算价格，但任何产品的市场需求量都是其价格的函数，即价格决定和影响销售量。因此，用这种方法计算出来的价格，不可能保证销售量必然会实现，尤其是对需求弹性大的企业，这个问题更加突出。

目标收益定价法只有市场占有率很高或具有垄断性质的企业才能采用，对大型的公用事业单位更为适用。这种企业的投资极大，业务具有垄断性，又与公众利益息息相关，需求弹性很小。政府为保证其有一个稳定的收益率，常在对其目标收益率进行限制的前提下允许其采用目标收益率定价法。

3．收支平衡定价法

这是企业利用盈亏均衡点的原理来定价的一种方法。盈亏均衡点又称保本点，企业产品销售若达到均衡点，便要实现盈亏平衡，是目标收益定价法的一种特例，即目标利润额为零，收支相抵。这是侧重于保本经营的定价方法，在遇到市场不景气的临时困难时，保本经营总比停业的损失要小许多，而且企业有灵活回旋的余地。但在运用这种定价法时，企业生产的该产品应以能全部销售出去为前提条件。因此，企业应力求在保本点以上定价或扩大销售来获得盈利。

（二）需求导向定价法

需求导向定价法是企业根据市场上的需求和消费者对商品的感觉或看法不同，而不是依据成本来确定商品基本价格的一类方法。一般有三种方法。

1．理解价值定价法

所谓理解价值，是指消费者对某种商品的价值的主观评判，它与产品的实际价值常发生偏离。当价格水平和消费者对商品价值的理解和认识水平大体一致时,消费者就会接受这种价格。理解价值定价法是指企业以消费者对商品价值的理解度为定价依据,运用市场营销组合中的各种非价格因素如产品质量服务、广告宣传、公共关系等来影响购买者对商品价值的认识,形成对企业有利的价值观念,再根据商品在消费者心目中的价值来制定价格。凯特比勒公司的成功案例值得借鉴。

凯特比勒公司是生产和销售牵引机的一家公司,一般牵引机的价格均在2万美元左右,而该公司却卖2.4万美元,令人惊讶的是,该公司产品销售量比其他公司更高,当顾客上门询问为何该公司的牵引机要贵4 000美元时,该公司的经营人员会给顾客算以下的账:

20 000美元是与竞争者同一型号的机器价格;
3 000美元是为产品更耐用多付的价格;
2 000美元是为产品可靠性更好多付的价格;
2 000美元是为公司服务更佳多付的价格;
1 000美元是为保修期更长多付的价格;
28 000美元是上述总和的应付价格;
4 000美元是折扣;
24 000美元是最后价格。

这清单实际上是引导消费者如何理解该商品的价值,使他们认为只要付24 000美元,就能买到价值28 000美元的牵引机一台。尽管对消费者来说不是少付4 000美元,而是多付了4 000美元,但其理解的价值就是24 000美元。

采用这种定价方法,显然需要企业能比较自己和竞争者的产品在市场上被消费者的理解程度,从而做出恰如其分的估计,如果卖方对买方理解价值估计过高,定价就会脱离实际。为此,先要做好营销调查研究。

2. 需求差异定价法

需求差异定价法又称价格歧视法,是指某种产品在特定条件下,对于具有不同购买力、不同需求强度、不同购买时间或不同购买地点的顾客,可以根据其需求强度和消费感觉的不同,采取不同的价格。需求差异定价主要有以下几种形式。

(1)以顾客为基础的差别定价。同样的产品和服务,对不同的顾客可以制定不同的价格。例如,同一产品卖给批发商、零售商或消费者,应有不同的价格;工业水、电用户和民用水、电用户分别按两种水、电价收费;针对学生推出学生优惠价等。

(2)以产品的外观式样和花色为基础的差别定价。同等质量和规格但花色和式样陈旧的产品,可以定低价,而花色或式样新的则可以定高价;高档商品和低档商品价格之间的差额和成本费用之间的差额并不成比例。

3. 以地理位置为基础的差别定价

典型的例子是影剧院、运动场,因地点和位置的不同其票价也不同;同样的可口可乐易拉罐饮料在星级饭店的售价就比街头杂货店的售价高;同种商品卖给不同的国家和地区也可以定不同的价格。这种不同价格与商品的营业成本并无直接联系。

4. 以时间为基础的差别定价

不同季节,不同日期,甚至在不同时点的商品和劳务可以制定不同的价格。例如,一些季节性的商品，对淡季和旺季可以制定不同的价格；电视广告在黄金时间的收费特别高；某些公用事业如电话在不同时间（白天、夜晚、节假日、平日）的收费标准不同。

采用需求差异定价法，要具备以下条件：市场要能够细分，而且不同的细分市场要能够看出需求程度的差别；以较低价格购买商品的顾客，没有可能以较高价格把这种产品倒卖给别人；竞争者没有可能在企业以较高价格销售产品的市场上以低价竞销；差别定价有经济上的合理性，不致因为细分市场而增加开支，超过高价所得而得不偿失；价格歧视不会引起顾客反感而减少销售量。

（三）竞争导向定价法

竞争导向定价法的特点是价格与商品的成本和商品的需求不发生直接关系。商品成本和市场需求变动了，但竞争者的价格未变，就应维持原价；反之，虽然成本或需求都没变动，但竞争者的价格变动了，也应随时相应调整商品价格。这类定价法主要有以下几种形式。

1. 随行就市定价法

这种定价法即企业把自己产品的价格保持在同行业平均水平上。以下情况往往适用于这种定价方法：① 难以进行准确的成本估算，人们把流行价格视为本行业中能够获得合理利润的价格；② 企业打算与同行业和平共处；③ 若另行定价，很难了解购买者和竞争者对企业不同价格的反应。

不论市场结构是完全竞争的市场还是寡头竞争的市场，随行就市定价都是同质产品市场惯用的定价方法。销售同类产品的各个企业在定价时实际上没有多少选择余地，只能参照行业的现行价格来定价。因为某企业如果率先提价，其他竞争者不积极响应，则会使企业失去顾客；反之，某企业带头降价，也会遭到削价竞销。在这种市场上，不管谁先进行价格调整，一般都是弊多利少。

在异质产品市场上，企业有较大自由度决定其价格。产品的差异性使买方对价格差异的存在不甚敏感。企业相对于竞争者要确定自己的适当位置，或充当高价企业角色，或充当中价企业角色，或充当低价企业角色。总之，企业要在定价方面有别于竞争者，其产品策略和市场营销方案也要尽量与之相适应，以应付竞争者的价格竞争。

2. 投标竞价法和拍卖竞价法

投标竞价法是买方引导卖方通过投标竞争成交的一种方式，由买方公开招标，卖方竞争投标。一般在社会集团购买、建筑包工、大型机器设备制造等方面多采用这种方式。一般由买方发布招标公告，提出征求何种商品或劳务及其具体条件，引导卖方参加竞争。卖方则根据招标公告的内容和要求，结合自己的条件考虑成本、盈利及竞争者的报价，向买方提出自己的书面报价。买方通过审查卖方的投标报价、技术力量、信誉高低、资本大小和生产经验等条件来选择承包商，并到期开标。

当然，参加投标企业的定价也是具有一定限度的，即使是一个迫切希望中标的企业，递价也不能低于边际成本，劳而无获；同时，期望中标的企业，如果递价过高，反而不能中标。由于投标定价的利润高低与中标概率大小相反，企业用这两种相反因素的净效应作为标价高低的依据，这个净效应就是利润与中标概率的乘积，叫"期望利润"，因此标价确定则以期望利润大者为准。在以期望利润作为投价标准时，关键的问题是搞准情报资料，正确分析竞争对手可能的投价，从而估计中标率。估计中标率要依靠对手长期报价行为的情报资料的分析和本身的经验，因此掌握准确的情报资料和积累递价经验是十分重要的。

拍卖是市场经济常用的另一种定价方式。一般是由拍卖行受出售者的委托，用公开叫卖方式，引导买方投价（也可以密封报价），利用买方竞争的心理，从中选择最高价格成交。拍卖行按成交额向卖方（或买卖双方）收取一定百分比的佣金。这种方法历史悠久，尤其是出售古董、珍品、高级艺术品或大宗商品时仍在广泛采用。

第三节　定价的基本策略

价格竞争是一种十分重要的营销手段。在市场营销活动中，企业为了实现自己的经营战略和目标，要根据不同的产品、市场需求和竞争情况，采取各种灵活多变的定价策略，使价格和市场营销组合中的其他因素更好地结合，促进和扩大销售，以提高企业的整体效益。

一、新产品定价策略

新产品是指产品整体概念中任何一部分的变革或创新，并能给消费者带来新的利益和满足的产品。新产品可分为全新的技术型新产品、改进产品和新牌子产品。新产品定价是企业价格策略的一个关键环节，它关系到新产品能否顺利进入市场，并为以后占领市场打下基础，在较多情况下，企业没有利润，甚至发生亏损，只有当产品打开市场销路，不断扩大生产批量，使成本显著下降时才能取得利润。企业推出新产品的定价有以下策略可供选择。

（一）撇脂定价策略

撇脂定价是指在新产品上市之初，将价格定得很高，尽可能在短期内赚取高额利润，犹如从鲜奶中撇取奶油。它的适用条件是：新产品具有相当的时尚性和独创性，市场需求价格弹性较小，销售对象主要是那些收入较高、对价格不敏感或具有求新和猎奇动机的消费者，可利用其求新心理，通过高价刺激需求。

撇脂定价策略显然是一种追求短期利润的策略，能使企业尽快收回投资，赚取利润，有利于企业扩大生产规模；同时这种策略使价格本身留有余地，如需求减少或遇到竞争者时，价格便可逐步下调，获得消费者的好感，在竞争中占有较大的主动性。但是在新产品尚未建立起良好声誉的情况下，高价将得不到经销商和消费者的支持，必然影响市场的开拓；高价高利极易诱发竞争，从而缩短了企业新产品的高额利润时期。因此，在实行撇脂定价策略时，应加强促销活动，辅以公共关系等措施沟通与社会公众的关系，维护企业的良好形象。

（二）渗透定价策略

渗透定价是指在新产品上市之初，将价格定得较低，甚至可能低于生产成本，以便于市场渗透，取得较高的市场占有率。适用条件是：潜在市场比较大，需求价格弹性较大，低价可以增加销售；新产品存在规模经济效益，企业的生产成本和经营费用会随着生产的扩大而下降，有供大于求的趋势或具有可替代性的产品。

渗透定价策略有许多优点：产品能迅速渗透进入市场，打开销路；薄利多销，有效地抵制新的竞争者进入市场，不会引起实际或潜在的市场竞争。但是企业本利回收期太长，不利于企业资金周转，经营风险较大；价格改变的余地较小，难以应付在短时期内骤然出现的竞争或需求的较大变化，后期如需调高价格时可能引起消费者心理上的反感；低价可能引起消费者对产品质量的怀疑。

（三）满意定价策略

满意定价策略又称君子定价策略，是指在新产品上市之初，采取对买卖双方都有利的策略。上述两种策略，它们的优点突出，但缺点也相当明显，当然有些商品采取撇脂定价策略有利，有些产品采取渗透定价合适，但有相当多的新产品需要寻找一个令企业和客户都满意的价格，满意定价策略既可避免因价高而具有的市场风险，又可避免因价低带来的困难，适用于那些产销比较稳定的产品。缺点是比较保守，不适于需求复杂多变或激烈竞争的市场环境。

如果企业推出的是仿造的新产品，定价的关键在如何进行市场定位，特别是仿制品的定位应尽量避开市场上原有创新者的定位。

二、折扣让价定价策略

折扣让价定价策略是指企业为鼓励客户及早付清货款、大量购买、淡季购买或鼓励渠道成员积极推销本企业的产品，而在基本价格的基础上以一定比例降低其基本价格。折扣让价有六种情况。

（一）现金折扣策略

企业对以现金交易的顾客或分期付款方式下提前以现金支付货款的顾客，给予一定的折扣，目的在于鼓励顾客提前付款，加速企业的资金周转，减少收账费用和坏账，降低经营风险。现金折扣的大小一般应比银行存款利率稍高一些，比贷款利率稍低一些，这样对企业和顾客双方都有好处。

（二）数量折扣策略

为鼓励大量购买或集中购买，按照购买商品数量达到的标准，分别给予不同的折扣，买得越多越大，实质上是将大量购买时所节省的流通领域中费用的一部分返还给购买者。数量折扣策略分为两种形式。

（1）非累进折扣。规定一次购买某种产品达到一定数量，或购买多种产品达到一定金额，给予折扣优惠。鼓励顾客大量购买，通过减少交易次数和时间，节省销售费用。

（2）累进折扣。规定顾客在一定时间内购买商品达到一定金额或数量时，按总量大小给予不同的折扣。鼓励顾客经常向本企业采购，成为可信赖的长期客户。

（三）交易折扣策略

交易折扣是指根据各中间商在市场营销中的作用和功能差异，分别给予不同的折扣，促使他们愿意执行某种市场营销功能（如推销、储存、服务），故又称功能折扣。交易折扣的多少，随行业与产品的不同而不同，同一行业和同种商品，又要看中间商所承担工作的风险而定。一般来说，给予批发商的折扣较多，零售商的折扣较少，中间环节越多，折扣率也就越大。通常的做法是：先定好零售价格，然后按不同的差价率顺序倒扣，依次制定各种批发价和零售价；也可先定出商品的出厂价，然后按不同的差价率相加，依次制定各种批发价和零售价。

（四）季节折扣策略

经营季节性商品的企业，对销售淡季来购买的顾客，给予折扣优惠，鼓励中间商及用户提早采购，减轻企业的仓储压力，加速商品销售，使淡季也能均衡生产，旺季不必加班加点，企业的生产和销售在一年四季保持相对稳定。

（五）推广让价策略

推广让价是指生产企业为了鼓励中间商开展各种促销活动，给予某种程度的报酬，或以津贴形式或以让价形式推广，尤其适用于新产品的导入期，主要有两种形式。

（1）促销让价。当中间商为产品提供各种推广活动，如刊登地方性广告、布置专门的柜窗等，生产者乐意给予津贴或减价作为报酬。

（2）以旧换新让价。对进入成熟期的耐用品，部分企业采用以旧换新的让价策略，刺激消费需求，促进产品的更新换代，扩大新一代产品的销售。

（六）跌价保证策略

跌价保证即生产企业向中间商保证，当生产企业下调商品价格时，对于购买者的原有存货，依其数量退回或补贴其因跌价造成的损失。这种方法对于中间商和用户是一种有效的保证措施，使他们安心进货而不用顾虑进货损失，在竞争激烈或开拓市场时，有利于调动中间商的积极性。

三、心理定价策略

心理定价策略是针对消费者不同的消费心理，制定相应的商品价格以满足不同类型消费者需求的策略。

（一）尾数定价策略

尾数定价是企业有意将商品制定一个与整数有一定差额的价格，使顾客产生心理错觉从而促进购买的一种价格策略，由于商品价格的尾数一般用奇数，并且特别习惯用"9"，故又称奇数定价法。例如，一家餐厅将它的汉堡类食品统一标价为9.8元，这比标价10元要受欢迎。消费者会认为该价是经过精心核算的价格，是对顾客负责的表现，使消费者对定价产生信任感。另外，在顾客心理上，9.8元只是几元钱比整数10元要少许多。一般价值较低的商品都采取这种策略。

（二）整数定价策略

价格不仅是商品的价值符号，也是商品质量的"指示器"，对价格较高的商品，如高档商品、耐用品或是消费者不太理解的商品，可以采用整数定价策略，以迎合消费者"一分钱一分货""便宜无好货，好货不便宜"的心理，提高商品的形象，方便顾客的选购，从而促进购买。

（三）声望定价策略

消费者一般都有求名心理，根据这种心理，在顾客心目中有声望的企业、商店或牌号的商品，可以把价格制定得比市场中同类产品高一些，消费者还是可以接受的。质量不易鉴别的商品如首饰、化妆品、饮食等最适宜采用此法，因为消费者往往以价格判断质量，认为高价代表高质。

（四）招徕定价策略

招徕定价是企业利用消费者的求廉心理，在制定产品价格时，有意按接近成本甚至低于成本的价格进行定价的策略。通过降低少数商品价格吸引顾客登门购买，以达到推销其他正常价格商品的目的。如某些商店随机推出降价商品，每天每时都有一两个商品降价出售，或者酒家饭店推出的每日一个"特价菜"，都是招徕定价的做法。采用招徕定价策略要注意以下问题。

（1）特价品应是消费者经常使用的产品，为消费者所熟悉，其"特价"对消费者应有相当的吸引力。

（2）特价品是真正削价，以取信于消费者。

（3）企业所经营的商品应是品种繁多，以利于顾客在购买特价品时选购其他产品。

（4）特价产品的品种和数量要适当，因为数量太少会使大多数顾客失望，而数量太多又会使损失过大。

（五）习惯定价策略

一些商品，尤其是消费者经常购买、使用的日用消费品，已经在消费者心目中形成一种习惯性的价格标准。这一类商品价格不应轻易更改，免得引起顾客的不满。企业宁可在商品的内容、包装、容量等方面进行调整，也不应采用调价的方法。日常生活中的饮料、大众食品一般适用这种策略。

四、地区定价策略

企业在制定价格策略时，针对不同地区的顾客，采纳不同的价格策略，灵活反映和处理运输、装卸、仓储、保险等多种费用，这种策略在外贸业务中最为普遍。主要的地区定价策略有以下几种。

（一）产地交货定价策略

产地交货定价是指在产地某种运输工具上交货定价，卖方负担货物装上运输工具之前的所有费用，交货后一切费用及风险则由买方承担，类似于国际贸易中的离岸价格（FOB）。产地价格有利于卖方简化定价工作，减轻卖方责任与风险。但是，产地价格削弱了卖方在较远市场的竞争能力，远地顾客由于运费高、风险大而选择了就近购买。所以，产地定价一般适用于供不应求的产品，这时买方才愿意承担更多的风险和费用。

（二）统一交货定价策略

统一交货定价又称统一运货价，即卖方不分买方路途的远近，一律实行统一定价，统一送货，一切运输、保险等费用都由卖方负担，类似于国际贸易中的到岸价格（CIF）。这种策略如同邮政部门的邮票价格，平信无论寄到全国何处（除本市外），均付同等邮资。这种定价策略适用于商品价值高而运费占成本比重小的商品，使买方能比较准确地估计所有支付的款项，感到方便并形成一种心理错觉，似乎卖方是把运送作为一种免费的附加服务，这就有利于卖方拓展市场和巩固客户。

（三）基本定价策略

基本定价是指企业选定一些中心城市作为定价基点并确定基点价格，按基点到所在地的距离收取运费而不管商品由何处发货。采用这种策略对中小客户具有很大的吸引力，能迅速提高市场占有率，扩大销售。这种定价策略适用于产品笨重、运费成本比例较高、生产分布较广、市场范围较大、需求弹性小的产品。

（四）分区定价策略

分区定价是指企业将买方分布的地区划分为若干价格区，把同一价格区内所有有关买方的费用作为平均数计入产品价格，同一价格区实行同一价格，不同价格区实行不同价格。距企业远的价格区，定价较高；距企业近的价格区，定价较低。这种方式要比统一交货定价更合理些，但也存在以下问题：即使在同一价格区，顾客距企业也有远近之分，较近的就不合算；处于区域接壤地带的顾客，虽彼此相距甚近，但要按高低不同的价格购买同一产品。

（五）运费免收定价策略

企业产品向跨地区市场渗透，由于市场范围扩大导致费用增加，这势必迫使买方弃远求近购买当地产品，这对扩大市场份额显然是不利的。因此，一些企业就采用运费免收定价策略。这实质上就是减价，无疑对卖方是个眼前的损失，减少了销售净收入。但由于这种定价很具吸引力，容易提高市场销售量，因而有利于促进企业经营规模的扩大和成本的降低，有可能使降低的成本抵支运费的支出，使总收入增大，并使企业在竞争激烈的市场上能站得住脚。

第四节　产品调价策略

产品调价策略是指企业根据客观环境和市场形势的变化而对原有价格进行调整的策略。企业的生产经营状况和市场形势都是在不断变动的，企业也要采取相应的措施调整产品价格。企业的调价有两种情况：一是根据市场情况的变化主动进行调价，二是在竞争者价格变动后进行应变调价。

一、主动调价策略

主动调价策略是指企业在竞争对手价格没变的情况下率先降价或升价的策略。

（一）主动降价策略

1. 直接降价

直接降价即直接降低产品价格。例如，美国柯达公司在 20 世纪 70 年代初对其生产的彩色胶片突然降价，立刻吸引了众多的消费者，挤垮了许多其他同行业的公司和企业，从而使柯达公司生产的胶片占据了美国彩色胶片市场的 90%。

2. 间接降价

间接降价即企业保持价格目录表上的价格不变，通过送货上门、免费安装、调试、维修以及为顾客保险等手段降低实际价格；有时也可通过改进产品功能，提高产品质量降低实际价格；或者增大各种折扣和回扣，馈赠礼品，在维持名义价格不变的前提下降低产品实际价格。

企业在主动降价时，首先应估算该产品的需求价格弹性，如果是富有弹性，降价便能收到较好效果；如果是缺乏弹性，降价则不一定能达到目的。其次，要注意选择降价时机。对此，美国市场学家哈依克指出了五大原则：① 淡季时降价比旺季时降价有利；② 同种产品降价次数太多会失去市场占有率；③ 短期内降价不足以阻止新品牌的进入；④ 新品牌降价效果比旧品牌好；⑤ 在销量下降时降价效果并不理想。

企业在调低价格时，还要掌握适当的降价幅度。因为降幅太小，不能引起消费者注意，不能增加销售；降幅太大，又可能造成企业亏损和影响消费者信心。所以，恰当的降价幅度是成功降价的关键。

降价虽然可以使企业保持或扩大市场占有率，但并非"万用灵丹"，这一策略有很大的风险性。例如，它很容易使顾客产生误解，认为该企业的产品质量低于竞争者的产品质量。同时，降价销售所得到的市场占有率往往是脆弱的、暂时的。因为降价能买到市场占有率，但买不到市场顾客的忠诚，顾客往往会转向另一个产品价格更低的企业。此外，如果长期低价，会使企业无利可图。因此，在采用主动降价策略的同时，企业应以其他营销措施相辅。

（二）主动提价策略

主动提价策略是企业根据客观环境的变化而主动提高产品价格的策略。企业主动提高产品价格通常是基于下列条件发生了变化：① 产品成本上升，妨碍企业合理利润的取得，企业通过涨价转嫁负担，这是企业调高价格的最主要原因；② 由于通货膨胀，货币贬值，企业不得不用涨价来补偿货币贬值造成的损失；③ 产品供不应求，企业通过升价，抑制部分需求；④ 竞争策略的需要。以产品的高价位，来显示产品的高品位。这在实力雄厚的大企业中经常采用。

企业采用主动提价策略时也有两种方式供选择。

1. 直接提价

直接提价即直接提高产品价格。例如，柯达公司在了解了日本人对商品普遍存在重质多于重价的倾向后，于 20 世纪 80 年代中期以高出富士胶片 50%的价格，在日本市场推出柯达胶片，经过几年的努力和竞争，终于在日本市场上成为与富士平起平坐的企业，销售额直线上升。

2. 间接提价

间接提价即企业采取一些方法使产品价格保持不变但实际隐性上升。这些方法主要有以下几种：① 缩小产品的尺寸、分量、规格和型号而价格不变；② 使用便宜的材料或配件做代用品，或使用较为低廉的包装材料，以降低成本；③ 减少或改变产品特点，降低成本，如美国西尔斯公司简化了许多家用电器的设计，以便与折扣让利销售的商品进行价格竞争；④ 减少价格折扣，改变或减少服务项目，如取消安装、免费送货或长期保修等项目。

在正常的情况下，一般是降价容易涨价难，调高产品价格往往会遭到顾客、经销商甚至是本企业销售人员的反对，因此采用这一策略必须慎重行事，对以下技术性问题要给予充分的重视，否则就难以达到预期效果。

（1）要掌握好适当的涨价幅度。如果是差别较大的产品，对消费者吸引力强，需求价格弹性大，升价幅度可以大一些；反之，升价幅度应该小一些。如果是由于成本上升，而且该行业竞争激烈，产品升价幅度一般不宜超过成本上升幅度。实行渗透定价的产品升价幅度，应以不损害已经建立的市场稳固地位为前提。

（2）要根据各类产品不同情况选择恰当的升价时机。在国外有些行业通常把升价放在通货膨胀时期，而且升价幅度往往高于通货膨胀率，原因是消费者在通货膨胀时期容易接受加价。

（3）在加价时，企业还应通过各种方式与消费者沟通，如提高产品质量、适当增加产品分量、赠送一些小礼品等，并通过广告宣传，向顾客说明原因，在消费者心目中树立产品良好的形象，使消费者认为应该加价，以获得消费者的理解与接受。

二、被动降价策略

被动降价策略是指企业因竞争对手率先降价而做出应变反应的降价策略。在同质产品市场上，如果一个企业降价，其他企业只能随着降价；如果一个企业提价，其他企业如无必要可以不跟进，最终将迫使提价企业取消提价。而在异质市场上，由于各企业对自己产品有一定程度上的垄断，因而对竞争者价格变动的反应有更大的自由。在综合分析了解竞争者的变价意图、本企业的反应可能对市场竞争格局产生的影响以及竞争者对本企业反应的再反应等问题之后，可以对竞争者的价格变动做出以下反应。

1. 不予理睬，维持原有的营销组合

企业认为，随竞争者削价会减少利润，而价格保持不变，市场份额损失不大，必要时很容易夺回来，可以任凭顾客对本企业产品的忠诚程度决定去留。

2. 保持价格不变，修改其他营销策略

当企业认为运用非价格手段竞争比削价更合算时可采用这一策略。在异质市场中，由于顾客要考虑产品品质、服务水平、商标可信赖程度等因素，就会抵消顾客对价格的敏感程度。这种情况下,竞争者降价就不可能夺去本企业较多的市场,或者只是夺去较差的市场。企业可以通过进一步改进产品品质、服务质量等,使顾客认为其支付的每一元钱都物有所值,价格相对于质量而言还是廉价的,稳定其购买信心。

3. 相应降价策略

采用这一策略,一般是企业认为市场对价格非常敏感,而且竞争者的降价幅度又很大,如果企业不跟进,就会丢失太多的市场份额,影响企业以后的市场竞争和生产经营活动,损害企业的长远利益。至于降低到竞争者相同幅度,还是较小幅度,或较大幅度,要在竞争者降价后,根据本企业产品与竞争者产品差别程度、市场占有率、厂牌声誉等因素进行具体分析,以确定一个恰当的降价幅度。总的来说,企业降低的幅度或极限,要使销量的增加足以维护企业原有的利润。

上述三种对策,究竟采用哪种为好,企业应在对竞争者和本企业的情况进行深入调查,全面了解后才能做出决策。

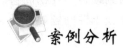
案例分析

心理学家的研究表明,价格尾数的微小差别,能够明显影响消费者的购买行为。一般认为,五元以下的商品,末位数为 9 最受欢迎;五元至一百元的商品末位数为 95 效果最佳;百元以上的商品,末位数为 98、99 最为畅销。尾数定价法会给消费者一种经过精确计算的、最低价格的心理感觉;有时也可以给消费者一种是原价打了折扣、商品便宜的感觉。同时,顾客在等候找零期间,也可能会发现和选购其他商品。如某品牌的 54cm 彩电标价 998 元,给人以便宜的感觉。顾客认为只要几百元就能买一台彩电,其实它比 1 000 元只少了 2 元。尾数定价策略还给人一种定价精确、值得信赖的感觉。

尾数定价法在欧美及我国常以奇数为尾数,如 0.99、9.95 等,这主要是因为消费者对奇数有好感,容易产生一种价格低廉、价格向下的概念。但由于 8 与发谐音,在定价中 8 的采用率也较高。

案例来源:http://3y.uu456.com/bp_6vrvt0b8xu0a6ri16zpx_2.html

营销实训项目

一、实训目标

通过实训,使学生掌握各种营销产品定价程序、定价方法和定价技巧,并能够在分析影响营销价格因素的基础上进行营销定价,定时调整营销价格。

二、实训内容和操作步骤

(一)技能训练

(1)指出下列产品的定价策略。

① 单位产品总成本 50 元,销售价 90 元。

② 单位产品销售价格 60 元，七折出售。
③ 一套产品八件，分别价格累计 150 元，成套购买 130 元。
④ 某产品定价 3.98 元。
⑤ 某产品定价 1 188 元。

（2）某企业生产某种产品需要花去折旧费 50 000 元，管理费用 30 000 元，劳动保护及保险费用 13 000 元，制造每吨产品消耗的原材料 535 元，工人工资 200 元，该企业生产 200 吨产品刚好盈亏平衡，问每吨产品售价应为多少？其价格定在什么样的水平能保证企业盈利 20 万元？

（二）职业能力开发

1．开发学生的市场调研能力
● 目标
帮助学生掌握调研立题的基本技能。
● 内容
让学生提出营销调研课题。
● 步骤
（1）老师对营销调研立题的技能应用价值、操作步骤、调研问题的寻找、调研目标的提出、课题名称和内容的确立给予耐心指导。
（2）要求学生以小组为单位，根据老师的辅导开展小组讨论，确定本小组营销调研课题。
（3）小组派出 1 人就本次调研要解决的问题，确定调研课题名称和调研提纲在班级进行交流。

2．开发学生的产品开发与管理能力
● 目标
帮助学生掌握营销商品管理的能力。
● 内容
以营销负责人的角色掌握重点商品营销。
● 步骤
（1）让企业有关人员从商品销售数量、金额分析不同类别、不同品种商品在商品总销量、总销售额中的比重。
（2）找出影响企业销售业绩的重点商品。
（3）找出重点商品营销对其他商品营销的影响和带动作用。
（4）把工作的重点放在重点商品的营销上。

3．开发学生的价格制定与调整能力
● 目标
帮助学生掌握目标利润定价法。
● 内容
为"力力"利乐包豆奶设计目标利润定价方案。

● 步骤

(1) 提供资料：

根据财务部门提供的成本信息，"力力"利乐包豆奶的成本构成如下：

① 厂部生产线提供上海地区30%的生产能力，每年可提供1 667万盒（每盒250毫升）。

② 分摊的固定费用为：A．月折旧费20万元、年折旧费240万元；B．月管理费用13.33万元、年管理费用159.96万元。

③ 单位产品的变动费用为（按目前市场价格计算）：A．豆浆、牛奶配方原料，1 000毫升0.40元；B．辅料费用，1 000毫升0.24元；C．包装费用，每盒0.10元；D．人工费用，每盒0.10元；E．储运费用，每盒0.07元；F．销售费用，每盒0.08元；G．考虑税金，每盒0.06元。

关于税金统计的说明：在实际单位价格计算中，税金指的是增值税。增值税是在（产品成本+目标利润）的基础上乘上国家规定的税率所计算出的，单位价格＝（产品成本+目标利润）+增值税。我国增值税率一般确定为17%，但有些行业还是有区别的。为了便于教学，在此我们把增值税作为固定统计的税金，统计在单位变动费用中。特做说明。

④ 经预测2013年市场需求为1 400万盒，总公司要求上海地区的"力力"利乐包豆奶净利润目标为150万。商业加成率为33%。

⑤ 市场部提供竞争对手产品的市场价格情况见下表。

"力力"豆奶的竞争对手产品的市场价格

品　牌	品　种	容　量	市场零售价
维他奶	维他奶	100毫升	0.80元
维他奶	维他奶	250毫升	1.30元
维他奶	麦精朱古力	250毫升	1.30元
正广和	都市奶	250毫升	1.50元
杨协成	豆奶	250毫升	2.00元
上海光明	巧克力牛奶	200毫升	2.00元
上海光明	纯鲜牛奶	200毫升	2.00元
上海光明	纯鲜牛奶	250毫升	2.30元

(2) 根据上述财务、市场有关资料，对"力力"利乐包豆奶设计目标利润、有利竞争定价方案。

4．开发学生的促进销售能力

● 目标

帮助学生掌握节日促销的一些技能。

● 内容

端午节即将来临，请为某商场设计两个促销方案。

● 步骤

(1) 学生分组进行促销方案设计，如举办端午节粽子展，如"家庭粽子"展区、"思乡粽子"展区、"中国名粽"展区等。进行价格促销，对一些成品粽及熟食进行特价活动，或按照端午节习俗对粽子、咸鸭蛋等熟食进行捆绑销售、价格优惠等。

（2）同学之间进行促销方案交流。

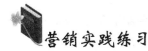
营销实践练习

一、单项选择题

1．如果企业按 FOB 价出售产品，那么产品从产地到目的地发生的一切短损都将由（　　）承担。
  A．企业   B．顾客   C．承运人   D．保险公司

2．投标过程中，投标商对其价格的确定主要是依据（　　）制定的。
  A．对竞争者的报价估计   B．企业自身的成本费用
  C．市场需求   D．边际成本

3．在订货合同中不明确价格，而是在产品制成以后或者交货时才进行定价的方法是对付（　　）的一种价格策略。
  A．通货膨胀 B．经济紧缩 C．经济疲软 D．经济制裁

4．在折扣与让价策略中，（　　）折扣并不是对所有商品都适宜。
  A．交易   B．季节   C．数量   D．现金

5．在（　　）条件下，个别企业无力影响整个市场的产品价格，因而不存在企业制定最优价格的问题。
  A．完全竞争 B．寡头竞争 C．垄断竞争 D．不完全竞争

二、多项选择题

1．从需求的价格弹性方面来看，下列说法正确的是（　　）。
  A．价格提高，市场需求就会减少
  B．价格降低，市场需求就会增加
  C．需求价格弹性大的商品，价格的升降对市场需求的影响大
  D．需求价格弹性小的商品，价格降低可以刺激需求
  E．对于多次购买的消费品，宜采用降低价格和薄利多销的策略，以促进销售

2．为了维护国家与消费者利益，维护正常的市场秩序，政府往往通过（　　）对企业定价及社会整体物价水平进行调节和控制。
  A．行政手段 B．法律手段 C．经济手段
  D．文化手段 E．军事手段

3．当出现（　　）情况时，商品需求可能缺乏弹性。
  A．市场上出现竞争者或替代品
  B．市场上没有竞争者或者没有替代品
  C．购买者改变购买习惯较慢，也不积极寻找较便宜的东西
  D．购买者对较高价格不在意
  E．购买者认为产品质量有所提高，或者认为存在通货膨胀等，价格较高是应该的

4. 不同时期，体现营销总目标的定价目标不同，因而有不同的价格策略。（   ）属于企业定价目标。

    A．以追求利润最大化为目标　　　　B．以维持企业生存为目标
    C．以保持或扩大市场占有率为目标　　D．以保持稳定的价格为目标
    E．以保护良好的分销渠道为目标

5. 企业在制定价格策略时，针对不同地区的顾客，采纳不同的价格策略，主要的地区定价策略有（   ）。

    A．产地交货定价策略　　　　　　　　B．统一交货定价策略
    C．基本定价策略　　　　　　　　　　D．分区定价策略
    E．运费免收定价策略

三、判断题

1. 在制定价格过程中，现行价格弹性的大小对确保企业实现利润最大化的定价没有影响。（   ）

2. 产品差异化使购买者对价格差异的存在不甚敏感。因此，在异质产品市场上企业有较大的自由度决定其价格。（   ）

3. 在市场营销实践中，有实力的企业率先降价往往能给弱小的竞争对手以致命的打击。（   ）

4. 顾客对产品的降价既可能理解为这种产品有某些缺点，也可能认为这种产品很有价值。（   ）

5. 提价会引起消费者、经销商和企业推销人员的不满，因此提价不仅不会使企业的利润增加，反而导致利润的下降。（   ）

四、案例分析题

某三甲医院知名医生，技艺精湛，医术高超，每天到他科室来看病的病人络绎不绝。为保证医疗服务质量，兼顾医生的精力，每天限额诊疗 30 个病人，收费 100 元；有一天，来这位医生处看病的人超过了 60 个。由于无法满足病人需求，于是有人提出以下几种解决办法：① 提高价格，直到医生治疗的数量与愿意且能够支付医疗费的人数相等。② 根据"先来先服务"的原则，按每位患者 100 元的价格提供服务。③ 由当地政府机构按每位患者 100 元的价格向医生支付费用，然后由他们根据自己的判断决定谁接受服务。④ 根据一个随机选择程序（抽签、抓阄）的方法按每位患者 100 元的价格出售医疗服务。

问题：

（1）对上述各种制度设计加以评价？
（2）这些制度执行后分别会产生何种激励效果？
（3）其可能的结果是什么？
（4）如何抉择以最大限度满足医生和病人的要求。

第八章　分销渠道策略

案例导入

西安杨森根据中国国情，除了在全国各地自建销售公司外，还十分重视对分销商的开发工作，并且注重分销商的商誉。

在建设市场网络方面，杨森公司坚持依靠国有商业主渠道销售自己产品的销售策略。对大量经销西安杨森产品的客户在价格上实行优惠，对付款及时者实行现金折让。在与分销商的长期业务交往中，西安杨森的销售政策不但保证了其产品销售渠道畅通无阻，同时也培育了西安杨森和分销商之间互惠互利、相互依赖的新型伙伴关系，调动了经销商销售杨森产品的主动性和积极性。

如达克宁霜凭借该公司强大的分销网络，使达克宁霜在任何医院、药店都有销售。而且杨森公司也定期派员走访药店，即使最偏僻的村镇药店仍有达克宁霜销售。当广告引起消费者兴趣而消费者又能轻易买到时，产品才能真正完成销售全程。这充分体现了分销网络的强大，而广告口碑也吸引了各药店、各级经销商的购买要求，实现了被动渗透过程。两者合一就是几乎百分之百的渗透率。

保罗·杨森有句名言："我们生产的是药品，销售的是健康。"这种以大众健康为己任的企业精神，才是他们在市场竞争中立于不败之地的法宝。

案例来源：http://3y.uu456.com/bp_5flaj7fzb16c4rp7pou6_1.html

第一节　分销渠道的概念与类型

一、分销渠道的概念和作用

（一）分销渠道的概念

在市场上，大多数生产者并不是直接将其产品销售给最终顾客和用户的。在生产者和最终用户之间有执行不同功能和具有不同名称的营销中间机构。有的中间机构如批发商和零售商——买进商品，取得商品所有权，然后再出售商品，我们把它叫作买卖中间商；经纪人、制造商代理人和销售代表人——寻找顾客和代表生产商同顾客谈判，但是并不取得商品的所有权，我们把它叫作代理中间商；运输公司、独立仓库、银行和广告代理商——支持分配活动，但并不取得商品所有权，也不参与买或卖的谈判，我们把它叫作辅助机构等。

各种类型的营销中介机构在参与和帮助商品从生产者到达消费者的过程中起了非常重要的作用。美国著名的营销专家菲利普·科特勒认为："分销渠道是使产品或服务能被使用或消费而配合起来的一系列独立组织的集合。"这个组织的集合有时也被称为贸易渠道

和营销渠道。在产品的商流和物流过程中，生产者出售产品是渠道的起点，消费者购进产品是渠道的终点。

（二）分销渠道的作用

营销渠道系统具有强有力的执行功能，能够帮助企业把商品转移到消费者手里，弥合产品、服务与其使用者之间的缺口，因此，建立自己强大的分销渠道网络对于企业具有非常重要的意义。

营销渠道具有可以帮助收集和传播营销环境中有关潜在与现行顾客、竞争对手和其他参与者及力量的营销调研信息；可以发展和传播有关供应物的富有说服力的吸引顾客的沟通材料；可以帮助生产者和消费者之间加强信息沟通；可以帮助企业达成有关产品的加工和其他条件的最终协议，以实现所有权或者使用权的转移等功能。另外，营销渠道还具有执行任务的过程中承担有关风险，帮助企业将产品实体输送到最终顾客手中的功能。

各级中间商是营销渠道的重要组成部分，在市场营销中，中间商至少具有如下作用：首先，中间商的存在能为生产者和消费者带来方便。因为对买方来说，中间商可以提供包括更多的花色品种、合适的时间和地点、灵活的付款条件及周到的售后服务等各种方便。而对于生产企业和贸易企业来说，中间商是大买主，还能为卖主联系千千万万的用户，使企业的产品销售有保证。其次，中间商的存在可以缓和产需之间在时间、地点、商品数量及品种方面的矛盾。同时，中间商又是架设在企业和市场之间的桥梁。中间商可以向企业反馈市场信息，了解市场，还可以利用自己在当地市场上多年经营形成的商誉为企业的产品提供无形保证，使市场了解企业。例如，其他省市的产品想进入上海市场，选择市百一店、华联商厦就能充分利用其商誉，快速进入目标市场。另外，中间商通过存货、赊销等方式为生产和零售企业减轻了资金负担，从而有利于这些企业资金的周转和融通，促进经济的发展。

二、分销渠道的功能和流程

营销渠道执行的工作是把商品从生产者那里转移到消费者手里。它弥合了产品、服务和使用者之间的缺口，主要包括时间表、地点和持有权等缺口。营销渠道的成员执行了一系列重要功能。

（1）收集和传播营销环境中有关潜在与现行顾客、竞争对手和其他参与者及力量的营销调研信息。

（2）发展和传播有关供应物的富有说服力的吸引顾客报价的沟通材料。

（3）尽力达成有关产品的价格和其他条件的最终协议，以实现所有权或者持有权的转移。

（4）营销渠道成员向制造商进行有购买意图的反向沟通行为。

（5）收集和分散资金，以负担渠道工作所需费用。

（6）在执行渠道任务的过程中承担有关风险。

（7）产品实体从原料到最终顾客的连续的储运工作。

（8）买方通过银行和其他金融机构向销售者提供账款。

（9）物权从一个组织或个人转移到其他人。

渠道中有些是正向流程（实体、所有权和促销），另一些是反向流程（订货和付款），还有一些是双向流程（信息、谈判、筹资和风险承担）。

一个销售实体产品的制造商至少需要三个渠道为它服务：销售渠道、交货渠道和服务渠道。这些渠道不可能由一个公司组成。例如，戴尔计算机公司使用电话作为它的销售渠道，以速递邮寄服务作为交货渠道，以当地的维修人员作为服务渠道。这些渠道的发展目标是进一步进行技术改进。随着时代的进步，许多公司把计算机作为销货渠道，就如顾客利用网上服务来寻求最佳购买一样。计算机还能作为交货渠道，只要卖主把软件程序与计算机用户相连接。最后，有关软件失灵的修理服务也能通过计算机网络进行，另一种情况是通过电话，由医生对病人的情况做出诊断。

因此，问题并不在于上述功能是否需要执行——它们必须执行——而是在于由谁来执行。所有这些功能都具有三个共同点：它们使用稀缺资源；它们常常可以通过学习专业化而更好地发挥作用；它们在渠道成员之间是可以转换的。当制造商执行这些功能时，制造商的成本增加，其产品的价格也必然上升。如果有些功能转移到中间商那里，生产者的费用和价格就会下降，但是中间商必须增加开支，以负担其工作。由谁执行各种渠道任务的问题是一个有关效率和效益的问题。

由此可见，营销功能比在任何时间内执行这些功能的机构更为本质。营销渠道的变化很大程度上是由于发现了更为有效的集中或分散经济功能的途径，这些功能是执行向目标顾客提供有用的商品组合的过程所不可缺少的。

三、分销渠道的类型

每个中间机构只要在推动产品及其所有权向最终消费者转移的过程中承担若干工作，就是一个渠道级。由于生产者和最终消费者都担负了某些工作，他们也是渠道的组成部分。我们用中间机构的级数来表示渠道的长度。分销渠道可以按照不同的标准或从不同的角度进行划分。不同的渠道类型，其渠道策略也不同。

（一）直接渠道和间接渠道

按照商品在流通过程中经过的流程环节的多少进行划分，分销渠道分为直接渠道和间接渠道。

直接渠道是生产者直接向消费者进行销售。直接销售的主要方式是上门推销、家庭展示会、邮购、电子通信营销、电视营销和制造商自设商店。雅芳公司的推销代表基本上是上门向女性消费者推销化妆品；塔珀韦尔的销售代表通过家庭展示会来推销其鸡肉食品；史密斯·巴尼保险公司通过电话寻找新客户。

直接渠道是工业品销售的主要方式。大型机器设备、专用工具以及技术复杂、需要提供专门服务的产品，几乎都采用直接销售渠道。在消费者市场，直接渠道也有扩大的趋势，鲜活商品和部分手工业品、特制品有着长期传统的直接销售的习惯。同时，计算机和网络的普及，使得网上销售这种直接销售的方式迅速增长。

直接渠道这种销售方式有它的优点：对于用途单一、技术复杂的商品，可以适当安排生产，生产厂家可以根据用户的要求组织加工，更好地满足消费者的需求；生产者直接向消费者介绍产品，有利于消费者更好地掌握产品的性能、特点和使用方法；生产者可以减少产品损耗、变质的损失，降低流通费用，掌握价格的主动权。但是这种销售方式也有它的缺点：一是生产者在产品的销售上需要花费一定的人力、物力和财力；二是销售范围受到很大的限制，从而会影响销售额。

间接渠道是指一级或多级中介商参与，产品经由一个或多个商业环节销售给消费者的渠道类型。工业市场生产者可利用其销售人员直接出售产品给消费者，但也可以由工业品经销商销售给顾客，或者可通过生产商的代表或自属的销售分支机构直接销售给工业品顾客，或者通过工业品经销商销售给工业品顾客。因此，一级、二级、三级渠道在工业营销渠道中是颇为常见的。间接渠道正好可以克服直接渠道的缺点，中介商的加入，使交易次数减少，节约流通领域的人力、物力、财力和流通时间，降低了销售的费用和产品的价格；不仅使生产者可以集中精力搞好生产，而且可以扩大流通范围和产品销售，有利于整个社会的生产者和消费者。间接渠道的不足在于生产者和消费者之间不能直接沟通信息，生产者不容易正确地掌握消费者的需求，消费者也不能掌握生产者的产品供应情况和产品的性能特点，生产者难以为消费者提供完善的服务。

（二）长渠道和短渠道

按照产品从生产者到最终消费者（用户）的转移过程中所经历的中间环节的多少来划分，可以分为长渠道与短渠道。经过环节、层次越多，销售渠道越长；反之，销售渠道越短。

长渠道是指经过两个或两个以上的中间环节把产品销售给消费者的分销渠道，即二阶以上的销售渠道。长渠道的优点是：生产者不用承担流通过程的商业职能，因而可以抽出精力组织生产，缩短生产周期；生产者把产品大量销售给批发商，减少了资金占用，从而节约了费用开支；容易打开产品销路，开拓新市场。这种方法也存在不足，从生产者来看，渠道层次越多，控制和向最终用户传递信息就越成问题。因此，长渠道适用于销售量大、销售范围广的产品。

短渠道是指没有或只经过一个中间环节的销售渠道。短渠道的优点是：由于流通环节减少，产品可以迅速到达消费者手中，生产者能够及时、全面地了解消费者的需求变化，调整企业承包生产经营决策；同时由于环节少，费用开支节省，产品价格低，便于开展售后服务，提高产品的竞争力。这种方法也存在不足，流通环节少，销售范围受到限制，不利于产品的大量销售。

（三）宽渠道和窄渠道

按照生产者在渠道的每一个层次利用多少同种类型中间商来销售某种产品，即根据分销渠道中每一中间环节上使用的同种类型中间商数目的多少，可以分为宽渠道与窄渠道。

宽渠道是指生产者通过两个或两个以上的中间商来销售自己的产品。以某食品制造商的销售系统为例，其一级批发商 A 可以介绍一级批发商 B 进入销售网执行某些功能或负责某些地区市场。每一销售层次都有若干分销商参与，但其各有自己的任务。这是一个较宽的销售渠道模式。

宽渠道有其自身的优点。例如，通过多家中间商，分销广泛，可以迅速把产品推入流通领域，使消费者随时随地买到需要的产品；促使中间商展开竞争，使生产者有一定的选择余地，提高产品的销售效率。

宽渠道也有不足之处。例如，由于每个层次的同类中间商较多，各个地区中间商推销某一种产品不专一，不愿意花更多的时间、精力推销某一产品；同时，生产者与各中间商之间的关系比较松散，在遇到某些情况时关系容易僵化，不利于合作。

窄渠道是指生产者只选用一个中间商来销售自己的产品。窄渠道的优点是：由于每一层次中同类中间商较少，生产者与中间商的关系非常密切，生产者可以指导和支持中间商开展销售业务，有利于相互协作；销售、运货、结算手续大为简化，便于新产品的上市、试销，迅速取得信息反馈。

窄渠道也有不足之处。例如，生产者对某一中间商的依赖性太强，情况一旦发生变化（如中间商不想再与生产者合作），容易使生产者失掉所占领的市场；只限于使用一个中间商销售，容易使中间商垄断产品营销，或因销售力量不足而失掉消费者；产品销售渠道范围较窄，市场占有率低，不便于消费者购买。因此，窄渠道适用于专业技术性较强、生产批量小的产品销售。

四、分销渠道的系统结构

分销渠道不是一成不变的，新型的批发机构和零售机构不断涌现，全新的渠道系统正在形成。按渠道成员相互联系的紧密程度，分销渠道可分为传统渠道和渠道系统两大类型。

（一）传统渠道

传统渠道是指由独立的生产者、批发商、零售商和消费者组成的分销渠道。每个成员都是作为一个独立的企业实体追求自己利润的最大化，即使它是以损害系统整体利益为代价也在所不惜。没有一个渠道成员对于其他成员拥有全部或者足够的控制权。著名营销学专家麦克康门把传统渠道描述为"高度松散的网络，其中，制造商、批发商和零售商松散地联结在一起，相互之间不进行亲密的讨价还价，对于销售条件各持己见，互不相让，所以各自为政，各行其是"。

（二）渠道系统

渠道系统是指在传统渠道中，渠道成员采取不同程度的联合经营或一体化经营而形成的分销渠道。渠道系统主要包括以下几种。

1. 垂直市场营销系统

垂直市场营销系统正好与传统渠道相反，它是由生产者、批发商和零售商所组成的一种联合体。每个渠道成员拥有其他成员的产权，或者是一种特约代营关系，或者这个渠道成员拥有相当的实力，其他成员愿意合作。垂直市场营销系统可以由生产商支配，也可以由批发商或者零售商支配。麦克康门认为，垂直市场营销系统的特征是"专业化管理和集中执行的网络组织，事先规定了要达到的经营经济和最高市场效果"。垂直市场营销系统有利于控制渠道行为，消除渠道成员为追求各自利益而造成的冲突。他们能够通过其规模、谈判实力和重复服务的减少而获得效益。在消费品销售中，垂直市场营销系统已成为一种占主导地位的分销形式，占全部市场的70%～80%。在美国，垂直市场营销系统已成为消费品市场的主要渠道，其服务覆盖全美。垂直市场营销系统有三种主要形式：公司式、管理式、合同式。

（1）公司式营销系统。这一系统由同一所有者名下的相关生产部门和分配部门组合而成。它通常由一家公司拥有，并统一管理一系列工厂、批发机构和零售机构，控制渠道的若干层次甚至整个销售渠道，综合经营生产、批发、零售业务。垂直一体化被公司所喜爱是因为它能对渠道实现高水平的控制。这种渠道系统又可大致分为两种方式：一种是由大型工业公司拥有和管理的，以工业为龙头的商工一体化经营方式；另一种是由大型零售商拥有和管理的，以商业为龙头的商工一体化经营方式，如英国的马狮连锁零售商，就拥有和管理了许多产品制造商，成为英国乃至全球最优秀的公司之一。

（2）管理式营销系统。管理式营销系统不是由同一个所有者名下的相关生产部门和分配部门组成，而是由某一家规模比较大、实力强的企业出面组织的。即通过某一规模大、实力强的成员，把不同所有权的生产者和分销商联合起来的营销系统。名牌产品制造商通常以其信誉和实力赢得经销商的有力合作和支持。例如，柯达、吉列、宝洁等公司，无论在商品陈列、柜台位置，还是在定价和促销等方面，都能得到经销商的积极合作。

（3）合同式营销系统。即不同层次的独立的制造商和中间商，以合同为基础建立的联营系统。这一系统被人称为"增值伙伴关系"，近年来得到长足发展，十分引人注目，具体形式包括以下几种：① 批发商倡办的自愿连锁店。由批发商组织独立零售商成立自愿连锁，与大型零售店抗衡。② 零售商合作组织。由零售商牵头组成联合体，实行联购分销、联手促销，甚至从事批发和生产业务，如荷兰的中小零售商组成的"采购联营组织"，统一直接向国外订购商品。③ 特许经营组织。发展特许专卖纽带，将生产、分销过程的几个阶段衔接在一起，有三种类型：一是制造商组织的零售特许经营系统，如汽车公司特许众多汽车经销商直接销售其产品，石油公司特许成千上万的加油站挂着它的牌子，出售其品牌的石油制品；二是制造商组织的批发特许经营系统，如饮料行业的可口可乐公司，授权各地装瓶厂（批发商）购买其浓汁，进行加工、装瓶，然后出售给零售商；三是服务公司组织的零售特许经营系统，如美国麦当劳汉堡包、肯德基炸鸡的特许专卖店遍及全美国以及世界上许多地方。特许专卖权的所有者，通常都是些享有盛誉的著名企业。

2. 水平市场营销系统

垂直市场营销系统的发展，无疑大大改变了营销系统的格局，使得一些没有进入垂直市场营销系统的企业处于不利地位。与此同时，另一种水平市场营销系统也发展起来。水平市场营销系统是指分销系统中同一环节企业间的联合，因此由单一公司所有的零售连锁集团就属于水平市场营销系统，如著名的沃尔玛（Wal-Mart）公司和凯马特（K-Mart）公司。当然，这些巨型零售连锁公司均拥有强大的采购中心和配送中心，承担了实质上的批发职能，但从商品所有权转移的角度看，它们毕竟只购买了一次，且主要从事零售经营。而且，大型零售连锁的发展，主要是针对制造商为首的垂直市场营销系统对流通领域的控制而来，实质是传统上分散的零售业对传统上较为强大和集中的制造业的反控制。

还有一种可称为共生营销的水平市场营销系统，即同一层次的若干企业合资或合作寻找新的营销机会。这些公司或因资本、生产技术或营销资源不足，无力单独开拓市场；或因不愿冒风险；或因看到与其他公司合作可以带来巨大的协同效益，因而组成水平市场营销系统。例如，坐落在同一街区的零售商共同修建一处停车场，共同使用；又如银行在百货公司内设办事处或自动提款机，银行降低了开办成本，而百货公司为顾客提供了方便的金融服务；再如通用汽车公司和宝洁公司联合举办一种汽车赠送活动，消费者如果在宝洁公司的牙膏、清洁剂或其他产品内找到一支特别的塑料钥匙，就可获得一辆新的雪佛兰汽车。所有这些合作，可以是在暂时或永久性的协议下进行，也可以是共同组织另一家新公司，专门合作新业务。

3．多渠道市场营销系统

这是指同一公司对同一或不同的细分市场，采取多条渠道进入的市场营销系统。过去，大多数公司只通过一条渠道进入一个市场。随着细分市场和潜在渠道的增多，越来越多的公司采用多渠道分销方式，如通用电气公司不仅由独立的零售商（百货公司、折扣商店、邮购商店）销售产品，而且还直接向建筑承包商销售大型家电产品。IBM 公司除通过自己的销售部门及利用经销商销售产品外，还采用邮购、电话订购等方式销售产品，近年来，更开拓了网上销售渠道，使销售更加重要、广泛、快捷。

多渠道营销系统大致有两种形式，一种是制造商通过学习两条以上的竞争性分销渠道，销售同一品牌（商标）的产品，这通常会导致不同渠道之间的激烈竞争，带来疏远原有渠道的危险。另一种是制造商通过多条渠道销售公司生产的不同商标的差异性产品，如美国一家酿酒商通过各种类型的零售商店（超级市场、独立食品店、廉价商店、方便店等）销售同一种威士忌酒，但这些酒分别使用不同商标。更有一些公司通过同一产品在销售过程中的服务差异化（提供不同内容和方式的服务），形成多条渠道，以满足不同顾客的需求，扩大销售效果。

4．网络营销系统

这是一种新兴的销售渠道系统，也是对传统商业销售运作的一次革命。生产或经营企业通过互联网络，发布商品及服务信息，接受消费者（用户）的网上订单，然后由自己的配送中心或直接由制造商通过邮寄或送货上门。可以分为两种模式：一种是企业之间的交易，称为"B—to—B"方式。它是一个将买方、卖方以及中介机构（如银行）之间的信息进行交换的关系。另一种是企业与消费者之间的交易，称为"B—to—C"方式。消费者利用电子钱包可以在瞬间完成购物活动，足不出户就能买到世界上任何地方的产品。这种销售过程彻底改变了传统的面对面交易和一手交钱一手交货的购物方式，缩短了产、供、销与消费者之间的距离，加快了资金、商品的流动，是一种崭新的、很有效的、保密性好和安全可靠的营销系统。现在有许多企业已设立了网上销售系统，如网络书店、网络花店和网络药店等。

但是，目前我国企业开展网络营销的条件尚未完全具备，需要建立发达的物流体系和完善的个人信用体系，另外，计算机的普及、网络的建设、EDI 无纸贸易或电子数据交换和网上交易立法等问题也亟待解决。

第二节　中间商的功能和种类

一、中间商的功能

中间商是指处于生产者与消费者之间，参与商品流通业务，促进买卖行为发生和实现的组织或个人。中间商是社会分工和商品发展的产物。根据不同的分类标准，可以对中间商从两个角度加以区分：按其是否拥有产品所有权，可分为经销商和代理商；按其在流通过程中的地位和作用，可以分为批发商和零售商。经销商必须通过购买，取得产品所有权，然后再出售，承担风险；而代理商并不拥有产品所有权，只是帮助购销双方转移产品所有权，基本上没有风险。

在现代化生产和市场经济条件下，商品由生产者直接销售给消费者的情况相对来说比较少。多数情况下，商品从生产者流向消费者的过程中，必须经过或多或少的中间环节，即要有各种类型中间商的参与。中间商的具体功能表现在以下几个方面。

1．减少交易的次数、降低流通的费用

生产者可以直接将产品销售给多个顾客，可以进行多次交易；在同样的条件下，可以通过一个中间商则只需完成比原来次数要少的交易。这样，使用中间商就减少了工作量。

2．代替生产企业完成营销

如果没有中间商，生产企业就要担负起市场调查、广告宣传、商品存储和运输以及为消费者服务等功能，这样就会分散从事商品生产的精力，不能有效地完成生产和经营任务。而让中间商承担这部分功能，不仅可以降低成本，而且可以扩大商品的流通，加速再生产的进程。

3．集中、平衡和扩散商品

集中功能是通过采购活动把几个生产企业的产品集中起来；平衡功能是将各种不同的商品根据不同的细分市场需要加以平衡分配，满足各种需要；扩散功能是将集中采购的大量商品运输到各地，从而满足不同地区消费者的需要。

4．沟通信息的功能

在现代社会，生产者既要随时掌握消费者对企业和产品的意见和要求，又要让消费者了解自己的企业和产品，生产者和消费者之间需要信息的沟通。而中间商连接产销双方，接触面广，最了解市场状况和市场信息，可以随时向生产企业和消费者传达信息，使产品能适销对路，这既可以避免生产的盲目性，又能指导消费。

二、中间商的类型

（一）零售商

零售是包括所有直接销售商品和服务给最终消费者，以供其用作个人消费或用于非营利用途的各种活动。凡是从事这类活动，不论是哪种机构（如生产商、批发商和零售商），怎样进行销售（如经由个人、邮寄、电话和自动售货机），在哪里销售（如在商店、马路还是消费者家中),都属于零售范围。但是,并不是所有参与零售活动的机构都是零售商。许多生产商和批发商也有少量的零售业务,但我们并不认为他们是零售商。零售商是指以经营零售业务为主要来源的商业企业和经营者。

1. 零售商的类型

零售机构多种多样,五花八门,新的形式不断涌现。人们提出了几种分类方法,下面是零售机构的八种形式。

(1)综合商店。综合商店是指在同一商店中,不分门类,销售多种类型商品的零售商。实际上,最早的零售商大多数属于综合商店。在一些城镇和乡村,一家小商店常常是连服装带食品,各种各样的商品都经营,有时还会提供邮寄服务。这种早期的综合商店规模一般不会很大。因为规模过大必然会带来管理上的麻烦,以后发展到一定的规模,就有可能转化为百货商店。

(2)专业商店。这是一种专业化程度很高的商店。它的产品线很窄,而产品线所包含的花色较多。专业零售的例子有服饰商店、运动用品商店、家具店、花店及书店等。专业商店可按其产品线的窄度再进一步分类。一家服装店可以是单线商店,一家男子服装店就是一家有限生产线商店,而一家男子定制衬衣商店也许就是一家超级专业商店。一些分析家认为,在未来,超级专业商店的成长将最快,它在市场细分、市场目标制定和产品专业化方面将获得很多机会。

(3)百货商店。百货商店是一种大规模、综合性、分部门经营日用品的零售商业企业。通常一家百货商店要经营几条产品线,通常有服装、家庭用具和家常用品,每一条线都作为一个独立的部门,由一名进货专家或者商品专家管理。在西方一些发达国家,百货商店已进入零售生命周期的衰退阶段。它们面临着激烈的竞争,特别是折扣商店、专业连锁店和仓库商店的挑战。此外,交通拥挤、停车场不足以及城市空心化现象的出现等,致使商业区的购物吸引力日益减弱。针对这些因素,百货商店也采取了在郊区购物中心设立分店、增设地下廉价品商店、电话订货和对商店形式进行改变等方法来延长自己的寿命。

(4)超级市场。超级市场是一种开架销售,自助服务,低成本,低毛利的零售商店。它是为更便利地满足消费者对食品和家庭日常用品的种种需求而创建的一种新的零售方式。超级市场一般以经销食品和日用品为主,有的大型超级市场还兼营化妆品、文具、五金和服装等商品。目前,不少超级市场通过开设大型商场,扩大经营的品种,建造大型停车场,周密设计商场建筑和装潢,延长营业时间,广泛提供各种顾客服务来进一步扩大其销售量,提高方便性。通常超级市场的经营利润仅占其销售额的1%,占其资本净值的10%。它同样面临来自同行业的压力,但是超级市场是零售店中保持最频繁购买的商店。

(5)便利店。便利店是一种以经营最基本的日常消费用品为主,规模相对较小,位于住宅区附近的综合商店。便利店营业时间较长,不少是24小时营业,一般经营周转较快的方便商品,如日用百货、药品、即食食品等。由于便利店能随时满足消费者的即时需要,所以商品的价格相对较高。目前便利店的经营者认为根据居民的生活特点和需求,大概每一万人口应当配备一家便利店。在中国一些大城市中,便利店的发展前景非常广阔。"7—11""娃娃商店""K集团"等就是最典型的便利店。

(6)折扣商店。折扣商店也是一种百货商店,主要以低价竞销、自助选购的方式出售家庭生活用品。其价格低于一般商店，毛利较少，薄利多销，销售量较大。早期的折扣店几乎都是从设在租金较低而交通集中的地区发展起来的，其主要的服务对象是那些收入不高的工薪阶层。这些消费者往往对价格较为敏感，而对服务没有很高要求。近年来，折扣商店之间以及折扣商店和便利店之间的激烈竞争导致了许多折扣零售商店开始经营高价商品。折扣零售已经超越一般商品而进入了特殊商品领域，如运动用品折扣商店和折扣书店等。这必然导致折扣商店的营业费用大大增加，从而降低了它在价格上的竞争优势。著名的折扣商店有凯马特、沃尔玛等。

（7）连锁商店。连锁商店是指由许多中小企业通过组织和经营上的联合而形成的联营网。连锁商店的经营业务在不同程度上受总店的控制。其主要特点在于其管理制度相当标准化，规模适当，数量较多，分布面广，能获得规模经营的各种利益。例如，通过统一的连锁形象能提高和扩大商店规模经营的声誉；能通过大量采购降低成本；市场信息比较充分，利于随时了解消费者的需求变化，做出相应的变动。当然，由于连锁商店进行统一管理，集中进货，因此在一定程度上降低了分设商店的灵活性。连锁商店的组织形式一般有三种，即正规连锁、特许连锁和自由连锁。正规连锁又称公司连锁，是指在同一资本控制之下的众多分散经营的店铺组合。正规连锁的特点是所有的店铺都由其总部直接控制，总部实行统一采购，统一定价，统一核算，统一配送，各门店实际上只是具有销售的功能。正规连锁是一种最紧密的连锁组织形式。特许连锁又称加盟连锁，是指连锁公司以签订特许协议的方式，将其店名、经营方式，以及所经营的商品转移给系统之外的商店使用，对其进行统一配货并加以业务的指导，同时要求其按公司的统一要求开展经营。特许连锁的特点是加盟店一般独立核算，在遵守特许协议的前提下有一定的经营自主权。特许连锁是一种相对松散的连锁组织形式。自由连锁是指由许多独立经营的小店铺自愿联合、统购分销、相互协作的连锁组织形式。自由连锁有以零售店铺为首自行组织的，也有以某批发企业为头的，联合一批中小企业店铺共同组成的。自由连锁的特点是各店铺有很强的独立经营权，它实际上是一种比较松散的连锁经营形式。

（8）其他零售商店形式。① 仓库商店。仓库商店是一种不重形式，价格低廉，而服务有限的商店。这种商店出售的商品，大多数是顾客需要选择的大型笨重的家用设备，如家具、冰箱、电视等。仓库商店往往在租金比较低廉的地段租用场地，一部分开辟为展销地点。一旦顾客选中商品，付清价款，即可在仓库取货，自行运走。② 样品目录。样品目录是一种将商品目录和折扣原则应用于大量可供选择的毛利高、周转快的有品牌商品销售的零售方式。店铺中往往只有大量的商品目录和少量的样品。顾客只需对其所喜欢的商品进行登记，就能由店面按要求送货上门。珠宝、照相机和摄影器材等商品的销售常用这种方式。它利用减少成本和毛利吸引大量销售。③ 邮购目录营销。邮购目录营销是直接营销的一种，早在19世纪就有人试行，近年来，又得到较大的发展。邮购订货必须印有详细的商品目录，并根据经营商品的增减，每年修改一次。直接营销还包括电话推销、广告推销、电视推销和电子购买等方式。④ 自动机售货。自动机售货是零售的另一种方式。已经用于多种商品，包括带有很大方便价值的冲动型商品（报纸、软饮料等）和其他产品（化妆品、唱片等）。自动售货机向顾客提供了24小时销售、自我服务和未被接触过的商品。但相对而言，经营费用较高，所以其价格也较高。⑤ 购物服务。购物服务是一种为特定委托人（如学校、医院、政府机构的雇员）服务的无店铺零售方式。该方式购物服务组织的成员有权向一组选定的零售商购买，这些零售商同意给予购物服务组织的成员一定的折扣。零售商会付给购物服务组织一些小额费用报答其提供的服务。⑥ 流动售货。流动售货是一种相当古老的推销方式，近年来也开始重新被越来越多的企业采用。

零售商店类型就像产品一样，也经过从发展到衰退的阶段，新商店类型的出现往往是为了满足顾客对服务水平和具体服务项目的各种不同要求的偏好。随着时间的推移，新的商店类型不能适应顾客更高的要求时，更新的商店类型就会出现。如此周而复始不断发展，不断更新。

2．零售商营销策略

过去，个别零售商通过销售特别或独特的花色品种，提供比竞争对手更多更好的服务来赢得竞争优势，但是个别零售商在服务上的分工差异正在逐步缩小，因此许多零售商不得不重新考虑营销战略。下面我们将讨论零售商在目标市场、产品、服务、商店气氛、定价、促销和销售地点等方面的营销策略。

（1）目标市场策略。零售商最重要的策略是确定目标市场。只有当确定了目标市场并勾勒出其轮廓时，才能对产品编配、商店装饰、广告词、广告媒体和价格水平等做出一致的策略。为此，零售商应该定期进行市场信息的收集工作，以检查其是否满足目标顾客的需求，是否已成功地使自己的经营日益接近其目标市场。

（2）产品品种和服务策略。零售商所经营的产品品种必须与目标市场可能购买的商品相一致，这已成为同类零售商竞争者的关键原则。零售商必须决定产品品种组合的宽度、深度和产品质量。因为顾客希望商店能够尽可能多地提供产品，让他们拥有足够的挑选余地。当然，顾客不仅仅只是注意产品类型、型号、式样的多少，他们也十分关心各种产品的质量。零售商要想在产品品种上确立自己的优势，就必须制定在保持与目标市场一致前提下的产品差异化战略。例如，以其他竞争者所没有的独特品牌为特色，或者公司自行设计服装在店内销售；商店还可以以新奇多变的商品为特色，带动其他商品的销售；领先推出最近或最新的商品，提供定做商品的服务，也不失为一种吸引顾客的好方法。总而言之，公司需采用"人无我有、人有我好、人好我新、人新我快"的经营方法来取得商业竞争中的优势。

（3）商店气氛策略。每个商店都有一个实体的布局，都必须精心构思，使其具有一种适合目标市场的气氛，使顾客乐于购买，如晚礼服专卖店的气氛应该是典雅、高贵的，而运动服装店的气氛则是青春、活泼和激动人心的。

（4）价格策略。零售商的价格是一个关键的定位因素，必须根据目标市场、产品服务编配组合和竞争的有关情况加以确定。毫无疑问，所有的零售商都希望以高价销售商品，并能扩大销售量，但二者往往是矛盾的，这使得零售商不得不在二者之间谋求一种平衡。一般的零售商也就较多地表现为高成本和低销售量或低成本和高销量两大类。零售商还必须重视定价的战术技巧。有时，零售商必须通过对某些产品标价来招徕顾客，有时还要举行全部商品的大减价来周转资金以寻求更好的发展企业。

（5）销售地点策略。零售商店的店址选择是能否吸引顾客的一个关键因素。大零售商必须仔细考虑这样一个问题：是在许多地区开设许多小店，还是在较少的地方开设几个大店？一般而言，零售商应该在每个城市里开设足够的商店，以便扩大商店影响，获得分销经济。零售商可在中心商业区、地区商业街和小区商业密集地点选择开设商店的地点。例如，上海的第一百货商店便在南京路等中心地区开设多家分店，同时也开设了沪西店、沪太店等分店，在地区性的商业中心也占有一席之地。

上海徐家汇地区的商业发展对于我们认识零售商业的正确策略具有重要的现实意义。该地区于20世纪90年代才兴起，在短短四五年内能发展得很快，其原因主要得益于零售商业的错位竞争。一是服务的错位：东方商厦以礼仪服务为号召；第六百货商店推行自然式服务；汇联商厦则实行技能服务，为顾客实际演示商品的各种功能。二是商品的错位：东方商厦以出口的高档商品为主要销售商品；第六百货商店以销售国产名牌商品为主；太平洋百货主要销售时尚的商品和流行货品特色，而汇联商厦以大众物品为主。三是档次的错位：由于商品构成的不同、服务水平的差异，使得各商店在消费者心中的地位也各不相同。东方商厦、太平洋百货代表着"领导精品新潮流"，而汇联商厦成为平民百姓购物的场所。由于存在着商家错位的情况，徐家汇地区才尽可能多地吸引了各种各样的顾客在此消费。应该说，徐家汇地区的商家错位在零售业打破商品同质化、服务化和商厦同类化方面提供了一条宝贵的经验。

（二）批发商

批发是指供进一步转售或加工生产而买卖大宗商品的经济行为，专门从事这种经济活动的商业企业称为批发商业企业（又称批发商）。从市场的角度看，一个商业企业是否属于批发商，从事的是否是批发业务，关键是看其销售对象的购买动机和目的。即使是同一企业，它从事的业务也可以同时覆盖两个方面。例如，商店出售毛巾给消费者属于零售业务，而出售给宾馆客房部门则属于批发业务。

1. 注重批发商的特征

批发商的特征表现在如下几个方面。

（1）批发商一般处于商品进入流通后运动的起点或中间阶段，因此在商品流通过程当中，批发商始终表现为中间环节。

（2）批发商较少注意促销、气氛和店址，因为其交易对象是商业顾客，而不是最终消费者。

（3）批发交易通常大于零售商交易，批发商所涉及的交易领域常常大于零售商，当然，也有部分例外。

批发商熟悉市场情况，熟悉社会需求和各种复杂的销售条件，有较丰富的市场经验。因此，由他们经销商品可以大大缩短商品流通时间，加速占用资金的周转。

2. 批发商的类型

按照批发商在进行商品交易时是否拥有所有权，可以将批发商分为经销商和代理商；按照批发商提供服务的范围和程度，可以将其分为提供完全服务的批发商和提供有限服务的批发商两种类型。所谓完全服务，是指批发商提供如存货、顾客信贷以及协助管理等服务，而有限服务则是指批发商对其供应者和顾客只提供部分或较少的服务。下面主要按照所有权的拥有与否来进行分类。

（1）经销商。经销商是指从事商品流通业务并取得商品所有权的中间商。它们往往是独立的企业，有自己的经销网络。经销商也有多种表现形式，常见的有批发中介商、工业批发商、现销批发商、货车批发商、承运批发商和邮购批发商。批发中介商主要向零售商销售，并提供全面服务。批发中介商又可细分为综合批发商（一般商品批发商）、专线经营批发商和专业批发商三种。综合批发商一般都经营几条各有特色、花色品种较为齐全的产品线，并且往往雇用自己的推销员；专线批发商则经营一条或两条产品线，但是品种深度很大；专业批发商则是专门经营一条产品线中的部分专业产品的批发商。工业批发商是指向制造商销售的批发商，是一种正规的批发商。工业批发商可以集中经营，如MKO品目（保养、维修和作业供应品），或者OEM品目（原始设备零部件供应），或者设备等产品线。现销批发商又叫现销交易批发商，他们经营一些周转较快的商品，卖给小型零售商，收取现款，一般不负责货物运输。货车批发商主要执行销售和货物运输的职能。他们经营一些容易变质的商品（如面包、快餐），现货现卖。承运批发商具有产品所有权，但他们不存货，而是代替制造商完成运输任务，并承担其中的风险。他们专门经营一些笨重的工业品，如煤、木材和重型设备等。邮购批发商向较远的地区的零售商、工业用户、相关顾客寄送商品目录，获得订货后以邮寄或其他的运输方式交货。在上述六种方式中，后四种属于有限服务的批发商，而前者则提供较为全面的服务。

（2）代理商。代理商是指接受生产者委托，从事商品交易业务，但不取得商品所有权的中间商。他们从事代购、代销或者销售信息、咨询服务等，促成商品交易的实现，从而获得一定的服务手续费或佣金。代理商主要有企业代理商、销售代理商、寄售商和经纪商。企业代理商是指接受生产者的委托，签订销货协议，在一定区域负责代销生产企业产品的中间商。产品售出后生产者按销售额的一定比例付给企业代理商佣金，生产者与代理商之间是委托代销关系。代理商既不需要有资金，又不必承担风险，实际上类似于生产者的推销员。生产者可以委托几个企业代理商在不同地区为其推销产品。其优势是，代理商熟悉市场行情，又有专业知识，而且收费较低。因此，生产企业在产品消费对象少而且分布广，以及推销新产品、开拓新市场时，往往借助于企业代理商。销售代理商是一种独立的中间商，受生产者委托，全权负责、独家代理生产者的全部产品。其销售范围不受地区限制，并拥有一定的售价决定权，双方关系一经确定，生产企业自身不能再进行直接的销售活动，而且同一时期生产商只能委托一个销售代理商，销售代理商也不能再代理其他企业的商品。销售代理商要对生产企业承担较多的义务，在销售协议中，一般会规定一定时期的推销数量，并为生产企业提供市场调查、预测的情报，负责进行商品宣传、促销等活动。寄售商是指受生产企业的委托，为生产企业进行现货代销业务的中间商。生产企业将产品交付给寄售商，根据销售额的大小提供一定比例的手续费或佣金。双方议定价格，销售后将所得货款扣除佣金和有关销售费用后，再交付给生产企业。寄售商要自设仓库、经营场所，以便存储商品，使顾客能及时购买现货。寄售商在发掘潜在购买力、开辟新市场、处理滞销商品方面能发挥积极作用。如果寄售商品没有全部售出，寄售商不承担任何责任。经纪商（也叫经纪人）是指在买卖双方交易洽谈过程中起沟通和促成交易媒介作用的机构或个人。他与任何买卖双方都没有一个固定的关系，往往为买卖双方牵线搭桥，协助谈判，促成交易。交易达成后，提取小量佣金。

（3）其他批发商。其他批发商的类型主要包括一些制造商和零售商在批发领域延伸的办事机构。① 销售分部和营业所。制造商为了加强存货控制，改进销售和促销工作，经常开设自己的销售分部和营业所。② 采购办事处（进货营业所）。许多零售商在大的市场中心，如纽约和芝加哥等地设立办事处。这些采购办事处的作用与采购代理商的作用相似，但前者是买方组织的组成成分。③ 拍卖行。拍卖行在一定时间内，把货物大量集中在一定地点，按照一定的章程和规则（通常以公开叫价竞购的方法），将现货按批卖给出价最高的买家。采取拍卖方式进行交易的商品，一般都是品质不能高度标准化或容易变质的商品，如茶叶、烟草等。④ 其他批发商。在某些特定的经济领域，可以看到一些特殊的批发商，如农产品集货商、油站和租赁公司等。

3. 批发商营销策略

批发商近年来正遭遇日益增加的竞争压力。他们面临着竞争的新力量，顾客的新需求，新技术和来自大的工业、机构及零售买家的更多的直接购买计划。因此，不得不制订适合的战略对策，在目标市场、产品品种、服务、定价、促销以及销售地点等方面改进其战略策略。

（1）目标市场策略。批发商应该明确自己的目标市场，而不能企图为每一个人服务。可以按照顾客的规模、类型，所需要的服务或者其他标准，选择一个目标顾客群。在这个目标顾客群里，他们可以找出较为有利的顾客，设计有吸引力的供应物，与顾客建立良好的关系。

（2）产品品种和服务策略。批发商的"产品"是指他们经营的品种。批发商迫于巨大的压力，花色品种必须齐全，并且要有足够的库存，以便随时供货，但是这会影响盈利。因此，批发商正在研究应该经营多少品种最为合适。批发商还在研究，在与顾客建立良好关系的过程中，何种服务最为重要，哪些服务可以取消，哪些应该收取费用。这里的关键是找出一种被顾客认为是有价值的独具一格的服务组合。

（3）定价策略。批发商通常在货物成本上，按传统的比例加成。杂货批发商的平均利润率一般在2%以下。批发商正在开始试用新的定价方法。他们可能减少某些产品的毛利，以赢得新的重要客户。当他们能借此扩大供应商的销售机会时，就会要求供应商给予特别的价格折让。

（4）促销策略。批发商主要依靠他们的销售人员以达到促销的目标。即使如此，大多数批发商还是把推销看成是一个推销员和一个客户的交谈，而不是把它当作向主要客户推销商品、建立联系和提供服务的协同努力。至于非人员促销，批发商可以从使用零售商所采用的树立形象的技术中获利。他们还需充分利用供应商的一些宣传材料和计划方案。

（5）批发地点策略。批发商将批发地点一般设立在租金低廉、征税较少的地段，以尽可能地降低成本。为了对付日益上升的成本，富有进取心的批发商正在研究货物管理过程中的时间和动作。其中最大的一个发展项目是自动化仓库，在这个项目中，订单被输入电脑，商品由机器自动取出，通过传送带输送到平台，在平台处集中送货。这类机械化发展很快，许多办公室活动也实现了机械化。

第三节 分销渠道的选择与管理

对于生产者来说,在熟悉分销渠道的类型,明确销售渠道中各种中间商类型的特点、功能及业务性质的基础上,还必须科学地进行销售渠道的选择和决策。一般来说,要选择一条有效的销售渠道,首先必须分析影响销售渠道选择的因素,然后进行销售渠道选择和决策,最后还要完成一系列销售渠道的管理工作。

一、影响销售渠道选择的因素

企业决定所用分销渠道的长短、宽窄以及是否使用多重渠道,要受到一系列主、客观因素的制约。从分销渠道选择的角度来说,营销人员要考虑以下问题:面对的是何种市场,消费有何特点,销售的是何种产品以及企业的资源、中间商的特征、经济形势。

(一)市场因素

(1)目标市场范围。市场范围宽广,宜用较宽、较长渠道;相反,可用较短、较窄渠道。

(2)顾客的集中程度。顾客较为集中,可用较短、较窄渠道;顾客分散,多用较宽、较长渠道。

(3)顾客的购买量、购买频率。购买量小,购买频率高,宜采用较长、较宽的渠道,一般消费品多用此类渠道;反之,顾客一般购买量较大,购买频率低,如生产者、社会集团购买则采用较短、较窄渠道。

(4)消费的季节性。消费有明显的季节性的产品,一般应充分发挥中间商的调节作用,以便均衡生产。较多采用长渠道。

(5)竞争状况。通常,同类产品应与竞争者采取相同或相似的销售渠道;在竞争特别激烈时,则应寻求有独特之处的销售渠道。

(二)产品因素

(1)产品物理化学性质。体积小,较轻的产品,宜用较长、较宽的渠道;体大笨重的产品(如大型设备、矿产品)应努力减少中间环节,尽量采用直接渠道;易损易腐的产品、危险品,应尽量避免多次转手,反复搬运,易用较短渠道或专用渠道。

(2)产品单价。一般来说,价格昂贵的工业品、耐用消费品、享受品应尽量减少流通环节,采用较短、较窄渠道;单价较低的日用品、一般选购品,则可采用较长、较宽渠道。

(3)产品时尚性。式样、花色多变、时尚性程度较高的产品(如时装、家具、高档玩具),多采用较短渠道;款式不易变化的产品,可用较长渠道。

(4)产品标准化程度。标准化程度高、通用性较强的产品,渠道较长、较宽;非标准化产品,渠道较窄、较短。

(5)产品技术复杂程度。产品技术越复杂,用户对有关销售服务尤其是售后服务的要求越高,宜用直接渠道和较短渠道。

（三）企业自身因素

（1）企业的财力、信誉。财力雄厚、信誉良好的企业，有能力选择较固定的中间商经销产品，甚至建立自己控制的分销系统，或采取短渠道；财力薄弱的企业，更依赖中间商。

（2）渠道的管理能力。有较强的管理能力和经验的企业，可以自行销售产品，采用短渠道或垂直渠道营销系统。反之，管理能力较低的企业多采用较长渠道。

（3）企业控制渠道的愿望。有些企业为了有效控制销售渠道而花费较高的渠道成本，建立短而窄的渠道；也有一些企业因为成本等因素不愿意控制渠道，而采取较长且宽的渠道。

（四）中间商因素

（1）合作的可能性。中间商普遍愿意合作，企业可以根据需要选择；如果中间商不愿意合作，只能选择较短、较窄渠道。

（2）费用。利用中间商分销，要支付一定费用。如费用较高，只能采用较短、较窄渠道。

（3）服务。如果中间商能够提供较多的高质量服务，企业可采用较长、较宽渠道；反之，若中间商无法提供所需服务，企业只有选择较短、较窄渠道。

（五）经济形势及有关法规

（1）经济形势。经济景气，形势看好，企业选择销售渠道的余地较大；当出现经济萧条、衰退时，市场需求下降，企业就必须减少一些中间环节，使用较短渠道。

（2）有关法规。国家的政策、法律，如专卖制度、进出口规定、反垄断法和税法等，都会影响销售渠道的选择。

二、选择销售渠道的策略

企业在选择销售渠道时，要根据上述各种影响因素做出决策，这一决策过程包括确定渠道模式、确定中间商数量、规定渠道成员的交易条件及责任、制订评估渠道方案和销售渠道的管理。

（一）确定渠道模式

渠道模式决定渠道的长度。企业首先要根据上述各种影响因素，决定采取什么类型的销售渠道，是直接销售还是利用中间商进行推销产品。如果采用直接销售渠道，要考虑营销成本。近年来，直销方式不仅在工业品市场，而且在消费品市场得到快速发展，电话、计算机的普及使信息沟通日益方便，加上传统商业渠道费用上升，使得直销渠道具备了良好的发展前景。但是，间接渠道仍然是当代的主流，在多数场合，企业仍然需要选择中间商作为合作伙伴，以发挥其职能，克服现代化大生产条件下产销在时间、空间、信息、价格及供求数量、花色品种等方面存在的矛盾。因此，辨明适合承担销售业务的中间商类型仍然十分重要。企业可以根据目标市场及现有中间商的状况，参考同类产品和生产者的经验，确定自己的销售渠道模式。有时可抛开传统渠道，开辟新的渠道。例如，北京一家生产小型羊肉切片机的企业,通过传统销售渠道——食品加工机专卖店销售,效果不佳,后来有人灵机一动,把机器放在北京最大的涮羊肉餐馆——东来顺餐厅中现场展示,羊肉现切现卖,结果大获成功。另外,陆续引进到我国的自动售货、电视广告销售、销售俱乐部和网络营销等新型销售方式也值得借鉴。

(二)确定中间商数量

渠道模式决定渠道的宽度。这主要取决于产品本身的特点、市场容量的大小和需求面的宽窄。通常有三种可供选择的形式。

1. 密集分销

密集分销即通过尽可能多的分销商销售其产品,使渠道尽可能加宽。这种策略的重心是扩大市场覆盖面或快速进入一个新市场,使众多消费者能随时随地买到该产品。消费品中的便利品、工业品中的标准件及辅助用品,适于采取这种分销形式,以提供购买上的最大便利。但这种策略也存在不足:由于中间商的经营能力、水平高低不同,生产者要花费较多精力和费用。

2. 独家分销

独家分销即在某一地区只选择一家中间商专门销售本企业产品。独家分销是最极端的形式和最窄的分销渠道,这一策略的重心在于控制市场,控制货源,以便取得市场优势。通常产销双方要协商签订独家分销合同,规定销方不得同时经营生产方竞争者的品牌,生产方则承诺在该地区市场范围内对该中间商独家供货。这种方式需要产销双方密切合作,适用于某些技术性强、具有品牌优势或者专门用户的产品,如青岛啤酒进入美国市场就运用了这种策略,作为独家经营的纽约布鲁克林公司做了大量的促销宣传,使青岛啤酒的知名度大增,价格比当地同类产品高出一倍,而且销路较好。独家分销对于生产者的好处是可以控制中间商,提高他们的经营水平,加强对顾客的服务;也有利于树立产品形象,增加利润;还可排斥竞争者利用此渠道。但这种方式也存在一定风险,如果中间商经营不善或发生意外情况,生产者就要蒙受损失。独家分销对于中间商的好处是,可以获得生产者对产品营销与广告活动的支持,销售独家产品线也可提高威望,独家品牌不会面临价格竞争,能取得比较稳定的收益。但中间商也将受到生产者一定程度的制约,且中间商在设备等方面要进行部分投资,一旦生产者失败或取消合同,中间商将蒙受较大损失。

3. 选择分销

选择分销即从所有适合经营本企业产品的中间商中精心挑选若干最适合的中间商销售其产品。这一策略的重心是维护本企业产品的良好信誉,建立稳固的市场竞争地位。消费品中的选购品、特殊品以及工业品中的某些零配件,最适合采用这种分销形式。它比独家分销面宽,有利于开拓市场,扩大销路,展开竞争;比密集分销面窄,既节省费用,又易于控制中间商,不必分散太多精力,有助于加强彼此间的了解和联系,密切产销关系。

(三)分销渠道成员的条件与责任

生产者在决定了渠道的长度和宽度之后,还必须规定各渠道成员参与交易的条件和应负的责任。在交易关系组合中,这种责任主要包括以下内容。

1. 价格政策

价格政策是关系到生产者和中间商双方经济利益的一个重要因素。生产者必须指定价格目录和折扣计划，该价格和折扣应是公平合理的，也是得到中间商认可的。

2. 销售条件

销售条件是指付款条件和生产者保证。如对提前付款的分销商给予现金折扣，对产品质量的保证，对市场价格下降时的降价或不降价的承诺等，以消除中间商的后顾之忧，促使其大量购买。

3. 经销区域权

经销区域权是渠道关系的一个重要组成部分。一般来说，中间商都希望了解生产者将在何地利用其他何种中间商，还希望在其区域内所发生的销售实绩能获得生产者的完全信任，而无论这些销售实绩是否是他们努力的结果，生产者对此应一一加以明确。

4. 各方面承担的责任

通常应通过指定相互服务与责任的条款，来明确各方责任。服务项目不明、责任不清，必然会影响到双方的经济利益及合作伙伴，不利于双方的共同发展，尤其是在选择特许经营和独家代理中间商时，更要规定得尽量具体、明确。例如，麦当劳向其特许经销商提供店面、促销支持、文件保管系统，培训，通用管理和技术支持等。与此对应，特许经销商必须达到有关物资设备标准，适应新的促销方案，提供所需信息及购买指定的食品原料等。

（四）评估销售渠道方案

在这一阶段，需要对几种初拟方案进行评估并选出能满足企业长期目标要求的最佳方案。评估标准主要有三个，即经济性、可控性和适应性。

1. 经济性标准

经济性标准主要是每一条渠道的销售额与销售成本之间的关系。在正常情况下，不同的分销渠道方案会有不同的销售额与渠道成本，生产者应对此做出评估，如生产者是利用自己的销售人员直接推销还是利用代理商销售。当销售额处于盈亏平衡点时，企业销售人员和销售代理商这两种分销渠道的成本相等；销售额小于盈亏平衡点时，利用代理商是较佳的分销渠道方案；销售额大于盈亏平衡点时，则由生产者直接销售为佳。一般来说，规模较小的企业或在较小市场从事营销的大企业，还是利用销售代理商为宜。

2. 可控性标准

在对销售渠道的控制方面，生产者自己直接销售肯定要高于销售代理商。这是因为销售商是独立的商业企业机构，有自身的经济利益，注重对商品购买有重大影响力、能为他带来最高收益的客户，而对一般生产者的产品不会特别感兴趣。此外，销售代理商对生产者产品的技术细节可能不甚了解，也很难有效地协助生产者开展促销活动。对此需要进行多方面的利益比较和综合分析。

3. 适应性标准

分销渠道的适应性也是生产者在评估时必须考虑的一个问题。生产者利用销售代理商，可能要与其签订几年的合同，如果在此期间市场环境发生变化，这些承诺将降低生产者的灵活性和适应性。为此，生产者应考察在每一种渠道方案中应承担义务与经营灵活性之间的关系，包括承担义务的程度和期限。对一种涉及长期承担义务的渠道的选择，应在经济或控制方面有非常优越的条件时，才予以考虑。

（五）销售渠道的管理

在选定分销渠道方案后，企业还需要完成一系列管理工作，包括对各类中间商的具体选择、激励、评估，以及根据情况变化调整渠道方案和协调渠道成员间的矛盾。

1. 选择渠道成员

为选定的渠道招募合适的中间商，这些中间商就成为企业产品分销渠道的成员。一般来说，那些知名度高、享有盛誉、产品利润大的生产者，可以毫不费力地选择到合适的中间商；而那些知名度较低，或其产品利润不大的生产者，则必须费尽心机，才能找到合适的中间商。不管是容易还是困难，生产者挑选中间商时应注意以下基本条件。

（1）能否接近企业的目标市场。

（2）地理位置是否有利。零售商应位于顾客流量大的地段，批发商应有较好的交通及仓储条件。

（3）市场覆盖面有多大。

（4）中间商对产品的销售对象或使用对象是否熟悉。

（5）中间商经营的商品种类中，是否有相互促进的产品或竞争产品。

（6）资金大小、信誉高低、营业历史的长短及经验是否丰富。

（7）拥有的业务设施情况如何。

（8）从业人员数量多少，素质高低。

（9）销售能力和售后服务能力的强弱。

（10）管理能力和信息反馈能力的强弱。

2. 激励渠道成员

各渠道成员的结合，是他们根据各自的利益和条件互相选择，并且以合同形式规定应有权利和义务的结果。一般来说，各渠道成员都会为了各自的利益努力工作，但是由于中间商是独立的经济实体，与生产者所处的地位不同，考虑问题的角度也不同，与生产者之间必然会产生矛盾。生产者要善于从对方的角度考虑问题，要明白中间商不是受雇于己，而是一个独立的经营者，有自己的目标、利益和策略。中间商首先是顾客的采购代理，其次才是生产者的销售代理，只有顾客愿意购买的产品，中间商才有兴趣经营。中间商一般不会对品牌分别做销售记录，有些原始资料也不一定注意保存，除非给予特殊的激励。因此，生产者要制定一些考核和奖励办法，对中间商的工作及时监督和激励，必要时也可给予惩罚，对于经营效果较好的中间商，应争取建立长期产销合作关系，也可派专人驻商店协助推销并收集信息。激励中间商的基本点是了解中间商的需要，并据此采取有效的激励手段。企业在处理与中间商的关系时，通常可采取合作、伙伴与经销规划三种方式。

（1）合作。大多数生产者为取得与中间商的合作，采用"胡萝卜加大棒"政策，软硬兼施。一方面，使用积极的激励手段，如高利润、特殊优惠待遇、额外奖金或广告津贴等；另一方面，采用制裁措施，对表现不佳或工作消极的中间商降低利率、推迟供货或终止合作关系等。这种政策的缺点是没有真正了解中间商的长处和短处，不关心他们的需要和问题,仅仅依据单方面的"刺激—反映"模式将众多的激励因素拼凑在一起,自然难以收到预期的效果。

(2) 伙伴。生产者着眼于与中间商建立一种长期的伙伴关系,达成一种协议。首先生产者要仔细研究并明确自己应该为中间商做些什么,如产品供应、市场开发、技术指导、售后服务和销售折扣等;也让中间商明确他的责任和义务,如他的市场覆盖面、市场潜量以及应提供的咨询服务和市场信息等,然后根据协议执行情况对中间商支付报酬并给予必要的奖励。

(3) 经销规划。这是一种最先进的激励方式。主要是建立一个有计划的,实行专门化管理的垂直营销系统,把生产者和中间商的需要结合起来。生产者在其营销部门中设立一个分销关系规划室,专门负责规划中间商的关系,其任务是了解中间商的需要,制订交易计划,帮助中间商实现最佳经营。具体做法是由该室与中间商共同决定产品销售目标、存货水平、产品陈列计划、销售培训计划和广告促销计划等,引导中间商认识到他们是垂直营销系统的重要组成部分,积极做好相应的工作,以便从中获得更高的利润。

总之,企业对中间商应当贯彻"利益均沾,风险共担"的原则,尽力缓和矛盾,密切协作,共同搞好营销工作。对渠道成员的激励是协调、管理分销渠道,使之有效运作的重要一环。激励方式很多,而且还要不断创新。

3. 评估渠道成员

对中间商的工作绩效要定期评估。评估标准一般包括销售指标完成情况、平均存货水平、产品送达时间、服务水平、产品市场覆盖程度、对损耗品的处理情况、促销和培训计划的合作情况、货款返回情况及信息的反馈程度等。一定时期内,各中间商实现的销售额是一项重要的评估指标。生产者可将同类中间商的销售业绩分别列表排名,目的是促进落后者进步、领先者努力保持绩效。但是,由于中间商面临的环境有很大差异,各自的规模、实力、商品经营结构和不同时期的重点不同,有时销售额列表排名评估往往不够客观。正确评估销售业绩,应在做上述横向比较的同时,辅以另外两种比较:一是将中间商销售业绩与前期比较;二是根据每一中间商所处的市场环境及销售实力,分别定出其可能实现的销售定额,再将其销售实际业绩与定额进行比较。正确评估渠道成员的目的在于及时了解情况,发现问题,保证营销活动顺利而有效地进行。

4. 调整销售渠道

企业的分销渠道在经过一段时间的运作后,往往需要加以修改和调整。原因主要有消费者购买方式的变化、市场扩大或缩小、新的分销渠道出现和产品生命周期的更替等。另外,现有渠道结构通常不可能总在既定的成本下带来最高效的产品,随着渠道成本的递增,也需要对渠道结构加以调整。渠道的调整主要有三种方式。

(1) 增减渠道成员。即对现在销售渠道里的中间商进行增减变动。做这种调整,企业要分析增加或减少某个中间商会对产品分销、企业利润带来什么影响,影响的程度如何,如企业决定在某一目标市场增加一家批发商,不仅要考虑这么做会给企业带来的直接收益,而且还要考虑到对其他中间商的需求、成本和情绪的影响等问题。

(2) 增减销售渠道。当在同一渠道增减个别成员不能解决问题时,企业可以考虑增减销售渠道。这时需要对可能带来的直接、间接反应及效益作广泛的分析。有时候,撤销一条原有的效率不高的渠道，比开辟一条新的渠道难度更大。

（3）变化分销系统。这是对企业现有分销体系、制度做通盘调整，如变间接销售为直接销售。这类调整难度很大，因为它不是在原有渠道基础上的修补、完善，而是改变企业的整个分销政策，会带来市场营销组合有关因素的一系列变动。

上述销售渠道调整方法，第一种属于结构性调整，立足于增加或减少原有渠道的某些中间层次或具体的中间商；后两种属于功能性调整，立足于将工作在一条或多条渠道的成员间重新分配。企业的现有分销渠道是否需要调整，调整到什么程度，取决于销售渠道和分销任务是否平衡。如果矛盾突出，就要通过调整解决问题，恢复平衡。

第四节 物流与供应链管理

商品流通是由商品收购、商品储存、商品运输和商品销售四个环节组成的。商品收购和商品销售是整个商品流通或某个流通阶段的起点和终点，商品储存和商品运输则是为了实现商品实体从购到销过程中的必要滞留和空间转移的中间环节。前面我们介绍了主要承担商品收购、商品销售的渠道成员——批发商和零售商。这里，我们将介绍承担商品储存和商品运输的渠道中介机构——物流机构。

一、物流的性质

"物流"一词源于英语的 logistics，原意是军事后勤保障。第二次世界大战后，物流的概念被广泛运用于经济领域。根据美国物流管理协会对物流的定义："物流是为满足消费者需求而进行的对原材料、中间库存、最终产品的相关信息从起始地到消费地的有效流动与存储的计划、实施与控制的过程。"该定义具体突出了物流的四个关键组成部分：实质流动、实质存储、信息流动和管理协调。物流是指对原料和最终产品从生产点向使用点转移，以满足顾客需要，并从中获利的实物流通的计划、实施和控制。物流的经济效果对社会再生产全过程的经济效果有着重大影响，这是因为物流的费用在产品成本中占有相当大的比例。西方一些国家分析表明，商品成本中，实物流通费用一般占产品成本的 15%～30%。日本曾经对部分企业进行调查，发现物流的费用平均占产品销售额的 10%～15%，个别产品如啤酒，高达 30.7%。这样看来，单纯注重生产、加工过程的效果是不够的，还必须重视研究实物流通的经济效果，即必须通过采用现代化的流通设施和经营管理方法，挖掘物流的潜力以求得信息灵敏、周转加快、效果提高、渠道畅通、费用降低和经济合理的综合效果，使物流成为"第三利润源泉"。

正是由于这一原因，许多企业在进行实体分销策略或选择物流机构时，往往会追求以最低的成本，将适当的产品在适当的时间，运到适当的地点的目标。但实际上如果公司要求每一个物流机构都尽力降低其成本，反而不能获得物流的效益，物流各环节发生的费用常常是从相反方向相互影响。比如说，装运部门会采用简易包装，利用便宜的装运工具进行装运工作，但这无疑会引起商品残损率上升；再比如，仓库的负责人总希望存货尽可能少来降低存货成本，但这一政策可能会造成商品脱销及所谓的"啤酒游戏"，最终因支付快速运货的高昂成本而得不偿失。所以在设计物流系统时，必须以整体最优化为策略基础。

物流不仅仅涉及一个成本问题，它也是制造需求的一个很有潜力的工具。公司可能通过改善物流活动，提高服务质量，降低价格，来吸引新的顾客。公司如果不能及时供应商品，就会失去顾客。1976年，柯达公司为其新开发的即时成像相机大做广告，但是零售店的铺垫工作没有做好，致使零售店大量缺货，使得许多原来有意购买的顾客转向其竞争品牌——宝丽来。

二、商品的储存

在流通过程中，大量的产品会不断地停留在流通的各个环节，形成商品储存，这也是物流系统的两大主要职能之一。加强储存管理，对于加速企业资金周转，降低流通费用具有重要的作用。实现商品储存这一职能的营销中介机构称为仓库。仓库是组织商品流通，进行储存及运输必不可少的物质技术基础，且在不同的流通环节中表现为不同类型、不同规模的组织形式。

仓库的分类方法有许多种，常见的几种分类方法为：按商品流通过程中担负的主要职能分类，按商品储存的不同保管条件分类，按仓库管理体制分类。其他还有按建筑结构分、按规模分、按仓库使用年限分等各种分类方法。在此，主要向大家介绍前三种分类方法。

1. 按照仓库在商品流通过程中担负的主要职能分类

按仓库的不同职能，即根据各种仓库在商品流通过程中所起的主要作用进行划分，主要有以下类型的仓库。

（1）采购供应仓库。其主要职能是集中储存从生产部门收购或从国外进口的商品。这种类型的仓库一般设置在商品生产集中的大、中城市，或沿海进口口岸的商品集中分运的交通枢纽所在地，且规模较大。

（2）商业批发仓库。其主要职能是迅速有效地补充零售企业的商品库存。这类仓库主要设在商品的最终消费地区。在一定区域内根据市场需要向批发商和零售商供货。

（3）商业零售仓库。其主要职能是为保证商品的日常销售所进行的短期的商品储存。这些仓库主要隶属于企业，常与零售商店设在一起，规模一般较大。

（4）商业中转仓库（为转运仓库）。其主要职能是储存商业运输过程中中转分运或转换运输工具的待运商品。转运仓库往往与运输部门关系紧密。

（5）战略储备仓库。其主要职能是用于储存国家战略储备物资，其规模大小不等。

（6）商业加工仓库。其主要职能是对某些商品进行必要的挑选、整理、分类、改装和简单的流通加工，以方便储存和适应市场销售需要。

2. 按照商品储存的保管条件分类

由于商品的物理、化学、生物性能不同，对场地、储存环境的要求也就各不相同。按仓库的保管条件可分为以下几种仓库。

（1）通用仓库。常用以储存一般没有特殊要求的工业品或农、副产品。这类仓库也叫作普通仓库，其技术装备比较简单，建造比较容易，适用范围也较为广泛。

（2）专用仓库。专门用以储存某类商品，如粮食、卷烟、酒等。对于这些商品一般要求由专仓、专库储存。与通用仓库相比，专用仓库在保管养护技术设备上要求较高，用途也比较专一。

（3）特种仓库。用以储存具有特殊性能，要求特别保管条件的商品。特种仓库包括冷藏库、石油库、化工危险库等。

3. 按仓库管理体制分类

按照管理体制，商业仓库还可以分为集中管理和分级管理两大类。

（1）仓库集中管理是指全公司只设一个仓库，只有一套物资收发存台账及储备定额，由公司集中管理。

（2）仓库分级管理是指全公司没有公司级、中心级、装置级等隶属不同管理级别的仓库，各仓库有各自的收发存台账和储备定额，仓库之间彼此独立管理，业务上属上下级关系。

三、商业运输

商业运输是商品流通领域的又一重要环节，是整个货流体系的一个重要分支。它如同一面镜子，反映出国家各经济区间联系的程度、交通运输网的发展变化以及运输方式的发展与变化。尤其是运输方式的更新会对商业运输产生深远的影响，是影响商业运输最重要的因素。

（一）公路运输

由于我国的商业活动仍以区域性为主，因此，公路运输仍是地区性运输的中坚力量。公路运输成为商业运输中最为重要的运输方式。公路运输具有机动、灵活、迅速、装卸方便、覆盖面广等特点，对于深入地区各级市场，加入地区间的商品交流起到了非常重要的作用。尤其是随着高速公路网的逐步建立，公路运输已经向中长距离运输发展，大大开拓了运输的范围，其在商业运输中的作用与地位得到了进一步的加强。另一方面，作为公路运输主要运载工具的汽车，也在近几年内发展迅速。大货运量、长距离运输等功能的加强，使得越来越多的汽车加入了中长距离运输的队伍。而且，汽车还拥有迅速将商品集中、分流的功能，这一点是其他运输方式无法做到的。所以，近年来的汽车运输大有取代铁路运输和水路运输之势。

（二）铁路运输

铁路运输曾经是我国最主要的运输方式之一，约担负全国二分之一的货运任务。但是，近年来随着高速公路网的建设、航空货运的发展，铁路运输的地位大大下降了。尽管如此，由于其货运能力大、运行速度快、连续性强、管理高度集中的特点，迄今仍然在中长途运输中担任着重要的角色。铁路运输的工具是火车。在铁路上使用的装运货物的车辆种类很多，按其主要类型可分为棚车、邮车、煤车、罐车、保温车和特种车等。

（三）水路运输

水路运输又称水运，是我国最为古老的运输方式之一。早在隋唐年间，京杭大运河就承担起了南北水路运输的主要任务。水运具有载重量大、运费低廉的优点，在一定程度上弥补了它速度慢的缺点。我国的水运主要是利用天然水道结合人工运河形成的纵横交错的水路网进行商品的运输。尤其是在东西向的运输中，水路运输承担了相当大的比重。水路运输的主要工具是船舶，分为客货船和货船两种。其中货船是专门用于装运货物的，而客货船则以承担客运为主，并承担部分货运。

（四）航空运输

与水运相比，航空运输属于一种新兴的运输方式。它的特点与水运恰好相反，运输速度快，但装载量小，运费高昂，不适于大量运送商品。现在常用于鲜活商品（如海鲜、鲜花）和急运商品的运输。

（五）多种运输方式的综合运用

由于各种运输方式都有各自的优缺点，所以仅靠单一的运输方式是难以达到商业运输"及时、准确、安全、经济"的总体要求的。综合利用各种运输方式，是合理调整公路、铁路运输工作的关键所在。联合运输是一种综合性的运输业务，它涉及面广、业务环节多，要使商品从起运地到目的地整个运输过程能够顺利地运行，就必须有严格的规章制度来保证。联运包括四种常见的方式，如猪背联运（铁路和卡车联合运输），鱼背联运（水路和卡车联合运输），水陆联运（水路和铁路联合运输）和空陆联运（航空和卡车联合运输）。现在的托运人越来越多地将两种以上的运输方式结合起来。

四、商品运输费用

商品运输的最优化不仅仅需要合理调整商品的运量，而且还要求尽力使成本低廉化，因此合理控制运输费用也是使商品运输最优化的一个重要因素。商品运输费用是商业企业为实现商品运输而支付的有关费用，包括将商品从发送地送到目的地所支付的全部费用。它是商品流通费用的重要组成部分，一般要占到30%左右。另一方面，运输费用的多寡也可以作为考核商品合理运输的一个指标，从而为建立健全商业储运网络，合理选择运输方式提供可靠的依据。

（一）商品运输费用的基本构成

如果作为企业属下的运输部门来进行运输活动，那么商品运输费用包括实际运费、运输中的各项杂费、从事商品运输工作人员的费用、从事运输工作的物资消耗费用以及必要的管理费用等。这种核算方法也是实行独立核算的专业化运输企业通常使用的。如果是由企业的运输部门进行商品的运输工作，那么商品运输费用则主要由商品运费和商品运输杂费组成。

（二）商品运输费用的核算

1. 商品的运费

商品的运费是商品运输费用的主要构成部分，要对商品的运费进行核算，首先需要了解商品运输的里程、商品的运价率和商品计费重量等条件与资料。其一般的核算程序如下：

（1）确定商品运价里程。

（2）确定商品适用的运价率。

(3) 确定商品计费重量。
(4) 商品运费的计算。其计算公式如下：

铁路、水路和航空运费=商品计费重量×适用商品运价率

公路运费=商品计费重量×商品运价里程×适用商品运价率

式中，商品运价里程是指发送地与目的地间的最短路径里程。

2．商品运输杂费

商品运输杂费是指付费方向收费方交付用以补偿运输过程中的辅助性或服务性的劳动消耗的费用。其项目比较复杂，通常包括装卸费、港务费、储存费、中转服务费等。而且在各个地区适用范围的费率有可能不同，所以商品运输杂费的计算公式如下：

商品运输杂费=计费重量×适用地区的适用费率

在进行杂费的计算时，也需要考虑到运输方式不同所造成的适用费率的区别，这样才能做到杂费计算的合理准确。在实际的运费计算中，我们还会碰上许多问题。例如，在联运情况下如何采用适当运价率和运价里程等。而且我国的流通行业也正在发生着迅速的变化，各种制度、计算方法都会随之变化，并进一步趋于完善。

五、物流现代化

随着市场经济的发展，流通的作用越来越重要。商品流通包括商流、物流、信息流与资金流，是"商品所有者的全部相互关系的总和"。1997年召开的"亚太国际物流会议"上，一些中外著名人士指出，中国如何较快地构筑一个可以将适当的商品，按适当的数量，以适当的方式，在适当的时间，供应到适当的地点的高效率的物流体系，是国民经济发展中不可回避的一个重大课题。我国国民经济的现代化，离不开流通渠道的现代化，而流通渠道的现代化也离不开物流的现代化。

（一）现代物流的特点

现代物流一个明显区别于传统物流的特点是：传统物流是生产企业自己办物流，其特点是"小而全""大而全"；现代物流则是第三方物流（Third Part Logistics，3PL），也称"代理物流"。它是指由物流劳务的供、需方以外的第三方（专业物流公司）去完成物流服务的物流运作方式。物流业发展到一定阶段必然会出现第三方物流，而且第三方物流的占有率与物流产业的水平之间有着非常紧密的相关性。西方国家的物流业实证分析证明，独立的第三方物流至少占社会的50%时，物流产业才能形成。所以，第三方物流的发展程度反映和体现着一个国家物流业发展的整体水平。第三方物流随着物流业发展而发展，是物流专业化的重要形式。由于专业化程度提高，第三方物流能够有效地降低企业的运营成本。除此以外，随着互联网时代的来临，现代物流具备了一系列新特点。

1．信息化

互联网时代，信息化是现代物流发展的必然要求。物流信息化表现为物流信息的商品化、物流信息收集的数据库化和代码化、物流信息处理的电子化和计算机化、物流信息传递的标准化和实时化、物流信息存储的数字化等。因此，条码技术（Barcode）、数据库技术（Database）、电子订货系统（Electronic Ordering System，EOS）、电子数据交换（Electronic

Data Interchange，EDI）、快速反应（Quick Response，QR）及有效的客户反映（Effective Customer Response，ECR）、企业资源规划（Enterprise Resource Planning，ERP）等先进技术与管理策略在发达国家的物流中已经得到普遍的应用。

2．自动化

自动化的基础是信息化，自动化的核心是机电一体化，自动化的外在表现是无人化，自动化的效果是省力化。另外，自动化还可以扩大物流作业能力，提高劳动生产率，减少物流作业的差错等。物流自动化的设施非常多，如条码/语音/射频自动识别系统、自动分拣系统、自动存取系统、自动导向车、货物自动跟踪系统等。这些设施在发达国家已普遍用于物流作业流程中。

3．网络化

物流领域的网络化有两层含义：一是物流配送系统的计算机通信网络化，包括物流配送中心与供应商或制造商的联系要通过计算机网络。另外，与下游顾客之间的联系也要通过计算机网络通信，如物流配送中心向供应商提出订单这个过程，就可以使用计算机通信方式，借助于增值网（Value Added Network，VAN）上的电子订货系统（EOS）、电子数据交换技术（EDI）来自动实现，物流配送中心通过计算机网络收集下游客户订货的过程也可以自动完成。二是组织的网络化，即所谓的组织内部网（Intranet）。例如，台湾的电脑业在20世纪90年代创造出了"全球运筹式产销模式"，这种模式基本是按照客户订单组织生产，生产采取分散形式，即将全世界的电脑资源都利用起来，采取外包的形式将一台电脑的所有零部件、元器件、芯片等外包给世界各地的制造商去生产，然后通过全球的物流网络将这些零部件、元器件和芯片发往同一个物流配送中心进行组装，由该物流配送中心将组装的电脑迅速发给客户。可见，物流的网络化成为互联网条件下物流活动的主要特征。

4．智能化

这是物流自动化、信息化的一种高层次应用，物流作业过程大量的运筹和决策，如库存水平的确定、运输（搬运）路径的选择、自动导向车的运行轨迹和作业控制、自动分拣机的运行、物流配送中心经营管理的决策支持等问题都需要借助于大量的知识才能解决。在物流自动化的进程中，物流智能化是不可回避的技术难题。好在专家系统、机器人等相关技术在国际上已经有比较成熟的研究成果。为了提高物流现代化的水平，物流的智能化已成为互联网下物流发展的一个新趋势。

5．柔性化

柔性化本来是为了实现"以顾客为中心"理念而在生产领域提出的，但要真正做到柔性化，即真正地根据消费者需求来灵活调节生产工艺，没有配套的柔性化的物流系统是不可能的。20世纪90年代，国际生产领域纷纷推出柔性化制造系统（Flexible Manufacturing System，FMS）、计算机集成制造系统（Computer Integrated Manufacturing System，CIMS）、制造资源系统（Manufacturing Requirement Planning，MRP）、企业资源规划（Enterprise Resource Planning，ERP）以及供应链管理的概念和技术。这些概念和技术的实质是将生产、流通进行集成，根据需求而发展起来的一种新型物流模式。这就要求物流配送中心要根据消费需求（"多品种，小批量，多批次，短周期"）的特色，灵活组织和实施物流作业。

另外，物流设施、商品包装的标准化，物流的社会化、共同化也都是现代物流的新特点。

（二）现代物流在世界上的发展状况

1．美国

美国的全国物流体系的各组成部分均居世界领先地位，而其中尤以配送中心、速递、企业物流等最为突出。美国物流模式强调"整体化的物流管理系统"，是一种以整体利益为重，冲破按部门分管的体制，从整体进行统一规划管理的方式。

（1）配送中心。美国连锁店的配送中心有多种，主要有批发型、零售型和仓储型三种类型。它们的代表企业是人们熟知的加州食品配送、沃尔玛公司配送和福来明配送。

（2）跨地区速递。UPS代表着世界运输和速递业务的最高水准。它运用了先进的物流和计算机技术，建立起了一个覆盖世界各地的发送中心网络以及详细的计划和联合作业。其经营指导思想由动作的效率和可靠性转向顾客导向，将每位顾客的需求放在第一位。

（3）传统企业物流——惠尔浦公司。解决物流管理问题的办法是委托给第三方物流企业，第三方物流企业和生产企业之间建立的是同盟关系，突出物流功能不可分割的特征，保障物流管理的效率。

（4）电子商务企业物流——亚马逊公司。亚马逊公司虽然已建立大型仓储中心，但在"门到门"的配送上，亚马逊自始至终都坚持外包出去，这样它就可以将精力集中于生产和经营活动上。

2．日本

日本物流发展迅猛，其中零售业的伊藤便利、制造业的花王公司、第三方物流的菱食株式会社是突出代表，它们的成功大致可归结为以下原因。

（1）政府对物流基础的概念、商流、物流、信息流的系统化的具体内容进行了规定。

（2）企业对物流的改选。日本企业分销渠道的复杂性减缓了物流方面的发展。那些在物流方面成绩突出的企业是对渠道和物流进行改选，并将这两方面结合得非常好的企业。

（3）对电子订货系统的推广也是其发展较好的原因。

（三）中国物流业的发展趋势

1．企业规模化

现代配送系统趋向于多品种、小批量化，然而，没有规模就没有效益。中国物流企业面临的竞争来自于国内外两方面，一些国营储运公司，规模虽大但存在体制不灵活的问题；一些新型物流公司大多规模偏小。这些物流企业在竞争中求联合，都在依据双赢战略选择战略伙伴。可以预见，物流企业的强强联合趋势将加强，我国现代化超大型物流企业将出现在历史舞台上。

2．管理信息化

在电子商务时代，物流信息是电子商务的必然要求，物流信息化表现为物流信息的商品化、物流信息收集的数据库化和代码化、物流信息处理的电子化和计算机化、物流信息传递的标准化和实时化、物流信息存储的数字化等。信息化是一切的基础，没有物流的信息化，任何先进的技术设备都不可能用于物流领域。信息技术及计算机技术在物流中的应用将会彻底改变世界物流的面貌。

3. 系统网络化

物流的网络化是电子商务时代物流活动的主要特征之一。当今世界全球信息网络资源的可用性及网络技术的普及为物流的网络化提供了良好的技术支持，物流网络化必将迅速发展。在互联网时代，供应链理论得到发展与普及，网络技术的兴起使得全球范围内供应链不断地产生变革，从而使得流通业的经营理念全面更新。以往商品经由制造、批发、仓储和零售各环节间的多种复杂途径，才能到达消费者手里。而现代流通业已简化为可以由制造业经配送中心而直接送到各零售点。互联网使供应链变得透明而紧凑，为物流业带来了新的发展机遇。物流企业必须努力把握新的机遇，用新思想和新技术武装自己，以便在互联网时代供应链变革的过程中求得发展。今后数年，全国性物流系统的基础建设，如大型物流中心的建设，将会有较快的发展，现代化的物流配送系统也将逐步成熟。

4. 经营全球化

由于电子商务的出现加速了全球经济的一体化，致使物流企业的发展趋向多国化、全国化的模式。我国有远见的物流企业都在积极关注互联网技术的发展，积极开发或改进多功能物流信息平台，以求把本企业的业务活动提高到新的水平，并且尽快地融入一体化的物流网络。现在，世界500强企业已有400多家进入中国市场，今后必将有更多的跨国公司、大企业进入中国的制造业和流通业。自加入WTO以后，由于和世界经济接轨，中国经济现代化的速度越来越快，对于物流业的发展起到了有力的推动作用。许多跨国物流公司为了在中国这个世界未来最大的物流市场中占领一席之地，已在中国建立了办事处或建立了企业，这将加速中国地区物流网络的全球化。

5. 服务一体化

大力发展第三方物流，加强增值服务是今后物流业发展的一个重要方向。作为一种战略概念，供应链也是一种产品，而且是可增值的产品，其目的不仅是降低成本，更重要的是提供用户期望以外的增值服务。在引进国外信息技术和管理模式的基础上，国内的第三方物流服务产业近期有较大幅度的增长。各种增值服务也将成为第三方物流服务的重要内容。

六、供应链管理

供应链管理作为一种新的学术概念首先在西方被提出来，很多人对此进行研究，企业也开始了这方面的实践。具有世界权威性的《财富》杂志，就将供应链管理能力列为企业整个生产经营活动方面的核心能力。加强供应链管理对于广大企业提高竞争力将是十分重要的。

（一）供应链及供应链管理的定义

企业从原材料和零部件采购、运输、加工制造、分销直至最终将产品送到顾客手中的这一过程被看成是一个环环相扣的链条，这就是供应链。供应链的概念是从扩大的生产（Extended Production）概念发展来的，它将企业的生产活动进行了前伸和后延。例如，日本丰田公司的精益协作方式就将供应商的活动视为生产活动的有机组成部分而加以控制和协调，这就是向前延伸。后延是指将生产活动延伸至产品的销售和服务阶段。因此，供应链就是通过计划（Plan）、获得（Obtain）、存储（Store）、分销（Distribute）、服务（Serve）等活动在顾客和供应商之间形成一种衔接（Interface），从而使企业能满足内外部顾客的需求。

供应链与分销渠道的概念有联系也有区别。供应链包括产品到达顾客手中之前所有参与供应、生产、分配和销售的公司和企业，因此其定义涵盖了分销渠道的概念。供应链对上游的供应者（供应活动）、中间的生产者（制造活动）和运输商（储存运输活动），以及下游的消费者（分销活动）同样重视。

（二）供应链管理与物流管理的关系

供应链管理是物流管理发展到一定阶段的产物。就现代物流而言，它的形成可以概括为三个阶段。

（1）20世纪60~70年代初期为第一阶段，称作"实体分配"阶段。通过对与实物配送有关的一系列活动进行系统管理，以最低的成本确保把产品有效地送达顾客，注重制成品到消费者的环节。

（2）20世纪70年代初期到80年代为第二阶段，称作"综合物流管理"阶段。它是在实物配送的基础上，引入了物流管理的新概念和新技术，使实物配送与物流管理相结合，改进了物流系统的管理水平，大大提高了经济效益和社会效益。

（3）20世纪80年代后期，称作"供应链管理"（Supply Chain Management，SCM）阶段。供应链管理摒弃了局部管理的思想，采用系统论的观念和方法对物流系统进行管理，因而它是一种整体优化的管理模式，强调的是物流系统的整合。

供应链管理是对物流管理的优化和整合。供应链管理不仅仅是物流管理的逻辑延伸，它主要关注在组织内部对"流"的优化，并认识到仅仅由其自身进行内部整合是不够的。整合发展演化的过程：第一阶段，每个商业功能都是独立的。第二阶段，公司开始认识到要在临近的功能之间进行整合。第三阶段，建立和实施一种"端一端"的计划框架。第四阶段，是真正的供应链整合，与第三阶段相比，将上游延伸至供应商，下游延伸至客户。这就是物流管理与供应链管理的最关键和重要的差别所在。

物流从本质上讲，是设计导向和框架，寻求在一个商业活动中制订单一的产品流和信息流计划。而供应链管理是建立在这一框架的基础上，寻求在其组织与供应商和客户的过程之间实现连接和协调。因此，供应链管理是为了使供应链上的所有合作者获得更多的利润而基于"联系"的管理。供应管理着眼于合作和信任。

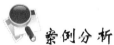

案例分析

在企业销售费用日益提高的情况下，与一些大的连锁家电专业店合作，成为很多家电制造企业的选择。但是，彩电经销商"店大欺客"已经不是什么秘密了，一个品牌的彩电要想进入某销售系统销售，必须缴纳一些不太合理的"入场费""促销费"，甚至被动提供一些"店庆"的"特价机"，同时还要事先铺大量的货，即使彩电已经卖出多时也未必能结回货款。然而在彩电已经是微利行业的今天，很多厂家很难承受这样的待遇，但如果自己做渠道会产生很大的成本。因此，较量就在厂家与商家之间悄无声息地但又无时无刻地上演着。

在乐华电子公司的代理制体系中，主要推行的一项规则是"现款现货"，即把原来花在一些分公司上的钱和库存费用，返还给经销商，以提高经销商的积极性。由于部分经销商已经形成了长期实行的赊销习惯，因此对于"现款现货"必然存在一定的抵触。能接受当然对于双方都是好事，但如果无法磨合成功，显然只能取消合作。乐华总经理封安生就承认，在北京确实已有少部分经销商暂时取消了合作。

"国美的策略其实也不是什么错误，事实上国外很多大商场也是要收进场费的，但有一点，它们的结款速度很快，而且像沃尔玛这样靠走量的超市对于销售仍然是十分有利的，而且即使是不收进场费，如果卖到一定的量，达到一定的结款速度，厂家自己就会返给商家一定的点。因此，很多厂家还是千方百计地把自己的产品推向商家，因为它至少占了一方面——结款速度快"，一位不愿透露姓名的业内人士对记者说。

客观地讲，实行代理制后，代理商必须"现金现货"，而厂家则可以拿着代理商的钱去生产产品，这其实意味着大部分的经营风险都转嫁到代理商头上了。但代理商能否买账，就要看企业的实力了。

在日用化工产品上居于领先地位的宝洁，就把其出售的商品回款期定为 7 天，这一制度在国内绝大部分地区不折不扣地执行，这和宝洁的实力和信誉有很大的关系，乐华能否真正推行"现款现货"的代理制，最终要解决的恐怕更应该是如何提升企业竞争力和品牌价值的问题。

案例来源：http://btdcw.com/btd_3egre84fwm7dd7d92wvo_2.html

 营销实训项目

一、实训目标

通过实训，使学生掌握分析渠道模式分析方法，以及分销渠道决策技巧和产品实体分销技术，能够依据所依赖的环境、企业和产品特点选择分销渠道和制定分销渠道策略，具有产品实体分销能力。

二、实训内容和操作步骤

（一）技能训练

（1）请学生为以下产品设计分销渠道。

化妆品、报纸、刊物、机床、钻石、洗衣粉、皮尔卡丹服装

（2）耐克在六种不同类型的商店中销售其生产的运动鞋和运动衣，分析耐克分销渠道的类型。

① 体育用品专卖店，如高尔夫职业选手用品商店。

② 大众体育用品商店，供应许多不同样式的耐克。

③ 百货商店，集中销售最新样式的耐克产品。

④ 大型综合商场，仅销售折扣款式。

⑤ 耐克产品零售商店，设在大城市中的耐克城，供应耐克的全部产品，重点是销售最新款式。

⑥ 工厂的门市零售店，销售的大部分是二手货和存货。

（二）职业能力开发

1．开发学生的市场调研能力

● 目标

帮助学生提升营销渠道把握能力。

● 内容

调查学校所在地一房地产公司营销渠道现状、存在的问题及创新对策。

● 步骤

（1）学习分销渠道有关知识。

（2）把班级同学分成若干组，每组选择学校所在地的一家房地产公司。

（3）实地调研房地产公司分销渠道现状。

（4）小组成员一起分析公司分销渠道的特点、优势、问题和解决对策。

（5）班级交流。

（6）老师点评。

2．开发学生的产品开发与管理能力

● 目标

帮助学生实际体验产品策略的制定。

● 内容

选择自己熟悉并感兴趣的产品类型，为该产品推出相关的新产品。

● 步骤

（1）将班级学生按5～8人分成小组。

（2）以小组为单位组织调查、分析，界定这一新产品的目标顾客及主要的顾客需求。

（3）界定并明确表述这一产品的基本属性。

（4）为这一新产品设计品牌名称及品牌标志。

（5）为这一新产品设计包装。

（6）设计新产品的上市销售计划。

（7）各组将设计方案交老师审阅评分。

3．开发学生的价格制定与调整能力

● 目标

帮助学生了解和掌握渠道成员之间的价格差异。

● 内容

某制造商产品要通过批发商、专业批发商、零售商三层渠道模式才能把产品销售给消费者，请你为不同渠道成员设计销售价格。

● 步骤

（1）分析计算产品制造总成本。

(2) 分析得出对该产品可能接受的价格。
(3) 分析各层次渠道成员销售本产品的成本及利润。
(4) 确定该产品最终零售价及各层次的价格折扣。

4. 开发学生的销售促进能力
● 目标
帮助学生掌握大客户跟踪销售需要技能。
● 内容
保持与大客户的联系。
● 步骤

(1) 让学生明白 80/20 理论，即推销员 80%的销售业绩来自于 20%的客户。这 20%的客户就是与推销员需要建立长期合作关系的客户。
(2) 让学生通过讨论，提出推销员与大客户建立长期合作关系的措施。
① 明确跟踪的对象，建立客户资料档案。
② 通过各种方式与客户保持联系。
③ 满足大客户的防范。
④ 防范大客户流失。

营销实践练习

一、单项选择题

1. 经纪人和代理商属于（   ）。
   A．零售商　　　　　B．批发商　　　　　C．供应商　　　　D．公众
2. 中间商处在（   ）。
   A．生产者与生产者之间　　　　　　B．消费者与消费者之间
   C．生产者与消费者之间　　　　　　D．批发商与零售商之间
3. 我们通常所说的一个企业经营着多少产品品类，指的就是产品组合的（   ）。
   A．宽度　　　　　　B．深度　　　　　　C．长度　　　　　D．相关性
4. 某车站在站前广场增设多个广场售票点，这属于（   ）分销渠道。
   A．延长　　　　　　B．缩短　　　　　　C．拓宽　　　　　D．缩窄
5. 产品的重量和体积越大，其分销渠道越（   ）。
   A．长　　　　　　　B．短　　　　　　　C．宽　　　　　　D．窄

二、多项选择题

1. 垂直市场营销系统的主要形式主要有（   ）。
   A．集中式　　　　　B．分散式　　　　　C．公司式
   D．管理式　　　　　E．合同式

2. 下列属于零售商的是（　　）。
   A．百货商店　　　　B．超级市场　　　C．便利店
   D．折扣商店　　　　E．连锁商店
3. 下列属于影响销售渠道选择的市场因素有（　　）。
   A．目标市场范围　　B．顾客的集中程度　C．顾客的购买量、购买频率
   D．消费的季节性　　E．竞争状况
4. 企业在选择销售渠道时所做出的决策，其过程包括（　　）。
   A．确定渠道模式　　B．确定中间商数量　C．分销渠道成员的条件与责任
   D．评估销售渠道方案　E．销售渠道的管理
5. 商业运输方式是影响商业运输最重要的因素。下列属于商业运输方式的是（　　）。
   A．公路运输　　　　B．铁路运输　　　C．水路运输
   D．航空运输　　　　E．多种运输方式的综合运用

三、判断题

1. 自己进货，并取得产品所有权后再批发出售的商业企业是经纪人或代理商。
（　　）
2. 佣金商对生产者委托代销的物品没有经营权。（　　）
3. 新型商店的出现是为了满足顾客对服务水平和具体服务项目的各种不同的偏好。（　　）
4. 企业一般根据竞争者的现行顾客服务水平来确定自己的顾客服务水平。（　　）
5. 如果存货、仓储和运输单位的决策中心的经营状况良好，并且都能降低个别单位的成本，总系统的物流成本降到最低限度，那么该物流系统是有效的。（　　）

四、案例分析题

江苏春兰集团实行的"受控代理制"是一种全新的厂商合作方法。代理商要进货，供销员必须提前将货款以入股方式先交给春兰公司，然后按全国规定，提走物品。这一高明的营销战术，有效地稳定了销售网络，加快了资金周转，大大提高了工作效率。当一些同行被"互相拖欠"拖得精疲力竭的时候，春兰却没有一分钱拖欠，几十亿流动资金运转自如。目前，春兰公司已在全国建立了13个销售分公司，同时还有2 000多家经销商与春兰建立了直接代理关系，二级批发，三级批发，加上零售商，销售大军已达10万之众。

春兰的经验虽然简单易行，但并不是所有的企业都能一下子学到手。因为春兰用于维系经销商的手段并非单纯是"金钱"（即预付货款），更重要的是质量、价格与服务。春兰空调的质量，不仅在全国同行首屈一指，而且可以同国际上最先进的同类产品媲美。其次，无论是代理商还是零售商，都要从销售中获得理想的效益，赔本交易谁也不会干的。而质量一流的春兰没有忘记给经销商更多的实惠。公司给代理商大幅度让利，有时甚至高达售价的30%，年末还给予奖励。这一点，许多企业都难以做到。有的产品稍有点"名气"就轮番提价，想把几年的利润在一个早晨就通通挣回来，根本不考虑代理商和经销商的实际利益。再次是服务。空调买回去如何装？出了毛病找谁？这些问题不解决，要想维系经销商也是很难的。春兰为了免除10万经销商的后顾之忧，专门建立了一支庞大的售后服务

中心，近万人的安装、调试、维修队伍。他们实行 24 小时全天候服务。顾客在任何地方购买了春兰空调，都能就近得到一流的售后服务。春兰正是靠这些良好的信誉维系经销商的。10 万经销商也给了春兰优厚的回报：他们使春兰空调在国内市场上的占有率达到了 40%，在同行各企业中遥遥领先。

问题：

（1）春兰公司维系经销商的成功经验给我们哪些启示？

（2）企业怎样正确处理经销商拖欠货款与维持拓展渠道网络的关系？

第九章 促销策略

 案例导入

"每逢佳节倍思亲,您的爱心我传递。"活动期间,凡是在我店消费满300元的客户,我店将赠送您一盒月饼一张贺卡,并免费为您邮递到您指定的任意地点,来传递您对家人朋友的"爱心与思念"。这是我们给某著名鞋业专卖店,针对其消费人群外地人口居多的特征而设计出的中秋促销活动。该活动最终大获成功,创造出当地最高的单天销售记录。

其实当地在中秋期间买东西送月饼的商家并不少,但是能加贺卡并替客户免费送到指定地点的却只有我们一家。事后统计,每盒月饼加邮递的成本是90元,平均每销售350元送出一套,实际上就是在打7.5折销售。这个活动成功的关键在于,我们发现随着人们生活水平的提高,买月饼自己吃的人已经非常少了,几乎都是作为礼品送朋友和家人的,月饼更多的含义已经不再是食品,而是一种代表"爱心和思念"的礼品。每个人都有"爱心和思念"的情感,尤其是那些常年在外打工的游子,但有时候是因为传递这种情感的方式太麻烦、太复杂而被淡化,当我们能够制造出这种轻松的传递方式的时候,多数人是愿意参与进来,表达这种"思念和爱心"的。设计出这个促销方式的灵感是来源于编者一位做电子商务的朋友在历年的中秋节不是简单地给员工发月饼,而是给员工家人邮递月饼并写感谢信的方式。

案例来源:http://www.51kids.com/KidsNews/2014-8-25/119272.html

第一节 促销与促销组合

一、促销

(一)促销的含义

促销一般被理解为促进产品销售,是市场营销组合的又一重要组成部分。它是企业以满足消费者需要为前提,为激发顾客的购买欲望,影响他们的消费行为,扩大产品的销售而进行的一系列宣传报道、说服激励等促进工作。具体包括沟通买卖双方的意向、传递信息、确定目标、拟订方案、评价及选择最佳途径,最后促进人们购买行为来开拓市场,从而在消费者心中树立起企业的形象。

(二)促销的手段

促销作为企业与市场联系的主要手段,包括多种活动。

1. 人员推销

人员推销一般有以下两种形式。

（1）企业派出推销人员与消费者或用户直接面谈推销业务。通过面对面的交谈，向消费者或用户介绍产品，传递信息。

（2）生产企业设立销售门市部，通过销售人员向消费者或用户推销产品，传递信息；或者利用专家以自己的专业知识向消费者传递商品信息；或者利用消费者的亲朋好友，在日常交往中进行宣传，介绍产品。

2. 非人员推销

非人员推销一般有以下两种形式。

（1）广告。广告是通过一些广告媒体向消费者宣传商品，传递信息，其特点是在推销人员来到前或到达不了的地方向更多的人宣传商品，即通过非企业所有的媒介物向市场传递信息。

（2）营业推广。营业推广是为了刺激消费者立即采取购买行动而进行的一种特殊促销方式（如展销），是通过企业所有的媒介物向市场传递信息。

3. 公共关系

公共关系，又称公共宣传。从促销的角度来谈公共关系，只是广义的公共关系的一小部分，是为了使潜在消费者对本企业的商品产生好感，扩大企业知名度，向广大消费者制造舆论而进行的宣传。公众宣传的媒介物通常是广播、电视、报纸等，这与广告的媒介物是相同的。但广告是有偿付费的，而公众宣传则是无偿地向公众提供信息。企业对于信息的内容、方式与传播方法，通常既不能计划也不能控制。

以上促销手段，各有其特点和适用范围。一般来说，单位价值高的新产品，本地产本地用的产品，根据用户需求特点设计的产品，以及性能结构复杂、需要示范的产品，适宜用人员促销。这类产品的市场相对比较集中。而价值比较低的日常生活用品、方便产品，以及企业需要以最快速度抢先占领市场的产品，适宜用非人员促销。这类产品的市场范围较大，市场需求有看涨的趋势，通过进一步宣传就能大幅度地提高市场占有率。

（三）促销的作用

促销的主要任务是传递信息、增加销售。归纳起来，主要有以下几个方面的作用。

1. 提供信息

一种产品进入市场以后，甚至在产品未进入市场之前，企业为了让更多的用户了解这种产品，激发他们的购买欲望，需要通过适当的促销手段，向用户及时提供有关产品的信息，以引起他们的注意。大量的中间商要采购适当商品也需生产企业提供信息。同时，中间商也要向消费者介绍商品，提供信息，吸引更多的顾客，从而扩大销售。

2. 扩大需求

生产企业向中间商和消费者宣传介绍商品，不但可以诱导需求，有时还能创造需求。尤其是在某种商品的销售量下降时，通过适当的促销活动，可以促使需求得到某种程度的恢复。为此，传递信息的内容和形式应该与消费者或用户的购买心理的变化过程相吻合，唤起消费者产生购买某种商品的欲望，而且还要将其逐步诱导到更高的阶段。

3. 突出特点

在同类商品竞争比较激烈的市场上，由于商品较多，并且相互之间的差别细微，消费者的辨认和识别就显得很困难。这时，企业可以通过适当的促销活动，宣传本企业的产品区别于竞争产品的不同之处，使消费者加深对本企业产品的了解，认识到本企业产品的使用能够带来的特殊利益，刺激消费者的购买欲望，最终促成销售的实现。

4. 稳定销售

由于市场竞争日益激烈和企业自身的各种因素，使有的企业全年销售量呈曲线式波动，这是市场地位不够稳定的表现。为使更多的消费者或用户形成对本企业产品的"偏爱"，扩大市场的规模，达到稳定销售的目的，企业仅有质量上乘的产品和通畅的流通渠道是不够的，还必须通过本企业得力的促销活动，使消费者在市场竞争中能够识别本企业的产品，加深对本企业产品的了解，从而促进购买，达到稳定销售、稳定企业市场地位的目的。

5. 协调配合

促销是企业市场营销组合的重要组成部分，而且是最灵活的部分，因而具有协调和配合其他营销策略的作用。促销的这种协调配合作用，有助于树立企业及产品的特色，有助于企业整体战略的实施及总体营销目标的实现。

二、促销组合

（一）促销组合的含义

促销组合，就是企业为取得最佳的促销效果，有目的、有计划地把人员推销、广告、营业推广和公共关系等促销手段有机地结合起来，综合运用，形成一个整体的促销策略。促销组合的基本原则是促销效率最高而促销费用最低，即各种形式的结合是相辅相成、补充而不重复、协调而不矛盾、效果最佳而不浪费的配合。

（二）企业制定促销组合时应考虑的因素

在实际工作中，企业应依据以下几个因素来决定促销组合。

1. 产品的性质

对于不同性质的产品，消费者的购买动机和购买行为是不同的，因而所采用的促销组合必须有所差异。一般来说，从事消费品经营的企业，较多地使用广告促销。因为消费品的购买频率高，分布面广，顾客众多，而每一次的购买量又比较少，使用人员推销工作量大，费用高，而广告的效果更为显著。从事生产资料营销活动的企业在促销活动中更多采用的是人员促销，因为工业品注重的是产品的技术性能，购买程序复杂，并且订货量大。至于营业推广和公共关系，无论是对消费品还是对生产资料的促销，一般都属于次要的形式，起辅助作用。

但上述情况又不能一概而论，应具体情况具体分析。例如，有些工业品为了让用户事先有所了解，也选择适当的媒体做广告宣传；而对一些消费品，特别是技术性强、操作复杂的耐用消费品，在上市之初，也需要运用人员促销。

2. 产品所处的生命周期阶段

企业在某一时期内进行某项具体的促销活动，必须服从于企业营销目标。营销目标在产品生命周期的不同阶段各不相同，需要实行相应的促销组合。

（1）市场导入阶段。一般来说，在市场导入阶段，应以报道性广告为主。在这个时期，用户对于商品根本不了解或知之不多，促销的目的在于扩大商品的知名度，诱导中间商进货和消费者试用，因而主要采用广告这一促销手段对商品进行一般的宣传和介绍，以期望在更广泛的领域扩大商品的知名度，必要时可辅以人员推销。但从原则上讲，商品在导入阶段不宜采用营业推广，以免用户对商品产生误解而导致商品在导入期内夭折。

（2）市场成长阶段。在市场成长阶段，企业的促销手段仍以广告为主，但重点在于宣传企业及产品品牌，树立产品特色，使更多的用户对本企业或企业的产品增加兴趣，产生偏爱，从而扩大产品的销售量。在这一阶段，广告仍是促销的主要手段，但此时的重点已经不是介绍产品了，而在于增加消费者的好感与偏爱，树立产品的特色。因而需要不断改变广告形式，以争取更多的消费者或用户，特别是争取本企业产品的品牌爱好者。

（3）市场成熟阶段。产品进入成熟阶段，将有大批的竞争者进入市场。这时的促销手段以广告为主，但注重于竞销。此时广告的内容多侧重强调产品的价值和给消费者带来的利益，以保持并扩大企业产品的市场占有率。同时，可以辅以营业推广，设法吸引消费者，以巩固和坚定其在成熟期继续购买本企业产品的信心。

（4）市场衰退阶段。一般来讲，产品步入衰退阶段后，企业很少继续花费大量精力和财力进行促销，耗费大量的费用改变用户的习惯已经很难，因为处于衰退阶段的产品特色已为消费者所了解或熟悉，并且偏好已经形成。但是，处于这一阶段，也不是无事可做，企业可做一些提示性广告，与营业推广相结合，刺激产品的销售，维持尽可能多的销售量。

3．目标市场的特点

目标市场的特点是影响促销组合的重要因素之一。对于不同的市场，应当采用不同的促销组合。通常情况下，在地理范围狭小、买家比较集中、交易额大的目标市场上，可以考虑以人员推销为主，配合以广告策略进行促销组合；而在较为广阔、买家比较分散、交易额小、购买频率高的目标市场上，则应以广告为主进行促销组合。与此同时，企业应当注意各种买家的不同需要和购买目的，选择恰当有效的促销方式。

4．促销预算

开展促销活动，必然需要支付费用，费用开支又需要预算。作为企业，自然希望用尽可能少的费用开支取得尽可能大的促销效果。但由于行业、竞争格局、产品及产品所处生命周期阶段、营业情况等方面的不同，各企业在促销预算上也会有较大差异。许多企业的做法是按销售或利润百分比法提取预算，即以一定时期内的销售额或利润的百分比来确定促销支出水平。这种方法的优点是简单易行，但显然其因果是倒置的，当遇到强大的竞争对手时往往不适用。另一种方法是竞争对等法，即根据主要竞争对手的促销支出确定本企业的促销预算。这种方法通常是以应付竞争为目的，有其合理性，但也存在盲目性，因为每个企业在商誉、资源、目标和机会等方面均存在着差异，且竞争者的促销预算也未必合理。一种比较可行的方法是目标任务法。企业首先确定营销目标，然后根据营销目标确定所要进行的促销活动，再将各项促销活动汇总得出所需促销费用，但这种方法在实施中也有一定的困难。总之，每种预算方法都有各自的优缺点，企业必须结合自身条件，量力而行，灵活运用。

（三）促销组合的基本策略

（1）"推"式策略。它是将产品按销售渠道向最终消费者推销，即生产商采取积极措施把产品推销给批发商，批发商采取积极措施把产品推销给零售商，零售商再采取积极措施把产品推销给消费者。这种策略是以中间商为主要促销对象，通常通过销售队伍促销、对中间商的营业推广等形式，说服中间商购买企业产品，再层层渗透给消费者。

（2）"拉"式策略。即通过刺激最终消费者对产品的兴趣和需求，使他们向零售商要求购买这一产品，零售商就会向批发商要求购买该产品，批发商转而向生产商购买。"拉"式策略以最终消费者为主要促销对象，通常采用大规模广告轰炸和消费者营业推广的方式使顾客产生需求，层层拉动购买。

第二节　广　告　促　销

一、广告的含义

广告作为促销方式或促销手段，是一门带有浓郁商业性的综合艺术。虽说广告并不一定能使产品成为世界名牌，但若没有广告，产品肯定不会成为世界名牌。成功的广告可使默默无闻的企业和产品名声大振，家喻户晓，广为传播。

"广告"（Advertising）一词源于拉丁语，有"注意""诱导""大喊大叫"和"广而告之"之意。广告作为一种传递信息的活动，是企业在促销中普遍重视且应用最广的促销方式。市场营销学中探讨的广告，是一种经济广告。也就是说，市场营销学中的广告是广告主以促进销售为目的，付出一定的费用，通过特定的媒体传播商品或劳务等有关经济信息的大众传播活动。从广告的概念可以看出：广告是以广大消费者为广告对象的大众传播活动；广告以传播商品或劳务等有关经济信息为其内容；广告是通过特定的媒体来实现的，并且要对使用的媒体支付一定的费用；广告的目的是促进商品销售，进而获得较好的经济效益。

二、广告的分类

（一）按广告的内容分类

根据广告宣传的内容不同，可将广告划分为商品广告、服务广告、公共关系广告和启事广告等。

（1）商品广告。商品广告主要传递的内容是企业商品或服务的品牌、质量、性能和特点等信息，以宣传、推销企业的产品（包括有形商品和无形商品）为主旨，其数量在现代广告中占较高的比重。

（2）服务广告。服务广告是宣传企业在销售某类产品时所提供的附加服务项目的广告，如对顾客购买的空调实行免费送货、安装、维修等，以激发消费者购买某产品的欲望。

（3）公共关系广告。公共关系广告是为增加企业知名度和美誉度，以宣传企业整体形象为主要内容的广告。它宣传的内容既包括直接传递企业概况、宗旨等信息，也包括企业参与某项社会活动的倡议，以及为慈善机构向社会集资、募捐，或配合政府有关部门开展的诸如戒烟、环保、计划生育等方面活动的信息。

（4）启事广告。启事广告不含促销内容的信息，如更名启事、迁址启事等。

（二）按广告的目的分类

按照广告目的的不同，可将其分为显露广告、认知广告、竞争性广告和推销广告。

（1）显露广告。显露广告是以迅速提高知名度为目的，着重突出品牌识别等信息，而一般广告对商品和企业则不作具体的介绍。

（2）认知广告。认知广告是为了让广告受众能够全面深入地了解有关信息，而详细介绍商品特性、用途、优点的广告，其目的是增加受众对商品的认知度。

（3）竞争性广告。这种广告以与竞争对手竞争为目的，是一种针对性极为明显的广告，如美国百事公司"七喜从来不含咖啡因，也永远不含咖啡因"的宣传隐含了对可口可乐产品的影射，是极具代表性的竞争性广告。

（4）推销广告。推销广告是短时期内为推动销售量的急剧扩大而实施的广告，如有奖销售或打折销售的广告等，这类广告具有较强刺激性。

（三）按广告的覆盖范围分类

按广告的覆盖范围分，可将广告分为国际性广告、全国性广告、区域性广告和地方性广告。

（1）国际性广告。国际性广告是指通过世界性的宣传媒介（如 Internet 网页）或国外宣传媒体所做的广告。

（2）全国性广告。全国性广告主要是指通过全国性的报纸、电视等媒介所做的广告，广告的信息传播全国各地。

（3）区域性广告。区域性广告是指通过省内的报纸、省电台等区域性媒介所做的广告。

（4）地方性广告。地方性广告是指通过传播范围比较窄的地方性广告媒介（如地方性报纸、地方性电台）所做的广告。

（四）按广告宣传的媒介分类

广告媒介是指广告主借以向广大受众传递广告信息的载体。广告按媒介的不同，可分为视听广告（如电视广告、广播广告等）、印刷广告（如报纸广告、杂志广告等）、邮寄广告（如销售信广告、说明书广告、产品样本广告等）、户外广告（如路牌广告、张贴广告、灯箱广告、橱窗广告等）、交通广告（如在车船等交通工具上所做的广告）等。不同媒介的广告具有不同的传播方式，其作用与特点也各不相同。

三、广告媒介的选择

（一）广告媒体的选择依据

不同的广告媒体，其特点和作用各有不同。在选择广告媒体时，应根据以下因素全面权衡，充分考虑各种媒体的优缺点，力求扬长避短。

（1）企业产品的特性。可以按照企业产品的不同特性来选择相应的广告媒体，如需要展示的、有色泽或式样要求的产品，应选择电视、电影或印刷品做媒体，以增加美感和吸引力；对只需要通过听觉就能了解的产品，应选择广播做媒介；对技术性较强的产品选择报纸和杂志做媒体，必要时也可直接用样品展示。

（2）消费者的媒体习惯。广告可通过不同媒体传播到不同的市场，但恰好传播到目标市场而又不造成浪费的广告媒体，才算是最有效的媒体。企业必须研究目标市场的消费者经常接触什么样的广告媒体，如妇女报纸杂志的读者主要是妇女，因而妇女用品的广告宜登在妇女杂志上。

（3）媒体传播范围。不同媒体传播范围有大有小，能接近的人有多有少。市场的地理范围关系到媒体的选择，因此，行销全国的产品，应选择全国性的报刊和中央电视台、中央人民广播电台做广告；局部地区销售的产品，企业可根据所销产品的目标市场，选择地方性的报纸杂志、电视台、广播电台或广告牌及样品台等做广告宣传。

（4）媒体的影响力。报刊的发行量，广播、电视的听众、观众数量，媒体的频率及声音等是媒体影响力的标志。媒体的影响力应到达目标市场的每一角落，但越出目标市场则造成浪费。季节性强的产品，应考虑媒体的时效性，到期不能刊登或发行的媒体就不宜选择，否则就会失去机会。

（5）媒体的成本。广告活动应考虑费用与效果的关系，既要使广告达到理想的效果，又要考虑企业的负担能力，尽量争取以较低的成本，达到最好的宣传效果。

（二）广告媒体的选择策略

广告媒体的选择策略，应综合考察以上因素来制定。一般来说，广告媒体的选择策略有以下五种。

（1）无差别市场广告策略。无差别市场广告策略运用在同质市场，是指在一定时期内运用各种广告媒体向同一个大目标市场推出相同内容主题的广告，以广为宣传，迅速占领市场。这种策略的效果较好，但成本较高，效率不高。

（2）差别市场广告策略。差别市场广告策略是指在一定时期内，针对细分的目标市场，选择部分媒体或媒体组合进行广告宣传。之所以要选择，一是为了投石问路，待市场扩大后再采用其他媒体；二是为了节约成本，提高所选媒体的效率。

（3）集中市场广告策略。集中市场广告策略就是把广告力量专注于一个或几个细分的目标市场。采用此策略一般从企业自身力量考虑，选择目标市场，避免力量分散而缺少力度。

（4）动态策略。动态策略的特点是无一定媒体选择，完全根据需要和信息反馈情况来确定下一步媒体选择方案。归纳起来可以有两种动态策略：一是先宽后窄，即先采用较多媒体，待征得广告信息反馈、研究反馈来源后，以反馈较多的媒体为下一步媒体选择目标；二是先窄后宽，即以少数媒体开头，观察反应，若反应不强烈，则有两个对策，要么另择媒体再试，要么启用更多的媒体同时开展广告攻势。

（5）媒体组合策略。各种媒体功能、特性各异，使之合理搭配进行广告宣传是很有益的。曾被采用过的比较好的媒体组合如下。

① 报纸与广播搭配，可使不同文化程度的消费者都能接受广告信息传播。
② 电视与广播搭配，可使城市和乡村的消费者都能接受广告信息传播。
③ 报纸或电视与售点广告搭配，有利于提醒消费者购买已有印象或已有购买欲望的商品。
④ 报纸与电视的搭配，以报纸广告为先锋，对产品进行详细解释后再运用电视进攻市场，可以使产品销售逐步发展，做强力推销。
⑤ 报纸与杂志的搭配，可用报纸广告做强力推销，而用杂志来稳定市场，或者用报纸广告进行地区性宣传，而用杂志广告做全国性大范围宣传。
⑥ 报纸或电视与邮寄广告配合时，应以邮寄广告为先锋，做试探性宣传，然后用报纸广告或电视广告做强力推销，以取得大面积的成效。
⑦ 利用邮寄广告和售点广告或海报的配合，对某一特定地区进行广告宣传，以巩固和拓展市场。

总之，媒体的组合运用，必须根据广告费预算的多少、市场的大小、广告时期的长短、广告时间性要求来妥善安排。

四、广告设计

（一）广告设计原则

广告设计要有突出的主题、独特的构思、简洁的语言和生动的形象，要组合成一个和谐的整体，以达到最佳的效果。这就要求在设计广告时遵循以下基本原则。

（1）真实性。广告的生命在于真实，没有真实性的广告是不会有较长的生命力的。真实性是广告设计的首要原则。

（2）适应性。广告设计要符合当地用户的心理状态，应尊重广告国度或区域的民族特点和风俗习惯，使用户乐于接受。

（3）独创性。广告设计要突出主题，别具一格，无论从形式到内容，都要体现独创新意，给人留下深刻的印象。切忌语言枯燥、照抄照搬、沿袭模仿。

（4）简练性。广告设计要做到主题鲜明，标志突出，语言简明精练，通俗易懂，易读易记。一方面可节省广告费用，另一方面容易在目标受众中留下印象。

（5）艺术性。广告也是一种艺术，是集美术、摄影、表演、造型等艺术于一身的综合性实用艺术形式。广告设计要体现出艺术性，富有美感，在宣传企业或产品的同时，给人以美好的享受。

（6）合法性。广告宣传必须遵守国家法令、方针政策和有关广告的法规条例，不得进行违法宣传。

（7）动态性。广告设计应该形式丰富，适当更新，要根据产品所处不同生命周期阶段采用恰当的形式。

（8）经济性。广告设计要讲经济效益，要从节约的角度出发，以尽可能少的费用支出取得尽可能大的广告效果。

（9）切中性。广告宣传的内容一定要切中广告主题，即能够突出广告主向受众传达信息的中心意图。

(二) 广告创作的内容要素与广告设计的表现手法

1. 广告创作的内容要素

广告创作的内容要素主要包括主题、创意、概念和形象四大要素。主题是广告的中心思想，统帅整个广告设计。主题的选择，必须根据广告目标、信息特点与消费者心理三个方面来决定。创意是表现广告主题的构思，是主题形象化、艺术化和具体化的表现，一般有造境和写境两种手法。概念是要传达给广告对象的信息重点。形象是广告意图给广告受众留下的特殊印象。这四大要素是广告创作人员在构思广告内容时必须考虑的因素。

2. 广告设计的表现手法

同一广告内容，采用不同的表现手法，会取得不同的效果。要想增加广告的感染力和吸引力，除了遵循一般的设计原则外，还要采取丰富多彩的表现形式，以增强广告魅力，强化宣传效果。常用的表现手法有以下几种。

（1）突出产品特色。这种表现手法是着重宣传产品的与众不同之处，如选料精良、工艺先进、性能卓越、款式新颖、服务周到、价格合理等，以增进消费者对本企业产品特色的了解，使其产生购买欲望。

（2）摄取生活片断。通过摄取人们正在使用产品的生活片断，显示产品如何满足人们的需要。这种手法使广告更靠近生活，增强生活气息，易使人感到朴实、亲切。

（3）运用文艺形式。将音乐、歌曲、相声、小品、戏剧等文艺形式融入广告内容中，使人们在文艺欣赏中自然接受产品宣传，增强广告的娱乐性和趣味性。

（4）炫耀产品荣誉。通过展示产品获得的奖牌、证书、用户表扬信及有关权威机构的认可或达到国际质量标准证书等形式，证明产品质量优良，从而取得用户的信任。

（5）采用拟人化手法。通过特技手法将产品拟人化，以引起人们的兴趣，使他们喜爱或产生深刻印象。这种手法在一些药品广告或儿童用品广告中经常采用。

（6）设计幻想境界。根据产品特点和用途，设计一种有利于宣传的幻想境界，启发人们的联想，渲染产品形象。

（7）借助名人效应。利用社会上有威望的学者、专家、影视明星、体坛明星等来宣传产品，从而提高产品的知名度。

（8）采用寓意的手法。有些产品与服务，并不一定给人以愉快的印象，如人寿保险的广告宣传可采用父女玩捉迷藏的游戏，用父亲消失后女儿恐慌的情境来揭示人寿保险的重要。

（9）采用反成的手法。人们对某些事物，一般有个习惯的反应。例如，糖和酒——喜庆之物、结婚——热闹之时。如果在广告中这样表现，自然没有非议，但太普通、太普遍，不易为人注意，所以有时要采用反成法。例如，法国的一个乡镇，其葡萄酒出口远销美国时，人们涌上街头、港口、山坡，望着那缓缓而行的装满酒桶的马车队，在哀伤的乐曲中，洒泪告别。这则广告一反欢天喜地的习惯表现，以挥泪别亲人的场面，给人以深刻的印象，富有感染力。

五、广告效果测定

广告的传播必然会给销售带来影响,并产生一定的经济效果。由于对广告的经济效果有两种不同的看法,广告效果测定的方法相应也有两种。

(一)直接经济效果

直接经济效果是以广告对商品促销情况的好坏来直接判定广告效果,是以广告费的支出和销售额的增加两个指标为主要测量单位。广告主支出广告开支,必然希望能够通过增加产品销售而获得经济效益,因此,直接经济效果比较容易测定,也是广告主最为关心的。但是,直接影响产品销售的因素,除了广告之外还有很多,如企业的营销策略与方法、产品的生命周期和市场竞争情况等,都会直接影响产品的销售量。有时在广告发布后,产品销售量下降了,但这并不一定是广告没有发挥作用,也许是其他因素影响的结果。显然,单纯以直接经济效果来衡量广告效果,是不够全面也不够准确的。

(二)间接经济效果

间接经济效果不是以销售情况好坏作为直接评定广告效果的依据,而是以广告的收视收听率、产品的知名度、记忆度、理解度等广告本身的效果为依据来评定广告效果。当然,广告效果最终也要反映在产品销售上,但它不以销售额的多少作为指标,而是以广告所能产生的心理性因素为依据。即做出广告后,测定广告接受者人数的多少、影响的程度,以及人们从认知到行动的一个心理变化过程,具体包括以下内容。

(1)对广告注意度的测定。即各种广告媒体吸引人的程度和范围,主要通过视听率来测定。

(2)对广告记忆度的测定。即对消费者对于广告的主要内容,如厂家、品牌、名称等记忆程度的测定,从中可判断广告主题是否鲜明、突出、与众不同。

(3)对广告理解度的测定。即对消费者对于广告的内容、形式等理解程度的测定,从中可以检查广告设计与制作的效果如何。

(4)对动机形成的测定。即测定广告对消费者从认知到行动究竟起多大作用。

第三节 人 员 推 销

一、人员推销的概念及特点

人员推销是企业运用推销人员直接向顾客推销商品和劳务的一种促销活动。在人员推销活动中,推销人员、推销对象和推销品是三个基本要素。其中前两者是推销活动的主体,后者是推销活动的客体。通过推销人员与推销对象之间的接触、洽谈,将推销品推销给推销对象,从而达成交易,实现既销售商品,又满足顾客需求的目的。

人员推销与非人员推销相比,既有优点又有缺点,其优点表现在以下四个方面。

(一)信息传递双向性

人员推销作为一种信息传递形式,具有双向性。在人员推销过程中,一方面,推销人员通过向顾客宣传介绍推销品的有关信息,如产品的质量、功能、使用、安装、维修、技术服务、价格以及同类产品竞争者的有关情况等,以此来达到招揽顾客,促进产品销售的目的。另一方面,推销人员通过与顾客接触,能及时了解顾客对本企业产品或推销品的评价;通过观察和有意识的调查研究,能掌握推销品的市场生命周期及市场占有率等情况。这样不断地收集信息、反馈信息,为企业制定合理的营销策略提供依据。

(二)推销目的双重性

推销目的双重性是指激发需求与市场调研相结合,推销商品与提供服务相结合。就后者而言,一方面,推销人员施展各种推销技巧,目的是推销商品;另一方面,推销人员与顾客直接接触,向顾客提供各种服务,是为了帮助顾客解决问题,满足顾客的需求。双重目的相互联系,相辅相成。推销人员只有做好顾客的参谋,更好地实现满足顾客需求这一目的,才有利于诱发顾客的购买欲望,促成购买,使商品推销效果达到最大化。

(三)推销过程灵活性

由于推销人员与顾客直接联系,当面洽谈,可以通过观察了解顾客,进而根据不同顾客的特点和反应,有针对性地调整自己的工作方法,以适应顾客,诱导顾客购买,而且还可以及时发现、答复和解决顾客提出的问题,消除顾客的疑虑和不满意感。

(四)友谊、协作长期性

推销人员与顾客直接见面,长期接触,可以促使买卖双方建立友谊,密切企业与顾客之间的关系,使顾客对企业产品产生偏爱。在长期保持友谊的基础上开展推销活动,有助于建立长期的买卖协作关系,稳定地销售产品。

人员推销的缺点主要表现在两个方面。

(1)支出较大,成本较高。由于每个推销人员直接接触的顾客有限,销售面窄,特别是在市场范围较大的情况下,人员推销的开支较多,这就增大了产品销售成本,一定程度上减弱了产品的竞争力。

(2)对推销人员的要求较高。人员推销的效果直接决定于推销人员素质的高低,随着科学技术的发展,新产品层出不穷,对推销人员的素质要求越来越高。要求推销人员必须熟悉新产品的特点、功能、使用、保养和维修等知识与技术,要培养和选择出理想的推销人员比较困难,而且耗费也大。

二、人员推销的基本形式

随着商品经济的发展,市场营销活动日益广泛,人员推销的形式也日益丰富。其中上门推销、柜台推销和会议推销三种主要形式为大多数企业所采用。

(一)上门推销

所谓上门推销就是由推销员携带商品的样品或图片、说明书和订货单等走访顾客,推销商品。这种最为古老的推销形式,被大多数人认可和接受。上门推销有两个主要特点。

(1) 推销员向顾客靠拢。推销员携带所推销商品的样品,主动地寻找顾客,接近顾客。消费品推销员主要走访住宅楼、居民区和家庭住户等;生产资料产品推销员主要走访工厂、机关、学校、银行和医院等机构和部门。无论上述哪种商品的推销,都是推销员积极主动地上门,向顾客靠拢,是确确实实的推销。

(2) 推销员和顾客之间情感联系的纽带。推销员上门推销商品,能否唤起顾客的购买欲望,促成他们的购买行为,主要取决于商品本身的特质,除此之外,相互之间的友谊、良好的人际关系也是十分重要的。因此,称职的推销员除了有推销的专业知识外,还要有高超的技巧,要给对方以良好的印象,使双方形成一种长期的、固定的产销关系。而这种关系的巩固和维持,要以感情为纽带。一些有经验的推销员每逢过节或出外旅行时常给客户寄上贺年卡、节日卡或风景明信片,从中联络感情,增进友谊。

(二) 柜台推销

所谓柜台推销就是商店的营业员向光顾该店的顾客销售商品。这是一种非常普遍的推销形式。在这里营业员也就是推销员,其职能是与顾客直接接触,面对面交谈,介绍商品,解答疑问,达成交易。柜台推销有两个主要特点。

(1) 顾客向推销员靠拢。柜台推销是顾客上门,寻求要买的商品,向推销员靠拢。这点同上门推销截然相反。

(2) 便于顾客挑选和比较。商店柜台上的商品种类、花样、款式和色泽丰富齐全,并且有铺面、柜台摆放陈列。一方面能满足顾客多方面的购物要求,同时也便于顾客挑选和比较。特别是光顾商店的顾客大多数都有购物要求,因而态度比较积极主动。尤其是对上门推销抱有成见的顾客,更是乐此不疲。

(三) 会议推销

所谓会议推销,是指利用各种会议的形式,如展销会、洽谈会、交易会、订货会和供货会等宣传和介绍商品,开展销售活动。随着商品经济的发展,这种推销形式也越来越被大多数企业所采用。在各种推销会议上,往往是多家企业同时参加商品销售活动,各企业之间、同行之间接触广泛,影响面大,其推销效果比上门推销和柜台推销要显著。其主要特点有以下两点。

(1) 推销员群体向顾客靠拢。上门推销和柜台推销基本上是推销者同顾客一对一地洽谈推销,而会议推销,往往是由推销员、销售经理或有关人员组成小组同客户进行磋商、洽谈,销售商品。

(2) 推销集中,成交额大。各种推销会议的参加者,一般都是目的明确,有备而来,即参加推销会议的企业是为卖而来,参加推销会议的顾客是为买而来。只要双方的意愿、要求相吻合,就容易达成交易,并且常常是大批订货,成交额较大。

三、推销人员的管理

推销人员的管理是企业营销管理的重要组成部分,包括以下几个方面。

（一）推销人员的选拔

推销人员的基本素质和积极性决定了推销效果，他们的工作直接关系到企业的声誉。因此，选拔推销人员必须严格。

一个合格的推销员应具备以下素质。

（1）强烈的工作责任心与优良的职业道德。产品的推销，与推销人员的能力、责任心都有着直接的关系。推销人员肩负着实现企业产品销售和利润的重任。另外，企业规章制度对推销人员的制约比较少。因此，他们必须有强烈的工作责任心与忠诚于企业的优良职业道德，以企业整体利益为重，主动与整体营销活动配合，保持企业与顾客的牢固联系。

（2）良好的心理品格。首先是要自信，自信是推销成功的基本保证，这种自信包括对公司的自信、对产品的自信和对自身推销能力的自信。当然，这种自信的前提是以公司具有发展潜力、产品符合质量标准、自身具备一定的能力为前提的。其次是进取心，推销员必须具备不断进取、百折不挠的心理素质，必须坚毅、果断，不怕困难与挫折，要有一种不断向新的目标挑战的内在驱动力。再次是宽容，就是要求推销人员心胸开阔，有容人之量，这是推销人员与他人形成"一致感"的前提与保证，而这种"一致感"是销售谈判成功的基石。

（3）良好的仪表与修养。推销人员的仪表、修养、言谈举止对推销对象的心理有很大的影响。同时，这些在很大程度上也反映了企业风貌。因此，对推销人员的仪表、修养一定要严格要求。

（4）社交与应变能力。良好的人际关系能沟通信息、融洽气氛、促进交易，较强的应变能力是复杂的营销环境对推销人员的特别要求。因此，在选拔推销员时，应了解被选拔人的社交能力、社会联系、独立工作能力与机敏干练程度，在考虑到其他条件的基础上，最好挑选社交能力强的人员。

（5）具备一定的业务知识和推销经验。

（6）身体健康，遵纪守法。

实践证明，不同的推销人员，虽然其性格、语言表达、社交能力和知识水平可能有所不同，但仍能取得同样的销售业绩。这说明成功的销售人员没有固定的模式要求，各企业应根据自己的具体情况来挑选合适的推销人员。

（二）推销人员培训

推销人员的选拔只能确定推销人员应具备的基本条件，要真正成为优秀的推销员，还必须进行适当的培训和实践锻炼。企业可根据推销人员的基本情况和素质，采用短期集中培训、岗位传授、委托培训、专项实习等多种方式培训推销人员。培训内容一般包括以下几个方面。

（1）企业知识。让推销人员了解企业的历史、产品生产过程、技术实力、组织结构、产品组合、经营方针和公司制度等，掌握企业的总体状况。

（2）产品和技术知识。推销人员应掌握有关企业生产的产品品种、用途、价格、包装、使用方法、技术指标和生产工艺等知识。

（3）市场知识。推销人员应当对市场行情、竞争状况、需求分布和地区特点等有较深的了解，能预测、分析所负责的市场的特点，判断企业的发展趋势。

（4）顾客知识。包括顾客的购买动机、购买习惯和需求情况等，以便使推销人员对顾客更好地把握。

（5）推销技巧。一个推销人员的熟练程度取决于推销技巧，包括如何发现顾客、接近顾客、处理顾客异议和与顾客成交等。

（6）政策与法律知识。一个合格的推销员应了解营销所在地政策与法规，熟悉经济法律知识，特别要精通合同法，以免工作中的失误给企业造成经济损失。

（7）业务程序和职责。推销人员应掌握制订计划、安排时间、洽谈、订立合同、结算方式、开销范围和折扣水平等方面的知识，以便节约费用，提高工作效率。

（三）推销人员的考核

推销人员的工作流动性、变化性较大，对其工作的考核相对也会复杂一些。对推销人员的绩效考核可以采用多种方式、多个指标的综合考核。一般常用的方法有工作报告制度和实绩比较制度。前者是管理部门通过定期的文字性工作报告，了解推销人员业务进展状况、访客次数、拜访新客户的数量和推销额等，同时，从中也可了解市场信息、顾客特点和竞争状况等。后者是将推销人员的业绩进行相互对比，根据每个人的定额、以往业绩和所负责地区的市场状况等对推销人员的绩效加以评价，具体的评价指标如下：

推销定额完成率=实际销售额/推销定额×100%

访问次数完成率=实际访问次数/计划访问次数×100%

新顾客销售率=新顾客销售额/总销售额×100%

新顾客访问率=对新客户访问时间/总访问时间×100%

此外，企业还可通过用户反映等其他途径来考核推销人员，综合各种指标，对推销人员的绩效做出较为客观、公正的评价。

第四节　营　业　推　广

一、营业推广的概念与作用

（一）营业推广的概念

营业推广又称为销售促进，是企业在某一段时期内采用特殊的手段对消费者实行强烈的刺激，以促进企业销售迅速增长的一种策略。营业推广常用的手段包括赠送样品、发放优惠券、有奖销售、以旧换新、组织竞赛和现场示范等。营业推广有时也用于对中间商的促销，如转让回扣、支付宣传津贴和组织销售竞赛等。另外，各种展览会和博览会也是营业推广经常采用的手段。

营业推广是企业使用较为广泛的促销手段，其推广方式随市场和产品等特点的不同，灵活多变，但一般而言具有两个相互矛盾的特点：一是强烈的刺激性，许多营业推广方式具有强烈的吸引力，让顾客感到机不可失，时不再来，以此促使顾客对产品积极购买；二是产品的贬值性，有些营业推广的做法往往会显示出销售商急切出售的意图，如果使用不当,会使顾客怀疑产品的质量、价格,对此企业进行营业推广时必须尽力防范。

(二)营业推广的作用

(1)通过营业推广,能够刺激购买行为,在短期内达成交易。当消费者对市场上的产品没有足够的了解,未能做出积极反应时,通过营业推广的一些促销措施,如发放优惠券等,能够引起消费者的兴趣,刺激他们的购买行为,在短期内促成交易。

(2)通过营业推广,企业向顾客提供一些特殊的优惠条件,可以有效地影响、抵御和击败竞争者。当竞争者大规模地发起促销活动时,营业推广往往是在市场竞争中抵御和反击竞争者的有效武器,如减价、试用等方式常常能增强企业经营的同类产品对顾客的吸引力,从而稳定和扩大自己的顾客队伍,抵御竞争者的介入。

(3)通过营业推广,可以有效地影响中间商,促进与中间商的中长期业务关系。生产企业在销售产品中同中间商保持良好关系,取得他们的合作是非常重要的。生产企业常常通过营业推广的一些形式,如折扣、馈赠等劝诱中间商更多地购买并同厂商保持稳定的业务关系,从而有利于双方的中长期合作。

二、营业推广的形式

企业利用营业推广手段时,首先应根据企业的营销目标来确定营业推广的目标:或是争取新顾客,扩大市场份额;或是鼓励消费者多购,扩大产品销量;或是推销库存产品,延长产品生命周期。营业推广目标一旦确定,企业就应选择适当的营业推广手段来实现既定目标。营业推广手段选定后,企业应进一步制订具体的实施方案,如刺激的规模、刺激的对象、实施的途径、实施的时间、实施的时机和实施的总体预算等。若有需要,在实施营业推广方案之前还应对营业推广的做法在小范围内进行预试,在实施过程中也应随时掌握情况,不断调整对营业推广全过程的控制。在一项营业推广活动结束后,还应及时总结,对实施的效果进行评估,并注意同其他促销策略之间的配合情况。

(一)对消费者的营业推广

营业推广的手段是多种多样的,其中对消费者推广的手段主要有下面几种。

(1)赠送样品。企业将一部分产品免费赠予目标市场的消费者,使其试尝、试用或试穿。样品可直接赠送,也可随销售其他商品时附送或凭企业广告上的附条领取。这种方式对新产品的介绍和推广最为有效。

(2)发放优惠券。企业向目标市场的部分消费者发放一种优惠券,凭券可按实际销售价格折价购买某种商品。优惠券可分别采取直接赠送或广告附赠的方法发放。这种方式可刺激消费者购买品牌成熟的商品,也可用以推广新产品。

(3)开展奖售。企业对购买某些商品的消费者设立特殊的奖励。如凭该商品中的某种标志(如瓶盖)可免费或以很低的价格获取此类商品或得到其他好处;也可按购买商品的一定数量(如10个以上),赠送一件消费者所需要的礼品。奖励的对象可以是全部购买者,也可用抽签或摇奖的方式奖励一部分购买者。这种方式的刺激性很强,常用来推销一些品牌成熟的日用消费品。

（4）组织展销。企业将一些能显示企业优势和特征的产品集中陈列，边展边销，由于展销可使消费者在同时同地看到大量的优质商品，有充分挑选的余地，所以对消费者吸引力很强。展销可以一个企业为单位举行，也可由众多生产同类产品的企业联合举行。若能对某些展销活动赋予一定的主题，并同广告宣传活动配合起来促销效果会更佳。

（5）现场示范。企业派人将自己的产品在销售现场当场进行使用示范表演。现场示范一方面可以把一些技术性较强的产品的使用方法介绍给消费者；另一方面也可使消费者直观地看到产品的使用效果，从而能有效地打消顾客的某些疑虑，使他们接受企业的产品。因此，现场示范对使用技术比较复杂或效果直观性比较强的产品最为适用，特别适宜于推广一些新产品。

（二）对中间商的营业推广

对于中间商企业通常可采用以下一些营业推广的手段。

（1）批发回扣。企业为争取批发商或零售商多购进自己的产品，在某一时期内可按批发商购买企业产品的数量给予一定的回扣。回扣的形式可以是折价，也可以是附赠商品。批发回扣可吸引中间商增加对本企业产品的进货量，促使他们购进原先不愿经营的新产品。

（2）推广津贴。企业为促使中间商购进本企业产品，并帮助企业推销产品，还可支付给中间商一定的推广津贴，以鼓励和酬谢中间商在推销本企业产品方面所做的努力。推广津贴对于激励中间商的推销热情是很有效的。

（3）销售竞赛。企业如果在同一个市场上通过多家中间商来销售本企业的产品，就可以发起由这些中间商所参加的销售竞赛活动。根据各个中间商销售本企业产品的实际业绩，分别给优胜者以不同的奖励，如现金奖、实物奖，或是给予较大的批发回扣。这种竞赛活动可鼓励中间商超额完成推销任务，从而使企业产品的销量增加。

（4）交易会或博览会。同对消费者的营业推广一样，企业也可以以举办或参加各种商品交易会或博览会的方式来向中间商推销自己的产品。由于这类交易会或博览会能集中大量优质产品，并能形成对促销有利的现场环境效应，对中间商有很大的吸引力，因此也是一种对中间商进行营业推广的好形式。

此外，对中间商的营业推广形式还有联营促销、特许经销等。

（三）对推销人员的营业推广

对推销人员的营业推广形式主要有以下几种。

（1）红利提成。红利提成的做法主要有两种：一是推销人员的固定工资不变，在一定时间内，通常是季末或年度终了，从企业的销售利润中提取一定比例的金额作为奖励发给推销人员；二是推销人员没有固定工资，每达成一笔交易，推销人员按销售利润的多少提取一定比例的金额，销售利润越大，提取的百分比率也越大。

（2）特别推销金。企业给予推销人员一定的金钱、礼品或本企业的产品，以鼓励其努力推销本企业的产品。

（3）推销竞赛。推销竞赛的内容包括推销数额、推销费用、市场渗透和推销服务等，规定奖励的级别、比例与奖金（品）的数额，用以鼓励推销人员。对成绩优异、贡献突出者，给予现金、旅游、奖品、休假、提级晋升和精神奖励等。

三、企业进行营业推广时应考虑的因素

营业推广的形式多种多样，各有其适用的范围和条件。企业进行营业推广时要考虑的因素主要有以下几项。

（一）目标

营业推广必须有明确的目标。企业应当根据目标市场和整体策略来确定推广目标，依据推广目标制订周密的计划。当然，由于消费者、中间商、企业、事业单位各有不同的购买特点，在确定目标和制订计划时应区别对待，并把长期目标与短期目标有机地结合起来。

（二）费用

营业推广是企业重要的促销形式。通过营业推广可以使销售额增加，但同时也增加了费用。企业要权衡推销费用与营业收益的得失，把握好支出与所得的正确比值，从而确定促销的规模和程度。

（三）对象

各种营业推广手段对于不同的对象，其作用是有很大差别的。实践证明，营业推广的对象主要是那些"随意型"顾客和价格敏感度高的消费者。对于已经养成固定习惯的老顾客，营业推广的作用要小一些，因此，选择对象要因时、因地制宜。

（四）媒体

企业必须通过最佳的媒体来实施营业推广。例如，一张优惠券，既可以放在产品包装袋里赠送，也可以在购买产品时当场分发，或附在报刊广告中发放；又如，为了扩大某种商品的销售，企业拟给予顾客 10%的价格折扣，但这一信息通过什么媒体传播出去，需要很好地研究。一般来说，媒体的选择必须考虑媒体的普及率及费用支出情况，权衡利弊，从优确定。

（五）期限

营业推广的时间选择必须符合整体营销策略，并与其他经营活动相协调。如果时间太短，不少有希望的潜在买家，也许恰好在这个阶段没有采购欲，从而收效甚微；如果推广时间太长，又会给消费者造成一种印象，认为这不过是一种变相减价，因而失去吸引力。因此，时间选择要恰到好处，既要给消费者"欲购从速"的吸引力，又要避免草率从事。

（六）效果

营业推广的效果体现了营业推广的目的。每次营业推广后，都要对营业推广的效果进行评价。推广效果评价的一般方法有比较法（比较推广前后销售额的变动情况）、顾客调查法和实验法等。企业可通过这些方法取得营业推广的成果资料，并与推广目标和计划进行分析比较，肯定成绩，找出问题，以便控制和调整营业推广过程，实现推广目标。

企业对于各种营业推广策略的选择应当根据其营销目标、产品的特性和目标市场的顾客类型以及当时当地的有利时机灵活地加以选用，但任何营业推广的前提都是产品必须能

够达到规定的质量标准或具有明显的优势,而绝不能利用营业推广来推销损害消费者利益的假冒伪劣产品。

总之,营业推广若使用得当,既能给顾客带来额外好处,又能使企业从中得利。如果使用不当,反而会使顾客心存疑虑,影响购买力,企业也会白费人力、财力和物力。因此,营业推广应选择恰当的方式,进行周密策划,争取最好的效果。

第五节 公 共 关 系

一、公共关系的概念及特征

(一)公共关系的概念

公共关系(Public Relations,PR),意思是与公众的联系,因此也叫公众关系,简称公关。从市场营销学的角度来谈公共关系,只是公共关系的一小部分,即指企业为了使社会广大公众对本企业商品有好感,在社会上树立企业声誉,选用各种传播手段,向广大公众制造舆论而进行的公开宣传的促销方式。

(二)公共关系的特征

公共关系具有以下几个基本特征。

(1)公共关系是一定社会组织与其相关的社会公众之间的相互关系。这里包括三层含义:其一,公关活动的主体是一定的组织,如企业、机关、团体等。其二,公关活动的对象,既包括企业外部的顾客、竞争者、新闻界、金融界、政府各有关部门及其他社会公众,又包括企业内部职工、股东。这些公关对象构成了企业公关活动的客体。企业与公关对象关系的好坏直接或间接地影响企业的发展。其三,公关活动的媒介是各种信息沟通工具和大众传播渠道。作为公关主体的企业,借此与客体进行联系、沟通、交往。

(2)公共关系的目标是为企业广结良缘,在社会公众中创造良好的企业形象和社会声誉。一个企业的良好形象和声誉是其无形的财富。良好的形象和声誉是企业富有生命力的表现,也是公关的真正目的所在。企业以公共关系为促销手段,利用一切可能利用的方式和途径,让社会公众熟悉企业的经营宗旨,了解企业的产品种类、规格以及服务方式、内容等有关情况,使企业在社会上享有较高的声誉和较好的形象,促进产品销售的顺利进行。

(3)公共关系的活动以真诚合作、平等互利、共同发展为基本原则。公共关系以一定的利益关系为基础,这就决定了主客双方必须均有诚意,平等互利,并且要协调、兼顾企业利益和公众利益。这样,才能满足双方需求,以维护和发展良好的关系。否则,只顾企业利益而忽视公众利益,在交往中损人利己,不考虑企业信誉和形象,就不能构成良好的关系,也毫无公共关系可言。

(4)公共关系是一种信息沟通,是创造"人和"的艺术。公共关系是企业与其相关的社会公众之间的一种信息交流活动。企业从事公关活动,能沟通企业上下、内外的信息,建立相互间的理解、信任与支持,协调和改善企业的社会关系环境。公共关系追求的是企业内部和企业外部人际关系的和谐统一。

（5）公共关系是一种长期活动。公共关系着手于平时努力，着眼于长远打算。公共关系的效果不是急功近利的短期行为所能达到的，需要连续的、有计划的努力。企业要树立良好的社会形象和信誉，不能拘泥于一时一地的得失，而要追求长期稳定的战略性关系。

二、公共关系的对象

公共关系工作的对象是公众。所谓公众，是指与工商企业经营管理活动发生直接或间接联系的社会组织和个人，主要包括顾客、供应厂商、新闻媒介单位、社区、上级主管部门和企业内部职工等。企业通过与顾客的公共关系，能够不断吸引现有和潜在的顾客，通过与报纸、杂志、电台和电视台等新闻机构的公共关系，一方面争取舆论对企业营销政策的支持，另一方面利用新闻媒介扩大企业的影响；通过与银行、物资、商业和劳动人事部门等协作单位的公共关系，保证企业经营活动的正常进行；通过与上级主管部门的公共关系，争取给予经济和政策的倾斜；通过与企业内部职工的公共关系，创造和谐的人际关系环境，激发职工工作的积极性、主动性和创造性。

三、公共关系的作用

在商品经济高度发展的条件下，经济关系错综复杂，竞争日益激烈，企业所处的内外环境也在不断地发生变化。若没有公共关系在企业与其环境之间沟通信息，使企业与周围环境协调适应，企业要想获得生存和发展是不可能的。但指望利用公共关系解决企业面临的种种问题，处理和协调各种关系，也是不切合实际的。公共关系是有一定限度的，超出这个限度，公共关系也就无能为力了。所以，只有了解公共关系，才能正确地把它运用到企业的经营管理实践中去，发挥它应有的作用。公共关系在企业市场营销活动中的作用主要体现在以下几个方面。

（一）公共关系是建立和维护企业信誉和形象的有力武器

在现代社会中，由于商品经济高度发达，企业竞争日趋激烈，这种竞争不仅是技术和经济的竞争，而且还集中表现为企业信誉的竞争。企业信誉不单纯是企业文明经商、职业道德的反映，也是企业经营管理水平、技术水平、工艺设备和人才资源等企业素质的综合反映。信誉和形象是联系在一起的。企业形象就是社会公众和企业职工对企业整体的印象和评价。企业信誉高，企业形象自然就会好。良好的企业形象是企业无形的资产和财富，而形象是用金钱买不到的。公共关系的主要任务就是建立对企业正确了解基础上的形象，通过采取恰当的措施，如提供可靠的产品、维持良好的售后服务、保持良好的企业之间的关系等，树立企业的良好形象。

（二）公共关系有利于建立企业与消费者之间双向的信息沟通渠道

信息对现代企业来说是至关重要的。没有信息，企业就寸步难行。企业必须有计划地、长期地向企业公众传递企业的信息，为了使传播取得预期的效果，必须讲究传播技巧。要善于向企业内外公众，通过适当的传播媒介、传播方式，传递适当的信息。同时，也要随时监测环境的变化，对外界的信息进行收集和反馈。在反馈中，既要报喜，也要报忧，了解消费者对本企业及其产品的意见及消费需求的变化趋势，及时加以改进和调整，从而生产或销售确实能够满足消费者需求的产品，增强企业及产品的市场竞争力。

（三）公共关系有利于企业改变公众误解，传播正确信息

现代科技的发展，大众传播业的发达，既为企业提供了更多的市场信息与机会，同时，不可避免地将不真实的信息也迅速传播，引起公众对企业的误解，损害企业的形象。企业被公众误解时，对于企业来说，是一个严峻的时刻，而良好的公共关系能消除企业形象危机，使企业比较容易地渡过难关。

（四）公共关系有利于增强企业内在的凝聚力，协调与外界的关系

一个企业要顺利地发展，企业内部要充满生机和活力。而企业活力的源泉，在于企业全体员工的积极性、智慧性和创造性。良好的公共关系有利于企业人员积极性、智慧性和创造性的发挥。同时，企业还要与外界公众不断联络和协调，为企业创造良好的外部环境，只有这样，企业才能顺利发展。而良好的公共关系有利于企业取得外界公众的理解与协作，与外界环境平衡发展。

四、公共关系的活动方式

企业开展公共关系的活动方式有很多，应根据公关目标、对象、条件、企业规模及市场环境等因素灵活选择。常见的方式有如下几种。

（一）庆典活动

庆典活动是企业与其内外部公众广结善缘、沟通信息的最好机会。庆典活动的主要形式包括开业典礼、周年纪念和聚会庆典等。

（二）新闻宣传

从一般心理状态来说，公众总是更加相信有独立来源的客观报道。因此，企业应当争取一切机会和新闻界建立联系，及时将具有新闻价值的信息提供给报社、电台等新闻媒体，以加深公众对企业的良好印象。

（三）赞助活动

赞助是企业无偿提供资金或物资支持某一项事业，以获得一定的形象传播效应的社会活动，是搞好公共关系的一种有效手段。常见的赞助活动有赞助体育运动、赞助教育事业、赞助慈善与福利事业、赞助学术会议和赞助竞赛活动等。

（四）建立横向联系

与消费者、社会团体、政府机构、银行、大专院校和科研单位等建立密切的联系，主动向他们介绍企业的经营情况，加强互利性合作，争取他们的支持。

（五）社会活动

积极参加各种社会活动，通过举办新闻发布会、展销会和博览会等向公众推荐产品，介绍知识，增进了解。

（六）听取和处理公众意见

积极收集公众对生产、经营、产品质量和销售等方面的意见，及时改进，迅速告知公众并予以感谢。这种做法，既能满足公众要求，又能密切企业与公众之间的关系，有利于长远发展。

五、企业形象设计

企业进行形象设计，要形成企业形象识别系统即 CIS，该系统一般包括以下三个方面。

（一）理念识别

理念识别（Mind Identity，MI）是企业形象设计的核心，涵盖了企业宗旨、企业精神和企业哲学，是整个企业的经营指导思想、进取精神和行为准则。MI 设计的目的在于从理想、信念、企业文化和价值观等方面使本企业区别于其他竞争者。MI 的设计必须立足于企业现存的文化与精神，并要突出特色。MI 的外在表现是多样的，可以是广告词，也可以是厂训、厂歌或其他特定的仪式，如四川长虹的"以产业报国，以民族昌盛为己任"就反映了我国民族工业的企业精神。

（二）行为识别

行为识别（Behavior Identity，BI）是企业全体员工自觉的行为方式和工作方法，是在企业理念指导下逐渐培育起来的企业理念的延续和实践，也是社会判断企业的最直接因素。设计行为识别的目的在于从行为举止、行为方式上使本企业员工、服务方式区别于其他竞争者，如郑州某著名商场每天开业时，总经理亲自率领各部委员、仪仗队迎进首批顾客；漂亮的迎宾小姐身披绶带站在门侧笑迎"上帝"；二楼一角琴台小姐款款抚琴，一曲《高山流水》，广觅知音；扶梯入口处，导购小组精心为长河般的人流做向导。企业的这种独特的 BI，充分体现并表达了"奉献真诚和爱心，追求卓越，共筑美好家园"的企业理念。

（三）视觉识别

视觉识别（Visual Identity，VI）是企业所独有的对外传播企业理念与企业行为的一整套识别标志，是 CIS 最外在、最直接的部分，因为人们接受外界信息有 80%来自视觉。因此，VI 设计的目的应在于通过一套完整、独立的符号系统将企业形象以最快捷的速度传递给公众，并从视觉上使本企业的产品、服务、形象区别于其他竞争者。VI 的展示方式很多，包括设计独特的产品商标、款式、包装、厂牌、厂徽、标准色、员工的着装、办公用品和交通工具等。例如，美国最早导入 VI 的 IBM 公司把公司的全称 International Business Machine 缩写成 IBM 三个字母，并选用蓝色为公司标准色，容易使人联想到蓝天、海洋和远山，使人产生崇高、深远、透明、深沉和凉爽的感觉，它象征着幸福和希望，象征着高科技公司的精密和实力，是现代科学技术、智慧和力量的表现。同时，这一具有视觉冲击力的形象标志，充分完美地体现了 IBM 公司的服务意识、创新精神和独立个性。

 **案例分析**

年龄=折扣，你的折扣你做主。活动期间，只要出示能证明你生日的有效证件，您那一年出生的就可以打几折，比如：1986年出生的，打86折，1951年出生的，就打51折。这是编者给某时尚女装品牌"三八"节设计的促销方案，该活动由于事前宣传到位，在当地引起了众多的议论，事中货品准备又充足，也同样取得了巨大的成功。这个促销方式充分利用了人们爱占便宜的心理，用自己可以定价的策略大大地调动了客人参与的热情，从而达到了倾销库存、加大正品销售的目的。事后证明，最终销售的产品大部分集中在6~7.5折，几单5折，没有出现4折，原因很简单，因为20世纪40年代左右出生的人已经快70岁了，很难出来凑这个热闹。设计出这个促销方式的灵感是来源于某化妆品在电视销售中利用现场观众的年龄做折扣促销的一次活动。

从这个案例中我们不难发现，这种能够出奇制胜的策略都是参照或模仿了其他行业的促销方法。所以，要想制定出与众不同的促销方式并不难，抓住下面几个核心就行：一是把自己变成更多其他行业的会员，美容美发、快捷酒店和汽车租赁等，你会从他们的销售策略中得到很多启发。二是平时多看其他行业的广告，看完后问自己一句："这个方法我能用吗？"三是出差时多留意本行业和其他行业的促销活动，有时即使是同行用过的方法，只要换个地点，在本地也非常好使。能够帮助你设计出"出奇制胜"策略的核心其实就是两句话18个字："在其他的行业找感觉，在不同的区域学策略。"

案例来源：https://club.1688.com/article/59149742.htm

 营销实训项目

一、实训目标

通过实训，使学生掌握促销方式及组合策略的方法和技巧，能够运用所学理论和方法进行产品批销、广告宣传、公共关系和营业推广，综合运用各种促销方式并开展促销活动。

二、实训内容和操作步骤

（一）技能训练

（1）夏季快到了，请你为大华家电公司策划某品牌空调促销活动。

（2）春节期间由于天气寒冷，很少有人喝啤酒，因此对啤酒生产企业来说是十足的淡季。但某啤酒厂家却一反春节被动销售的常规，反其道而行之，推出具有"营养、健康、时尚"等新特点，口感淡雅、舒爽，男女老幼皆宜的新产品果啤，提出"赢销春节"，并请你为其制定促销策略。

（二）职业能力开发

1. 开发学生的市场调研能力

● 目标

帮助学生掌握网上调查问卷设计的方法与技巧。

● 内容

设计网上调查问卷。

● 步骤

（1）老师布置网上调查任务。

（2）根据调查任务，分析被调查人群的特点，设计和制作网上调查问卷。

（3）通过 E-mail 或在线发布网上调查问卷。

（4）归纳分析处理结果。

（5）撰写调查报告。

2．开发学生的产品开发与管理能力

● 目标

帮助学生认识与体验企业产品创新战略、品牌战略及竞争战略。

● 内容

对中外十大最有价值的品牌进行分析。

● 步骤

（1）把班级学生划分为若干小组（5~8 人），以小组为单位进行训练。

（2）围绕下列问题收集资料，并以 PPT 或其他形式发表小组意见。

① 中外十大最有价值的品牌你熟悉几个？描述你对它的印象。

② 查找有关资料，研究它们的发展历史，分析中国品牌与世界品牌的特点及差距。

③ 联系实际，就中国企业应该走怎样的品牌战略之路发表自己的意见。

3．开发学生的价格制定与调整能力

● 目标

帮助学生掌握退款促销技能。

● 内容

为某大城市食品公司拟定××牌薯片退款促销方案。

● 步骤

（1）了解退款的操作要点，如促销费用的预算、活动时间、消费者参与率和回件处理工作等。

（2）制定以下方案。

① 消费者在规定时间，将 6 个××牌薯片包装袋拿到指定的兑换地点，厂家便立即兑换 200 元现金。

② 规定每人限换一次，幸运名额共 888 个。

③ 利用媒体进行广告宣传，宣传主题是"花 12 元得 200 元"。

④ 对活动结束后进行总结提升。

4．开发学生的销售促进能力

● 目标

帮助学生掌握社区促销的技能。

● 内容

为×××按摩器进行社区促销活动策划。

● 步骤

（1）确定促销主题。
（2）确定促销价格。
（3）确定促销场地。
（4）确定促销时间。
（5）布置活动现场。
（6）促销前的准备工作。
（7）现场促销的执行。
（8）售后服务。

营销实践练习

一、单项选择题

1. 促销的目的是引发刺激消费者产生（　　）。
   A. 购买行为　　　B. 购买兴趣　　　C. 购买决定　　　D. 购买倾向
2. 对单位价值高、性能复杂、需要做示范的产品，通常采用（　　）策略。
   A. 广告　　　　　B. 公共关系　　　C. 推式　　　　　D. 拉式
3. 在产品生命周期的投入期，消费品的促销目标主要是宣传介绍产品，刺激购买欲望的产生，因而主要应采用（　　）促销方式。
   A. 广告　　　　　B. 人员推销　　　C. 价格折扣　　　D. 销售促进
4. 一般日常生活用品适合于选择（　　）做广告。
   A. 人员　　　　　B. 专业杂志　　　C. 电视　　　　　D. 公共关系
5. 在人员推销中，常采用的"刺激—反应"策略也就是（　　）策略。
   A. 针对性　　　　B. 诱导性　　　　C. 等待性　　　　D. 试探性

二、多项选择题

1. 促销的主要任务是传递信息、增加销售。归纳起来，主要作用有（　　）。
   A. 提供信息　　　　　　B. 扩大需求　　　　　　C. 突出特点
   D. 稳定销售　　　　　　E. 协调配合
2. 广告媒体的选择应考虑的主要因素是（　　）。
   A. 企业产品的特性　　　B. 消费者的媒体习惯　　C. 媒体传播范围
   D. 媒体的影响力　　　　E. 媒体的成本
3. 各种媒体功能、特性各异，使之合理搭配进行广告宣传是很有益的。曾被采用过的比较好的媒体组合是（　　）。
   A. 报纸与广播搭配　　　　　　　　　B. 电视与广播搭配
   C. 报纸或电视与售点广告搭配　　　　D. 报纸与电视的搭配
   E. 报纸与杂志的搭配

4. 人员推销形式变得日益丰富，其中（　　）等几种主要形式为大多数企业所采用。
   A．电话营销　　　　B．网络营销　　　　C．上门推销
   D．柜台推销　　　　E．会议推销
5. 营业推广的手段是多种多样的，其中对消费者推广的手段主要有（　　）。
   A．赠送样品　　　　B．发放优惠券　　　C．开展奖售
   D．组织展销　　　　E．现场示范

三、判断题

1．人员促销也称直接促销，它主要适合在消费者数量多、比较分散的情况下进行促销。（　　）
2．企业在其促销活动中，在方式的选用上只能在人员促销和非人员促销中选择其中一种加以应用。（　　）
3．人员推销的双重目的是相互联系，相辅相成的。（　　）
4．由于人员推销是一个推进商品交换的过程，因此买卖双方建立友谊、密切关系是公共关系而不是推销活动要考虑的内容。（　　）
5．对单位价值较低、流通环节较多、流通渠道较长和市场需求较大的产品常采用拉式策略。（　　）
6．因为促销是有自身统一规律性的，所以不同企业的促销组合和促销策略也应该是相同的。（　　）
7．推销员除了要负责为企业推销产品外，还应该成为顾客的顾问。（　　）
8．"刺激—反应"策略是在不了解顾客的情况下，推销者运用刺激手段引发顾客产生购买行为的策略。（　　）
9．广告的生命在于真实。（　　）
10．非人员促销适用于消费者数量多、比较集中的情况。（　　）
11．甄选推销人员是指对未从事推销工作的人员进行甄选。（　　）
12．广告作为促销方式或促销手段，它是一门带有浓郁商业性的综合艺术。（　　）
13．广告媒体的影响力是以报刊的发行量和电视、广播的视听率高低为标志的。（　　）
14．广告是否具有感召力，最关键的因素是诉求形式。（　　）
15．公共关系是一种信息沟通、创造"人和"的艺术。（　　）
16．通过赞助文化、教育、体育和卫生等事业，支持社区福利事业，参与国家、社区重大社会活动等形式来塑造企业的社会形象是服务性公共关系。（　　）

四、案例分析题

近来，中国移动"关键时刻，信赖全球通"的广告引起了不少业内人士的注意，不少业内人士表示，这则广告将中国移动的独特优势表现得淋漓尽致。中国移动越来越强烈地感受到来自竞争对手联通的压力。中国移动一改以往的以静制动，开始主动出招，用比较广告的表现手法直攻对手的痛处。

中国移动这则 60 秒的电视广告由三个情节组成：青年作曲家怕手机信号不好，影响与女友的沟通；房地产商表示如果一个电话打不通，可能就耽误了一个重要的生意机会；而北京的梁先生在不久前的一次海难中，凭借全球通手机的出色信号拯救了全船 128 名乘客的生命。

在中国移动的这则广告中，突出了一个最明确的消费利益——手机信号的重要性。联通将目标指向中高端用户，广告的主要诉求点是 CDMA 手机更健康，CDMA 手机的辐射比 GSM 手机低很多。但问题是，这些诉求点对中高端用户来说是不是最重要的需求，如果手机信号不好，环保又有什么用？

通过对用户、竞争对手、自己（中国移动）进行一系列的分析后发现，网络的覆盖率和强劲的信号是中国移动的独特优势，这个优势在消费者的使用过程中能够体现出来，并且对中高端用户来说非常重要，而最重要的一点是，这恰好不是竞争对手目前的比较优势。但如果想通过诉说自己的独特优势以衬托对手的劣势，往往会落入自卖自夸的陷阱之中，并引起消费者的反感。

2002 年 10 月 6 日，一艘载有 128 名中国游客的越南游船触礁，沉船随时可能发生，游客生命危在旦夕，这时北京游客梁先生依靠他的全球通手机向外界呼救，5 个小时后，128 名游客全部获救。关于这个事件，央视的《东方时空》节目立即进行了报道，形成了一定的传播效果。在《东方时空》节目播出后，中国移动又充分利用这一事件在全国范围内进行了一系列密集的公关活动：免去当事人梁先生向外界呼救花的 5 000 元漫游费，赠送一部 Motorola388 手机，并将其聘为荣誉顾客，颁发全球通俱乐部钻石卡。许多媒体对此进行了跟踪报道，因此中国移动的通信网络质量好的优势就具备了相当高的新闻可信度。

比较式广告通常与竞争者产生关联，以任何明示或暗示的方法，将自我品牌同其他竞争品牌相比较，以特别突出自我品牌某方面的特性，使受众接受该品牌比对比品牌更优越、更适合目标消费者的主张。因此该种广告形式最容易产生效果，并且最不好掌握，易引起争端。比较广告也因此有了"悬崖边上的舞蹈"的形象比喻，跳得好很灿烂，跳得不好会坠入深渊。

在有些国家，比较广告的运用非常普遍。著名的阿司匹林就曾经遭到过泰诺的挑战。泰诺在广告中说："有千百万人是不应当使用阿司匹林的。如果你容易反胃或者有溃疡，或者你患有气喘、过敏或因缺乏铁质而贫血，在你使用阿司匹林前就有必要先向你的医生请教。阿司匹林能侵蚀血管壁，引发气喘或者过敏反应，并能导致隐藏性的胃肠出血。"结果泰诺一举击败了老牌的阿司匹林，成为首屈一指的名牌止痛和退烧药。

不过，这样的比较广告在我国是明令禁止的，许多比较广告纷纷落马。早在 1995 年，巨人吃饭香就曾因为攻击娃哈哈儿童营养液"有激素，造成儿童早熟"遭到娃哈哈的起诉，最终法院判决巨人集团向娃哈哈赔款 200 万元，并在杭州召开新闻发布会，向娃哈哈公开道歉。

我国对比较广告的要求是不得贬低其他竞争者。不过，有时对是否贬低竞争者很难界定，"我只用力士"就属此种情况。因此，对于比较广告来说，表现形式非常重要。当初养生堂在推广"农夫山泉"矿泉水时，就曾运用比较广告，其拍摄的水仙篇电视广告直接对比纯净水和矿泉水的营养价值，一时间，纯净水、矿泉水之争迅速成为媒体热点，结果"农夫山泉"在水市场中，异军突起成为水业新贵。

问题：

（1）请分析中国移动如何借助比较广告来攻击对手？

（2）使用比较广告应注意什么问题？

第十章　市场营销管理

 案例导入

  联想常把制定战略比喻为找路。在前面，草地、泥潭和道路混成一片无法区分的时候，我们要反反复复细心观察，然后小心翼翼地、轻手轻脚地去踩、去试。当踩过三步、五步、十步、二十步，证实了脚下踩的确实是坚实的黄土路的时候，则毫不犹豫，撒腿就跑。这个去观察、去踩、去试的过程就是谨慎地制定营销战略的过程；而撒腿就跑则比喻的是坚决执行的过程，这和军校里讲的"四快一慢"的战术原则相符合。

  联想选择只在本土发展而且把业务面做宽，从一种产品发展到多种产品，从产品业务发展到信息服务业务。因为从1994年起联想和国外强大对手的竞争中发挥的几乎全都是本土优势。在资金、管理能力、技术水准和人力资源等诸方面联想都不如，甚至远不如竞争对手；然而，竞争是在中国展开的，联想熟悉中国市场，熟悉中国客户，熟悉中国环境，能更充分地调动中国员工的积极性，在中国联想的市场推广、渠道管理、服务组织、物流控制的运作更有效，成本更低，联想研究开发的产品更符合中国市场的需要。所以在过去几年的竞争中，联想占了上风。联想把本土优势发挥得淋漓尽致，应该讲，在其他方面，目前联想还处于劣势。联想不仅对未来的战略目标、路线进行了设计，而且对达到近期目标、实行路线的具体战术步骤都做了分析、设计，并进行调整。联想对未来充满信心！

  案例来源：https://wenku.baidu.com/view/9b1f5a600b1c59eef8c7b433.html

第一节　市场营销组织

一、市场营销组织的概念

  营销计划要靠组织去实施，没有一个有效且符合市场营销观念要求的组织，再好的计划也只能是纸上谈兵。

  市场营销组织是指企业内部涉及市场营销活动的各个职位及其结构。它是以市场营销为理念建立的组织，以消费者的需求为中心，把消费者需求置于整个市场运行过程的起点，并将满足消费者的需求作为其归宿点。

二、市场营销组织的特征

  市场营销组织是制定和实施市场营销计划的职能部门。在不同的企业，市场营销组织往往有不同的称谓；在许多企业，市场营销组织常常也不只是一个机构或科室。现代企业的市场营销部门，是随着市场营销观念的发展长期演变而成的产物。

有效的市场营销组织应具有灵活性、适应性和系统性。所谓灵活性、适应性，是指企业组织能够根据营销环境、营销目标、营销战略和策略的变化，迅速调整自己。一般来说，越是成熟的组织，由于经验和惯性的作用，越容易丧失组织的灵活性和适应性，为此，管理学家们也设计了种种模式，试图使营销组织成为具有灵活调节功能的系统。市场营销组织的系统性，是指企业的市场营销、研究与开发、生产、财务、人力资源管理以及市场营销所属各部门，如市场调研、广告宣传、人员推销和实体分配等都能相互配合，相互协调，以获得整体大于部分之和的效果。

三、营销部门的组织模式

随着情况的发展变化，市场营销部门本身的组织方式也在演化。概括而言，所有的市场营销组织都须适应四重意义的基本市场营销活动，即职能的、地理区域的、产品的和市场的基本营销活动。因此，有六种基本的市场营销部门组织模式：职能式组织、地区式组织、产品管理式组织、市场管理式组织、产品/市场式组织和事业部组织。

（一）职能式组织

职能式组织是最常见的组织模式，如图 10-1 所示。市场营销经理的工作就是协调各专业职能部门的活动。职能部门的数量，可以根据需要随时增减。

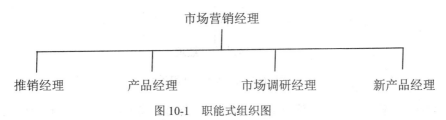

图 10-1　职能式组织图

职能式组织的最大优点是简便易行。不过随着公司产品种类的增多，市场的扩大，这种组织方式可能损失效率。因为没有一个职能部门对某一具体的产品或市场负责，每一个职能部门都在为获得更多的预算和更有利的地位而竞争，致使营销经理经常陷入难以调解的纠纷之中。

（二）地区式组织

在全国范围内销售产品的企业，通常按地理区域组织其销售力量。地区经理掌握一切关于该地区市场环境的情报，为在该地区打开产品销路制定长、短期计划，并负责计划的实行，如图 10-2 所示。

（三）产品管理式组织

如果一个企业生产多品种或多品牌的产品，并且各种产品之间的差别很大，则适于按产品系列或品牌设置营销组织。产品经理的任务是制定产品的长期发展战略和年度销售计划，并负责全面实施计划，控制执行结果，如图 10-3 所示。

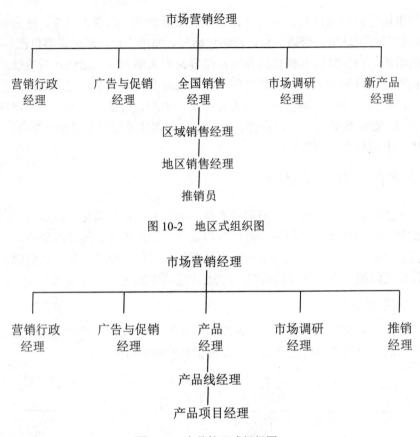

图 10-2　地区式组织图

图 10-3　产品管理式组织图

最早的产品管理式组织出现于 1927 年的宝洁公司。该公司研发了一种新肥皂，但最初并不成功。年轻的经理尼尔·麦克尔罗伊被派去统筹开发和推销这种新产品的工作，他成功了，于是公司很快增设了其他产品经理。从那时起，许多公司，特别是生产食品、肥皂和化妆品的公司都建立了产品管理式组织。

产品管理式组织有几个特点：① 能够为开发某种产品市场协调各方面力量；② 能对市场上出现的问题迅速做出反应；③ 较小的品种或品牌也因有专人负责而不致被忽视；④ 由于必须与各方人员打交道，产品经理成为锻炼年轻经理的极好位置。如前述宝洁公司年轻的产品经理后来就成为该公司的董事长。

不过，此种组织模式也有一些不便之处：① 产品经理被称为"最小的总裁"，但并无履行其职责的充分权力，不得不依赖广告、推销和产品开发等部门的配合；② 产品经理通常只能成为本产品的专家，而很难成为职能专家；③ 这种管理系统的费用通常比期望的高；④ 一旦产品经理被调走，市场营销计划就失去了长期连续性。

（四）**市场管理式组织**

一些大企业将同类产品卖给若干不同的细分市场。例如，钢铁厂将它的钢铁分别卖给铁路部门、建筑业和加工业等，这时就可以采取**市场管理式组织**。

市场管理式组织与产品管理组织的结构相似，市场经理的职责也与产品经理相似，他为自己负责的市场制定长期和年度的计划,分析市场趋势及所需要的新产品。他们比较重视长远的市场占有率,而不是眼前的获利能力。市场管理式组织与产品管理式组织相比,最大的优点是各种市场营销活动通过市场经理组织起来以满足不同顾客群的需要,而不是着眼于职能、地区或产品。有专家认为,市场管理式组织最符合现代营销观念的要求。

(五)产品/市场式组织

这是一种矩阵式组织,是将产品式与市场式结合起来的组织形式。产品经理负责产品的销售利润和计划,为产品寻求更广泛的用途;市场经理负责开发现有和潜在市场,着眼于市场的长期需要,而不是推销眼前某种产品。这种组织形式适于多角化经营的公司,其缺点是冲突太多,费用大,时有权利和责任界限不清的问题。

(六)事业部组织

从事多角化经营的大公司随着规模的进一步扩大,常为不同的产品种类分设事业部。这些事业部各自独立,组织上也自成体系,设有自己的职能部门,因此产生了营销职能如何在公司总部与事业部划分的问题。一般来说,有以下几种选择。

(1)公司总部不再设营销部门,营销职能完全由各事业部自己负责。

(2)公司总部设一规模不大的营销部门,只承担有限的营销职能,如为最高主管对市场机会或威胁做出评估,督促公司其他部门接受现代营销观念的指导等。

(3)适当规模的总公司级营销部门,通常要为各事业部提供多种营销服务,如广告、公关促销、营销调研和人员培训等。

(4)总公司级设置庞大的营销部门,直接参与各事业部的营销规划工作,并对计划实施过程加以控制。

四、组织决策的基本要素

组织决策的基本要素包括以下几个方面。

(一)专职化程度问题

一般来说,小企业不趋向专职化,而较大的企业需要各种专职人员。专职化的优点是能获得市场营销各方面专门人员提供的服务,从而工作更有效率。专职化的缺点:一是费用高;二是不同职能部门之间的联系势必增加困难,互相不了解各自所担负的职责,难以进行协调。

(二)集权与分散化问题

如果企业大多数重要营销决策是由市场营销部门的最高领导者制定的,这个企业实行的就是集权化管理;如果企业的市场营销决策大多由下属人员制定,该企业实行的就是分散化管理。集权化的优点是:只在一个或少数几个领导人的管理下,部门之间能较好地联系和协调,能从全局和整体最优的考虑出发,制订出最佳的方案。分散化的优点是:基层销售人员比上级管理人员更了解顾客需要,对市场变化更敏感,因而由他们做出决策更好;

分散决策,制定决策快,不需逐级向上级报告情况,请示决策,从而有利于抓住竞争时机;分散化体制对下层人员有较大的激励作用。

(三) 控制管理幅度

管理幅度是指一位主管人员领导的下属人员的数量。如果向一位主管人员汇报工作的下属过多,他就很难协调各方面工作,很难对出现的问题及时有效地处理。这时,通常采用增加组织层次的办法,从而缩小每一层负责人管辖的范围。但随着层次的增加,在信息传递方面,会造成传递时间过长且可能失真的危险。按照管理学理论,一位主管人员只能有效地领导5~8个下属。

(四) 激励

这是市场营销组织中最难解决的问题之一。激励,即如何调动每一个工作人员的积极性,以确保完成企业目标。除了一般的方法和原则外,还应根据营销人员需求的不同,提供不同的激励内容和方式。

五、影响营销组织决策的因素

营销组织模式及组织决策的基本要素都不是任意决定的,其间需要考虑各种影响因素。决定企业市场营销组织决策的因素,大致有以下几方面。

(一) 企业规模

一般来说,企业规模越大,市场营销组织越复杂。大公司需要较多的各类市场营销专职人员、专职部门以及较多的管理层次。企业规模较小,市场营销组织也就相对简单,甚至相当简单。

(二) 市场

一般来说,市场的地理位置是决定市场营销人员分工和负责区域的依据。如果市场由几个较大的细分市场组成,企业需要为每个细分市场任命一位市场经理;如果市场地理位置分散,需要按地区设置营销组织;市场规模大,范围广,就需要庞大的营销组织、众多的专职人员和部门;市场范围窄,销量有限,营销组织规模自然也有限。

(三) 产品及其分类

产品及其分类的多寡也关系到市场营销组织的形式,如产业用品更多地通过推销人员直接销售,依赖广告的宣传较少,因此推销部门庞大,而广告部门的规模很小,甚至没有。

(四) 企业类型

从事不同行业的企业,其市场营销组织的构成也有所不同,如服务行业的市场营销重点之一就是市场调查;而原材料行业,如木材和农产品加工企业,它的市场营销重点则在储存和运输。

第二节 市场营销计划

一、市场营销计划的概念

市场营销计划是指在对企业市场营销环境进行调研分析的基础上，制定企业及各业务单位的对营销目标以及实现这一目标所应采取的策略、措施和步骤的明确规定和详细说明。

营销计划是企业的战术计划，营销战略对企业而言是"做正确的事"，而营销计划则是"正确地做事"。在企业的实际经营过程中，营销计划往往碰到无法有效执行的情况。一种情况是营销战略不正确，营销计划只能是"雪上加霜"，加速企业的衰败；另一种情况则是营销计划无法贯彻落实，不能将营销战略转化为有效的战术。营销计划充分发挥作用的基础是正确的战略，一个完美的战略可以不必依靠完美的战术，而从另一个角度看，营销计划的正确执行可以创造完美的战术，而完美的战术不但可以弥补战略的欠缺，还能在一定程度上转化为战略。

二、市场营销计划的类型

（一）按计划时期的长短划分

可分为长期计划、中期计划和短期计划。长期计划的期限一般在 5 年以上，它主要是确定未来发展方向和奋斗目标的纲领性计划。中期计划的期限为1～5 年。短期计划的期限通常为 1 年，如年度计划。

（二）按计划涉及的范围划分

可分为总体营销计划和专项营销计划。总体营销计划是企业营销活动的全面、综合性计划。专项营销计划是针对某一产品或特殊问题而制订的计划，如品牌计划、渠道计划、促销计划和定价计划等。

（三）按计划的程度划分

可分为战略计划、策略计划和作业计划。战略性计划是对企业将在未来市场占有的地位及采取的措施所做的策划。策略计划是对营销活动某一方面所做的策划。作业计划是各项营销活动的具体执行性计划，如一项促销活动，需要对活动的目的、时间、地点、活动方式和费用预算等作策划。

三、市场营销计划的编制

（一）编制市场营销计划的原则

为保证营销计划的科学性，并做到切实可行，企业在编制营销计划时要遵循以下原则。
（1）以消费需求为中心，以企业的总体经营目标为基本出发点。
（2）充分考虑企业的内外部环境，在综合平衡的基础上，做到切实可行、灵活调整。

(3）计划的行动方案要明确、具体。

（二）编制市场营销计划的步骤

市场营销计划的编制过程一般包括以下步骤。

（1）分析现状，做到知己知彼，为编制计划做好充分准备。

（2）确定目标，为具体活动程序指明方向。

（3）编制计划草案，交由有关部门讨论。

（4）如果讨论后有异议，要在规定时间内修改计划草案。

（5）编制正式计划，组织企业内部执行。

（三）编制市场营销计划的具体内容

1．计划概要

计划概要是对主要营销目标和措施的简短摘要，目的是使高层主管迅速了解该计划的主要内容，抓住计划的要点。例如，某零售商店年度营销计划的内容概要："本年度计划销售额为5 000万元，利润目标为500万元，比上年增加10%。这个目标通过改进服务、灵活定价、加强广告和促销努力，是能够实现的。为达到这个目标，今年的营销预算要达到100万元，占计划销售额的2%，比上年提高12%"。

2．营销状况分析

这部分主要提供与市场、产品、竞争、分销以及宏观环境因素有关的背景资料。具体内容如下。

（1）市场状况。列举目标市场的规模及其成长性的有关数据、顾客的需求状况等，如目标市场近年来的年销售量及其增长情况、在整个市场中所占的比例等。

（2）产品状况。列出企业产品组合中每一个品种近年来的销售价格、市场占有率、成本、费用、利润率等方面的数据。

（3）竞争状况。识别出企业的主要竞争者，并列举竞争者的规模、目标、市场份额、产品质量、价格、营销战略及其他，以了解竞争者的意图、行为，判断竞争者的变化趋势。

（4）分销状况。描述公司产品所选择的分销渠道的类型及其在各种分销渠道上的销售数量。如某产品在百货商店、专业商店、折扣商店和邮寄等各种渠道上的分配比例等。

（5）宏观环境状况。主要对宏观环境的状况及其主要发展趋势做出简要的介绍，包括人口环境、经济环境、技术环境、政治法律环境和社会文化环境，据此判断某种产品的"命运"。

3．机会与风险分析

首先，对计划期内企业营销所面临的主要机会和风险进行分析；其次，对企业营销资源的优势和劣势进行系统分析；最后，在机会与风险、优劣势分析基础上，企业可以确定在该计划中所必须注意的主要问题。

4．拟定营销目标

拟定营销目标是营销计划的核心内容，在市场分析基础上对营销目标作出决策。计划应建立财务目标和营销目标，目标要用数量化指标表达出来，要注意目标的实际、合理，并应有一定的开拓性。财务目标就是要确定每一个战略业务单位的财务报酬目标，包括投资报酬率、利润率和利润额等指标。营销目标由财务目标转化而来，可以由销售量、销售收入、销售增长率、市场份额、品牌知名度和分销范围等指标构成。

5．营销策略

拟定企业将采用的营销策略，包括目标市场选择、市场定位和营销组合策略等。具体包括明确企业营销的目标市场是什么市场，如何进行市场定位，确定何种市场形象以及企业拟采用什么样的产品、渠道、定价和促销策略等。

6．行动方案

对各种营销策略的实施制定详细的行动方案，即阐述以下问题：将做什么？何时开始？何时完成？谁来做？成本是多少？整个行动计划可以列表加以说明，表中具体说明每一时期应执行和完成的活动时间安排、任务要求和费用开支等，使整个营销战略落实于行动，并能循序渐进地贯彻执行。

7．营销预算

营销预算即开列一张实质性的预计损益表。在收益的一方要说明预计的销售量及平均实现价格，预计出销售收入总额；在支出的一方说明生产成本、实体分销成本和营销费用，以及再细分的明细支出，预计出支出总额。最后得出预计利润，即收入和支出的差额。企业的业务单位编制出营销预算后，送上层主管审批。经批准后，该预算就是材料采购、生产调度、劳动人事以及各项营销活动的依据。

8．营销控制

对营销计划的执行进行检查和控制，用以监督计划的进程。为便于监督检查，具体做法是将计划规定的营销目标和预算按月或季分别制定，营销主管每期都要审查营销各部门的业务实绩，检查是否实现了预期的营销目标。凡未完成计划的部门，应分析问题原因，并提出改进措施，以争取实现预期目标，使企业营销计划的目标任务都能完成。

第三节　市场营销执行

一、市场营销执行的概念

市场营销执行是指企业将营销战略和营销计划转化为行为和任务，并保证这种任务的完成，以实现营销战略目标的过程。这里，"战略"一词涉及的是营销活动是"什么"和"为什么"的问题，而"执行"一词涉及的是"什么人"在"什么地方""什么时候""怎么做"的问题。

市场营销执行是一个艰巨而复杂的过程。研究表明，战略目标之所以未能实现，是因为没有得到有效的执行。营销管理人员常常难以判断营销工作具体执行中的问题，营销失败的原因可能是由于战略本身有问题，也可能是由于正确的战略没有得到有效的执行。

二、营销执行中的问题及其原因

企业在执行营销战略和营销计划的过程中为什么会出现问题？正确的营销战略为什么

不能带来出色的业绩？原因主要有以下几个方面。

（一）计划脱离实际

企业的营销战略和营销计划的制定过于专门化，而执行起来则要依靠营销管理人员。制定者和执行者之间常常缺乏必要的沟通和协调，从而导致下列问题的出现。

(1) 制定者只考虑总体战略而忽视执行中的细节，结果使营销计划过于笼统而流于形式。

(2) 制定者往往不了解执行过程中的具体问题，所以常常出现计划脱离实际的情况。

(3) 制定者和执行者之间没有必要的沟通与协调，执行者不能完全理解需要他们去执行的营销战略和营销计划，致使执行过程中经常遇到困难。

(4) 脱离实际的战略导致制定者和执行者相互对立和不信任。

（二）长期目标与短期目标不一致

营销战略通常着眼于企业的长期目标，涉及今后3～5年的营销活动。而对具体执行这些营销战略的营销组织人员则是依据其短期工作绩效，如销售量、市场占有率或利润率等指标来实施奖惩的。因而，营销组织人员常常选择短期行为。为克服企业的长期目标和短期目标之间的矛盾，企业必须采取适当措施，求得两者间的协调。

（三）因循守旧的惰性

企业的营销活动往往是为了实现既定的战略目标。新的战略如果不符合企业的传统和习惯就会受到抵制。新旧战略之间的差异越大，执行新战略可能遇到的阻力也就越大。要想执行与旧战略截然不同的新战略，常常需要打破企业传统的组织结构。例如，为了执行给老产品开辟新销路的市场开拓战略，就必须创建一个新的营销组织机构。

（四）缺乏具体明确的执行方案

有些营销战略和营销计划之所以失败，是因为制定者没有进一步制订具体明确的执行方案。企业的决策者和营销管理人员必须制订详尽的执行方案，规定和协调各部门的活动，编制详细周密的执行时间表，明确各部门经理的职责。只有这样，企业的营销战略和营销计划的执行才能有所保障。

三、营销执行技能

为了有效地开展营销，企业营销组织人员必须具有以下四种出色的营销执行技能。

（一）分配的技能

分配的技能是指营销经理在各种功能、政策和规划间安排分配时间、经费和人力资源的能力。

（二）监控的技能

监控的技能包括建立和管理一个将营销活动结果进行反馈的控制系统。控制有年度计划控制、盈利率控制、效率控制和战略控制。其实，从贯彻执行的角度出发，企业主要侧重于前面两种控制。

（三）组织的技能

组织的技能是指如何规定营销组织人员之间为实现企业目标而应具有的关系结构。制定有效的执行程序的重要前提是必须把集中化程度和正规化程度掌握在与控制系统相适应的限度内，必须理解非正式营销机构的地位和作用。非正式机构与正式机构相互配合，将对许多执行活动的效果产生影响。

（四）相互配合的技能

相互配合的技能是指营销经理借助于其他力量来完成自己工作的能力。营销经理不仅要动员企业内部的人员去有效地执行预期的战略，而且还必须利用企业外部的力量。

四、营销执行过程的五项内容

（一）制订行动方案

为了有效地执行营销战略和营销计划，必须制订详细的行动方案。这个方案应该明确营销战略和营销计划执行的关键性决策和任务，并将执行这些决策和任务的责任具体落实到小组或者个人。另外，还应包含明确具体的时间表，定出执行的确切时间。

（二）建立组织结构

建立组织结构有两层意义。

（1）合理的组织结构在营销战略和营销计划的执行过程中有决定性的作用。领导部门将执行的任务分解并分配给具体的部门和个人，使工作专门化，规定明确的职权界限和信息沟通渠道，以协调企业内部的各项决策、行动及企业各部门之间的关系。

（2）具有不同的战略、计划，不同的情况要求有不同的组织结构。也就是说，组织结构必须同营销战略和营销计划相适应，必须同企业本身的特点和企业的营销环境相适应。

组织机构具有两大职能。

① 提供明确的分工，使全部工作分解成便于管理的几个部分，再将它们分配给各有关部门和人员。

② 发挥协调作用，通过正式的组织联系和信息沟通网络，协调各部门和人员的行动。

（三）设计决策和奖励制度

为执行营销战略和营销计划，还必须设计相应的决策和奖励制度。这些制度直接关系到营销执行的成败。奖励是指调动人员的积极性，以确保营销执行的成功。奖励产生作用的必要条件是要有约束。没有约束，奖励将失去效用，组织将趋于败坏。

（四）开发人力资源

营销执行最终是要由企业内部的工作人员来完成的，所以人力资源的开发至关重要。这涉及人员的考核、选拔、安置、培训和激励等问题。在考核选拔营销管理人员时，要研究是从企业内部选拔还是从企业外部招聘更有利；在安置人员时，要注意按照他们的能力和专长安排适当的工作，做到人尽其才；为了激励员工的积极性，必须建立完善的工资、福利和奖励制度。

此外，企业还必须决定行政管理人员、业务管理人员和一线工人的比例。

应当指出的是，不同的营销战略和不同的营销计划，要求具有不同性格和能力的管理者。拓展型战略要求具有创业和冒险精神、有魄力的人员去完成；维护型战略要求管理人员具备组织和管理方面的才能；而紧缩型战略则需要寻找精打细算的管理者来执行。

（五）营造管理氛围与企业文化

管理氛围是指企业中管理人员不成文的习惯约定和共同工作的方式，一种人际关系和组织环境气氛。有的企业的管理层习惯于一种紧张而富有逻辑的工作秩序和心照不宣的默契；有的管理层却推崇宽容随和的组织气氛，给予较大创造性工作的自由度。不管何种氛围，都应有利于营销执行。

企业文化是指企业组织在长期经营活动中逐步形成的价值观念、行为规范、群体意识、传统习惯和作风等精神财富以及企业创造的物质财富中文化精华的总和。企业文化作为一个系统，大体包括三个层次。

（1）观念文化，或称内隐的文化，主要包括企业价值观、经营思想、职业道德、企业精神和传统习惯等。观念文化是企业文化的灵魂和核心。

（2）制度与行为文化，即渗透在企业经营管理过程中的文化精华。

（3）物质文化，也可称为外显文化，它是以企业产品和设施为载体的文化，包括商品、设施和生活福利文化等。

每一个企业都有自己的文化，作为现代营销企业，其企业文化应以下面三个方面为重点。

（1）在观念文化方面，企业应把"为消费者服务"作为核心价值观念。

（2）在制度行为文化方面，企业应把营销服务文化作为重点。

（3）在物质文化方面，企业应把商品文化和营销环境文化作为重点。

营销执行能否成功，取决于企业能在多大程度上协调和开展上述五个方面的活动。

第四节 市场营销控制

一、市场营销控制的概念

市场营销控制是指对营销战略和计划的效果进行评估和衡量，并采取修正措施以确保营销目标实现的过程。市场营销控制的目的是使企业各项运作活动具有高效率和高效益性。因此，在执行营销计划时，营销部门必须进行严格的监督和控制，才可以有效地避免和纠正在营销活动中可能出现的各种偏差。

二、市场营销控制的内容

（一）年度计划控制

开展年度计划控制是为了保证企业达到在它的年度计划中所规定的销售额、利润额和其他指标。年度计划控制的核心是目标管理,具体的步骤是:首先,由管理部门确定年度计划目标、季度目标;其次,管理部门对营销计划的执行情况进行监督和控制;再次,如果营销计划的执行产生较大偏差,则管理部门应该找出产生偏差的原因;最后,管理部门必须采取必要的行动以缩小营销目标和营销实绩之间的差距,必要时需改变行动方案,甚至改变营销目标,以便和变化了的实际情况相适应。

一般而言,企业年度计划控制包括销售分析、市场占有率分析、营销费用分析、财务分析和顾客态度追踪五个方面的内容。

(1)销售分析。销售分析就是要衡量并评估企业的实际销售额与计划销售额之间的差异情况,并采取相应的措施,具体方法有以下两种。

① 销售差额分析。这种方法用来测量不同的因素对出现销售差额的影响程度。例如,某公司年度计划要求第一季度销售商品 5 000 件,单价 10 元,即销售额为 50 000 元。实际上,第一季度实际销售商品 4 000 件,且单价降为 9 元,实际销售收入 36 000 元,差距为 14 000 元。其原因包括价格降低和销量减少两个因素,但这两个因素对差额的影响程度是不一样的。

因降价引起的差额:4 000×(10-9)=4 000 元,占总差额的(4 000/14 000×100%)=28.57%。

因销量减少引起的差额:(5 000-4 000)×10=10 000 元,占总差额的(10 000/14 000×100%)=71.43%。

从以上分析可以看出,销售收入减少主要是由销量减少引起的,那么公司就应调查销量减少的原因并采取相应的措施。

② 地区销量分析。这种方法主要用在审核导致销售差距的具体产品和地区。例如,某企业在 4 个地区销售产品,其预期的销售额分别为 A. 4 000 件、B. 2 500 件、C. 2 300 件、D. 1 500 件,但实际销量分别是 A. 3 600 件、B. 2 150 件、C. 1 050 件、D. 1 600 件,与预期销售额的差距分别为 A 少 400 件(少 10%)、B 少 350 件(少 14%)、C 少 1 250 件(少 54.35%)、D 多 100 件(多 6.67%)。由此可见,导致产生销售差距的主要原因在 C 地区。管理部门则应主要督察 C 地区,查明销售额没有达到预期的原因并采取针对性的措施。

(2)市场占有率分析。销售分析只能反映公司的销售目标完成情况,并不能反映企业的市场竞争地位。只有市场占有率才能反映企业的实际竞争力的变化。例如,企业的销售额提高可能是由于企业的竞争力增强了,也可能是外界环境对本行业有利,从而导致本行业所有的公司的销售额都上升了,但本公司和同行业的其他公司的竞争地位并无变化或反而下降了。如果公司的市场份额提高了,则表明企业在与竞争对手的较量中占据了优势;反之,如果企业的市场份额减少了,那就说明企业在与竞争对手的较量中处于不利地位。

市场占有率分析通常有三种测量指标。

① 整体市场占有率。即企业销售额占整个行业的百分比,它反映企业在本行业中的实力地位。

② 目标市场占有率。即企业的销售额在其目标市场上所占的比例,这是企业首先要达到的目标,在此基础上再增加新的产品品种以扩大市场范围。

③ 相对市场占有率。即企业销售额占企业最大竞争者的销售额的比例,它反映企业与

其主要竞争对手之间的力量对比关系。

对公司市场占有率的变化,可以通过以下 4 个因素之间的关系进行计算。

总的市场份额=顾客分布度×顾客信任度×顾客选择度×价格选择度

式中,顾客分布度表示向本企业购买产品的顾客占总顾客的百分比;顾客信任度表示顾客从本企业购买产品数量与他们已提供同类产品的其他公司购买数量的百分比;顾客选择度表示本企业顾客的平均购买量与一般企业顾客的平均购买量的百分比;价格选择度表示企业的平均价格与所有企业的平均价格的百分比。

假定某企业的市场占有率下降,则可能是由于以下原因。

① 公司失去一部分顾客(市场分布度下降)。

② 现有的顾客向本企业购买产品的数量在全部购买量中的比例减少了(顾客信任度下降)。

③ 公司保留的顾客规模较小(顾客选择度下降)。

④ 公司的价格竞争力下降了(价格选择度下降)。

公司通过跟踪这些因素,则可判断出市场占有率变化的潜在原因,根据具体情况拟定相应的营销策略。

(3)营销费用分析。年度计划控制不仅要保证销售和市场占有率达到计划目标,而且还要保证营销费用不超支。这就需要检查营销费用率,即市场营销费用与销售额之比。如果处于控制范围之内,则不必采取措施。如果超过正常的波动幅度则应加以注意,并采取适当措施。有时费用率仍在控制范围之内也应加以注意。

(4)财务分析。财务分析主要是通过一年来的销售利润率、资产收益率、资本报酬率和资产周转率等指标了解企业的财务情况。

(5)顾客态度追踪。顾客态度追踪是指企业通过设置顾客抱怨和建议系统、建立固定的顾客样本或者通过顾客调查等方式,了解顾客对本企业及其产品的态度变化情况。

(二)盈利能力控制

盈利能力控制一般由企业内部负责监控营销支出和活动的营销审计人员负责,旨在测定企业不同产品、不同销售地区、不同顾客群、不同销售渠道以及不同规模订单的盈利情况。它包括各营销渠道的营销成本控制、各营销渠道的营销净损益和营销活动贡献毛收益(销售收入-变动性费用)的分析,以及反映企业盈利水平的指标考察等内容。

(1)盈利能力分析。盈利能力分析是通过对财务报表各项目及其数据的一系列处理,把所获利润分摊到产品、地区、分销渠道、顾客等方面,从而衡量出每一因素对企业最终获利的贡献大小。例如,某公司一年的渠道损益情况,如表 10-1 所示。

从表 10-1 可以看出,专业商店虽然销售额不及百货商店大,而获利能力却是最大的;百货商店所占销售额虽近一半,所获利润却不大;杂货商店所占销售额约 1/6,但从盈利角度看却是亏损。当然我们还要对费用支出情况以及不同地区损益情况做出分析,在此从略。

(2)选择最佳调整措施。盈利能力分析的目的在于找出妨碍获利的因素,以便采取相应的措施排除或削弱这些不利因素的影响。可以选择的调整措施很多,企业必须在全面考虑之后做出最佳决策。上例中,专业商店获利能力最大,当然应该保留,但杂货商店和百货商店是否应该保留，则需进一步分析，只有了解其获利较少或产生亏损的原因，制定相应的调整措施，才能做出最佳决策。

表 10-1 某公司的渠道损益情况

单位：万元

渠道项目	百货商店	杂货商店	专业商店	总额
销售收入	30 000	10 000	20 000	60 000
销售成本	19 500	6 500	13 000	39 000
毛利	10 500	3 500	7 000	21 000
费用总额	10 050	3 810	1 940	15 800
推销	4 000	1 300	200	5 500
广告	1 550	620	930	3 100
包装运输	3 000	1 260	540	4 800
处理票据	1 500	630	270	2 400
净利（损）	450	-310	5 060	5 200

（三）效率控制

假如盈利能力分析显示企业在某些产品、地区或市场方面利润不高，那么就需要在销售人员、广告宣传、营业推广和分销渠道方面寻找更有效的方法。

（1）销售人员效率。企业的各地区销售经理要记录本地区内销售人员效率的几项主要指标，包括：① 每个销售人员每天平均的销售访问次数；② 每次访问的平均时间；③ 每次销售访问的平均成本；④ 每次销售访问的招待成本；⑤ 每次销售访问的平均收益；⑥ 每百次销售访问而获得订单的百分比；⑦ 每期新增的顾客数；⑧ 每期失去的顾客数；⑨ 销售成本对总销售额的百分比。企业可以从以上的分析中，发现一些非常重要的问题：销售代表每天的销售访问次数是否太少了，是否在招待上花费太多了，每百次访问是否签订了足够的订单，是否增加了足够的新顾客，并且保留住原有的顾客。当企业着手调查销售人员的效率时，通常会发现需要改进的方面。当企业开始正视销售人员效率的改善后，通常会取得很多实质性的改进。

（2）广告效率。许多人认为，很难判断他们的广告支出能带来多少收益，但对一个企业来说，至少应做好以下统计工作：① 每一媒体接触每千名目标顾客所需的广告成本；② 顾客对企业广告的注意、联想和阅读的比例；③ 目标顾客对广告内容和效果的评价；④ 广告前后消费者对产品态度的差异；⑤ 受广告刺激而引起的顾客咨询次数；⑥ 每次咨询的成本。企业的管理部门应当更好地确定广告目标，更好地做好市场和产品的定位，选择更好的媒体，检验广告效果，由此提高广告效率。

（3）分销效率。分销效率主要是对企业的存货水准、仓库位置及运输方式进行的分析和改进，以寻找最佳运输方式和途径，达到最佳配置。

（4）营业推广效率。营业推广包括许多激发购买者兴趣和选用产品的方法。为提高营业推广的效率，企业管理者应该对每一营业推广的成本和对销售的影响做记录，尤其要注意下列统计数据：① 优惠销售的百分比；② 每一单位销售额的展示成本；③ 赠券的回收比例；④ 因示范而引起的咨询次数。企业还应该观察不同营业推广手段的效果，并使用最有效果的营业推广组合。

（四）战略控制

1. 市场营销战略控制

市场营销战略是指企业根据自己的市场营销目标，在特定的环境中，按照总体策划过程所拟订的可能采用的一连串的行动方案。但是市场营销环境变化很快，往往会使企业制定的目标、策略和方案失去作用。因此，在企业市场营销战略实施过程中必然会出现战略失控问题。战略控制是指市场营销经理采取一系列行动，使实际市场营销工作与原规划尽可能一致，在控制中通过不断评审和信息反馈，对战略进行不断的修正。其目的是确保企业目标、政策、战略和措施与市场营销环境相适应。市场营销战略的控制很重要但又难以把握。因为企业战略的成功是总体的和全局性的，战略控制主要是控制未来，是还没有发生的事件。战略控制必须根据最新的情况重新估计计划和进展，因而难度也就比较大。企业在进行战略控制时，可以运用市场营销审计这一重要工具。各个企业都有财务会计审核，在一定期间客观地对审核的财务会计资料或事项进行考察、询问、检查和分析，最后根据所获得的数据按照专业标准进行判断，做出结论，并提出报告。这种财务会计的控制制度有一套标准的理论、做法，但市场营销审计尚未建立一套规范的控制系统，有些企业往往只是在遇到危急情况时才进行，其目的是解决一些临时性的问题。目前，国外越来越多的企业运用市场营销审计进行战略控制。

2. 市场营销审计

市场营销审计是指对一个企业市场营销环境、目标、战略、组织、方法、程序和业务等，做综合、系统、独立和定期性的核查，以便确认可能的威胁和可能的机会，并提出行动计划的建议，改进市场营销效果。市场营销审计实际上是在一定时期对企业全部市场营销活动进行总的效果评价，其主要特点是不限于评价某些问题，而是对全部活动进行评价。市场营销审计的基本内容包括市场营销环境审计、市场营销战略审计、市场营销组织审计、市场营销系统审计、市场营销盈利能力审计和市场营销功能审计。

案例分析

2015年年初以来，大家注意到，江苏卫视的王牌节目《超级战队》《为她而战》《蒙面歌王》的冠名都是一叶子。依托一线卫视引爆品牌知名度和话题度，借助综艺冠名持续发声塑造品牌个性、传播品牌内涵，这便是2015年年初一叶子绘制的全方位多维度品牌传播蓝图。

随着一叶子冠名的三档节目《超级战队》《为她而战》《蒙面歌王》的热播，一叶子品牌广为人知，其"新鲜、鲜活"的品牌理念逐步深入人心。从《超级战队》中"新鲜的力量"主打力量之美，再到《为她而战》主打温暖、爱情，提出"新鲜面膜，让爱鲜活"的慧心巧思，最后借助江苏卫视2015年主推节目《蒙面歌王》唱响"新鲜面膜，揭面成王"，一叶子总能切中品牌与节目的最佳结合点。

2015年8月，一叶子获屈臣氏健康美丽大赛"最佳人气面膜大奖"。一叶子在屈臣氏上市仅8个月，便获得了月均零售额近3 000万的骄人业绩。

一叶子是韩束2015年全新推出的面膜品牌。上海韩束化妆品有限公司于2002年成立，以多元、乐观、创新和冒险的企业精神，在屈臣氏、百货商场、SHOPPINGMALL、日化精品店、百强连锁和电子商务等新兴渠道全面发展，销售连创新高，是目前国内全渠道营销的代表性企业。

2014年韩束2.4亿元冠名江苏卫视《非诚勿扰》大获成功后，2015年更是以5亿元大手笔冠名《非诚勿扰》。韩束认为，电视媒体是最好的销售平台。

上海韩束化妆品有限公司表示，基于一叶子品牌的战略性合作，江苏卫视给予最大支持：最高水准的企划团队，量身定制的权益类型，专业超值的资源分配，最大程度的执行配合，无不展现出专业、贴心的大台风范。

最终，一叶子牵手江苏卫视作为品牌发力的大本营，取得了优异的传播效果，无论是品牌的知名度还是消费者的认可度都得到了极大的提升，在国产面膜中一枝独秀。

案例来源：李秀梅. 实效是王道——5个案例教你如何选媒体[J]. 销售与市场，2015（12）.

营销实训项目

一、实训目标

通过实训，使学生掌握市场营销决策的程序、市场营销计划的编制方法、营销组织机构设计技术和营销控制方法与技巧，具有市场营销战略管理能力、组织计划能力和营销控制能力。

二、实训内容和操作步骤

（一）技能训练

1．单项技能操作训练

某酒业公司主营当地品牌酒，销售品种单一，范围明确，主销地为鄂南、鄂东、鄂西，同时也向外地开拓市场。该公司营销部有5个营销人员（含负责人），请帮助设计营销部组织结构图。

2．综合技能操作训练

请撰写一份《××产品市场定位及说明书》。

操作过程：将班级学生分成若干小组（8～10人），以小组为单位，老师提供某企业的基本情况和企业优势，并组织学生对企业优势进行深入研讨，总结、分析在这一优势下如何开展营销活动，以展示自己的优势，每组据此写一份《××产品市场定位及说明书》，在班级进行讨论交流。

说明：优势为企业的长处，特点是企业营销与发展的基础。产品定位与发挥企业优势必须一致；营销说明书与产品定位一致并具有可操作性。

（二）职业能力开发

1．开发学生的市场调研能力

● 目标

帮助学生掌握市场调查计划的操作技能。

● 内容

拟一份市场调查计划。

● 步骤

（1）确定市场调查项目。

（2）确定资料来源。

（3）确定调查对象。

（4）确定调查人员。

（5）安排调查时间。

（6）安排调查地点。

（7）拟定调查方法。

（8）选择调研工具。

（9）进行费用预算。

（10）安排调查分工。

（11）进行实际调研。

（12）撰写调研报告。

2．开发学生的产品开发与管理能力

● 目标

帮助学生掌握开发新产品创意的技能。

● 内容

对某传统产品进行创新，以开发新产品。

● 步骤

（1）把班级同学分成若干小组（10~12人），以小组为单位。

（2）对传统产品的优缺点进行分析讨论，特别要挑出其毛病。

（3）对传统产品的毛病进行分析，提出解决的思路。

（4）形成新产品的开发创意，并根据创意进行设计。

3．开发学生的价格制定与调整能力

● 目标

帮助学生掌握报价的技巧。

● 内容

对某新产品设计谈判报价方案。

● 步骤

（1）进行市场调查，掌握同类产品价格信息。

（2）充分掌握该产品的成本。

（3）分析、预测谈判对方可接受的价格预期。

（4）分析谈判中讨价还价的能力和策略。

（5）确定高于可售价格的报价。

4．开发学生的销售促进能力
- 目标

帮助学生掌握POP广告宣传方案制订技能。
- 内容

为某商场设计POP广告。
- 步骤

（1）了解该商场的内外部环节。

（2）分析POP广告的作用。

（3）选择POP广告的形式，如宣传标语、商品海报、张贴画、商场吊旗、指示卡、气球和花束装饰等。

（4）费用预算。

（5）POP广告设计。

（6）教师点评。

营销实践练习

一、单项选择题

1．市场营销管理必须依托于一定的（　　）进行。
   A．财务部门　　　　B．人事部门　　　C．主管部门　　　D．营销组织
2．制订实施市场营销计划，评估和控制市场营销活动，是（　　）的重要任务。
   A．市场主管部门　　B．市场营销组织　C．广告部门　　　D．销售部门
3．市场营销组织是为了实现（　　），制订和实施市场营销计划的职能部门。
   A．企业计划　　　　B．营销计划　　　C．企业目标　　　D．利润目标
4．满足市场的需要，赢得满意的顾客，是企业最为基本的（　　）。
   A．组织形式　　　　B．宗旨和责任　　C．主要职能　　　D．营销观念
5．通常市场营销计划需要提交（　　）或有关人员审核。
   A．营销机构　　　　B．营销组织　　　C．上级主管　　　D．单位领导

二、多项选择题

1．决定企业市场营销组织决策的因素，一般包括（　　）。
   A．企业规模　　　B．市场　　　　　　　　C．产品及其分类
   D．企业类型　　　E．网络媒体
2．正确的营销战略为什么不能带来出色的业绩？其原因主要有（　　）。
   A．资金投入不够　　B．长期目标与短期目标不一致　C．因循守旧的惰性
   D．缺乏具体明确的执行方案　　　　　　　　　E．计划脱离实际
3．一般而言，企业年度计划控制包括（　　）。
   A．销售分析　　　B．市场占有率分析　　　C．营销费用分析
   D．财务分析　　　E．顾客态度追踪

4. 要发挥市场营销机构自身的整体效应,必须做到(　　)的协调一致。
   A. 机构内部　　　B. 企业内部　　　C. 企业外部
   D. 营销机构　　　E. 企业目标
5. 市场营销部门还担负着向市场和潜在顾客(　　)的任务。
   A. 推荐产品　　　B. 引导购买　　　C. 分销产品
   D. 建立销售渠道　E. 组织产品运输与仓储

三、判断题

1. 市场营销组织设置不应该都按一种模式设置市场营销机构。（　）
2. 通常情况下如果管理层次过少,容易造成信息失真与传递速度过慢。（　）
3. 通常情况下管理跨度过大,超出领导者能够管辖的限度,又会造成整个机构内部的不协调、不平衡。（　）
4. 在市场营销计划的实施过程中,组织结构起着决定性的作用。（　）
5. 企业实行计划的过程中,新旧战略、计划之间的差异越小,实施中可能遇到的阻力也就越大。（　）

四、案例分析题

某饭店是一家具有 270 间客房的四星级商务饭店,其客源结构以商务散客和会议客人为主,并承接少量的豪华旅游团成员。半年前饭店扩大规模将客房数增至 600 间,因而出现客源不足、出租率下滑现象。该饭店管理阶层为了尽快改变这一现状,要求销售部所有人员增加销售拜访次数,同时以大幅度降价来提高出租率。

问题:

(1)你认为这样做会带来什么负面后果?

(2)如果你是该饭店营销负责人,你将如何面对这种形势?

第十一章 市场营销的新发展

 案例导入

在国内市场观念经历了生产导向、推销导向和消费者导向等营销观念之后,社会营销、生态营销,尤其是绿色营销观念将成为 20 世纪 90 年代乃至 21 世纪市场营销的新主流。

绿色营销强调"人类与自然和谐"这一绿色文明价值目标在市场营销中的体现,是环境保护意识与市场营销相结合的现代营销观念。近些年,我国许多企业绿色营销意识增强,积极研究并开发绿色产品,如电冰箱行业的新飞集团、海尔集团和华日集团等,食品行业的秦池古酒等都率先实施了绿色营销。

从某种意义上说,农产品是一种与自然联系最密切、最依赖于自然环境的产品,最具有绿色营销意义。而食品又大多为农产品或以农产品为原料,因而要求农产品具有良好的生产经营环境,从性质上使其成为最纯净、最自然、最和谐和最质朴的绿色产品。长白山区自然环境保持良好、工业污染较少,具有开发绿色食品的自然和现实条件。因此,营销企业可依据现代消费者自我保护意识增强、消费水平提高、消费观念转变及渴望回归自然的心理需求和现实要求,生产开发无污染、全营养农产品,并以绿色、自然、和谐和健康为主题,引导创造有益于人类健康和社会环境的绿色消费。具体可采取的策略:一是将现有企业产品按绿色食品的要求生产和经营,在流通领域尤其是全国各大型零售企业设立长白山绿色食品系列专柜,扩大与消费者的接触面。二是积极申请并使用绿色食品标志,它是质量证明标志,是产品信誉和质量保证,也是进入市场的有效通行证。目前全国已获绿色食品标志的有 400 余种。吉林省虽是农业大省,有许多实际上已能达到绿色食品标志的农产品及加工品,但申请并已使用绿色标志的却相对较少。三是树立起长白山系列食品新形象,以独特、自然、安全和健康的差别化产品赢得市场、赢得消费者。

案例来源:http://www.9299.net/read/jlhi5024iihll121jj36831k.html

第一节 服务营销

一、服务营销的概念

由于富裕程度的提高、闲暇时间的增多,以及产品复杂程度的加深,人们越来越需要各方面的服务。因此,服务行业的迅速崛起成为当今世界发展的一大趋势。所谓服务业,又称第三产业,是指专门生产、销售各种服务商品的生产部门和企业。服务业在发达国家的经济中已占主导地位,服务消费占人均生活费用支出的一半;在发展中国家的 GDP 和人均生活费用支出中,服务的比重也在不断上升。

服务营销是企业在充分认识满足消费者需求的前提下，为充分满足消费者需要在营销过程中所采取的一系列活动。服务作为一种营销组合要素，真正引起人们重视的是20世纪80年代后期，这一时期，由于科学技术的进步和社会生产力的显著提高，产业升级和生产的专业化发展日益加速，一方面使产品的服务含量，即产品的服务密集度日益增大。另一方面，随着劳动生产率的提高，市场转向买方市场，消费者随着收入水平的提高，其消费需求也逐渐发生变化，需求层次也相应提高，并向多样化方向拓展。

二、服务营销的特点

相对于实物商品的营销而言，服务营销有其自身的特点，主要表现在以下几个方面。

（一）供求分散

服务营销活动中，服务产品的供求具有分散性。不仅供方覆盖了第三产业的各个部门和行业，企业提供的服务也广泛分散，需方更是涉及各种企业、社会团体和不同类型的消费者。由于服务企业一般占地小、资金少、经营灵活，往往分散在社会的各个角落。即使是大型的机械服务公司，也只能在有机械损坏或发生故障的地方提供服务。服务供求的分散性，要求服务网点要广泛而分散，尽可能地接近消费者。

（二）营销方式单一

有形产品的营销方式有经销、代理和直销等多种营销方式。有形产品在市场中可以多次转手，经批发、零售等多个环节才使产品到达消费者手中。服务营销则由于生产与消费的统一性，决定其只能采取直销方式，中间商是不可能介入的，储存待售也不可能。服务营销方式的单一性、直接性使服务产品的生产者不可能同时在许多市场上出售自己的产品，这在一定程度上限制了服务业市场的规模和范围，给服务产品的推销带来了困难。

（三）营销对象复杂多变

服务市场的购买者是多元的、广泛的和复杂的。购买服务的消费者的购买动机和目的各异，某一服务产品的购买者可能牵涉到社会各界、各行业、各种不同类型的家庭和不同身份的个人，即使是购买同一服务产品，有的用于生活消费，有的却用于生产消费，如信息咨询、邮电通信等。

（四）服务消费者需求弹性大

人们对于服务商品的需求是随着经济的发展、收入水平的提高、闲暇时间的增多以及企业专业化、效率化的加强而产生的，是更高层次的消费需求，购买的数量可多可少，时间可先可后，价格的变化对需求的影响较大。所以，服务商品的需求弹性都比较大。需求弹性是服务业经营者最棘手的问题。

（五）服务人员的技术、技能、技艺要求高

服务者的技术、技能和技艺直接关系着服务质量。消费者对各种服务产品的质量要求也就是对服务人员的技术、技能和技艺的要求。

三、服务营销组合因素

传统的营销组合包括 4P，即产品（Product）、价格（Price）、分销渠道（Place）和促销（production）。将其应用于服务业时，由于服务业的特点，传统的市场营销组合对于服务业的实用性已得不到满足。市场营销学者在传统的营销组合的基础上，又增加了"人员（People）""服务过程（Service process）"和"有形展示（Physical evidence）"3 个变量，从而组成了 7P 组合。

（一）产品

服务产品必须考虑的要素是提供服务的范围、质量、品牌、保证以及售后服务等。服务产品包括核心服务、便利服务和辅助服务。核心服务体现了企业为顾客提供的最基本效用，如航空公司的运输服务、医院的诊疗服务等；便利服务是为配合、推广核心服务而提供的便利，如订票、送票、送站和接站等；辅助服务用以增加服务的价值或区别于竞争者的服务，有助于实施差异化营销战略。

（二）价格

在服务价格方面要考虑的因素包括价格水平、折让、佣金、付款方式和信用。由于服务质量水平难以统一界定，质量检验也难以采用统一标准，加上季节、时间因素的重要性，服务价格必须有较大的灵活性。而在区别一项服务与另一项服务时，价格是十分重要的识别标志，顾客往往能从价格感受到服务价值的高低。

（三）分销渠道

服务提供者的所在地以及其地缘的便利性都是影响服务营销效益的重要因素。地缘的便利性不仅指实体意义上的便利，还包括传导和接触的其他方式。所以分销渠道的类型以及其涵盖的地区范围都与服务的便利性密切相关。

（四）促销

服务促销包括广告、人员推销、营业推广、宣传和公共关系等营销沟通方式。为增进消费者对无形的服务的印象，企业在促销活动中要尽量使服务产品有形化，如美国著名的旅游者保险公司在促销时，用一个伞式符号作为象征，促销口号是"你们在旅游者的安全伞下"。这样，使无形的保险服务具有了一种形象化的特征。

（五）人员

服务业的生产或操作人员，在顾客心目中实际上是产品的一个组成部分。服务企业的特色，往往体现在操作者的服务表现和服务销售上。因此，市场营销管理者必须和作业管理者协调合作。企业工作人员的任务极为重要，尤其是那些经营"高接触度"服务业务的企业。所以，企业必须重视雇员的甄选、训练、激励和控制。对某些服务而言，顾客与顾客间的关系也应受到重视。一位顾客对服务质量的认识，很可能受到其他顾客的影响。

(六)有形展示

物质产品可以自我展示,服务则不能,顾客看不到服务。但是,服务性企业可以通过服务工具、设备、员工、信息资料、其他顾客和价目表等线索使顾客了解无形服务。这些可以传递服务特色与优点的有形组成部分便被称作服务的有形展示。有形展示能够有形地、具体地传达最具挑战性的企业和服务产品的形象,为企业提供了传递有关组织目标、希望进入目标细分市场以及服务性质方面的一致而有力的信息的良好机会。

(七)过程

服务组合中的过程,是指服务提供的实际程序、机制和物业流程,即服务的提供和运作系统。人的行为是服务企业重要的营销组合因素,是判断服务质量的重要依据。而顾客体验到实际的提供步骤或者服务的运作流程,也是顾客提供判断服务质量的依据。有的服务过程比较复杂,需要顾客经过一系列复杂而繁多的行动才能完成。高度程序化的服务一般都遵循这个模式,但过程所涉及的逻辑步骤常常忽略了顾客的感受,而另一些服务过程的一个明显特征是服务遵循标准化方法。服务的这些特征在本质上并没有好坏之分,关键在于这些特征是顾客用来判断服务质量好坏的一种依据。

四、服务营销组合策略

服务营销的组合策略,主要是指服务企业从服务产品、定价、促销和有形展示等方面出发,对于特定的服务市场进行筹划,以便更好地满足市场需要,取得更多的利润。

(一)服务产品策略

1. 服务新产品的生命周期

服务和其他产品一样,也有生命周期,一般包括导入期、发展期、成熟期和衰退期四个阶段。在服务导入期,企业可以率先推出新的服务,选择作为开拓者进入市场。一旦开拓者在市场上获得了初步成功,跟随者可以通过引入质量更好或价格更低的同种服务同开拓者争夺市场领导地位。新服务在经历导入期后,应该把注意力更多地放在尽可能地扩大服务市场,即增加生产、销售地点的网点数量上,这样才能为将来获得更高的利润打下基础。企业可以采用提高服务质量和在成本下降基础上的降价策略来扩大整个服务产品的市场。进入成熟期之后,服务方式被多家企业模仿,许多生产者都在销售这种服务,利润下降。这个时期大部分企业采取的策略是寻找新的服务消费者;寻找新的细分市场;通过提高服务质量、增强服务可靠性和增加服务特色来刺激销售。当进入服务衰退期时,销售明显下降,服务产品要么继续存在,要么逐步退出市场。

2. 服务新产品的开发

由于任何一项服务都具有生命周期,不能永远满足消费者,因此服务企业要主动进行服务产品的创新,以保证企业的生存和发展。服务企业在进行新产品开发时,一是要开发新业务。这是服务企业普遍采用并且成本较低的一种开发方式,是指企业在原有的针对一般顾客需求的经营基础上,又针对新的目标顾客开发出新的服务市场,如旅行社在原有业务基础上又开发出针对老年游客的旅游线路。二是要扩大服务的产品线。这是指企业在已经存在的产品线上增加新品种的做法，也叫延长线法。这种方法的投资一般较少，技术和营销方式都已具备。银行和保险公司大多采用这种方法。三是要改善已上市的服务。这种方式也较为常见。改善后的服务，其新的性能使原有的服务更丰富、更迅速。四是要改变风格。这种方式采用得最少。有些风格的改变顾客可以看得见，有些则不易被顾客察觉。

3．服务产品组合

服务产品组合是指相互关联的一组服务，它们出自同一生产过程，或者是针对同样的目标顾客群，或是在同一销售渠道里销售，或属于同一价格档次。服务产品的组合一般有两个方向：一是低档位发展，即服务企业可以选择先进入高档位细分市场，建立一种形象，再进入低档位市场。这种战略的最大风险就是，低档位细分市场吸引了高档位市场的顾客，从而产生企业自身市场"同类相残"的现象，造成利润下降。另一个方向是高档位发展，这是低档位经营的企业受到高利润和提高业务量的吸引，为树立高档企业的形象所经常采取的战略。这种战略的风险在于管理者和工作人员可能没有更高的能力进入更高的服务档位，另外企业在低档位上赢得的形象使其难以吸引高档位的消费者。

（二）定价策略

1．"顾客至上"的价格策略

一是对服务实行直接保证，如承诺消费者不满意服务可全部退款。服务保证对于具备下列三个条件的企业是非常有益的：销售高风险的服务；希望充分利用本企业的高质量服务优势；要以差异化途径进入市场，与早已存在的竞争对手抗衡。但是那些服务质量较差的企业则不宜采用这种方法。二是针对顾客利益定价，即直接针对能给顾客带来收益的服务进行定价。这种做法会使顾客感觉到减少了风险，同时还会提高顾客的满意度。采用这种方式时，应该考虑顾客重视的不同方面。因为对于同一个服务项目，顾客所重视的内容会因顾客群的不同而有所差异。三是不变价格定价，即通过事先在价格方面达成一致来减轻顾客的购买风险。这种定价方法要取得成功必须具备三个条件：不变的价格必须有竞争力；企业必须发展和维持一个高度有效的成本结构，为不可预测的成本超支提供一些缓冲；关系营销的潜力必须很大。

2．服务关系价格策略

这种策略的优点在于能够刺激顾客多购买企业的服务并抵制竞争者提供的服务。一般来说，服务关系策略有长期合同和多购优惠两种方式。长期合同，即企业可利用长期合同向顾客提供价格和非价格刺激，以使双方进入长期合作关系中，或加强现有关系，发展新的关系。这样的合同能使企业和顾客之间的关系变得稳定而持久，并能给企业带来可观的稳定收入，使其可以集中更多的资源拉开与竞争对手的差距。采取多购优惠的策略则可以促进和维持企业与顾客的关系，降低企业的成本，吸引顾客从一个服务企业购买相关的多种服务，节省他们的时间和金钱。

（三）促销策略

1．广告

对无形的服务产品做广告与对有形产品做广告有很大不同，服务企业应该使用明确的信息；强调服务利益；慎重对待承诺；对员工做广告；建立口传沟通；提供有形线索；发布连续广告；解除购后疑虑。

2. 人员推销

服务市场营销中，人员推销和人际接触是最受重视的因素。服务人员推销时，应该注重发展与顾客的个人关系；采取专业化导向；重视间接销售；建立并维持有利的形象；销售多种服务而不是单项服务；采购过程力求简化。

3. 宣传

服务宣传和有形产品的宣传一样，也具有客观、真实、可信，易为公众接受和促销效果良好的特点。宣传工作的三个重点决策是建立各种目标、选择宣传的信息与工具和评估效果。这三个重点决策对所有服务性企业都是必要的。

（四）有形展示策略

由于服务的不可感知性，不能实现自我展示，它必须借助一系列的有形证据才能向顾客传递相关信息，顾客才能据此对服务的效用和质量做出评价和判断。实际工作中运用的有形展示策略主要有两种：一是与服务工作有关的有形展示策略，如医院的医疗器械、医疗设备，交通运输服务需要的车辆，清洗服务所使用的各种清洗工具和卫生用品，室内装饰公司为客户布置好的办公室。在服务过程中使用的各种服务工具和服务设备都会在一定程度上影响顾客感觉到的服务质量，同时也能向顾客表明服务企业的服务质量和专业技能水平。二是与服务人员有关的有形展示策略，如服务人员的服务态度、行为方式，为顾客提供的信息，都是影响服务质量的有形因素。所以，与服务人员有关的各种有形展示也会直接影响顾客感觉中的服务质量。首先，服务人员的外貌，特别是促销人员、模特儿的容貌，会对顾客的感觉产生重大影响。其次，服务人员的服装不仅应合体，而且应能增强顾客的信任感。最后，服务企业销售人员和服务人员经常随身携带宣传小册子、广告传单等销售资料，以向顾客说明服务项目和服务范围。在设计和制作这些资料时应能展示服务企业的服务技能水平。

第二节　网　络　营　销

一、网络营销的概念

网络营销也称作线上营销或者电子营销，是一种利用互联网的营销形态，是建立在互联网的基础上，以营销为导向，以网络为工具，由营销人员利用专业的网络营销工具，面向广大网民开展一系列营销活动的新型营销方式。简单地说，网络营销就是以互联网为主要手段进行的，为达到一定营销目的的营销活动。

网络营销产生于20世纪90年代，发展于20世纪末至今，它是21世纪最有代表性的一种低成本、高效率的全新商业形式。

二、网络营销的优势

目前，互联网正迅速渗透到社会政治、经济、文化各个领域，进入人们的日常生活，并带来社会经济、人们生活方式的重大变革，为企业营销带来新的契机，越来越多的企业认识到互联网对企业经营发展不可替代的重要作用。作为一种全新的营销方式，网络营销具有传统市场营销方式无可比拟的优越性，客观上决定了网络营销必然具有强大的生命力，也必将成为21世纪企业营销的主流、全球企业竞争的锐利武器。

（一）与国际市场的距离缩短

互联网覆盖全球市场，通过它企业可方便快捷地进入任何一国市场，推销自己的产品和服务，网络营销为企业架起了一座通向国际市场的通道。由于网络的开放互联性质，通信实现了信息全球化，网络可以到达推销和销售渠道无法到达的地方。通过互联网，企业可以发现世界各个角落的潜在顾客，企业的潜在用户也可以轻松廉价地了解企业的资料并达成交易。因此，网络营销为企业提供了选择范围最大的全球化市场。

（二）减少成本增加收益

通过互联网进行商品的买卖，企业的业务是在一种"虚拟市场"的网络环境下进行的，节省营销与渠道成本，使企业具有低成本的竞争优势。网络营销加强了企业与供应商的信息交流，减少了采购费用；建立了企业与消费者之间的直接联系，减少了交易环节及销售费用；完成了企业内部信息的共享和交流实时化，实现统一管理，减少了管理费用；网络营销使企业和消费者即时沟通供需信息，使无库存生产和无库存销售成为可能，从而降低库存费用。

（三）高效便捷的信息沟通

网络就是信息高速公路，企业可以借助网络多方面收集顾客的需求信息，尤其是个性化的信息，并迅速地做出反应，同样也可以通过网络平台把产品或服务传递给消费者，这些信息传递不仅数量大、迅速和快捷，而且几乎不受时间和地点的限制。以网络为媒体的信息内容十分丰富，网络虚拟市场的信息往往是多媒体，有图片、动画、文字和声音等，不仅有产品和价格信息，还有相关的知识文化信息。

（四）消费者的选择空间大

在互联网上，消费者可以根据自己的需求特点在全球范围内不受地域和时间限制，快速寻找满意的产品，并进行充分比较，以节省交易时间与交易成本。此外，互联网还可以帮助企业实现与消费者的一对一沟通，便于企业针对消费者的个别需要，提供具有特色的个性化服务。

（五）竞争更加公平

网络为企业提供了一个真正平等、自由的市场体系，使其具有接触消费者的机会和获取世界各地信息的机会，竞争在网上变得透明而清晰，信誉成了网上竞争新的焦点。来自消费者的信任，绝不会因为是商业巨子还是无名小卒而有所偏差。任何企业都不受自身规模的绝对限制，都能平等地获取世界各地的信息，平等地发展自己。利用互联网，中小企业只需花极小的成本，就可以迅速建立起自己的全球信息网和贸易网，将产品信息迅速传递到以前只有财力雄厚的大公司才能接触到的市场中去。因此，网络营销成为刚刚起步且面临强大竞争对手的中小企业的一个强有力的竞争武器。

三、网络营销的职能

(一) 网络品牌

网络营销的重要任务之一就是在互联网上建立并推广企业的品牌，知名企业的网下品牌可以在网上得以延伸，一般企业则可以通过互联网快速树立品牌形象，并提升企业整体形象。网络品牌建设是以企业网站建设为基础，通过一系列的推广措施，达到顾客和公众对企业的认知和认可。在一定程度上说，网络品牌的价值甚至高于通过网络获得的直接收益。

(二) 网址推广

这是网络营销最基本的职能之一。在几年前，甚至认为网络营销就是网址推广。相对于其他功能来说，网址推广显得更为迫切和重要，网站所有功能的发挥都要以一定的访问量为基础，所以网址推广是网络营销的核心工作。

(三) 信息发布

网站是一种信息载体，通过网站发布信息是网络营销的主要方法之一。同时，信息发布也是网络营销的基本职能，所以也可以这样理解，无论哪种网络营销方式，结果都是将一定的信息传递给目标人群，包括顾客/潜在顾客、媒体、合作伙伴和竞争者等。

(四) 销售促进

营销的基本目的是为增加销售提供帮助，网络营销也不例外，大部分网络营销方法都与直接或间接促进销售有关，但促进销售并不限于促进网上销售。事实上，网络营销在很多情况下对于促进网下销售也十分有价值。

(五) 销售渠道

一个具备网上交易功能的企业网站本身就是一个网上交易场所。网上销售是企业销售渠道在网上的延伸，网上销售渠道建设也不限于网站本身，还包括建立在综合电子商务平台上的网上商店及与其他电子商务网站不同形式的合作等。

(六) 顾客服务

互联网提供了更加方便的在线顾客服务手段，从形式最简单的FAQ（常见问题解答），到邮件列表，以及BBS、MSN、聊天室等各种即时通信服务，顾客服务质量对于网络营销效果具有重要影响。

(七) 顾客关系

良好的顾客关系是网络营销取得成效的必要条件，通过网站的交互性、顾客参与等方式在开展顾客服务的同时，也增进了顾客关系。

(八) 网上调研

通过在线调查表或者电子邮件等方式，可以完成网上市场调研。相对于传统的市场调研，网上调研具有高效率、低成本的特点，因此，网上调研成为网络营销的主要职能之一。开展网络营销的意义就在于充分发挥各种职能，让网上经营的整体效益最大化，因此，仅仅由于某些方面效果欠佳就否认网络营销的作用是不合适的。

（九）信息搜索功能

信息搜索功能是网络营销进击能力的一种反应，在网络营销活动中，将利用多种信息搜索方法，主动地、积极地获取有价值的信息和商机；将主动地进行价格对比；将主动地了解对手的竞争情况；将主动地通过搜索获取商业情报，进行决策研究。搜索功能已经成为营销主体能动性的一种表现，一种提升网络经营能力的进击手段和竞争手段。

网络营销职能是通过各种网络营销方法来实现的，网络营销的各个职能之间并非相互独立的，同一个职能可能需要多种网络营销方法的共同作用，而同一种网络营销方法也可能适用于多个网络营销职能。

四、网络营销的策略

网络营销策略是企业根据自身所在市场中所处地位不同而采取的一些网络营销组合，它包括网络营销网页策略、网络营销产品策略、网络营销价格策略、网络营销促销策略、网络营销渠道策略和网络营销服务策略。这里重点说明网络营销策略在中小企业中的运用。

（一）网络营销网页策略

中小企业可以选择比较有优势的地址建立自己的网站，建立后应有专人进行维护，并注意宣传，这样可以节省原来传统市场营销的很多广告费用；而且搜索引擎的大量使用会增强搜索率，在一定程度上对于中小企业者来说比广告效果要好。

（二）网络营销产品策略

在网络营销中，产品的整体概念可分为五个层次，相应的有不同的策略。

（1）核心利益或服务层次。企业在设计和开发产品时要从顾客的角度出发，根据上次营销效果来制定本次产品设计开发。要注意网络营销的全球性，企业在提供核心利益和服务时要针对全球性市场提供，如医疗服务可以借助网络实现网络远程医疗。

（2）有形产品层次。对于物质产品来说，必须保障品质，注重产品的品牌，注意产品的包装。在式样和特征方面要根据不同地区的文化来进行针对性加工。

（3）期望产品层次。在网络营销中，顾客处于主导地位，消费呈现出个性化的特征，不同的消费者可能对产品的要求不一样，因此，产品的设计和开发必须满足顾客这种个性化的消费需求。

（4）延伸产品层次。在网络营销中，对于物质产品来说，延伸产品层次要注意提供满意的售后服务、送货和质量保证等。

（5）潜在产品层次。在延伸产品层之外，由企业提供能满足顾客潜在需求的产品。

（三）网络营销价格策略

（1）低价定价策略。其包括直接低价定价策略和折扣策略。

(2)定制生产定价策略。定制生产定价策略是在企业能实行定制生产的基础上,利用网络技术和辅助设计软件,帮助消费者选择配置或者自行设计能满足自己需求的个性化产品,同时承担自己愿意付出的价格成本。

(3)拍卖策略。根据供需关系,网上拍卖竞价方式有竞价拍卖和竞价拍买和集体议价。

(4)免费价格策略。免费价格策略就是将企业的产品和服务以零价格形式提供给顾客使用,满足顾客的需求。

(四)网络营销促销策略

网络促销是利用互联网来进行的促销活动,也就是利用现代化的网络技术向虚拟市场传递有关的服务信息,以引发需求,引起消费者购买欲望和购买行为的各种活动。网络促销形式有四种,分别是网络广告、站点推广、销售促进和关系营销。

(1)网络广告。主要是借助网上知名站点(ISP 或 ICP)、免费电子邮件和一些免费公开的交互站点(如新闻组、公告栏)发布企业的产品信息,对企业和产品进行宣传推广。

(2)站点推广。利用网络营销策略扩大站点的知名度,吸引上网者访问网站,起到宣传和推广企业以及企业产品的效果。

(3)销售促进。就是企业利用可以直接销售的网络营销站点,采用一些销售促进方法,如价格折扣、有奖销售和拍卖销售等方式,宣传和推广产品。

(4)关系营销。即借助互联网的交互功能吸引用户与企业保持密切关系,培养顾客忠诚度,提高企业收益率。

(五)网络营销渠道策略

利用互联网的信息交互特点,网上直销市场得到了大力发展。因此,网络营销渠道可以分为两大类:一类是通过互联网实现的从生产者到消费(使用)者的网络直接营销渠道(简称网上直销);另一类是通过融入互联网技术后的中间商机构提供网络间接营销渠道。

(六)网络营销服务策略

网络营销服务通过借助互联网技术可以更好地适应顾客的个性化需求发现需要,满足顾客更高层次的需求,提高顾客满意程度,培养顾客对企业的忠诚。对于网络营销服务策略,一般可以划分为网上产品服务营销和服务产品营销。

第三节 体验营销

一、体验营销的概念

体验营销是指企业通过采用让目标顾客观摩、聆听、尝试和试用等方式,使其亲身体验企业提供的产品或服务,让顾客实际感知产品或服务的品质或性能,从而促使顾客认知、喜好并购买的一种营销方式。这种方式突破传统上"理性消费者"的假设,认为消费者消费时是理性与感性兼具的,消费者在消费前、消费中和消费后的体验才是购买行为与品牌经营的关键。例如,当咖啡被当成"货物"贩卖时,一磅卖 300 元;当咖啡被包装为商品时，一杯就可以卖 25 元；当其加入了服务，在咖啡店中贩卖，一杯最少要 35~100 元；但如能让顾客体验咖啡的香醇与生活方式，一杯就可以卖到 150 元甚至好几百元。星巴克（Starbucks）真正的利润所在就是"体验"。

二、体验营销的操作步骤

（一）识别目标客户

识别目标客户就是要针对目标顾客提供购前体验，明确顾客范围，降低成本。同时还要对目标顾客进行细分，对不同类型的顾客提供不同方式、不同水平的体验。在运作方法上要注意信息由内向外传递的拓展性。

（二）认识目标顾客

认识目标顾客就是要深入了解目标顾客的特点、需求，知道他们担心、顾虑什么。企业必须通过市场调查来获取有关信息，并对信息进行筛选、分析，真正了解顾客的需求与顾虑，以便有针对性地提供相应的体验手段，来满足他们的需求，打消他们的顾虑。

（三）从目标顾客的角度出发，为其提供体验

要清楚顾客的利益点和顾虑点在什么地方，根据其利益点和顾虑点决定在体验式销售过程中重点展示哪些部分。

（四）确定体验的具体参数

要确定产品的卖点在哪里，顾客从中体验并进行评价。例如理发，可以把后面的头发修得是否整齐，发型与脸型是否相符等作为体验的参数，这样在顾客体验后，就容易从这几个方面对产品（或服务）的好坏做出判断。

（五）让目标对象进行体验

在这个阶段，企业应该预先准备好让顾客体验的产品或设计好让顾客体验的服务，并确定好便于达到目标对象的渠道，以便目标对象进行体验活动。

（六）进行评价与控制

企业在实行体验式营销后，还要对前期的运作进行评估。评估总结要从以下几方面入手：效果如何；顾客是否满意；是否让顾客的风险得到了提前释放；风险释放后是否转移到了企业自身，转移了多少；企业能否承受。通过这些方面的审查和判断，企业可以了解前期的执行情况，并可重新修正运作的方式与流程，以便进入下一轮的运作。

三、体验营销的实施模式

（一）节日模式

每个民族都有自己的传统节日，传统的节日观念对人们的消费行为产生无形的影响。这些节日在丰富人们精神生活的同时，也深刻影响着消费行为的变化。随着我国的节假日不断增多，出现了新的消费现象——"假日消费"，企业如能把握好商机，便可大大增加

产品的销售量。

（二）感情模式

感情模式通过寻找消费活动中导致消费者情感变化的因素，掌握消费态度形成规律以及有效的营销心理方法，以激发消费者积极的情感，促进营销活动顺利进行。

（三）文化模式

利用一种传统文化或一种现代文化，使企业的商品及服务与消费者的消费心理形成一种社会文化气氛，从而有效地影响消费者的消费观念，进而促使消费者自觉地接近与文化相关的商品或服务，促进消费行为的发生，甚至形成一种消费习惯和传统。

（四）美化模式

由于每个消费者的生活环境与背景不同，对于美的要求也不同，这种不同的要求也反映在消费行为中。人们在消费行为中求美的动机主要有两种表现：一是商品能为消费者创造出美感；二是商品本身存在客观的美的价值。这类商品能给消费者带来美的享受和愉悦，使消费者体验到了美感，满足了对美的需要。

（五）服务模式

对于企业来说，优越的服务模式可以征服广大消费者的心，取得他们的信任，同样也可以使产品的销售量大增。

（六）环境模式

消费者在感觉良好的听、看、嗅的过程中，容易产生喜欢的特殊感觉。因此，良好的购物环境，不但迎合了现代人文化消费的需求，也提高了商品与服务的外在质量和主观质量，还使商品与服务的形象更加完美。

（七）个性模式

为了满足消费者的个性化需求，企业开辟出一条富有创意的双向沟通的销售渠道。在掌握消费者的忠诚度之余，满足了消费大众参与的成就感，同时也促进了产品的销售。

（八）多元化经营模式

现代销售场所不仅装饰豪华，环境舒适典雅，设有现代化设备，而且集购物、娱乐、休闲为一体，使消费者在购物过程中也可娱乐休息。同时也使消费者自然而然地进行了心理调节，从而还能创造更多的销售机会。

四、体验营销的主要策略

（一）感官式营销策略

促使顾客产生美好感觉的手段就是对其进行感官刺激，也就是感官营销。感官营销通常依赖于5种感官——视觉、听觉、嗅觉、味觉和触觉，通过感官刺激让人感受到愉快、兴奋、美感以及满意。感官营销能创造强大的感官体验，而这种体验能实现公司和产品差异化，激励顾客以及为顾客带来价值。以宝洁公司的汰渍洗衣粉为例，其广告突出"山野清新"的感觉：一座座积雪盖顶的山峦，山岗上处处都是芬芳的四季常青的植物，草地上开满了野花，新型山泉汰渍带给你野外的清爽幽香。宝洁为了营造山顶早晨的清爽体验做出了一系列努力。这次汰渍的感官广告最终取得了多重的感官体验效果。

（二）情感式营销策略

情感体验营销就是通过寻找消费活动中导致消费者情感变化的因素，掌握消费态度形成规律，以及如何在营销活动中采取有效的心理方法来激发消费者积极的情感以促进营销活动顺利进行的一种营销方式。情感式营销需要真正了解什么刺激可以引起某种情绪，以及能使消费者自然地受到感染，并融入这种情景中来。在"水晶之恋"果冻广告中，我们可以看到一位清纯、可爱、脸上写满幸福的女孩，依靠在男朋友的肩膀上，品尝着他送给她的"水晶之恋"果冻，就连旁观者也会感觉到这种"甜蜜爱情"的体验。

（三）思考式营销策略

思考式营销是启发人们的智力，创造性地让消费者获得认识和解决问题的体验。它运用惊奇、计谋和诱惑，引发消费者产生统一或各异的想法。在高科技产品宣传中，思考式营销被广泛使用。1998年苹果电脑的IMAC计算机上市仅6个星期，就销售了27.8万台，被《商业周刊》评为1998年最佳产品。IMAC的成功很大程度上得益于一个思考式营销方案。该方案将"与众不同的思考"的标语，结合许多不同领域的"创意天才"，包括爱因斯坦、甘地和拳王阿里等人的黑白照片，在各种大型广告路牌、墙体广告和公交车身上进行宣传。当这个广告刺激消费者去思考苹果电脑的与众不同时，也同时促使他们思考自己的与众不同，以及通过使用苹果电脑而使他们成为创意天才的感觉。

（四）行动式营销策略

行动式营销策略就是为消费者创造各种各样的体验机会，包括身体体验、长期行为模式体验、生活方式体验以及与人互动的体验等。例如，北京一家计算机专卖店，在母亲节当天举行了一项计算机贺卡表心意的活动，免费提供计算机、彩色打印机和软件，参加者自行发挥创意，绘出各式各样的母亲节贺卡，以表达对母亲的敬爱之意。此项活动为消费者提供了一个与人互动的体验机会，以母亲节绘贺卡为主题，给参与者留下了难忘的美好回忆，并对这家计算机专卖店产生了与众不同的印象。

（五）关联式营销策略

关联营销使个体与品牌所体现的社会、文化背景相关联，它超出个人感官、情感、认知和行动的范畴。关联营销常常产生感官、情感、认知和行动体验。关联式营销战略特别适用于化妆品、日常用品和私人交通工具等领域。在中国的传统节日"春节"的促销中，可口可乐公司推出的新春广告片可谓"中国文化味儿十足"。泥娃娃、春联、四合院、红灯笼、鞭炮……一切充满传统节日色彩的元素以木偶动画片的形象表现出来，极具观赏性。片中的大红塑料瓶装可口可乐自然融入其中，恰到好处。

第四节 绿色营销

一、绿色营销的概念

英国威尔斯大学肯·毕提教授在其所著的《绿色营销——化危机为商机的经营趋势》一书中指出:"绿色营销是一种能辨识、预期及符合消费的社会需求,并且可带来利润及永续经营的管理过程。"绿色营销观念认为,企业在营销活动中,要顺应时代可持续发展战略的要求,注重地球生态环境保护,促进经济与生态环境协调发展,以实现企业利益、消费者利益、社会利益及生态环境利益的协调统一。从这些界定中可知,绿色营销是以满足消费者和经营者的共同利益为目的的社会绿色需求管理,以保护生态环境为宗旨的绿色市场营销模式。

二、绿色营销的特点

(一)综合性特点

绿色营销综合了市场营销、生态营销、社会营销和大市场营销观念的内容。市场营销观念的重点是满足消费的需求,一切为了满足顾客需求是企业制定一切工作的最高准则;生态营销观念要求企业把市场要求和自身资源条件有机结合,发展也要与周围自然、社会、经济环境相协调;社会营销要求企业不仅要根据自身资源条件满足消费者需求,还要符合消费者及整个社会目前需要及长远需要,倡导符合社会长远利益,促进人类社会自身发展;大市场营销,是在传统的市场营销四要素(产品、价格、渠道、促销)基础上加上权力与公共关系,使企业能成功地进入特定市场,在策略上必须协调地施用经济、心理、政治和公共关系等手段,以取得外国或地方有关方面的合作和支持。绿色营销观念是多种营销观念的综合,它要求企业在满足顾客需要和保护生态环境的前提下取得利润,把三方利益协调起来,实现可持续发展。

(二)统一性特点

绿色营销强调社会效益与企业经济效益统一在一起。企业在制定产品策略的实施战略决策时,既要考虑到产品的经济效益,同时又必须考虑社会公众的长远利益与身心健康,这样,产品才能在大市场中站住脚。人类要寻求可持续发展,就必须约束自己,尊重自然规律,实现经济、自然环境和生活质量三者之间的相互促进与协调。社会公众绿色意识的觉醒,使他们在购买产品时不仅考虑对自己身心健康的影响,也考虑对地球生态环境的影响,谴责破坏生态环境的企业,拒绝接受有害于环境的产品、服务和消费方式,只有国家、企业和消费者三者同时牢牢树立绿色意识并付诸实施,绿色营销才能蓬勃发展。

(三)双向性特点

绿色营销不仅要求企业树立绿色观念,生产绿色产品,开发绿色产业,同时也要求广大消费者购买绿色产品,对有害产品自觉进行抵制。绿色营销也是降低资源消费,提高经济效益的重要途径。日本推出节省 25%燃油、少排 80%废气的绿色汽车；美国研制出燃烧效率比现有汽车高 3 倍的小型汽车，推行低辐射的节能电视机……越来越多的事实证明，只有发展清洁技术，生产绿色产品，推进生产全过程控制和预防，才能建立节能、降耗、节水和节地的资源节约型经济，实现生产方式的变革，加速工业、交通及通信业发展模式的全面转换，实现以尽可能小的代价和最少的能源、资源消耗，获得最大的经济发展效益。

（四）无差别性特点

绿色标准及标志呈现世界无差别性。绿色产品的标准尽管世界各国不尽相同，但都是要求产品质量、产品生产、使用消费及处置等方面符合环境保护要求，对生态环境和人体健康无损害。

三、绿色营销的推广方法

（一）信息发布推广

将有关的网站推广信息发布在其他潜在用户可能访问的网站上，利用用户在这些网站获取信息的机会实现网站推广的目的，适用于这些信息发布的网站包括在线黄页、分类广告、论坛、博客网站、供求信息平台、行业网站等。信息发布是免费网站推广的常用方法之一。

（二）电子邮件推广

以电子邮件为主要的网站推广手段，常用的方法包括电子刊物、会员通信、专业服务商的电子邮件广告等。基于用户许可的 E-mail 营销与滥发邮件（Spam）不同，许可营销比传统的推广方式或未经许可的 E-mail 营销具有更明显的优势，如可以减少广告对用户的滋扰，增加潜在客户定位的准确度，增强与客户的关系，提高品牌忠诚度等。

（三）资源合作推广

通过网站交换链接、交换广告、内容合作、用户资源合作等方式，在具有类似目标的网站之间实现互相推广的目的，其中最常用的资源合作方式为网站链接策略，利用合作伙伴之间网站访问量资源合作互相推广。在这些资源合作形式中，交换链接是最简单的一种合作方式，调查表明其也是新网站推广的有效方式之一。交换链接或称互惠链接，是具有一定互补优势的网站之间的简单合作形式，即分别在自己的网站上放置对方网站的 LOGO 或网站名称并设置对方网站的超级链接，使得用户可以从合作网站中发现自己的网站，达到互相推广的目的。

（四）SEO 论坛搜索引擎推广

搜索引擎推广是指利用搜索引擎、分类目录等具有在线检索信息功能的网络工具进行网站推广的方法。搜索引擎推广的方法又可以分为多种不同的形式，常见的有登录免费分类目录、登录付费分类目录、搜索引擎优化、关键词广告、关键词竞价排名和网页内容定位广告等。从目前的发展趋势来看，搜索引擎在网络营销中的地位依然重要，并且受到越来越多企业的认可，搜索引擎营销的方式也在不断发展演变，因此应根据环境的变化选择搜索引擎营销的合适方式。

（五）快捷网址推广

即合理利用网络实名、通用网址以及其他类似的关键词网站快捷访问方式来实现网站推广的方法。快捷网址使用自然语言和网站 URL 建立其对应关系，这对于习惯使用中文的用户来说，提供了极大的方便，用户只需输入比英文网址更加容易记忆的快捷网址就可以访问网站，用自己的母语或者其他简单的词汇为网站"更换"一个更好记忆、更容易体现品牌形象的网址，如选择企业名称或者商标、主要产品名称等作为中文网址，这样可以大大弥补英文网址不便于宣传的缺陷。

四、绿色营销的组合策略

（一）绿色营销计划

企业对于绿色营销的实施和开展必须要有充足的准备，以便为绿色营销提供必要的条件。这些都要求企业在深入地进行目标市场调研的基础上，将企业产品和品牌进行合理的市场定位，分析潜在市场容量和潜在顾客购买能力，对绿色营销资源有效整合，发挥绿色营销独特的作用，扬长避短，实现绿色营销的综合效益最大化。

针对绿色营销的战略意义，要求企业有一个明确的绿色发展计划，作为绿色营销计划的实施基础。其中应该详细表述产品绿色发展周期、绿色品牌实施计划、绿色产品研发计划、绿色营销推广计划、绿色营销服务通道计划、绿色商流物流价值流计划和绿色营销管理方案等绿色计划。

另外，企业在实施绿色营销前，要对企业实行绿色营销的过程管理、人力资源管理、资金流和价值流的管理进行系统的计划，确保营销过程中各种资源适时有效整合，推动整个绿色营销进程的实施，为最终实现各种利益体的共赢打下坚实基础。

（二）绿色产品和品牌策略

首先，绿色产品设计成为重中之重。要求采取绿色营销的企业从材料的选购、产品结构、功能性能、设计理念和制造过程开始层层把关，加强生态、环保、节能和资源利用等方面的控制与遴选，确保绿色消费的达成。除此之外，在产品的包装、运输、储存、使用，废弃物的处理等方面都要考虑各种有可能受到影响的绿色因素。

其次，绿色产品讲究综合成果。即绿色产品要能够体现健康、安全和环保，体现对社会的一种责任意识，将原本属于社会职能的内容考虑进企业的经营管理当中，并认真负责地承担起解决这些社会问题的义务。

另外，企业只有对外树立起良好而健康的企业形象，才能够真正实现打造绿色品牌的任务。绿色品牌策略包括如下内容：一是具有高度责任意识的绿色品牌定位；二是精细而健康的绿色品牌维护；三是科学系统的绿色品牌经营管理；四是长期不懈地进行绿色品牌修正。

（三）绿色产品的价格策略及市场定位

首先，绿色产品具有较高附加值，拥有优良的品质，在健康、安全和环保等方面都具有普通产品无法比拟的优势。因此,在其市场定位上应该着眼于较高的消费需求。企业可以根据市场环境因素,对不同市场进行不同的产品定位。

其次,在价格策略上,绿色产品由于支付了相当昂贵的环保成本,在产品选材及设计上的独特性和高要求,使其具有普通产品无法比拟的高附加值,因此其价格比一般普通产品高是极其正常的,消费者也很愿意接受这种价格。因此,企业在为绿色产品进行定价时,要充分地将环保成本、研发设计成本,其他如绿色包装、绿色材料、绿色渠道和绿色服务等的成本考虑在内,从而制定出对于企业和消费大众都比较合理的市场价格,逐步在消费者心目中灌输一种"污染者付费""环境有偿使用"的现代观念。

另外,企业在对绿色产品进行定价时,应该遵循一般产品定价策略,根据市场需求、竞争情况、市场潜力、生产能力和成本及仿制的难易程度等因素综合考虑,切不可盲目完全采取撇脂定价策略,也不宜完全应用渗透定价策略。注重市场信息收集和分析,分析消费者的绿色消费心理,制订合理可行的绿色价格方案是完全必要的。

(四)绿色渠道策略

第一,建设属于绿色营销的专用渠道。通常一个企业的主导产品是非绿色产品,而绿色产品仅仅是企业的一部分。这种情况下,企业可能为了节省成本和渠道费用,将绿色产品放入普通渠道进行销售。这样做,表面上可以节约许多成本费用,但从长远考虑,会使企业的绿色产品价值降低,消耗企业绿色品牌美誉度和品牌价值,部分绿色品牌或产品因此而退出绿色营销领域。因此有必要单独建设纯绿色渠道。

第二,绿色中间商或经销商要具有良好的绿色本质和气质。一方面,绿色经销商或中间商要具有良好的绿色信誉,能够并愿意为绿色事业做出贡献;另一方面,能够接受并秉承绿色营销理念,要求其在日常的经营过程中注意绿色环保的重要性,并通过其绿色经营从中获取相当可观的绿色收益。

第三,作为辅助,企业可以开设一些绿色专营店,确保专营店"纯绿色经营",对于建立产品良好的绿色信誉,确保消费者对于绿色产品的认知,都将发挥较大作用。

(五)绿色促销策略

绿色促销就是围绕绿色产品而开展的各项促销活动的总称。其核心是通过相关活动,达到树立企业绿色健康形象,丰富企业绿色营销内涵,促进绿色产品推广和消费。这样,企业可以巩固其绿色产品市场地位,开拓绿色市场容量。

企业开展绿色促销要严格与传统促销活动区分开来。绿色促销要重点开展具体的营销和推广活动,将企业的绿色行动付诸实施。企业可以通过一些媒体宣传自己在绿色领域的所作所为,并积极参与各种公益及环保活动,大力提倡绿色环保产品的推广和使用,并带头推动一些有意义的环保事业。

另外,绿色营销本身就是一项具有高度责任感的事业。企业必须时刻以对自然、对他人、对未来、对竞争对手负责的态度,来奉献自己的绿色爱心,提高公众的绿色意识,引导绿色消费需求。

(六)绿色服务

随着近些年企业服务意识的加强,普通产品营销企业在服务上已经开通了具有划时代意义的绿色服务通道，极大地方便了消费者与产品供应者之间的沟通，不但解决了顾客的后顾之忧，也为企业信息的收集和传输建立了渠道。而绿色营销更应该建立绿色服务通道。这一通道的建立将执行如下几项功能：一是传播绿色消费观念，减少绿色消费误区；二是真正从专业化的角度解决消费者在绿色消费中出现的问题，指导消费者进行纯绿色消费；三是实现绿色产品价值再造。通过绿色服务，减少资源浪费、节约物质消耗、减少环保成本、实施资源综合利用，实现绿色产品在绿色服务中价值的最大化。

（七）绿色管理

企业在对外推行绿色观念的过程中，也要将绿色观念融入企业的生产经营管理活动中。目前，国际比较通行的做法是"5R"原则：研究（Research），就是把环保纳入企业的管理决策中来，重视对于环保的研究及相关的环境对策；减消（Reduce），通过采用新技术、新工艺、新材料，减少或消除有害废异物的排放；再开发（Rediscover），积极进行科研活动，变普通产品为绿色产品，积极创造绿色品牌；循环（Recycle），对废旧产品进行回收处理，循环利用；保护（Reserver），积极参与环境整治活动，培养员工环保意识，树立企业绿色形象。

企业通过绿色管理原则，建立绿色发展战略，实施绿色经营管理策略，制订绿色营销方案，以加快企业绿色企业文化的形成，推动企业绿色技术、绿色生产，生产出满足公众绿色需求的产品，实现社会和企业经济的可持续发展。

第五节 关系营销

一、关系营销的概念

关系营销是指在营销过程中，企业与消费者、竞争者、分销商、供应商、政府机构和公众等发生交互作用的营销过程，它的结构包括外部消费者市场、内在市场、竞争者市场和分销商市场等，核心是和自己有直接或间接营销关系的个人或集体保持良好的关系。

关系营销是相对于交易营销而提出来的，提出的原因是单靠交易营销建立的品牌忠诚度不稳，回头客太少；而现实营销中企业的生意不断，有些企业则是一次性交易。究其根源是企业与顾客的关系不同。为了扩大回头客的比例，于是提出了关系营销。

二、关系营销的主要层次

（一）一级关系营销

一级关系营销是指企业通过价格和其他财务上的价值让渡吸引顾客，与企业建立长期交易关系，如对那些频繁购买以及按稳定数量进行购买的顾客给予财务奖励的营销计划。

（二）二级关系营销

二级关系营销是指企业不仅用财务上的价值让渡吸引顾客，而且尽量了解各个顾客的需要和愿望，并使服务个性化和人格化，以此来增强公司和顾客的社会联系。二级关系营销的主要表现形式是建立顾客俱乐部。

（三）三级关系营销

三级关系营销是指企业和顾客相互依赖对方的结构发生变化，双方成为合作伙伴关系。三级关系营销的建立，在存在专用性资产和重复交易的条件下，如果一方放弃关系将会付出转移成本，关系的维持具有价值，从而形成"双边锁定"。这种良好的结构性关系将会提高客户转向竞争者的机会成本，同时也将增加客户脱离竞争者而转向本企业的利益。

三、关系营销的实施步骤

（一）筛选合作伙伴

企业首先从所有的客户中筛选出值得和必须建立关系的合作伙伴，并进一步确认要建立关系营销的重要客户。选择重要客户的原则不仅仅是目前的盈利能力，而且包括未来的发展前景。企业可以首先选择5个或10个最大的客户进行关系营销，如果其他客户的业务有意外增长也可入选。

（二）指派关系经理

对筛选出的合作伙伴指派关系经理专人负责，这是建立关系营销的关键。企业要为每个重要客户选派干练的关系经理，每个关系经理一般只管理一家或少数几家客户，并派一名总经理管理关系经理。关系经理对客户负责，是有关客户所有信息的汇集点，是公司为客户服务的动员者，对服务客户的销售人员应当进行关系营销的训练。总经理负责制定关系经理的工作职责、评价标准和资源支持，以提高关系经理的工作质量和工作效率。

（三）制订工作计划

为了能够经常地与关系对象进行联络和沟通，企业必须分别制订长期的和年度工作计划。计划中要确定关系经理职责，明确他们的报告关系、目标、责任和评价标准。每个关系经理也必须制订长期和年度的客户关系管理计划，年度计划要确定目标、策略、具体行动方案和所需要的资源。

（四）了解关系变化

企业要通过建立专门的部门，用以跟踪顾客、分销商、供应商及营销系统中其他参与者的态度，由此了解关系的动态变化。同时，企业通过客户关系的信息反馈和追踪，测定他们的长期需求，密切关注合作伙伴的变化，了解他们的兴趣。企业在此基础上，一方面要调整和改善关系营销策略，进一步巩固相互依赖的伙伴关系；另一方面要及时采取措施，消除关系中的不稳定因素和有利于关系各方利益共同增长的因素。此外，通过有效的信息反馈，企业将会改进产品和服务，更好地满足市场的需要。

四、关系营销的具体措施

(一) 关系营销的组织设计

为了对内协调部门之间、员工之间的关系,对外向公众发布消息、处理意见等,通过有效的关系营销活动,使得企业目标能顺利实现,企业必须根据正规性原则、适应性原则、针对性原则、整体性原则、协调性原则和效益性原则建立企业关系管理机构。该机构除协调内外部关系外,还将担负起收集信息资料、参与企业决策的责任。

(二) 关系营销的资源配置

面对顾客、变革和外部竞争,企业的全体人员必须通过有效的资源配置和利用,同心协力地实现企业的经营目标。企业资源配置主要包括人力资源和信息资源。人力资源配置主要是通过部门间的人员转化、内部提升和跨业务单元的论坛和会议等进行。信息资源配置主要是利用电脑网络、制定政策或提供帮助削减信息超载、建立"知识库"或"回复网络"以及组建"虚拟小组"。

(三) 关系营销的效率提升

与外部企业建立合作关系,必然会与之分享某些利益,增强对手的实力;另一方面,企业各部门之间也存在着不同利益,这两方面形成了关系协调的障碍。因此,关系各方环境的差异会影响关系的建立以及双方的交流。人们在进行跨文化间的交流时,必须克服文化所带来的障碍。对于具有不同企业文化的企业来说,文化的整合,对于双方能否真正协调运作有着重要的影响。对于一个现代企业来说,除了要处理好企业内部关系,还要与其他企业结成联盟,企业营销过程的核心是建立并发展与消费者、供应商、分销商、竞争者、政府机构及其他公众的良好关系。无论在哪一个市场上,关系都具有很重要的作用,甚至会成为企业市场营销活动成败的关键。所以,关系营销日益受到企业的关注和重视。

第六节 知 识 营 销

一、知识营销的概念

知识营销是指向大众传播新的科学技术以及它们对人们生活的影响,通过科普宣传,让消费者不仅知其然,而且知其所以然,重新建立新的产品概念,进而使消费者萌发对新产品的需要,达到拓宽市场的目的。随着知识经济的发展,知识成为发展经济的资本,知识的积累和创新成为促进经济增长的主要动力源,因此,作为一个企业,在搞科研开发的同时,就要想到知识的推广,使一项新产品研制成功的市场风险降到最小,而要做到这一点,就必须运作知识营销。

比尔·盖茨先教计算机,再卖计算机的做法是典型的知识营销。他斥资 2 亿元,成立盖茨图书馆基金会,为全球一些低收入的地区图书馆配备最先进的电脑,又捐赠软件让公众接受电脑知识。再如,上海交大昂立公司开展的"送你一把金钥匙"科普活动,通过在社区举办科普讲座,向市民赠送生物科学书籍,举办科普知识竞赛,等等,提高了市民的科学健康理念,引发了人们对生物科技产品的需求,达到了其他任何形式的产品营销所达不到的目的,使微生物试剂市场在短短的10年间,从零发展到如今近百亿元,创造了广阔的市场。

二、知识营销的内容

在知识经济这种全新的社会形态下,知识营销包括以下内容。

(一)学习营销

知识经济时代人类处于学习社会时期,实现真正意义上的"活到老,学到老"。学习社会的到来,知识和信息的"大爆炸"决定了知识经济时代的营销是学习营销,它主要包括两方面内容:一是企业向消费者和社会宣传智能产品和服务,推广普及新技术。对消费者进行传递、授业、解惑,实现产品知识信息的共享,消除顾客的消费障碍,从而"把蛋糕做大"。学习营销的第二层面是企业向消费者、同行和社会的学习。企业在进行营销的过程中不断地向客户及其他伙伴学习,发现自己的不足,吸取好的经验方法,补充和完善自己的营销管理过程。因此,学习营销是一个双向过程,互相学习、互相完善,最终达成整体的和谐。

(二)网络营销

21世纪是网络营销的世纪,网络营销是知识经济与网络技术飞速发展的产物。简单地说,它就是利用Internet进行的企业营销。2017年2月9日,中国商务部新闻发言人孙继文当天在北京举行的新闻发布会上称,2016年中国网络零售交易额达5.16万亿元,同比增长26.2%,是同期中国社会消费品零售总额增速的两倍有余,网络零售已成为带动中国零售业增长的主要动力。官方对重点零售企业的监测结果显示,网络零售业态增速为25.4%,远高于百货店、超市和购物中心等其他零售业态的增速。网络营销主要通过在Internet上建立虚拟商店和虚拟商业区来实现。虚拟商店又称电子空间商店(Cyberstore),它不同于传统的商店,不需要店面、货架和服务人员,只要拥有一个网址连通Internet,就可以向全世界进行营销活动。它具有成本低廉、无存货样品、全天候服务和无国界区域界限等特点。另外,在网络上还可同步进行广告促销、市场调查以及收集信息等活动。Internet为企业和客户间建立了一个即时反应、交互式的信息交流系统,拉近了企业与消费者之间的距离,具有很好的发展前景。

(三)绿色营销

随着生活水平及自身素质的双重提高,人们已不再满足于消费传统意义上的商品及服务,注意力及需求消费健康化、自然化,"绿色产品"更是成为人们的新宠。"需求创造自己的供给",根据这一最新潮流,企业营销时应特别重视"绿色"概念。开发"绿色产品"是指从生产到使用、回收处置的整个过程对生态环境无害或危害极小,符合特定的环保要求,并有利于资源再生回收的产品。同时在营销策略上应注重"绿色情怀",重视"绿色包装",提供"绿色服务",做到天人合一,健康营销。只有这样才会得到社会的肯定和顾客的信任,企业营销也才可能取得成功。另外,企业也应积极努力,争取得到ISO 14000认证和"环境标志",取得21世纪营销的"合格证"。

 案例分析

车市增速放缓，消费市场也已经由卖方向买方转移。为抢占市场份额，同时让广大消费者在节后也能享受到幅度较大的购车优惠，自2016年2月14日到2月29日，东风雪铁龙全面开展了"赢利是，享利事"新春体验营销活动。

随着消费族群年轻化趋势的到来，为全面提升品牌形象打赢未来，东风雪铁龙同母品牌雪铁龙及时进行了全球品牌刷新，构筑起全新的视觉形象系统。以上海车展为起点，凭借全球统一的视觉元素，不但使其成为史上最具识别度的车展之一，更具深远意义的是在业界"摇身一变"出更年轻、更时尚、更具活力的全新品牌形象。全新品牌形象的建立，使得"舒适、时尚、科技"的品牌优势更加凸显，未来的发展方向更加明晰。对于东风雪铁龙而言，让品牌的价值观尽快渗透进年轻人的生活中，是品牌多元化、年轻化发展的终极目标，更是早日跻身中国主流汽车品牌的必由之路。

随着小排量、低排放、轻量化时代的到来，越来越多的车企开始在中小排量车型上搭载T动力。为迎合这种变化并在未来竞争中占据有利地位，底蕴深厚的东风雪铁龙借势再度踏上动力总成升级的征程。历时三年艰辛努力，东风雪铁龙动力总成全部升级完成，"T+STT"核芯动力（1.2THP、1.6THP、1.8THP+STT 智能启停系统）已经全部搭载于旗下各款主力车型，为广大消费者带来了前所未有的更高效、更经济、更环保的动力体验。动力总成的升级完成一举奠定了东风雪铁龙"动力科技典范"的市场地位，为之佐证的是在国务院出台的购置税减半政策实施后，在东风雪铁龙全系车型中，政策惠及了80%左右的车型：搭载1.6THP发动机的T时代新C5、新C4L、C3-XR、雪铁龙全新C4PICASSO；搭载1.2THP发动机的新C4L；搭载1.6L CVVT发动机的全新爱丽舍、世嘉、C3-XR以及C4世嘉全系均属受益车型。

作为全国第一家成立4S店的汽车厂商，东风雪铁龙不断深化和提升"家一样的关怀"服务理念，严格按照全球同步的服务流程和服务标准开展"一对一"尊享服务工程。此外，东风雪铁龙还建立了专业培训中心等服务人员技术培训体系，从而打造出了一个优秀的、高素质的、专业的服务团队。目前，东风雪铁龙"一对一"尊享服务工程已经得到全国超过260万用户的高度认可。在2015年J.D.Power售后服务满意度（CSI）、售时满意度（SSI）评选中，东风雪铁龙分别获得了主流汽车品牌第一、第二的优异成绩，成为唯一一个连续三年售时、售后两项满意度排名均进入"前三甲"的主流汽车品牌。

启动红包利"市"是东风雪铁龙秉持"人性科技 创享生活"品牌主张在新春期间送给全国消费者的浓浓关爱。正所谓"赠人玫瑰手有余香"，广大消费者回馈东风雪铁龙的就是对于品牌的充分信任以及良好的口碑传播。2016年是东风雪铁龙既定的"客户体验年"，东风雪铁龙特别注重强化新品牌形象、新产品和新技术的体验并从产品体验、传播体验、活动体验和终端体验，全维度展开。对东风雪铁龙而言，只有通过不同形式、不同模块的体验，才能让广大消费者真正对"舒适、时尚、科技"品牌优势产生认知。

资料来源：http://price.Pcauto.com.cn/31014/news_detail12459592.html

营销实训项目

一、实训目标

通过实训,使学生掌握服务市场营销组合方法和技巧,以及服务产品开发、服务市场营销管理技术,具有运用所学理论进行服务市场细分、市场定位、新产品开发、市场营销组合和管理的能力。

二、实训内容和操作步骤

(一)技能训练

(1)结合医药销售、汽车维修、数码产品店、物业公司等服务企业实际,分析其核心服务、便利服务和辅助服务的内容。

(2)请你为某品牌洗衣机设计超值服务项目。

(二)职业能力开发

1. 开发学生的市场调研能力

● 目标

帮助学生掌握市场调研方法和接触社会、了解社会、感知市场,提高实践能力和实际动手能力。

● 内容

进行快餐店经营调查。

● 步骤

(1)把学生分成若干小组(5~8个人一组),分别考察不同的快餐店,如麦当劳、肯德基等。

(2)实行组内分工,各项工作由专人负责。

(3)进行实际调查。

(4)各组撰写对快餐店服务营销的调查报告,并由老师批改点评。

2. 开发学生的产品开发与管理能力

● 目标

帮助学生掌握饭店的产品开发技能。

● 内容

为某饭店策划产品创新。

● 步骤

(1)对该饭店经营项目和品种进行全面调查,知道本店主要提供中、晚餐餐饮供应,且生意红火。

(2)讨论该饭店产品创新的各种思路。

(3)提出除增加中、晚餐产品品种和服务项目外,主要开辟早餐供应。

(4)早餐供应早点和茶水。

（5）确定早餐供应品种、价格及促销策略。

3．开发学生的价格制定与调整能力

● 目标

帮助学生掌握服务营销价格调整能力。

● 内容

为学校所在地的某高档宾馆餐厅服务制定价格。

● 步骤

（1）对学校所在地的宾馆餐厅进行调查，根据各自提供的服务划分高、中、低三个档次，找出各档次服务上的差异。

（2）对高档宾馆餐厅提供高档次服务收费情况调查。

（3）核算本宾馆餐厅提供高档次服务所需的成本。

（4）对本宾馆餐厅提供的高档次服务进行定价并说明理由。

4．开发学生的销售促进能力

● 目标

帮助学生掌握服务促销的技能。

● 内容

为某餐饮企业策划促销策略。

● 步骤

（1）分析餐饮企业经营特点、顾客特点及促销特点。

（2）对各种促销方式进行比较分析。

（3）确定宣传沟通方式是餐饮企业促销的重要手段。

（4）宣传沟通方式操作要领如下。

① 说服满意的顾客，让他们告诉尽量多的人他们对服务的满意。

② 制作一些宣传资料供顾客们传给非顾客群。

③ 针对意见领袖人物进行直接广告宣传活动。

④ 激励潜在顾客进行试用服务或与现有顾客进行沟通。

营销实践练习

一、单项选择题

1．（　　）是企业在充分认识满足消费者需求的前提下，为充分满足消费者需要在营销过程中所采取的一系列活动。

　　A．服务营销　　　B．网络营销　　　C．体验营销　　　D．绿色营销

2．关于服务营销，下列说法错误的是（　　）。

　　A．服务营销活动中，服务产品的供求具有集中性

　　B．由于生产与消费的统一性，服务营销只能采取直销方式

C．服务市场的购买者是多元的、广泛的、复杂的
D．需求的弹性是服务业经营者最棘手的问题
E．服务者的技术、技能和技艺直接关系着服务质量

3．（　　）不属于体验营销的实施模式。
A．感情模式　　　B．竞争模式　　　C．文化模式　　　D．环境模式

4．下列哪一项不属于绿色营销的特点（　　）。
A．综合性特点　　　　　　B．统一性特点
C．双向性特点　　　　　　D．差别性特点

5．关于知识营销，下列说法错误的是（　　）。
A．比尔·盖茨的先教电脑，再卖电脑的做法是典型的知识营销
B．网络和信息的大爆炸决定了知识经济时代的营销是学习营销
C．学习营销是一个双向过程，互相学习、互相完善，最终达成整体的和谐
D．网络营销主要通过在 Internet 上建立虚拟商店和虚拟商业区来实现
E．"需求创造自己的供给"，这是绿色营销的一种体现

二、多项选择题

1．服务营销有其自身的特点，主要表现在（　　）等几个方面。
A．供求分散　　　　B．营销方式单一　　　　C．营销对象复杂多变
D．服务消费者需求弹性大　　E．服务人员的技术、技能、技艺要求高

2．网络营销的优势主要有（　　）。
A．与国际市场的距离缩短　　B．减少成本增加收益　　C．高效便捷的信息沟通
D．消费者的选择空间大　　　E．竞争更加公平

3．关联式营销战略特别适用于（　　）。
A．纺织品　　　　B．化妆品　　　　C．家用电器
D．日常用品　　　E．私人交通工具

4．（　　）属于绿色营销的推广方法。
A．信息发布推广　　　B．电子邮件推广　　　C．资源合作推广
D．SEO 论坛搜索引擎推广　　E．快捷网址推广

5．在知识经济这种全新社会形态下，知识营销包括以下内容：（　　）。
A．服务营销　　　B．学习营销　　　C．体验营销
D．网络营销　　　E．绿色营销

三、判断题

1．服务商品的需求弹性一般都比较大。　　　　　　　　　　　　　　（　　）
2．网址推广是网络营销最基本的职能之一，因此网络营销就是网址推广。　　（　　）
3．与服务人员有关的各种有形展示不会直接影响顾客感觉中的服务质量。　　（　　）
4．绿色促销的核心是通过相关活动，树立企业绿色健康形象，丰富企业绿色营销内涵，促进绿色产品推广和消费。　　　　　　　　　　　　　　　　　　　　　（　　）
5．对筛选出的合作伙伴指派关系经理专人负责，这是建立关系营销的关键。（　　）

四、案例分析题

罐头也曾在中国传统食品工业中扮演过艳惊四座的角色,特别是在20世纪八九十年代,罐头食品一度风靡全国,也成了现在很多人心中的成长情结。但是到了现在,罐头行业已不复当年的辉煌,国内消费者对罐头的误解导致其人均消费量远远低于发达国家,市场拓展遭遇瓶颈。而原材料涨价、人工费率提升等生产因素不断增加罐头企业的成本压力,罐头行业分散、集中度低的问题一直没有改观,这使得全行业面临严峻挑战。其实,中国制造的罐头在发达国家依旧备受欢迎,2013年出口额达到了50亿美元,是全国加工农产品中出口量最大的商品。

在这样的形势下,人们不禁要问:国内罐头行业的发展前景在哪里?怎么开启罐头行业的下一个黄金时代?

什么人最爱买罐头?答案是忙碌的双职工家庭成员。而这一人群现在已经深度养成网购的习惯。据最新统计,我国网民数量已达到了7.51亿,在成年人群中互联网普及率已过半,特别是伴随着互联网日渐成熟的电子商务在智能手机时代将进一步得到突破性的发展,更让一些传统行业看到了线上营销发展的魅力。传统行业过去的线下营销不仅资本大,而且还耗时耗力;现在的线上营销依托于快捷的互联网,掌握了当下人们的购物消费理念,很容易被客户所接受。而且线上的潜在客户越来越多,对企业自身的发展十分有利。因此,电商市场将是罐头产业接下来最该力挺的市场。谁与传统渠道的行业巨头争锋,谁就不得不在互联网平台上下足功夫。

互联网渠道的特殊性是营销先行。人们因产品的营销方式而认识和了解产品,并在对产品感兴趣后主动积极地对产品进行自我探索和竟品比对。但互联网营销绝不能忽略产品本身,在所有的互联网成功案例中,营销仗打得漂亮、生命力又长久的品牌都必须有站得住脚的产品品质及品牌口碑。网购人群的第一抉择取决于品牌口碑,但网购人群又常常因价格、性价比、促销等筛选条件而关注产品,相对传统渠道,它更具有复杂性,同时也更具有颠覆性。目前的罐头行业,谁先玩好电商,谁就有可能会为自己的品牌打下一个漂亮的翻身仗。

罐头行业的市场容量是不容置疑的。在上海梅林的规划中,光肉食品类2015年的营收就预估在100亿人民币。年轻的城市中居住人口的生活节奏越来越快,交通成本增加和交通拥堵使得人们越来越趋向于主动放弃外出购物的生活方式;随着新一代的成长,西化的生活方式也由他们更进一步影响了其他年龄层,宅在家完成工作、学习、生活,出门交际、休闲、娱乐的生活方式逐渐成为主导。而罐头食品的半成品形成将成为大部分人越来越追捧的主要食品。半成品罐头可通过简单加工实现家庭用餐模式,可节省时间和精力,提高生活的质量与格调,是人们居家旅行的不二选择。目前,罐头行业在电商的营销力度不大,是市场未完全发力的主要原因。

罐头行业对消费者的沟通目前也处于1.0模式,自说自话。这样的沟通模式即便成倍增长也始终不能达到深度沟通和认可;而电商平台恰巧是能够实现沟通2.0的最佳途径。互联网的优势在于前台的信息整合,在于用户之间、用户和网站之间大规模交互的可能性,这种交互可以是即时的,也可以是延时的,可以是同一空间的,也可以是远在异国他乡的。这就决定了互联网可以为线下的商业提供一个很好的营销前台。把线下的交易通过互联网的模式呈现出来，最终爆发巨大能量。

通过互联网营销2.0，消费者可以自己体验罐头产品和服务并产生口碑，是食品安全最有力的说明。80后尚保存着小时候的罐头情结，以触发情结发起营销战役也将促使大量网友自发话题的产出，当罐头话题成为热门时，罐头产品便能触发市场爆发的按钮。人们对罐头食品的期待就像对傻瓜相机的期待一样。怎么方便快捷地使用，能达到哪些出乎预料的美好结果，从储存到食用方法、营养搭配组合、售后服务都需要详细贴心的介绍指导；假如消费者可以单从品牌和产品就联想到浪漫的烛光晚餐或温暖的家庭聚会时，罐头半成品的销量将呈现几何倍数级别的增长趋势。

在这个互动口碑为王的电商大时代，越来越多传统行业看到了线上诱人的市场商机，开始入驻互联网，试图带领自身的行业在互联网时代大展宏图。而罐头行业是否能抓住机遇，通过互联网2.0营销战略开启下一个黄金时代？一切用时间来证明吧！

问题：

假设你将为某一罐头企业制订一份网络营销计划方案，你的方案中将会设计哪些内容？

参 考 文 献

[1] 冯云廷，李怀斌．现代营销管理教程[M]．大连：东北财经大学出版社，1998．
[2] 郭国庆．市场营销学[M]．武汉：武汉大学出版社，2007．
[3] 彭星闾，万后芬．市场营销学[M]．北京：中国财政经济出版社，2000．
[4] 晁钢令．市场营销学教程[M]．上海：上海财经大学出版社，1999．
[5] [美]菲利普·科特勒．营销管理——分析、计划、执行和控制[M]．9版．梅汝和，梅清豪，等，译．上海：上海人民出版社，2000．
[6] 吴健安．市场营销学[M]．北京：高等教育出版社，2011．
[7] 兰苓，刘志敏．市场营销学[M]．北京：中央广播电视大学出版社，2006．
[8] 黄洪民．现代市场营销学[M]．青岛：青岛出版社，2000．
[9] 刘振溪，邵安兆，等．现代市场营销学[M]．北京：学苑出版社，2001．
[10] 罗国民，刘苍劲．国际市场营销[M]．大连：东北财经大学出版社，2001．
[11] 吴勇．市场营销[M]．2版．北京：高等教育出版社，2008．
[12] 邵安兆．走向创新的企业管理[M]．北京：经济日报出版社，2002．
[13] 张善轩．国外著名企业营销案例评析[M]．广州：广东经济出版社，2002．
[14] 吴勇，车慈慧．市场营销[M]．北京：高等教育出版社，2002．
[15] 纪宝成．市场营销学教程[M]．北京：中国人民大学出版社，2002．
[16] 杨洁，孙玉娟，甄翠敏．现代市场营销学[M]．北京：中华工商联合出版社，2002．
[17] 胡勇．市场营销[M]．北京：高等教育出版社，2002．
[18] [美]菲利普·科特勒．营销管理[M]．11版．梅清豪，译．上海：上海人民出版社，2003．
[19] 晁钢令．市场营销学[M]．第3版．上海：上海财经大学出版社，2009．
[20] 范明明．市场营销与策划[M]．第2版．北京：化学工业出版社，2010．
[21] 徐鼎亚．现代营销理论与实务[M]．北京：中国金融出版社，2003．
[22] 伍翼程，李倩兰，等．市场营销原理与实务[M]．长沙：中南大学出版社，2004．
[23] 陈春宝，杨德林．市场营销学[M]．北京：中国经济出版社，2004．
[24] 冯英健．网络营销基础与实践[M]．2版．北京：清华大学出版社，2004．
[25] 阎剑平．服务营销[M]．北京：中国纺织出版社，2004．
[26] 卢国红，马斌．市场营销学[M]．昆明：云南科技出版社，2005．